CATON OU LE CITOYEN

DU MÊME AUTEUR

AUX ÉDITIONS LES BELLES LETTRES

Eo Romam. Promenades dans la Rome antique, 1980.

Les Plaisirs à Rome, 1983 (2e éd. 1986).
Poche Payot, 1994 (2e éd. 2000).

La Vie à la campagne dans l'Antiquité romaine, 1985.

Les Modes à Rome, 1988.

De Rome à la Chine. Sur les routes de la soie au temps des Césars, 1993, (3e éd. 2002).

Éros romain. Sexe et morale dans l'ancienne Rome, 1997.
Poche (Hachette), 1998.

COLLECTION « GUIDES BELLES LETTRES DES CIVILISATIONS » :

Rome, 1999 (3e éd. 2002).

COLLECTION « CLASSIQUES EN POCHE »
Introduction, notes et commentaire de :

Tite-Live, *Ad Vrbe condita*, I, 1998.

Cicéron, *Pro Milone*, 1999.

Cicéron, *De Senectute* (*Cato Major*), à paraître.

Jean-Noël Robert

CATON

OU LE CITOYEN

Biographie

2e *tirage*

LES BELLES LETTRES

2002

ISBN : 2-251-44205-7

À la mémoire de ma mère qui eût aimé de Caton
la rigueur et le sens républicain du devoir.

De chaleureux remerciements à Jean-Claude F.
pour son amicale et méticuleuse aide technique.

I

LA STATUE DU COMMANDEUR

Abréviations

Les références les plus courantes sont ainsi notées :
Cicéron : *Cato Major, De Senectute* : *De Sen.*
Plutarque : *Vie de Caton, Cato Major* : *C. M.*
Pline l'Ancien : *Histoire naturelle* : *H. N.*
Aulu-Gelle : *Nuits attiques* : *N. A.*
Caton :
– *De Agricultura* : *De Agr.*
– *Origines* : *Or.* (références : édition C.U.F., Les Belles Lettres, 1986).
– pour les discours extraits de l'édition Malcovati, *Oratorum romanorum fragmenta* : Malc. *ORF* et le n° du fragment.

Énée, le héros, a reçu le privilège de pouvoir descendre aux Enfers et de retrouver son père. Il s'abandonne à l'émotion de parcourir avec lui les verdoyants vallons des Champs-Élysées. Le vénérable Anchise le conduit sur une éminence et lui montre les âmes errantes qui ont bu l'oubli à la source du Léthé mais à qui est promise une seconde incarnation. Là se trouve la glorieuse descendance que le vieillard lui dénombre. Là se rassemble la foule de ceux qui forgeront à Rome un destin sans pareil, de Silvius, l'Albain, son dernier fils, à César Auguste, fils d'un dieu qui ressuscitera l'âge d'or sur les bords du Tibre. Ils défilent, des rois orgueilleux à l'intrépide Brutus qui fera chanter la glorieuse liberté. Et Camille, et les vainqueurs de Corinthe et d'Argos. « Qui te passerait sous silence, ô grand Caton ? » Qui oublierait les Scipions et les Gracques, Fabricius, les Fabii, et le plus grand d'entre eux, Maximus le Temporisateur... Voilà ceux qu'attend la divine mission « d'imposer aux peuples » l'empire de Rome et dont les arts seront « d'édicter les lois de la paix entre les nations, d'épargner les vaincus, de dompter les superbes[1] ».

Le nom de la vertu

L'homme est une légende, mais une légende aujourd'hui veuve de sens ; un nom, tout au plus, dont on sait à peine qu'il fut l'une des plus vigilantes figures de proue de la

1. Virgile, *Énéide*, VI, 841 ; 851-853.

République romaine, au tout début du IIe siècle avant notre ère : politiquement l'image d'un homme intègre au service sans faille de sa patrie et de ses concitoyens ; moralement surtout, l'incarnation austère et intransigeante d'une vertu romaine dont les siècles se sont plu à célébrer, à travers lui, la rigide efficacité. Car Caton n'est tombé dans l'oubli que très récemment. Tant que le monde moderne n'avait pas décidé de s'affranchir du passé et de renier sa culture nourricière, il fut l'un des héros romains les plus connus. Mais notre siècle a cru pouvoir se passer de références ; Caton a fait partie du sevrage.

Imagine-t-on que le Quillet encyclopédique de 1937, qui présente Caton comme un « Romain célèbre par ses mœurs austères et sa vertu rigide, et par sa lutte contre l'invasion de la civilisation grecque [...]. Un des types les plus représentatifs de l'ancienne société romaine : personnalité vigoureuse, d'une éloquence âpre et sarcastique, patriote fanatique, admirateur intransigeant du passé », donne encore quatre mots usuels en rapport avec le personnage ? On apprend ainsi que, dans le langage familier, « un homme aux mœurs austères et rigides » se nomme un caton, qu'il existe un adjectif (catonien), un nom quasi savant (le catonisme) dont le suffixe semble ériger en système la politique sévère du personnage et même un verbe (catoniser), qui, tous, définissent le même comportement. Aucun autre Romain célèbre n'a ainsi les honneurs d'une pareille reconnaissance lexicale. Pas même César, certes bénéficiant d'un nom connu et d'un adjectif, mais pas d'un verbe. Aujourd'hui, « césariser » s'applique aux montreurs d'illusion, mais ne doit rien au grand Caius Julius.

Or depuis le Moyen Âge jusqu'à la Seconde Guerre mondiale, le nom de Caton, chez les écrivains comme dans le peuple, a symbolisé jusqu'à la caricature la vertu supposée romaine dans les domaines tant politique que moral. Quiconque voulait célébrer la liberté républicaine ou fustiger la corruption se rangeait derrière la bannière de Caton à qui l'on prêtait légendairement l'excès d'un tempérament inébranlable sur ces sujets brûlants. Il n'est pas jusqu'au journaliste André Bercoff qui naguère, désirant porter contre son temps une condamnation d'immoralité, préféra signer son livre du pseudonyme Caton. Mais il était déjà trop tard et il est peu sûr que beaucoup aient mesuré la portée de l'allusion.

Les exemples de ces références au vieux Romain sont légion. Il fut l'un des seuls dont la chrétienté tolérait les citations parce qu'elle le jugeait comme un païen vertueux – une rareté aux yeux de l'Église ! C'est pourquoi elle laissa publier un recueil de sentences morales attribuées à Caton – les *Dicta Catonis* – dont la France connut près de soixante éditions entre le XVe et le XVIIIe siècles. Au Moyen Âge, le livre servait même pour apprendre à lire aux enfants. La plupart de nos penseurs et écrivains font également référence à Caton. Molière nous donne un exemple de la connaissance populaire du personnage puisque Tartuffe y est appelé « un Caton ». Montesquieu s'intéresse à lui à propos de la République romaine et du modèle qu'elle offre à sa réflexion politique. Voltaire le parodie dans son *Dictionnaire philosophique* (article « luxe »). Rousseau lui rend hommage dans son *Discours sur les sciences et les arts* en le comparant au plus célèbre philosophe de la Grèce : « Socrate avait commencé dans Athènes, le vieux Caton continua dans Rome de se déchaîner contre ces Grecs artificieux et subtils qui réduisaient la vertu et amollissaient le courage de ses concitoyens. » Le XIXe siècle n'est pas en reste. On pourrait citer Sainte-Beuve ou les frères Goncourt. Stendhal retient l'attention par deux remarques intéressantes. Le voyageur amoureux de l'Italie note dans ses carnets : « Il est important que quelqu'un se charge du rôle de Caton l'Ancien ; dans les républiques, un esprit hargneux et inquiet y est souvent à sa place. » Et ailleurs, à propos des basiliques romaines : « Les famines et les guerres firent que, pendant les premiers siècles de la République, on ne songea qu'à l'utile. Le beau parut en même temps que la corruption parmi les riches. C'est pourquoi Caton et autres vieux Romains bourrus qui avaient plus d'attachement aux anciens usages que de vertu, et plus de vertu que de lumières furent toujours en colère contre le beau, et par suite contre les richesses et contre la Grèce, pays dont le beau était venu [2]. » Stendhal est l'un des seuls à établir les rapports de la morale et de l'art et à replacer la notion de corruption dans la perspective de l'évolution culturelle d'une civilisation. Caton n'y bénéficie pas d'un meilleur renom.

Dans tous ces exemples d'une utilisation de l'image traditionnelle de Caton (et dans bien d'autres), le vieux Romain s'éclaire d'une autorité morale et politique, serviteur intègre d'un régime assimilé à une forme de démocratie, et se pare de la force de son courage (autre sens du mot *virtus*). Des générations d'écoliers, transpirant à déchiffrer les arcanes de la langue latine, ont ânonné le fameux *delenda est Carthago* (= Carthage doit être détruite), mot que Caton, dit-on, répétait chaque jour au Sénat, dans ses vieux ans, pour convaincre de la nécessité d'une ultime et définitive guerre punique. Cette obstination-là s'apprenait aussi avec les règles de grammaire.

Certes, Caton n'est pas le seul Romain célèbre dont les siècles aient perpétué la mémoire. D'autres brillent au firmament de l'histoire, Scipion, Marius, César, certains empereurs pour n'en citer que quelques-uns. Tous ont illustré les hauts faits de la romanité. Aucun, peut-être, n'a été impliqué comme Caton dans l'actualité d'un réflexion politique. Aucun n'a autant servi de référence, d'exemple, voire d'alibi à une pensée morale. Ainsi, pour nous limiter à cette seule illustration, voit-on en 1929 G. Curcio dédicacer à Mussolini son livre sur l'agriculture de Caton en saluant celui qui « revient aux sources de la vertu latine »,

2. Stendhal, *Promenades dans Rome*, le 4/3/1828.

tandis que E. Marmorale, auteur d'une biographie du même Caton en 1944, présente son personnage comme le héros de la tradition démocratique et comme un défenseur de la liberté par opposition à Scipion l'Africain qui incarnerait « une vision nazie et fasciste de la dictature » ! De la difficulté d'incarner la vertu quand la pression des évènements influence les esprits et pousse à la justification par la seule appropriation des symboles...

Un citoyen au-dessus de tout soupçon

La légende a transmis de Caton une image imposante, mais trop hiératique pour susciter la sympathie. Un sorte de Commandeur, à jamais pétrifié dans son rôle de censeur qui l'a rendu redoutablement célèbre. Un « Père la Vertu » dont les satiristes se sont plu à stigmatiser la sévérité, un défenseur acharné de la tradition, c'est-à-dire des mœurs ancestrales, du *mos majorum*. Déjà, à son époque, on appelait « un caton maladroit » tout homme qui cherchait à l'imiter dans ses attitudes austères[3], et l'adjectif « catonien » fut inventé par Martial pour ridiculiser le *pathicus* Chrestus qui vante les modèles de l'ancienne vertu « dont nous entendons parler dans les livres » avec une langue « catonienne » dont, pourtant, il fait un usage beaucoup moins vertueux dès qu'il se trouve en présence du sexe « d'un jeune sodomite[4] »... Pendant toute l'Antiquité, les professeurs ont cité en exemple l'homme et ses principes au point d'en oublier qu'il pouvait, comme tout être humain, rire et succomber à quelques tentations. Jérôme raconte même que son professeur de rhétorique, lorsqu'il voulait rétablir la discipline dans une classe un peu trop chahuteuse, infligeait comme pensum de répéter à haute voix une maxime de Caton !

3. Plutarque, *C. M.*, 19, 7.
4. Martial, *Épigrammes*, IX, 27.

Que savait-on d'autre de lui ? Que cet homme à l'honnêteté proverbiale, cet empêcheur de corrompre en rond, avait toujours vécu dans une exemplaire simplicité, même au faîte du pouvoir, et qu'il se vantait de se contenter de l'antique frugalité des premiers temps de Rome. D'origine campagnarde, il avait conservé des mœurs rustiques. Son gentilice, Porcius, dit assez quelles furent ses origines. Quant à son surnom, *Cato*, il provient de l'ancienne forme sabine d'une racine indo-européenne dont le sens, « aiguisé, tranchant », s'appliquait avec le même bonheur à sa langue et à son esprit. Cette vivacité intellectuelle, cette subtilité même ne contredisaient pas la fermeté de sa détermination dans la vie politique mais, ajoutées à son courage physique, expliquèrent sans doute sa réussite[5]. Caton l'astucieux.

Déjà à son époque, il ne laissait pas indifférent. Haï ou encensé, il fascinait. Il ne fut pas un extraordinaire général comme César ni le chef d'un important mouvement politique. Il ne connut pas que des succès – par exemple avec les femmes pendant son consulat à propos de l'abrogation de la loi Oppia, et cet échec lui valut une solide réputation de misogyne –, il ne remporta pas toujours facilement les élections et échoua même à la censure de -189, mais tous les auteurs anciens qui évoquèrent sa vie saluèrent ses compétences quasi universelles. Bon magistrat, bon soldat, bon orateur, bon paysan... il a laissé l'image du *vir bonus* par excellence. Et il est exact qu'il dut à la conjugaison de tous ces talents son ascension dans le monde très fermé d'une classe politique à laquelle il n'appartenait pas de naissance. Le seul dénominateur commun à toutes ces qualités résidait dans un tempérament indomptable qui lui valut, par Tite-Live, le qualificatif d'homme de fer, et qu'il mit au service d'une seule cause : celle de sa patrie et de ses concitoyens.

5. Varron, *Lingua latina*, 7, 46. La forme irlandaise de son surnom, *cath*, désigne le sage. Or c'est ainsi que le nommait Cicéron.

Qui Caton représentait-il ? Sa force fut sans doute qu'on ne le sut jamais clairement, parce que son ambition embrassait la gloire du peuple romain tout entier. Même pour ses plus récents biographes, son positionnement politique ne semble pas défini. Pour l'un, Kienast, il fut le héros et le héraut de la noblesse (ce qui, nous le verrons, n'est pas inexact mais reste bien restrictif) ; pour un autre, Della Corte, il se fit le défenseur des déshérités ; pour d'autres encore, Fraccaro et Marmorale, il se rangea aux côtés des classes moyennes. Le dernier, Astin, préfère ne pas prendre parti, et agit en historien. Car les diverses positions exprimées ne correspondent pas à la vérité de la société romaine de l'époque et il apparaît que chacun des auteurs cités ne peut s'empêcher de faire intervenir dans son jugement quelques appréciations relevant de la seule histoire contemporaine. Comme si Caton impliquait tant ses biographes dans leur étude qu'ils ne pussent se dégager totalement de leur sujet dans un effort plus complet d'objectivité.

Il faut souligner que cette légende dont il se trouve très tôt prisonnier, c'est Caton lui-même qui en lança les grands traits, aidé par la caricature facile de ceux qui le détestaient ou qui le portaient aux nues, comme Ennius[6]. Elle servait à fonder et à amplifier son action. Sans doute pourrait-on parler à plus d'une reprise « d'opération de communication ». Il aimait exagérer certaines de ses attitudes, provoquer ses adversaires, faire sa propre apologie dans certains discours importants. Caton était un Romain, malgré sa légendaire rigueur. Il ne détestait pas un excès calculé, une prise de position scandaleusement contraire à la mode du temps, un geste spectaculaire. Il aimait user de la parole avec talent et ne cultivait pas sans une certaine affectation son goût pour les formules sarcastiques qui clouaient un ennemi au pilori du rire populaire. Le bien public méritait

6. D'après Cicéron, *Pro Archia*, 22.

qu'il donnât à son action politique un décorum qui en affirmât l'autorité. Et peu lui importait d'être « dans le vent », ce qui, pour reprendre le mot de Jean Guitton, n'est après tout qu'« une ambition de feuille morte ».

Dans son désir d'incarner les valeurs ancestrales, il ne prit pas garde que sa conduite publique, parfois caricaturale, le réduisait à l'image d'un être borné, réactionnaire et hostile au progrès. Ce qu'il ne fut pas. C'est pourtant ce que retient la postérité et son arrière-petit-fils, Caton d'Utique, intransigeant opposant aux *populares* en général et à César en particulier, a volontairement accentué cette image négative de son ancêtre en se servant de lui pour garantir son attachement au *mos majorum*, auquel il superposa sa réflexion stoïcienne. En détournant à son profit le souvenir de son bisaïeul et en insistant sur son caractère archaïsant, il a conforté l'image artificielle, guindée et obtue de Caton. Il puisait certainement, dans ce but, dans de riches archives familiales, mais en fossilisant de la sorte sa légende déjà caricaturale, il en a encore accentué la couleur négative.

Il reste qu'à la fin de la République, à l'époque de Caton d'Utique et de Cicéron, la légende de Caton se pare aussi d'une aura plus positive : le vieux censeur de -184 symbolise la mémoire et la permanence d'un temps qui semble se dérober en ce siècle de guerres civiles. D'abord par sa solide santé qui lui a non seulement permis de parvenir à quatre-vingt-cinq ans, ce qui est rare, mais encore d'y garder toutes ses capacités physiques et mentales au point de livrer ses dernières batailles judiciaires et politiques – le *delenda Carthago* ! Ce qui reste exceptionnel. Ensuite par son souci de fixer la tradition en écrivant un ouvrage historique qui, en transmettant les récits fondateurs et fédérateurs, justifie le nom romain. Certes, il y développe son analyse de la décadence, mais il donne aussi aux hommes une raison d'espérer en célébrant la mémoire du peuple romain tout entier. Cette conscience d'être le maillon d'une longue chaîne ne peut que rassurer les contemporains de son arrière-petit-fils qui voient, dans les troubles et les déchirements, le temps s'accélérer et le monde lézardé courir à sa fin. À cette génération saisie d'un désespoir panique, Caton l'Ancien rappelle le respect du *mos majorum* et la force de la *virtus*.

La leçon de vertu

Cette célèbre vertu romaine dont Caton se fait le défenseur et le professeur ne doit pas être considérée comme une sorte d'entité dont la substance n'occuperait que le cœur d'un discours moral et vaguement philosophique. À Rome, les valeurs abstraites s'enracinent dans le concret de la vie quotidienne. Au sens premier, la *virtus* définit la qualité du *vir*, c'est-à-dire du citoyen qui doit montrer sa capacité à défendre sa patrie par la parole et par les armes et en lui fournissant des fils pour en assurer la pérennité. C'est pourquoi cette vertu fut longtemps l'apanage des patriciens qui exerçaient un pouvoir. Mais depuis que les plébéiens accèdent aux plus hautes magistratures, et intègrent ainsi la *nobilitas* romaine, la vertu exprime aussi la qualité de ceux chez qui elle se substitue à la naissance pour conférer la noblesse. Elle sert donc de blason aux « hommes nouveaux » comme Caton. Elle fait aussi l'objet d'un culte, associée à Honos en son temple, avec qui elle partage l'idéalisation du mérite personnel, et ceci depuis que Marcellus associa les deux divinités, après la prise de Syracuse, en -211, dans l'édifice qui remplaça celui que Fabius Maximus Verrucosus avait dédié à Honos en -233.

La *virtus* est donc la qualité par excellence des hommes illustres de Rome dont Caton dit, dans ses *Origines*, que les convives, lors des banquets, chantent les hauts faits au son de la flûte[7]. En fait, comme l'explique J. Hellegouarc'h,

7. Cicéron, *Brutus*, 75.

il serait plus approprié de parler de vertus, au pluriel, car la *virtus* synthétise un ensemble de *virtutes* qui forment les devoirs du noble romain, conditionnent son attitude et déterminent sa conduite. Il s'agit, notamment, de son prestige moral (*auctoritas*), de sa capacité à diriger, à décider après avoir délibéré (*consilium*), à distinguer ce qui est bon pour l'État (*prudentia*), qualité que Cicéron reconnaît à Caton[8]. Ces dispositions supposent qu'il bénéficie d'une certaine expérience, et donc d'un certain âge, qu'il s'efface devant l'intérêt de ses concitoyens et s'y dévoue avant de servir sa propre gloire (*modestia*), qu'il sache maîtriser ses passions, garder la mesure de toute chose (*temperantia*) et résister à la tentation de la *luxuria*. Ces règles de conduite nécessitent de montrer une grande austérité, de savoir tenir son rang (*dignitas*) et de manifester le poids de son autorité (*gravitas*) tant par son attitude physique, par le port de la toge, vêtement officiel du citoyen, que dans ses paroles, puisque l'éloquence se trouve autorisée par la situation sociale et politique.

Toutes ces qualités dont Caton s'obstinait à donner l'exemple par toute sa personne sont, à Rome, des valeurs anciennes et antérieures à l'influence hellénique du IIe siècle. D'où sa légende, surtout à une époque où la principale occupation des petits comme des grands consiste à « se tromper adroitement, combattre par la ruse, lutter d'hypocrisie, se faire passer pour un bon citoyen, se tendre des pièges...», selon le satiriste Lucilius, ami de Scipion Émilien. Le même Lucilius donne une définition de la *virtus* qui résonne comme un discours de Caton : « La vertu est pour l'homme de savoir distinguer le juste, l'utile, l'honnête, ce qui est bien ou mal, l'inutile, le honteux, le malhonnête ; la vertu est de fixer borne et mesure à son désir ; [...] d'être l'ennemi juré des mœurs et des hommes pervers, le défenseur, au contraire,

8. Cicéron, *De Amicitia*, 5 ; *Brutus*, 294.

des mœurs et des hommes honnêtes ; [...] en outre, de tenir compte de l'intérêt de la patrie en premier lieu, ensuite de ses parents, enfin, et en dernier, du sien propre [9]. »

Enfin, pour résumer par trois notions juridiques, politiques et morales les liens qui unissent les citoyens et garantissent le fonctionnement de la société, trois valeurs fondamentales auxquelles se référait Caton pour assurer l'exercice de sa *virtus*, il faut évoquer la *justitia*, la *fides* et la *pietas*, qu'il défendait parce que leur caducité serait prémonitoire de la fin de Rome. La première exprime la rectitude morale du magistrat et consiste, pour lui, à user de son autorité pour donner à chacun ce qui lui revient. Elle est donc liée à la *fides*, si essentielle parce qu'elle tisse la trame du tissu social et relationnel entre les divers niveaux de la société. À Rome, les relations clientélistes priment les liens institutionnels entre les individus et la *fides* exprime la loyauté, la confiance réciproque, le respect de la parole donnée entre un patron et ses clients, entre deux parties contractantes en général. Ce rapport de confiance est également celui que Rome établit avec les peuples conquis et, au IIe siècle, la *fides* cimente nombre de traités dont le respect doit signer le prestige et la grandeur de Rome. Sur le plan religieux, la *pietas* relaie la *fides* et traduit, pour le Romain, l'observance de ses devoirs envers les dieux, ses parents, sa patrie. Elle traduit l'amour filial et le patriotisme, tous deux nécessaires à l'accomplissement du destin de Rome. Et de cette *pietas*, Caton apparaît comme l'un des plus scrupuleux observants.

Tel est, du moins, ce que retient la légende évoquée par Virgile, dans l'*Énéide* où chaque vers prend valeur de symbole pour célébrer la grandeur du nouveau prince, Auguste. À la fin du huitième chant, Vénus remet à Énée les armes

9. Lucilius, vers 1145 - 1151 et 1199 sqq. - (traduction Jean Bayet in *Littérature latine*, 2e édition, 1996, p. 100).

forgées par Vulcain, et ce bouclier où le forgeron des dieux a ciselé les scènes majeures de l'histoire future de Rome. Et voici qu'en regard des profondeurs du Tartare où les scélérats subissent leurs châtiments sont figurés les Justes (*pii*), à l'écart, « et Caton leur donne des lois [10] ». Éminence, si l'on peut dire, des hommes pieux, Caton use de sa *justitia* pour dicter les règles du droit. Sa fonction de censeur, si importante aux yeux d'Auguste, l'y autorise et le justifie dans ce rôle. Le poème de Virgile montre que le destin a confié à Énée un rôle de fondateur. Son lointain descendant, Auguste, en est le digne continuateur, mais l'histoire connut quelques auxiliaires intermédiaires de cette œuvre grandiose, dont Romulus ou Cossus, cité avec Caton au chant VI, et comparé ailleurs au premier roi de Rome [11]. Caton est de ceux-là. En préconisant la remoralisation de la société et le retour à certaines valeurs ancestrales et fédératrices, Auguste rend hommage aux efforts opiniâtres de l'illustre censeur de -184. La légende augustéenne reconnaît ici celle de Caton et sa participation à l'itérative fondation de Rome.

L'importance du contexte historique

L'intérêt d'enquêter sur la vie et la carrière de Caton ne réside pas seulement dans le fait de s'interroger sur celui que la postérité désigne comme le symbole de la *virtus romana*, mais encore de comprendre comment il a influé sur l'histoire exceptionnelle de Rome à son époque et a été modelé par elle. « Un grand homme, c'est la rencontre d'un grand caractère avec de grands évènements. » La définition d'André Malraux s'applique excellemment à la personnalité de celui qui vécut au moment où Rome connut une

10. Virgile, *Énéide*, VIII, 670.

11. Virgile, *Énéide*, VI, 841 ; Tite-Live IV, 20, 1-3. (Cf. l'étude de S. Lewuillon, « La piété d'Énée et de Caton le Censeur », *Latomus* 38, 1979, p. 125-146, dont nous suivons les conclusions).

transformation fondamentale dans le cours de son histoire et contribua à forger l'identité nouvelle d'une cité qui se cherchait encore. L'histoire de Caton se confond avec celle de la destinée du peuple romain.

Il naît au lendemain de la première guerre punique et meurt alors que débute la troisième qu'il a appelée de ses vœux. Sa vie commence au temps où Rome, petite cité du Latium, après s'être rendue maîtresse – non sans mal – de l'Italie, vient de bousculer l'équilibre de la Méditerranée occidentale en éliminant Carthage. Mais la cité d'Hannibal réagit à cette domination et impose aux Romains un conflit qui s'inscrit comme l'un des plus meurtriers et des plus éprouvants que les fils de Romulus aient eu à affronter. Jamais l'Italie dévastée n'avait été aussi près de plier sous un joug ennemi. La victoire sur sa rivale entraîne Rome dans une suite de conflits en Orient qui la conduisent, en moins de cinquante ans, à affirmer sa domination sur l'ensemble de la Méditerranée, c'est-à-dire notamment sur cet Orient hellénistique, héritier de l'empire d'Alexandre, qui dominait le monde de sa supériorité économique et culturelle. C'est dire que les victoires de Rome en Orient retentissent comme autant de coups de tonnerre dans un ciel que les Grecs croyaient serein. La longue vie de Caton – quatre-vingt-cinq ans – s'achève avec le retour à Carthage, comme un point d'orgue à cette longue suite de guerres qui permit à Rome de bâtir un empire. Carthage sera rasée et la domination romaine, à l'est comme à l'ouest, affirmée.

On imagine sans peine que ce spectaculaire élargissement de l'horizon romain et les transformations internes qu'il induit furent, pour Caton, une occasion unique de donner la pleine mesure de sa personnalité hors du commun. Il a déjà fait ses preuves pendant la seconde guerre punique et est en pleine possession de ses moyens quand Rome vient perturber le fonctionnement politique, économique et culturel du monde hellénistique et déplace sur les bords du Tibre les centres décisionnels grecs. Mais les institutions ancestrales de la petite cité du Latium, applicables, à la rigueur, à la direction des peuples de l'Italie, s'avèrent inadaptées à la domination du monde. La modification des équilibres en Méditerranée s'accompagne donc d'une inévitable évolution des méthodes romaines de gouvernement. Même si les dirigeants ont compris que la force ne s'impose pas durablement si la domination n'est pas également culturelle, ils savent que Rome accuse un retard certain dans ce domaine par rapport aux Grecs. Non que les Romains leur soient inférieurs, mais leur histoire est plus récente et leur civilisation n'a pas encore atteint le même niveau de développement. Deux politiques s'affrontent alors à Rome : l'une, ardemment défendue par Caton, souhaite fonder l'adaptation de Rome à son nouveau rôle de maîtresse du monde sur les valeurs ancestrales et, en même temps, limiter les ambitions de la conquête afin que les Romains n'y perdent pas leur âme et, sous l'apparence d'une domination militaire des Grecs, ne se retrouvent pas, en réalité, asservis à leur culture ; l'autre, dont le premier héraut fut Scipion l'Africain, joue la carte de l'hellénisation et semble moins méfiante à l'égard des valeurs grecques. Il va de soi que chacune de ces tendances est motivée par un certain nombre de considérations, politiques et économiques, sur lesquelles nous devrons nous arrêter. Mais il est probable que la rivalité entre ces deux politiques dont aucune n'a cédé totalement à l'autre, explique la réussite de ce qu'il faut bien appeler le miracle romain : en une période très brève, Rome a su assimiler les valeurs de l'hellénisme sans renier celles héritées du *mos majorum* ni perdre son identité. La réussite de cette remarquable adaptation est probablement (et, peut-être, paradoxalement) au crédit des anciennes « vertus », dont Caton fut le champion, et qui ont conféré à Rome une base assez solide pour se transformer sans se détruire.

Comme souvent dans l'histoire lorsque rivalisent ainsi deux orientations politiques en une sorte de combat manichéen, la mémoire collective se plaît à les réduire au seul nom des héros qui s'opposent, amplifiant l'affrontement à la dimension d'une lutte de titans, avec les exagérations quasi épiques qui renforcent le caractère hargneux des protagonistes. Ainsi Caton et Scipion sont-ils, en quelque sorte, les gladiateurs de cette lutte de géants politiques. Et comme dans tout combat poussé jusqu'à la caricature, il faut qu'on distingue le bon et le méchant, le fort et le faible, ici l'homme de progrès et là le réactionnaire. Les Anciens, déjà, appréciaient ces lectures simplificatrices de l'histoire et la légende de Caton se renforce de son acharnement à défendre les valeurs identitaires de Rome. On devine que Scipion, évidemment, ne reniait pas le passé glorieux de ses ancêtres et que Caton, tout aussi évidemment, ne refusait pas de considérer l'avenir de Rome. S'il n'avait pas voulu faire progresser l'État et lui permettre de répondre aux exigences de la nouvelle situation de Rome en Méditerranée, comment expliquerait-on l'audience, le respect et le succès dont il bénéficia jusqu'à son dernier jour ? *Delenda Carthago !* Mais la tradition ignore la modernité de Caton, tant en politique qu'en économie. Nous verrons cependant que l'illustre censeur a su s'inscrire, à sa manière, dans l'avancée de son temps en s'appuyant sur le *mos majorum* pour garantir l'efficacité du progrès et le fonder en raison.

Les sources antiques à notre disposition

La difficulté que nous rencontrons à connaître avec justesse et suffisamment de précision la vie de Caton tient principalement à l'absence de sources contemporaines du célèbre censeur. Hormis Polybe qui cite à six reprises des mots ou réactions de Caton dans les larges extraits des *Histoires* qui nous sont parvenus, nous ne possédons rien. Les œuvres de Caton lui-même nous eussent été de première utilité, particulièrement les très nombreux discours qu'il prononça dans le feu de l'action et dont certains, pour autant qu'on puisse en juger, présentaient un précieux caractère autobiographique. Malheureusement, les quelques deux cents fragments de discours en notre possession – la plupart réduits à quelques mots – ne nous livrent du personnage que des éclairages furtifs et très parcellaires. De ses autres œuvres, principalement de ses *Origines*, un ouvrage historique dans lequel, semble-t-il, il découvrait beaucoup de lui-même, il ne reste rien, ou seulement de rares extraits, parfois dépourvus de signification. Seul demeure son traité d'agronomie, le *De Agricultura*, riche d'enseignements sur l'évolution économique de son temps, mais peu disert sur la vie et la pensée politique de son auteur.

Il faut donc se contenter d'ouvrages bien postérieurs qui prennent Caton comme sujet d'étude, avec deux restrictions majeures : d'une part la liberté que leurs auteurs prennent avec la vérité – l'écriture de l'histoire n'obéissait pas aux mêmes règles qu'aujourd'hui – et d'autre part la réalité des sources sur lesquelles ces auteurs se sont fondés. Certes, dans l'Antiquité, les œuvres de Caton, notamment ses discours, étaient connues, lues et utilisées comme le montrent plusieurs indications et références ; mais les écrivains s'en servaient souvent de manière ponctuelle pour illustrer leurs propres propos et il ne faut pas mésestimer la déformation qu'ils pouvaient leur faire subir. Ajoutons encore l'impact, bien réel, de la légende forgée, nous l'avons dit, par Caton lui-même, et il apparaît qu'il faut souvent faire la part de l'exagération, de l'invention en faveur ou en défaveur de Caton suivant le sentiment personnel de l'auteur qui cite tel ou tel extrait du grand homme. Les diverses évolutions des bons mots attribués à Caton et qui s'enrichissent encore au Moyen Âge de formules « à la manière de » plus vraies que nature en fournissent un exemple paroxystique.

En réalité, de textes un peu substantiels ou d'ouvrages anciens à caractère biographique concernant Caton, nous n'en possédons que quatre : ceux de Cornélius Népos, de

Cicéron, de Tite-Live et de Plutarque (auxquels on pourrait ajouter la biographie écrite dans le *De Viris illustribus* et attribuée à Aurélius Victor, au IVe siècle). Toutes les autres mentions de la geste catonienne, fort nombreuses et fort utiles, sont dues à des auteurs qui prennent Caton pour exemple ou pour référence afin d'appuyer de l'autorité du censeur le sujet qu'ils sont en train de développer. Il s'agit, le plus souvent, d'anecdotes ou de citations, principalement dans les domaines de la langue ou de la morale. Parmi les principaux, citons Pline l'Ancien, Quintilien, Fronton ou Aulu-Gelle, c'est-à-dire, pour les deux derniers, des grammairiens du IIe siècle de notre ère qui vouaient une admiration déclarée aux archaïsmes du langage dont ils voyaient en Caton un maître incontesté. Son style était revenu à la mode et l'empereur Marc Aurèle lui-même tenait Caton pour le plus grand génie de la langue latine.

Son image de parangon de la vertu romaine n'avait, elle, jamais été démodée et tous les moralistes de toutes les époques l'ont brandie à chaque péril comme pour exorciser les mauvais démons susceptibles de conduire Rome à sa perte. Quant aux satiristes, malgré quelques sarcasmes obligés, ils dissimulent peu leur admiration pour celui qui se donnait, selon le mot de Baudelaire, « l'aristocratique plaisir de déplaire ». On s'aperçoit ainsi que Caton, depuis sa censure jusqu'aux derniers temps de la romanité, a joui d'un prestige particulier, probablement renforcé par la carrière de sa légende, mais sûrement aussi nourri de la force de sa personnalité exceptionnelle [12].

Devant une telle permanence de la popularité au long du temps, on peut se demander pourquoi il a fallu attendre un bon siècle après la mort de Caton pour que soient publiées deux biographies, l'une de Cornélius Népos, l'autre de

12. Toutes les références aux auteurs latins qui citent Caton sont données en note dans le cours du livre.

Cicéron. Notre propos n'est pas de reprendre les arguments, parfois contradictoires, de savants qui se sont interrogés sur les sources, connues ou non, de Népos, Cicéron et Plutarque. Trop d'hypothèses, intéressantes mais invérifiables, nous entraîneraient trop loin de notre sujet [13]. Il est impossible de savoir si Caton avait écrit lui-même sa biographie – nous en aurions la trace –, si Cicéron avait déjà fait paraître une vie de Caton, si Plutarque s'est inspiré d'une biographie écrite en grec, ce qui expliquerait certaines divergences avec les auteurs latins et se justifierait par le fait qu'il maîtrisait mal le latin... Ce sont là des analyses souvent séduisantes pour l'esprit, mais gratuites. En revanche, tous s'accordent à estimer qu'il dut exister au moins un maillon manquant dans la chaîne de la transmission de la vie de Caton entre le temps où il mourut et celui de Cornélius Népos. Les biographies comportent trop de détails de la vie personnelle du censeur pour que leurs auteurs se soient contentés de consulter seulement les Annales qui consignent les évènements officiels. Il n'est donc pas insensé de supposer qu'au IIe siècle ait pu être écrite une vie de Caton, peut-être vers la fin du siècle, à un moment où la corruption se généralisait et où un tel ouvrage eût pu servir une cause politique défendant la vertu des Anciens. N'oublions pas, en outre, que tous, y compris Plutarque selon R. Flacelière, durent se référer à l'œuvre de Caton, et que certains eurent accès aux riches archives familiales, notamment Cicéron, très lié à Caton d'Utique. De surcroît, la fin de la République offrit assurément de multiples occasions de célébrer la mémoire de Caton l'Ancien : on se souvient que le suicide de son arrière-petit-fils à Utique fit grand bruit, éclipsant même, à Rome, la victoire de César à Thapsus, en avril -46. Cicéron écrivit alors un éloge à la gloire de ce héros stoïcien, ainsi que Brutus. Aussitôt, leurs adversaires, Hirtius, César lui-

13. Cf. dans la bibliographie, les études de Leo, Fraccaro, Marmorale...

même, répliquèrent en publiant un *Anticaton*. Il est difficile d'imaginer que ces écrits aient passé sous silence les actions du glorieux ancêtre dont Caton le Jeune se réclamait si volontiers. Mais on aura compris que le propos relevait plus de la récupération politique que de la vérité historique.

De Cornélius Népos, nous ignorons presque tout, sinon qu'il fut le contemporain à peu près exact de Cicéron, peut-être parce qu'il préféra l'étude à la vie politique. En -67, il rencontre Pomponius Atticus dont il devient l'ami et fréquente la célèbre villa Tamphiliana sur le Quirinal. Il y côtoie d'autres proches d'Atticus, Cicéron, Hortensius, Varron. Le temps s'écoule dans les plaisirs de la conversation et des lectures à haute voix. Népos écrit la biographie de nombre d'hommes célèbres et, à la demande d'Atticus, de Caton. Malheureusement, ce texte est perdu et il ne nous en est parvenu qu'un abrégé. L'auteur renvoie d'ailleurs le lecteur curieux de la vie de l'ancien censeur à cette biographie « donnée sur lui à la prière de T. Pomponius Atticus [14] ». Cet ouvrage dut être important et, de l'avis des éditeurs de Cicéron, Tite-Live et Plutarque, constitue, pour tous les autres biographes, une référence obligée. On n'en déplore que davantage sa disparition. Les témoignages de Cicéron sur Népos, que Atticus lui présente assez tardivement, laissent à penser que les deux hommes ne s'estimaient guère. Le premier, pétri de philosophie, aime à brasser de grandes idées. Le second, peu attiré par la culture grecque, évoque davantage le vieux Romain, sensible aux antiques vertus. L'image de Caton dut assez le séduire.

Le *Cato Major* de Cicéron, sous-titré *De la vieillesse*, est également dédié à Atticus qui semble avoir particulièrement estimé cette grande figure de la République. Mais il ne s'agit pas d'une biographie. Les évènements de la vie de Caton

14. Cornélius Népos, *Caton*, 3, 5.

qui y sont rappelés, puisés dans l'œuvre même du censeur et dans d'autres ouvrages, ne sont qu'un prétexte, celui d'un dialogue philosophique sur la vieillesse. Si Cicéron choisit Caton comme personnage principal aux côtés de Scipion Émilien et de Laelius, c'est parce que le temps où vécurent ces hommes lui paraît comme le plus grand de la République, et aussi parce que Caton peut le mieux illustrer son propos vu qu'il a poursuivi ses activités jusqu'à quatre-vingt-cinq ans. Cicéron admire Caton – il l'a déjà évoqué plus de soixante fois dans son œuvre – et s'identifie à lui. Comme lui, il n'est pas né à Rome, comme lui il est un *homo novus*, comme lui il a accompli une carrière politique glorieuse (du moins jusqu'au consulat) et est un écrivain, un orateur renommé. Il admire chez lui une attitude stoïcienne (sans le savoir) qui se retrouve chez son arrière-petit-fils. En un mot, Caton incarne ce que Cicéron a été, mais qu'il n'est plus, à son grand désespoir, au moment où il écrit ce petit traité. Nous sommes en -44, peu avant l'assassinat de César, et Cicéron est amer. Il a soixante-deux ans et se sent inutile. Il a peur de la mort. « La vieillesse m'aigrit », écrit-il à Atticus, de trois ans son aîné[15]. César veut bien festoyer avec lui, mais ne daigne pas solliciter ses conseils. Le traité sur la vieillesse est censé l'aider à passer ce cap difficile et à trouver la sérénité. Son souci n'est pas de brosser un portrait exact de Caton. Au reste, il l'avoue dans le *De Amicitia* : il a confié à Caton, déjà vieux, « le soin de traiter de la vieillesse parce qu'aucun personnage ne me semblait plus apte à parler de cet âge qu'un homme qui avait eu une vieillesse si longue »... Il ajoute que placer ses propos « sous le patronage d'hommes célèbres » leur donne du poids, comme si c'était Caton lui-même qui s'exprimât[16].

15. Cicéron, *Ad Atticum*, XIV, 21, 3.

16. Cicéron, *De Amicitia*, I, 4. Varron, semble-t-il, n'avait pas agi différemment dans son traité *Cato vel De Liberis educandis*.

Ainsi faut-il considérer avec les plus grandes précautions le portrait que Cicéron présente de Caton. Certes, certains évènements de sa vie sont rappelés avec exactitude, mais le personnage qu'il met en scène, outre qu'il a pu subir l'influence de la propagande répandue dans l'entourage de Caton le Jeune, reflète plus la pensée et la culture de Cicéron que celles de l'illustre censeur. P. Wuilleumier et E. de Saint-Denis ont clairement montré que le Caton du *De Senectute* est idéalisé, donc dénaturé. Les thèmes philosophiques qu'il développe sont inspirés des Grecs et ne correspondent pas, généralement, aux préoccupations du défenseur de la *virtus romana*. La vraie source du traité cicéronien est à rechercher du côté du péripatéticien Ariston de Céos (ou du stoïcien Ariston de Chios) et de quelques autres.

En regard de Cicéron, Tite-Live fait réellement œuvre d'historien. Cependant il n'a pas écrit de biographie de Caton. Il cite en lieu et place chronologique, au long de ses livres, les principales participations de Caton à l'histoire romaine et lui consacre, au livre XXXIX, à l'occasion de son élection au censorat, un portrait si saisissant de force et d'intuition psychologique que le nouveau censeur semble dominer de beaucoup la politique de Rome à son époque. Sur quelles sources Tite-Live fonde-t-il son analyse ? S'il est fort probable qu'il ait lu attentivement la grande biographie de Cornélius Népos dont il semble suivre le plan d'ensemble[17], les commentateurs et éditeurs modernes estiment, à quelques restrictions près, que l'historien a une connaissance directe et précise des œuvres mêmes de Caton, notamment de ses discours et de ses *Origines*, et qu'il s'en inspire largement. Lorsqu'il se refuse, par exemple, à reproduire le célèbre discours de -167 en faveur de Rhodes sous le prétexte qu'il a été retranscrit par son auteur dans les *Origines*, c'est bien qu'il a lu le livre et qu'il est accessible assez facilement aux lecteurs pour leur épargner d'en

17. Telle est l'opinion de Fraccaro.

redonner la teneur. Ou encore lorsqu'il reproche à Valérius Antias, une de ses sources majeures, de ne pas avoir lu le réquisitoire de Caton contre L. Quinctius Flamininus, cela suppose que lui-même en a pris connaissance. Il est donc loisible de penser que si Tite-Live livre au lecteur le fruit de sa propre analyse, il fonde souvent celle-ci sur un document d'origine qui provient de Caton lui-même.

Quant à Plutarque, il consacre, dans ses *Vies parallèles*, une biographie documentée à Caton, comparé à Aristide dont le surnom, le Juste, rappelle la préoccupation moralisatrice de l'auteur et son souci de mettre avant tout en lumière le caractère intègre et incorruptible de son personnage. Son texte fourmille d'anecdotes dont la réalité reste peut-être à démontrer, mais qui restituent assez bien la légende de Caton. Albert Grenier jugeait le portrait tracé par Plutarque « légendaire » mais présentant « toute chance d'exactitude ». Formule paradoxale ! Ou bien l'auteur voulait-il souligner la vérité... de la légende ? Sans doute faut-il comprendre qu'au-delà de celle-ci, Plutarque nous livre aussi une large part d'histoire. Au lecteur de faire la part de l'une et de l'autre.

Plutarque a séjourné à Rome à deux reprises et s'il est exact qu'il savait mal le latin, il n'a certainement pas utilisé une hypothétique biographie écrite en grec dont nous n'avons aucune trace. Nous suivons sur ce point R. Flacelière qui récuse cette hypothèse. Il est plus simple de conclure, comme il l'a fait, que Plutarque connaissait assez de latin pour aborder les œuvres de Caton dont il cite des phrases dans un style à l'évidence décalqué du latin. Il évoque plusieurs œuvres du censeur, fait allusion aux *Origines* et se délecte de ses fameux apophtegmes. R. Flacelière conclut que les écrits de Caton constituèrent la principale source du biographe. En outre, il dut avoir connaissance du travail de Népos dont il cite le nom dans d'autres biographies[18]. Enfin,

18. Par exemple Plutarque, *Vie de Marcellus*, 30, 5.

il cite nommément Polybe, Cicéron et Tite-Live[19]. Il les avait lus, et jugés si l'on considère par exemple que dans l'affaire de L. Quinctius Flamininus, il préfère – à raison – la version de Tite-Live à celle de Cicéron. Les commentateurs ont également remarqué que s'il suit Tite-Live dans le récit de la censure de Caton, il s'en éloigne sur d'autres points sans qu'on puisse trouver la source de ces divergences. Une biographie perdue ? Polybe ? Népos ? Nous l'ignorons. Ce qui tend à souligner l'existence des lacunes frustrantes qui demeurent dans le puzzle des sources antiques relatives à Caton. Ceci ne nous empêche pas d'apprécier la valeur d'un document aussi riche que celui de Plutarque qui nous aide à percer la psychologie de Caton au-delà de la légende. Caton le Juste.

19. Plutarque, *C. M.*, 10, 3 et 17, 5.

II

LA JEUNESSE D'UN PAYSAN-SOLDAT

Marcus Porcius Cato, comme la plupart de ceux qui scellèrent le destin de Rome, n'est pas originaire de la cité fondée par Romulus. Il voit le jour dans un bourg du Latium accroché aux contreforts des monts Albains, à vingt-cinq kilomètres au sud des remparts de la Ville. Le voyageur quitte Rome par la via Asinaria et, après une petite journée de marche, gagne un paysage verdoyant et vallonné, dont les hauteurs sont couronnées d'abondantes forêts, plus fournies dans l'Antiquité que de nos jours. Les vignes s'accrochent déjà aux pentes fertiles des collines juste au-dessus des olivaies dont le vert soyeux et apaisant coule jusqu'à la vallée. Aujourd'hui, le village est rendu célèbre par le vin qu'on y produit : Frascati. À l'époque, le bourg de Tusculum est situé sur la hauteur et les plus hautes maisons culminent à six cent cinquante mètres. Le territoire de ce municipe n'est pas important – une cinquantaine de kilomètres carrés semble-t-il – et l'essentiel des habitants consacrent leur temps à cultiver ces terres fécondes. Même si la vigne commence à prendre une place plus grande parce que le rendement est meilleur, la polyculture demeure la règle, et le blé probablement la première production, nécessaire pour nourrir les habitants de la région. Les fermes sont de dimensions modestes, et si la communauté n'est pas pauvre, on ne voit point encore trancher sur le vert du paysage les murs colorés des superbes villas que leur richesse autorisera quelques Romains importants à se faire construire pour leur villégiature. Le temps n'est pas à l'*otium* et à ces jardins magnifiquement architecturés, « à la grecque », où les maîtres du monde s'abandonnent aux plaisirs du corps et de l'esprit. L'orateur Crassus, Cicéron, Lucullus, Pline le Jeune et bien d'autres succomberont aux charmes de Tusculum. Cicéron aimait venir s'y reposer des tracas de Rome et animer quelques conversations philosophiques sous les platanes de son parc. C'était, écrivait-il à son ami Atticus, le seul endroit où il pût se retrouver et « se plaire à soi-même [1] ». Quant à Lucullus, le fin gourmet, il avait conçu l'idée folle de faire construire une immense volière dans le jardin de sa propriété, et de faire aménager en son cœur une salle à manger, afin que les convives vissent voleter autour d'eux les grives cousines de celles qu'ils dégustaient rôties ; une expérience qui ne dura guère en raison des odeurs nauséabondes qui contrariaient ces agapes [2]...

Enquête sur une origine obscure

Mais ces expressions immarcescibles d'un *otium* tusculan ne sont pas encore de saison. Nous sommes en -234 lorsque Caton vient au monde dans une famille plébéienne, mais point indigente. Cette date peut être considérée comme certaine, en suivant Cicéron et Pline l'Ancien, et au contraire des affirmations de Tite-Live, Plutarque ou Valère Maxime [3]. Nous savons en effet que Caton mourut en -149, à l'âge de quatre-vingt-cinq ans nous disent les premiers, de quatre-vingt-dix ans affirment les seconds. Or nous pouvons tenir pour sûr qu'il a mené une première campagne militaire, à dix-sept ans, en -216, au début de la seconde guerre punique. S'il était mort à quatre-vingt-dix ans en -149, et donc né en -239, il eût pris la toge virile et accompli son service armé

1. Cicéron, *Ad Atticum*, I, 6.
2. Varron, *Res rusticae*, III, 5.
3. Cicéron, *De Sen.*, 10 ; 14 ; 32 et *Brutus*, 61 ; 80 ; 89. Pline *H. N.* XXIX, 15. Tite-Live XXXIX, 40, 12. Plutarque, *C. M.*, 15, 5. Valère Maxime, 8, 7, 1.

en -222, soit quatre ans avant cette terrible guerre, au cours de laquelle Plutarque lui-même précise qu'il a pris les armes pour la première fois sans paraître s'apercevoir de sa propre contradiction.

Très tôt, nous disent ses biographes, Caton est parti vivre et grandir dans le domaine paternel, en Sabine. Quand ? Nous l'ignorons. Mais à lire quelques fragments qui nous restent, extraits de ses *Origines*, il est clair qu'il revendique autant sa « petite patrie » sabine que son origine tusculane. Il évoque par exemple avec fierté un certain Lucius Mamilius, dictateur de Tusculum, qui a aidé seul les Romains aux prises avec le Sabin Appius Herdonius en -460, et qui, en retour, reçut la citoyenneté romaine[4]. C'est qu'en effet, au moment où naît Caton, Rome n'est pas depuis longtemps la maîtresse de l'Italie – et encore ne domine-t-elle pas les peuples de la Cisalpine au nord de l'Arno. Cette aide de Lucius Mamilius, que la légende présente comme le gendre de Tarquin le Superbe, montre que le rôle de cette petite cité du Latium, dans les conflits de cette époque, n'a pas été mince. Dans cette période de grande instabilité où les Étrusques, débordant de leur frontière tibérine, affirment leur domination sur plusieurs villes du Latium et de la Campanie, le roi de Clusium, Porsenna, s'empare de Rome et Tarquin le Superbe se réfugie chez son gendre. Tusculum a joué alors un rôle décisif dans l'organisation d'une ligue unissant trente peuples et dont le sanctuaire fédéral fut consacré dans le bois sacré de Diane à Némi, près d'Aricie et non loin de Tusculum par un autre dictateur de cette ville, Égérius Baebius[5]. Tarquin, allié des Latins sur lesquels l'influence de Tusculum fut déterminante, et aussi d'Aristodème de Cumes, lutta ainsi contre le nouveau maître étranger de Rome. C'est dans ce contexte encore bien incertain que vont

4. Caton, *Or.*, I, 26. Tite-Live, III, 18 - 19.
5. Caton, *Or.*, II, 28.

se mettre en place peu à peu les premiers éléments de ce que l'on appelle la République romaine. Mais plus que Rome, il semble que Tusculum ait joué un rôle décisif dans le règlement des conflits qui agitaient la région, notamment contre les Èques, les Volsques, et les Sabins avec Lucius Mamilius. Et – comment l'oublier ! – c'est Cincinnatus qui, en -458, sauva la ville d'une expédition commune des Èques et des Volsques.

Or qui est le laudateur de Cincinnatus ? Un Tusculan, Coruncanius, le premier grand pontife plébéien à rédiger les *Annales*. Certains historiens se sont demandé si Caton lui-même, plus que Coruncanius, n'était pas à l'origine de cette légende fondatrice du dictateur exemplaire. Il est vrai que Caton se plaisait à mettre en évidence les qualités de quelques grands hommes. Il y trouvait sans doute matière à se comparer et à justifier sa propre action : la résistance des gens de Tusculum, l'autorité de leur dictateur, l'origine plébéienne de Coruncanius, mais aussi le patriotisme d'un Cincinnatus... Une manière de dire que si Tusculum n'était pas Rome, Rome n'aurait peut-être pas existé sans Tusculum.

Pourtant, nous l'avons dit, Caton n'avait vécu dans ce cadre de verdure que sa prime enfance. Il se disait, et on le disait sabin. Revenait-il parfois dans sa ville natale comme il retournait dans sa propriété de Sabine. Nous l'ignorons. Cicéron, au début du *De Republica*[6] remarque, au conditionnel, qu'il aurait eu « sans doute le droit de prendre son temps, loin des affaires, à Tusculum, endroit à la fois salubre et proche de Rome [...] et vivre dans les délices de cette calme retraite », s'il ne s'était laissé « ballotter jusqu'à la plus extrême vieillesse au milieu des flots » des tempêtes de la Ville. Cicéron n'évoque pas un éventuel repos goûté en Sabine, mais à Tusculum, comme si se trouvait là le vrai berceau de ses origines.

6. Cicéron, *De Republica*, I, 1.

Plutarque prétend que la famille de Caton est originaire de Tusculum, alors que Velleius Paterculus le cite comme « un nouvel habitant » de la ville[7]. Son père est présenté par le biographe grec comme un *bonus vir*, qui constitue l'un des titres des chevaliers, ce qui suppose une certaine fortune. D'ailleurs, la famille comprend également une autre branche vivant à Tusculum, les Porcii Laecae, dont un membre fut préteur en -207, et qui aida peut-être le jeune Marcus dans les débuts de sa carrière. Son grand-père, toujours selon Plutarque, s'est distingué maintes fois à la guerre par son courage. « Ayant perdu cinq chevaux de guerre dans les combats, il en avait reçu le prix du trésor public en récompense de sa valeureuse conduite[8]. » Toutefois cette reconnaissance de l'État n'en fit pas un citoyen. Claude Nicolet remarque que dans les Fastes capitolins qui conservent les noms des magistrats romains et ceux de leurs ascendants, le prénom du grand-père n'est pas mentionné pour le consulat de Caton, et qu'il a été mentionné puis raturé pour sa censure. Ce qui signifie que ce grand-père (dont, nous dit Plutarque, Caton lui-même ne donnait jamais le prénom, alors qu'il citait celui de son père) a pu servir dans la cavalerie auxiliaire des alliés sans devenir citoyen romain. Comme, d'autre part, le municipe de Tusculum avait la citoyenneté complète depuis la fin du IVe siècle, il est clair que le grand-père de Caton, s'il n'en bénéficiait pas, avait une autre origine et que l'installation à Tusculum de la famille serait le fait du père de Caton.

Or le grand-père possédait une terre en Sabine. Nous pouvons aisément deviner d'où lui venait ce bien. Là intervient une autre figure légendaire de l'histoire de Rome que Caton tint toujours pour un exemple de moralité : Manius Curius Dentatus, d'origine plébéienne, consul à trois reprises.

7. Velleius Paterculus, 2, 128.
8. Plutarque, *C. M.*, 1.

Et notamment, lors de son premier consulat, il vainquit les Sabins dont le territoire fut annexé à l'*ager romanus* en -290. Comme toujours, lors d'une conquête victorieuse, des parcelles de territoire ennemi sont distribuées aux meilleurs soldats. Là sans doute est l'origine de cet *heredium*, situé non loin de celui que Curius Dentatus s'est réservé pour lui-même, et d'une superficie d'environ quatorze jugères (trois hectares et demi), comme c'était la mesure de l'époque. Les nouveaux habitants de ces terres sabines ne recevront la citoyenneté complète qu'en -268, probablement après la mort de ce valeureux grand-père, ce qui pourrait expliquer qu'il ne fut pas citoyen romain. Mais avoir reçu ce petit domaine montre que la famille n'est pas, non plus, d'origine sabine. Tout au plus peut-on conclure que les racines de Caton, bien qu'inconnues, doivent prendre souche dans le sol de ce Latium voisin de Rome, non loin peut-être de cette cité tusculane dont le dynamisme exemplaire n'a pas pesé d'un maigre poids dans la lutte de Rome contre les tyrans étrusques.

Une jeunesse sabine

De l'enfance de Caton, nous ne savons presque rien. Il n'est pas difficile d'imaginer qu'elle fut assez rude, et laborieuse, même si son père avait quelques biens. Peut-être fréquente-t-il à Tusculum l'une de ces écoles qui existaient à l'époque. Sans doute aussi son père se charge-t-il lui-même de l'instruction de son fils, ainsi que le veut la tradition et ainsi que Caton le fera avec son propre fils, comme nous le verrons. Il s'agit alors de lui enseigner, outre la lecture et l'écriture, quelques rudiments d'histoire et, surtout, les principaux devoirs de l'homme et du citoyen. La famille n'est pas pauvre. Le père de famille et ses descendants se doivent d'apporter aide et assistance à plus démunis qu'eux. Ainsi Caton apprend-il un peu de droit puisque, nous dit Plutarque, devenu adulte, il se rend dans les bourgs voisins pour défendre ses concitoyens dans les affaires locales. Et il le fait gracieusement, comme l'exige le devoir moral d'assistance et la *fides*. À cette époque l'éloquence n'a pas encore atteint l'importance qu'elle connaîtra un siècle plus tard. C'est plutôt à la connaissance du droit et à la capacité à commander que l'on reconnaît un homme capable d'accéder aux fonctions dirigeantes. Pour autant, l'éducation reçue par Caton se démarque fortement de celle que reçoivent les jeunes aristocrates du moment, comme Scipion, le futur Africain, d'un an son aîné. Depuis que s'est achevée la conquête de l'Italie et que Rome domine le sud hellénisé de la péninsule, les plus riches aristocrates de la capitale font venir chez eux des maîtres grecs pour tenir le rôle de précepteur auprès de leurs enfants. Ceux-ci commencent à apprendre le grec et se familiarisent avec la littérature grecque. Ce sont d'ailleurs ces professeurs, esclaves à Rome, parfois affranchis par leurs maîtres comme Livius Andronicus, qui donnent naissance à la littérature latine. Les jeunes riches s'imprègnent donc d'une double culture, en même temps qu'ils apprennent au plus haut niveau le droit et le maniement des armes pour se préparer à leur futur métier de chef.

Rien de tout cela en Sabine. Gageons que le jeune Caton n'est même jamais allé à Rome et qu'il a sans doute peu rencontré de commerçants grecs qui pourtant fréquentent la capitale depuis sa fondation. Les esclaves grecs sont encore quasiment absents des bourgs de campagne et les seuls étrangers que l'on connaisse sont ceux des autres peuples latins voisins. En revanche, Caton subit, à la manière rustique, un entraînement physique intense : il cultive la terre du petit domaine paternel, et cet effort-là, dira-t-il plus tard, est le meilleur des entraînements au métier de soldat. Un fragment d'un de ses discours dit[9] : « J'ai mené dès mon jeune âge

9. Malc. *ORF*[1], 128.

une vie économe, dure, active, au milieu de toutes les privations, cultivant mon champ et mes cailloux sabins, défrichant et ensemançant la pierre. » Certes, les mots de ce propos prononcé bien plus tard ne sont pas innocents (la *frugalitas* – il dit ici *parcimonia* – et l'*industria* sont des notions qui appartiennent à la définition de la *virtus*) mais dans cette phrase résonne le souvenir d'une vie âpre menée au service d'une terre ingrate. L'adolescent ne sait pas encore qu'il se forge au long des années une expérience agronomique qui lui conférera quelque autorité pour rédiger son *De Agricultura*.

En Sabine, Caton se fortifie également l'âme, autant que le corps. Le jeune homme a besoin de modèles auxquels il puisse s'identifier. À deux pas de chez lui se trouve le domaine de Curius Dentatus, celui qui, nous l'avons dit, donna probablement à son grand-père cette terre caillouteuse après sa victoire sur les Sabins. Caton aime guider ses pas jusqu'à la ferme de ce grand Romain, et méditer son exemple. Car Curius ne fut pas seulement le vainqueur des Sabins, mais aussi celui des Samnites, et celui de Pyrrhus (en -275). Trois fois consul, il obtint trois triomphes et fut l'un des grands artisans de ce que l'on pourrait appeler la première unification italienne. C'est en effet après la chute de Tarente, au sud, consécutive à la défaite, à Bénévent, de Pyrrhus venu aider les Tarentins, et à celle de Volsinies, en Étrurie, en -265, que Rome put se dire maîtresse de l'Italie. Caton se rend fréquemment chez Curius, selon Plutarque ; il compare « l'exiguïté du domaine et la simplicité du logis » avec les hauts faits de celui « qui était devenu le plus grand des Romains » et qui « bêchait lui-même son petit fonds de terre et habitait cette ferme après ses trois triomphes [10] ». Il se remémore surtout un épisode significatif et devenu légendaire, probablement du fait de

10. Plutarque, *C. M.*, 2, 1.

Caton lui-même : Curius était assis devant son foyer et y faisait cuire des raves lorsqu'un jour des Samnites sont venus tenter de le corrompre en lui proposant « beaucoup d'or ». Curius les toisa et les renvoya « en disant qu'un homme à qui un tel repas suffisait n'avait pas besoin d'or et que, pour sa part, il trouvait plus beau de vaincre ceux qui avaient de l'or que d'en avoir lui-même ». Et, ajoute Plutarque, Caton rentrait chez lui « rempli de ces pensées » et, considérant alors son domaine et sa propre vie, « il augmentait sa part de travail personnel et réduisait ses dépenses ». La terre de Sabine est une dure école. Dans ses *Origines*, Caton se dit persuadé que le nom de sa seconde patrie vient du Lacédémonien Sabus. Or, selon la tradition, les Lacédémoniens sont des hommes durs. C'est pour cette raison, pense-t-il, que l'adjectif « austère » est appliqué aux Sabins, « nés de durs parents et dont les habitudes de vie ont été adoptées dans de nombreux domaines par les Romains, leurs vainqueurs[11] ». Peu importe l'exactitude de l'étymologie. La légende est là pour justifier un mode de vie, un caractère, une exigence, et pour magnifier l'influence morale du peuple vaincu sur Rome, comme par patriotisme. Curius Dentatus constitue l'exemple idéal de la reconnaissance de ces règles morales là. En Curius, Caton admire le sens du devoir, l'abnégation, l'énergie au service de sa patrie, la *frugalitas*. Curius est un grand Romain en ce sens que sa vie est dévouée aux autres et exempte de cupidité ou de désirs égoïstes. La force de Rome vient en effet de la conscience qu'a chaque citoyen d'appartenir à un groupe, de la volonté de servir la collectivité. L'individu n'existe pas. La famille est guidée par le *pater-familias*, la cité est conduite par les magistrats élus. Le citoyen, à la fois soldat et, jusqu'à l'époque de Caton, paysan, vote au sein d'une centurie et d'une tribu qui s'expriment collectivement. Seul, le Romain n'est rien.

11. Caton, *Or.*, II, 22.

Pourtant, au moment où grandit le jeune Caton à l'ombre des oliviers sabins, le monde romain connaît une profonde mutation. Une fois assise son autorité sur l'ensemble de la péninsule, Rome se trouve confrontée à une autre grande puissance, Carthage, qui domine l'Occident méditerranéen. Vingt-trois ans d'une guerre difficile, souvent nouvelle pour Rome, de -264 à -241, permirent aux Romains d'affirmer leur supériorité sur Carthage. Pour la première fois, Rome dut combattre aussi sur mer et créer sa flotte. Certains généraux, par leur sacrifice au service de la patrie et par leur force d'âme, laissèrent dans le souvenir leur nom en lettres de légende, tel le célèbre Atilius Régulus dont les exploits furent rapportés plus d'une fois aux enfants de Rome à titre d'exemple. À ce conflit, Rome gagna la Sicile, la Sardaigne et la Corse, qu'il fallut ensuite pacifier. La Sicile fut ainsi la première province constituée de son histoire, excepté le territoire allié de Syracuse. Il faudra quelques années d'expérimentation aux sénateurs et aux magistrats pour trouver comment administrer efficacement une terre conquise.

Les années qui suivirent ne furent pas beaucoup plus calmes malgré une impression de paix revenue. Rome devient le nouvel arbitre en Occident. Si la situation est maîtrisée à l'ouest de la péninsule à partir de -238, les pirates sévissent en mer Adriatique. Les marchands italiens sont massacrés, les grecs menacés. Ils en appellent à Rome qui intervient à plusieurs reprises en Illyrie (en -229/-228 et en -219). La flotte romaine s'impose. En -228, les Romains sont invités à assister aux jeux Isthmiques, premier contact avec cette Méditerranée orientale où ils interviendront au siècle suivant. Le Nord bouge également. Des troubles se développent chez les peuples gaulois de Cisalpine et, malgré l'intervention de Rome, certains envahissent le territoire romain. En -225, ils pénètrent jusqu'au sud de l'Étrurie, à Clusium, et battent les soldats romains. Il fallut les manœuvres de deux armées pour les vaincre au cap Télamon.

Malgré la frayeur éprouvée, ces conflits, une fois apaisés, permirent à Rome de fonder des colonies latines en Gaule cisalpine, où Caton sera amené à aller quelques années plus tard.

On imagine que la nouvelle de cette invasion gauloise dut aussi semer l'angoisse en Sabine, comme elle l'a semée à Rome où, pour la première fois, on procéda au Forum boarium à des sacrifices humains d'origine étrusque, en ensevelissant vivants un couple de Grecs et un couple de Gaulois. Au total, et dans le laps de temps qui sépare la première de la seconde guerre punique, on ne peut dénombrer que cinq années pendant lesquelles Rome ne fut pas amenée à conduire une guerre. Ce qui veut dire que les officiers supérieurs chargés de faire les levées, de veiller à la logistique et de mener les troupes jouissent pendant ce siècle d'un prestige et d'une autorité particuliers, et constituent une sorte d'aristocratie militaire au sein de laquelle des jeunes gens courageux, disciplinés et point trop mal nés peuvent faire leur chemin. Caton sera de ceux-là.

Le temps des premières armes

En -217, Caton atteint sa majorité, qu'il célèbre probablement lors d'une cérémonie traditionnelle qui, même si elle est moins spectaculaire que celle des jeunes habitants de Rome, n'en demeure pas moins riche de symboles et témoigne de sa piété et de son respect envers les mânes de ses ancêtres. Plus d'un siècle avant la réforme de Marius, le premier devoir du citoyen adulte est de remplir ses obligations militaires. C'est à lui de défendre sa patrie. Rome n'entretient aucune armée permanente. Selon les besoins, elle recrute un nombre variable de citoyens proposé par le consul et approuvé par les sénateurs. Les campagnes, en temps ordinaire, ne sont pas encore très éloignées et durent en moyenne de dix ou quinze jours à deux ou trois mois pendant la saison dévolue à la guerre, entre mars et octobre.

Mais déjà les temps changent. Rome domine maintenant un vaste territoire et les efforts exigés des soldats s'en trouvent accrus. Le jeune majeur s'exerce théoriquement une année au métier des armes avant de se retrouver enrôlé au sein d'une armée. Il sait qu'il devra accomplir environ une quinzaine de campagnes avant d'atteindre l'âge de devenir réserviste, à quarante-six ans. Et c'est à soixante ans seulement qu'il sera mis à la retraite car, devenu *senex*, il sera libéré de ses obligations civiques et militaires.

Selon Plutarque, Caton « dit lui-même qu'il avait dix-sept ans quand il fit sa première campagne, au temps où les victoires d'Hannibal embrasaient l'Italie [12] ». Il est dans sa dix-huitième année en -216 et sans doute n'a-t-il pas le temps de parfaire son entraînement, car Rome, aux abois, doit répondre à l'urgence. « Sur proposition du Sénat, on nomma Marcus Junius dictateur et Tibérius Sempronius maître de la cavalerie : ils ordonnèrent la mobilisation de tous les jeunes gens à partir de dix-sept ans et enrôlèrent même les mineurs ; ils formèrent ainsi une armée de quatre légions, mille cavaliers [13]. » Il est à peu près sûr que c'est dans cette armée qu'est engagé Caton, avec ce que Rome peut encore lever de jeunes hommes, après le désastre d'août -216 à Cannes. Car Rome est exsangue et la panique règne sur la Ville, nécessitant la nomination d'un dictateur.

Caton ne peut commencer à remplir son devoir de citoyen dans de plus mauvaises conditions. Hannibal vient une nouvelle fois de réduire l'Italie à merci. Le jeune et très valeureux général punique, encore enfant, avait solennellement promis à son père de venger son peuple de l'humiliation subie lors de sa capitulation forcée à l'issue de la première guerre punique. Contrairement à toute attente romaine, après avoir provoqué la guerre en violant un traité signé en -226,

12. Plutarque, *C. M.*, 8.
13. Tite-Live, XXII, 57, 9.

il décida d'envahir l'Italie par voie terrestre, en franchissant les montagnes avec armes et bagages, cavalerie et éléphants de combat. Un véritable tour de force, auquel d'ailleurs les pachydermes n'ont pas résisté. À l'automne -218, il est dans le nord de l'Italie et impose aux Romains, comme en se jouant d'eux, leurs premières défaites. Puis il descend vers Rome. Poursuivi par les soldats romains, il leur tend un piège au nord du lac Trasimène par une sombre matinée de juin -217 noyée de brouillard. En moins de trois heures, l'armée romaine est défaite, quinze mille soldats sont morts, dont le consul Flaminius, alors qu'il ne déplore la perte que de deux mille cinq cents hommes de son côté. Voilà l'ennemi à quelques jours de marche de la capitale et on voit mal quelles troupes seraient en mesure de l'arrêter. Ceci signifie simplement la disparition de Rome, selon les lois de la guerre dans l'Antiquité. Les terres sont menacées par les troupes ennemies et nombreuses sont les populations, notamment les femmes et les enfants, qui ont trouvé un refuge qu'elles croient sûr derrière les remparts de la Ville. Et voici que ces murailles salvatrices, tout d'un coup, deviennent inutiles. La peur s'empare des Romains, attisée encore par des prodiges funestes, annonciateurs d'une rupture de la protection divine (*pax deorum*). Aussitôt sont décrétées diverses mesures : l'offrande de jeux à Jupiter ainsi qu'un *ver sacrum* : il s'agit de la promesse de sacrifier tous les animaux nés au printemps suivant, si Rome se rétablit – un engagement dont nous aurons à reparler car Caton s'y trouvera confronté lors de son consulat. L'essentiel réside sans doute dans la nomination d'un dictateur, Fabius Maximus, magistrat désigné exceptionnellement, et non élu, pour une durée de six mois avec tous les pouvoirs pour rétablir la situation.

Mais Hannibal ne marche pas sur Rome. Il s'en détourne même et gagne l'Italie du Sud. On comprendra plus tard que son plan était plus ambitieux – ou bien peut-être a-t-il mal évalué la situation et n'a pas compris que Rome était affaiblie au point de pouvoir être cueillie comme un fruit mûr. Tous les peuples soumis à la domination romaine n'ont pas le même statut. Seuls ceux qui occupent toute la partie médiane de la péninsule – les premiers conquis – bénéficient de la citoyenneté romaine. Ils forment une sorte de barrière entre le Nord et le Sud. Hormis quelques parcelles destinées à aider à la romanisation et qui jouissent de certains droits (on les dit de droit latin), tous les autres peuples – c'est-à-dire la majorité du territoire de l'Italie – ne sont que des « alliés » (*socii*). Ils n'ont aucun des droits des Romains, mais ils ont la charge de payer des impôts et de fournir des hommes pour renforcer l'armée romaine. Le dessein d'Hannibal est clair : conquérir ces alliés de Rome, les désolidariser de leur tutrice et ainsi l'affaiblir immanquablement. Et de fait, un certain nombre se rallient au vainqueur carthaginois, que Rome devra reconquérir par la suite, et à qui elle fera payer cher le prix de leur défection. Pour le moment, Rome met sur pied une nouvelle armée et, en -216, rejoint Hannibal à Cannes où elle se fait battre de façon encore plus douloureuse qu'à Trasimène. Les chiffres varient suivant les sources, mais on peut retenir que l'armée romaine perd plus de la moitié de ses hommes, l'un de ses consuls et de nombreux sénateurs qui servaient comme officiers. Si l'on excepte les prisonniers faits par Hannibal, c'est donc une bien petite troupe qui regagne piteusement la capitale. La situation paraît encore plus désespérée car il n'y a plus assez d'hommes valides pour constituer une armée solide, sauf à enrôler, comme cela se fait, de tout jeunes soldats, voire des mineurs. Comme après Trasimène, on accomplit des actes d'expiation pour empêcher que les dieux n'abandonnent les Romains à la vengeance de l'ennemi. Et l'on va, pour la seconde et dernière fois, jusqu'à enterrer vivants au Forum boarium un couple de Gaulois et un couple de Grecs, sur l'injonction des Livres sibyllins. Les élections portent au consulat pour l'année -215 le même Fabius Maximus qui a été dictateur en -217, après Trasimène. Le conflit entre alors dans une nouvelle phase, celle de la guerre d'usure. Rome n'a de toute façon plus les moyens d'affronter Hannibal. Elle va peu à peu miner l'action du chef carthaginois dans le Sud et s'efforcer de reconquérir les peuples félons jusqu'à isoler Hannibal et le rendre vulnérable. Il faudra alors reprendre l'offensive et porter le combat en territoire punique. La victoire finale en Afrique, due à Scipion qui y gagnera son surnom, interviendra en -202. Au lendemain de Cannes, dans la douleur de la défaite, peu auraient parié sur cette victoire, même à l'attendre encore quatorze longues années.

Or cette épreuve terrible, qui va déterminer l'avenir de Rome, a eu aussi l'avantage de mettre clairement en lumière le jeu des affrontements politiques entre quelques grandes familles romaines ; un jeu dans lequel Caton va s'inscrire lorsqu'il entamera sa carrière et dont il nous faut brosser un rapide tableau. Entre les deux premières guerres puniques, trois ou quatre vieilles familles se disputent le pouvoir et peuvent s'enorgueillir de monopoliser depuis des générations les plus hautes magistratures. Si l'on veut bien considérer l'importance du clientélisme à Rome, chacune de ces familles s'élargit en fait à un nombre important de noms un peu moins illustres que lient à leur patron le très fort ciment de la *fides* et le jeu des « amitiés », véritables réseaux d'allégeance, ou des mariages qui impliquent la soumission et la dévotion à la politique des membres dominants du groupe. Ce sont donc de véritables clans dont les chefs, de vieille souche patricienne, exercent une forte « *auctoritas* ». Le mot ne peut se traduire simplement par « autorité ». Il désigne en fait la garantie que le patron offre à ceux qui dépendent de lui. Une sorte de « valeur ajoutée » pour suivre l'étymologie même du mot (*augere*). Cette *auctoritas*, comme la noblesse, est héréditaire, et représente en quelque sorte la supériorité, la prééminence du patricien sur ses affidés. Elle crée ainsi la *fides* et constitue un véritable pouvoir moral auquel il est impossible de se dérober. Il n'est personne, dans le monde politique romain qui n'exerce son *auctoritas* ou ne subisse celle d'un autre. Il s'agit donc d'un lien très fort qui permet aux *gentes* patriciennes de mener efficacement la politique qu'elles entendent, ou d'avoir les moyens de s'affronter entre puissants grâce aux soutiens nécessaires qu'implique ce prestige moral.

À cette époque, donc, ce sont, par exemple, les Fabii, les Aemilii, les Cornelii ou les Claudii qui tiennent les rênes du pouvoir. Il ne serait sans doute pas exact de dire, comme on l'a fait, que les uns sont plus conservateurs que les autres. Chacune de ces grandes familles entend être garante des grandes valeurs de Rome, mais de façon très différente. Certaines sont assurément plus offensives (les Aemilii ou les Cornelii Scipiones), sans pour autant se laisser taxer d'impérialistes, comme on l'a parfois écrit. Nous verrons que ce mot ne recouvre sans doute pas le sens que nous lui donnons aujourd'hui. D'autres optent pour une politique plus prudente et ne font pas la même analyse quant au traitement à réserver aux peuples conquis. Les alliances avec d'autres familles, moins puissantes, plus récentes ou d'origine plébéienne sont également nécessaires pour redonner vigueur à un « sang bleu » qui, au fil des siècles, pourrait avoir tendance à disparaître. Ainsi les Fabii s'attachent-ils la reconnaissance de familles issues d'Étrurie, ou de Campanie. Étrusques sont les Licinii – la première femme de Caton est une Licinia –, ou les Ogulnii. Les Fulvii et les Mamilii, déjà rencontrés, viennent de Tusculum, et les Atilii de Campanie. Il en va de même pour les Livii, les Pomponii ou les Servilii, alliés aux Aemilii, dont l'un des membres éminents est le consul Aemilius Paullus, tué à Cannes, et dont le descendant, vainqueur de Persée à Pydna en -168 est le père du futur Scipion Émilien (nous verrons le respect et l'affection qui le lient à Caton). Les Cornelii Scipiones sont également liés aux Aemilii : la mère de Scipion l'Africain est une Pomponia et sa femme une Aemilia. Son fils adoptera le fils cadet de Paul-Émile qui, ajoutant le nom de son père au sien propre, devient Scipion Émilien. Les Claudii, eux, dont Tite-Live stigmatise l'orgueil et la cruauté envers la plèbe romaine, comptent parmi leurs membres les plus valeureux le consul Appius Claudius Caecus (l'Aveugle) à qui les Romains doivent la création de la via Appia, et, parmi leurs alliés, les Sempronii dont Tibérius Sempronius Gracchus, collègue de Fabius Maximus au consulat de -215 et ancêtre des frères Gracques, célèbres tribuns de -133 et-123.

La rivalité entre ces clans éclaire les circonstances qui amenèrent Rome à engager un conflit aussi destructeur et bouleversant pour elle que la seconde guerre punique. Si les Fabii ont toujours cherché à calmer le jeu, les Aemilii et les Cornelii Scipiones prônent une politique interventionniste. Or, dès -222, les Aemilii reviennent en force au Sénat. En sept ans à peine, leur groupe obtient une dizaine de consulats et une censure qui leur permet d'intégrer au Sénat de nouveaux membres de leur bord. C'est ainsi qu'en -218, lorsque Hannibal prend Sagonte en violation du traité de -226, les Aemilii et les Scipiones sont pour une guerre immédiate alors que le clan des Fabii tente de faire admettre le principe d'une ambassade qui irait négocier à Carthage. À l'issue de cette âpre confrontation, il est décidé d'envoyer dans la capitale punique une délégation, mais tous les membres (sauf un) appartiennent au groupe des Aemilii-Scipiones ! Toute solution diplomatique au conflit s'en trouve, à l'avance, vouée à l'échec. Ce que n'avaient pas imaginé les interventionnistes, c'est qu'Hannibal envahirait l'Italie. Ils comptaient, eux, attaquer tant en Espagne qu'en Afrique. Il leur fallut rapidement revoir leurs plans. De la même façon, lorsqu'après Trasimène on confie à Fabius Maximus les pleins pouvoirs d'un dictateur, le jeu se calme un peu, mais c'est Aemilius qui est élu consul pour -216, et le parti de la guerre l'emporte en faisant adopter le projet d'une nouvelle confrontation avec Hannibal. C'est seulement après le désastre de Cannes que les Fabii reprennent l'avantage pour quelque temps. Rome exsangue, Fabius

Maximus, élu consul pour -215, peut enfin mener sa politique de temporisation – d'où son surnom de *Cunctator*, le Temporisateur – et permettre à Rome, avec du temps et de la patience, de se refaire. Une nouvelle phase de la guerre commence alors, en attendant qu'un autre Scipion, fils du consul de -218, jeune général victorieux en Espagne à moins de trente ans, n'obtienne, avant l'âge légal, un consulat et, non sans mal, l'attribution de la province de Sicile d'où il peut aller à Carthage vaincre l'ennemi et asseoir une nouvelle fois l'autorité de Rome.

La guerre de Caton

Enrôlé après le désastre de Cannes, Caton est l'une des plus jeunes recrues avec lesquelles le consul de -215, Fabius Maximus, va « temporiser », conscient que l'ardeur patriotique de la nouvelle armée romaine ne compense pas totalement son inexpérience du combat. La tactique du consul consiste donc à s'appuyer sur ceux des alliés qui n'ont pas rejoint Hannibal pour l'empêcher d'étendre sa domination en Campanie. Cicéron place dans la bouche de Caton devenu vieux des propos d'admiration à l'égard de ce grand chef romain dont il rappelle qu'il fut cinq fois consul dans sa vie, dont la première fois en -233, quand Caton avait un an, et une fois dictateur, en -217, après Trasimène. Fabius n'est plus jeune ; il a soixante ans. Mais « il savait à la fois mener la guerre comme un adolescent malgré son grand âge, et amortir par son endurance la fougue juvénile d'Hannibal ». « Il ne préférait pas les rumeurs au salut[14]. » Toutefois il ne semble pas que Caton ait combattu directement sous ses ordres, mais sous ceux d'un de ses généraux, M. Claudius Marcellus, dans les rangs de qui il a contribué à tenir le chef carthaginois en échec à plusieurs reprises. Sans doute réus-

14. Cicéron, *De Sen.*, 10.

sit-il à se faire remarquer par son courage et sa détermination au combat. « Dans la bataille, nous dit Plutarque, il avait la main prompte à frapper, le pied ferme et inébranlable, le visage farouche. Il abordait l'ennemi avec des menaces lancées d'une voix rude. Il pensait avec raison et montrait que souvent ces moyens épouvantent plus l'adversaire que l'épée [15]. »

En -214, Caton participe comme tribun militaire à la campagne de Sicile dans l'armée de M. Claudius Marcellus, élu consul avec Fabius Maximus. Cette expédition avait été rendue nécessaire à la suite des troubles survenus à Syracuse, ancienne alliée de Rome. Les victoires d'Hannibal avaient favorisé le développement d'un parti anti-romain et les Puniques, d'autre part, caressaient l'espoir de reprendre pied en Sicile. Marcellus mettra plusieurs années (jusqu'en -211) à rétablir le calme et à prendre Syracuse dont la résistance, due entre autres aux inventions d'un certain Archimède, est bien connue.

Comment Caton devient-il tribun militaire, fonction éligible, pour laquelle son jeune âge rendait sa notoriété bien faible ? Trop obscur pour être élu, il est plus probable que, remarqué par ses officiers, il ait été nommé à cette fonction par le consul qui en avait le pouvoir et avait pu juger de sa valeur en Campanie. De toute manière, l'exercice de cette charge était réservé aux citoyens de rang équestre. Certains savants ont fait remarquer que s'il y a accédé par la grâce du consul, il n'est pas certain qu'il ait été chevalier et le serait devenu *ipso facto*. Certes, quelques exemples sont connus à l'époque républicaine, mais, comme le fait remarquer Cl. Nicolet, ils sont rares. Nous avons vu d'autre part que si son grand-père n'était probablement pas citoyen, ce n'était pas le cas de son père, que Plutarque présente comme un *bonus vir*, l'un des titres des chevaliers. Plutarque

15. Plutarque, *C. M.*, 8.

prétend aussi qu'il a été proposé pour ce poste par un voisin influent, Valérius Flaccus, dont nous allons reparler, et qui va jouer un rôle déterminant pour sa carrière politique. Mais cet intérêt d'un puissant, près de dix ans plus tard, peut se comprendre parce qu'il aura eu le temps de le voir à l'œuvre et de découvrir ses qualités. En -214, Caton a juste vingt ans et cette recommandation politique paraît un peu prématurée.

En tout cas, même si aucun biographe n'en parle, il faut rappeler que la Sicile recèle des trésors et que le tyran de Syracuse mène une vie « à la grecque ». Pour les soldats romains, c'est le premier contact avec les œuvres d'art et la richesse de l'Orient, qu'ils retrouveront après la seconde guerre punique lors des campagnes de Grèce et d'Asie. Un choc que partageront tous les Romains lorsque Marcellus célébrera son triomphe à Rome et que défileront les multiples chars où s'entasse le butin. Les Anciens n'apprécieront pas ce pillage des temples grecs, mais les jeunes seront reconnaissants au général romain « pour avoir embelli et égayé la ville de Rome des ingénieuses et élégantes voluptés des Grecs[16] ». Le général romain, de surcroît semble séduit par le mode de vie grec et, avant Scipion, est le premier à se faire raser la barbe. Le vainqueur de Syracuse est d'ailleurs le premier à se faire représenter sur les monnaies le visage glabre. Lorsqu'on sait quelle opposition farouche Caton opposera, un peu plus tard, aux mœurs grecques de Scipion qu'il jugera dépravées, on peut deviner quelle est la stupéfaction du jeune campagnard sabin et de ses camarades devant ce cadre de vie et ces modes qui leur semblent d'une autre planète. Et voici que, selon Cicéron et Plutarque, Caton se serait retrouvé à Tarente en -209 aux côtés de Fabius qui reprit la ville. Là, il aurait pu suivre avec délectation les leçons d'un philosophe pythagoricien nommé Néarque.

16. Plutarque, *Vie de Marcellus*, 33, 1.

Quand Caton quitte-t-il la Sicile ? En -210, avec les troupes de Marcellus comme le signale Tite-Live ? Si tel est le cas, rien n'empêche qu'il se soit retrouvé à combattre sous les ordres de Fabius à Tarente en -209, sinon peut-être que les troupes confiées à Fabius pour cette expédition sont formées des légionnaires d'Étrurie, levés deux ans plus tôt, alors que celles venues de Sicile sont placées sous la conduite de Fulvius avec pour destination la Lucanie et le Bruttium, et que de son côté, Marcellus voit son commandement prorogé pour un an[17]. Rien d'impossible pourtant à ce que Caton change de corps d'armée. Il est de toute façon impensable, vu la situation, qu'il ne soit engagé nulle part. Mais l'insistance que mettent Cicéron et Plutarque à nous dire que Caton suit Fabius à Tarente n'est pas exempte d'arrière-pensée. Son protecteur et futur collègue, Valérius Flaccus appartient en effet au cercle des Fabii et la politique de Caton ne sera pas étrangère à l'influence de Fabius Maximus. De là à prétendre que ces liens politiques sont déjà noués alors qu'il est un jeune tribun de vingt-cinq ans...

Il s'agit aussi de valoriser une légende : à Tarente, Caton, hôte du philosophe pythagoricien Néarque, dont il suivrait l'enseignement. Nous verrons, le moment venu, ce qu'il faut penser du pythagorisme de Caton, mais, en outre, Cicéron commet dans son récit quelques approximations que P. Wuilleumier a relevées et sur lesquelles il est inutile de s'étendre. Enfin, et surtout, il est quasiment certain que le jeune tribun ne parlait pas le grec, même si, comme nous le verrons, il n'attendra pas ses vieux jours pour l'apprendre. On voit mal, alors, comment il aurait pu faire son miel des subtilités de la pensée philosophique développée par Néarque.

Nous retrouvons ensuite Caton sur un autre front, en -207. Depuis Cannes, Rome s'est ressaisie grâce à la politique

17. Tite-Live, XXVII, 7, 9.

de Fabius et a réussi à isoler Hannibal dans le sud de l'Italie. Les Aemilii et les Cornelii ont perdu beaucoup de leur influence. Pourtant le peuple, vite oublieux des catastrophes passées, rêve d'interventions plus énergiques. Aussi, en -210, vote-t-il un commandement proconsulaire en Espagne au jeune Scipion, âgé de vingt-cinq ans, qui n'a cependant pas encore franchi les échelons du *cursus honorum* au-delà de l'édilité. Sa mission est de porter la guerre contre l'ennemi sur cette terre espagnole dont Hannibal a fait sa plus importante base arrière. Il y connaît des victoires, reprenant notamment le contrôle des mines d'argent dont Carthage tire une part de ses revenus. Mais il ne peut empêcher Hasdrubal de former une armée et de s'enfuir à sa tête vers la Gaule, puis l'Italie afin de porter secours à son frère sur le territoire italien. Les deux frères pensent faire jonction et prendre l'armée romaine en tenaille, l'un venant du nord et l'autre du sud. Malheureusement, les émissaires d'Hasdrubal sont interceptés, et ce sont les consuls romains C. Claudius Nero et M. Livius Salinator qu'Hasdrubal trouve en face de lui, sur le Métaure, et qui le défont totalement. Nous savons que Caton participe à cette bataille victorieuse pour Rome qui sonne déjà pour Hannibal le glas de la défaite et le début de la retraite.

Sans doute, ensuite, Caton regagne-t-il la Sabine et s'occupe-t-il de son domaine. On peut penser que c'est à cette époque – ou, en tout cas, peu d'années auparavant – qu'il fait la connaissance de L. Valérius Flaccus qui va devenir son patron et son mentor en politique. Aucune carrière n'est en effet possible, rappelons-le, surtout pour un inconnu comme Caton, sans le soutien d'un puissant qui met à son service ses nombreux réseaux de clients sans lesquels, à Rome, aucune destinée politique n'est envisageable. Pour autant, Caton nourrissait-il une semblable ambition ? C'est peu sûr. Mais le hasard s'en mêla. Il se trouve en effet que Valérius Flaccus possède un domaine qui jouxte celui de Caton. Membre d'une ancienne famille patricienne, son père fut consul en -227 et l'un de ses lointains ancêtres servit de médiateur entre Romains et Sabins, au temps des rois, devenant ainsi un artisan de la paix et bénéficiant de leur royale estime [18]. Il semble qu'il appartient lui-même au clan des Fabii, ce qui expliquera beaucoup de l'attitude de Caton à l'égard de Scipion par la suite. Plutarque nous le présente comme un homme « habile à discerner le mérite naissant et tout disposé à le développer et à le conduire à la gloire [19] ». Valérius entend les serviteurs de Caton vanter les mérites de leur jeune maître. Il s'étonne que le même homme puisse, dès le matin, aller à la ville voisine plaider la cause de ceux qui l'en prient devant les tribunaux sans demander de contrepartie, et revenir travailler la terre l'après-midi, avec ses serviteurs, vêtu d'une simple tunique en hiver et seulement d'un pagne en été. On lui décrit ses mœurs rustiques, et comment il partage sa table avec ses esclaves, « mangeant le même pain et buvant le même vin ». Ainsi se forge la légende d'une vie austère qui, cependant, devait être celle de bien des petits propriétaires terriens, dans les campagnes romaines, avant que les victoires orientales ne bousculent les habitudes de vie.

Mais Caton n'est pas un paysan ordinaire. Son talent oratoire et sa force de caractère conjugués avec l'austérité de ses mœurs ont de quoi retenir l'attention. Valérius l'invite donc à dîner. Telle fut, nous dit Plutarque, l'origine de leurs relations : « Il reconnut en Caton un esprit doué et fin qui demandait, comme une plante, à être cultivé dans un terrain où il pût s'épanouir [20]. » Il tente en effet de convaincre Caton de se lancer dans la carrière politique, sous sa direction. Pour réaliser ce projet, il faut quitter la Sabine et s'installer à Rome. On imagine que la décision n'est pas aisée à prendre.

18. Plutarque, *Vie de Publicola*, 1.
19. Plutarque, *C. M.*, 3, 1.
20. Plutarque, *C. M.*, 3, 3.

Caton hésite certainement un peu, mais finit par suivre Valérius.

Caton arrive à Rome ; il a vingt-huit ans. Grâce aux conseils et aux appuis de son mentor, il est élu questeur pour -204. C'est le début d'une longue amitié entre les deux hommes dont les moments les plus forts seront l'exercice en commun du consulat et de la censure, et qui ne cessera qu'avec la mort de Valérius, en -180.

En quittant son domaine, Caton laisse derrière lui sa jeunesse pour aborder le temps de la maturité. Il abandonne aussi l'anonymat du citoyen, obscur rouage d'une République qui ploie sous la force de l'ouragan carthaginois, mais ne rompt pas. Il pénètre, en homme neuf, le monde assez fermé de ces grandes familles qui font et défont le destin de Rome. C'est un sang nouveau qu'il va injecter dans ce corps déjà gâté par les rivalités et les ambitions des politiques romains. Ses atouts, qui expliquent aussi certaines des orientations qu'il défendra, sont l'éducation austère reçue de son père, l'accoutumance au dur travail de la terre inculquée par les cailloux sabins, la leçon de courage infligée par l'atrocité de la guerre et la révélation de l'amitié offerte par un homme généreux dont la première qualité est d'avoir su distinguer le talent. Le jeune homme réunit toutes les chances de réussir alors qu'il foule en novice la pavé du Forum romain, et possède la force d'âme de les concrétiser.

III

LA CARRIÈRE ET LES HONNEURS

Rome à la fin du IIIe siècle

La Rome que découvre le jeune homme en cette fin du IIIe siècle a de quoi surprendre et galvaniser son énergie. Certes, elle ne ressemble en rien encore à la coruscante cité de marbre que laissera Auguste, forte de son million d'habitants, voire davantage – et il faudra, par la suite, attendre 1950 pour qu'elle retrouve une telle densité de population... Mais elle ne présente pas la triste figure que certains ont voulu dépeindre. Et déjà, on peut estimer qu'elle est riche d'environ deux cent mille âmes, ce qui en fait l'une des villes les plus importantes du moment dans le bassin méditerranéen. Pourtant, l'urbanisation paraît quelque peu anarchique. Les rues sont étroites et sales. Les ordures jonchent souvent le sol et aucun trottoir ne vient canaliser les eaux de pluie, pour éviter au passant de se crotter jusqu'à la cheville. Une odeur pestilentielle imprègne durablement les venelles des bas quartiers, et les miasmes qui l'accompagnent sont à l'origine de nombreuses maladies, voire épidémies. Dès les premières chaleurs de l'été, l'air devient irrespirable. L'unique égout qui traverse le Forum, la *cloaca maxima*, ne sera couvert que vers -200 et c'est Caton, pendant sa censure, en -184, qui fera curer les canalisations, en créera de nouvelles, et travaillera à l'amélioration de l'hygiène. Certains quartiers, déjà, sont surpeuplés et les premiers immeubles de rapport (*insulae*) sont construits, souvent de façon précaire, si bien que les éboulements et, plus encore, les incendies sont quasiment quotidiens. D'autres parties de la Ville, notamment derrière les remparts ou le long du *pome-*

rium (l'enceinte sacrée de Rome) restent inhabitées et prennent l'aspect de terrains vagues. Là campent les plus démunis qui ne peuvent pas même se loger à Subure ou sur l'Esquilin, près de ces fosses puantes où s'entassent pêle-mêle détritus et excréments avec ce qui reste des sans-abri ramassés morts dans les rues. Les riches, eux, s'abritent derrière les murs de leurs *domus* dans les quartiers résidentiels que sont, par exemple, à l'époque, les Carines ou le Palatin.

Cependant, cet apparent désordre urbanistique ne doit pas masquer l'effort permanent poursuivi depuis près de deux siècles pour organiser une ville à partir de ce qui n'était, somme toute, que la principale bourgade du Latium. L'incursion gauloise de -390 avait montré les faiblesses des remparts. Depuis -350 environ est achevée la muraille dite « servienne » qui enferme près de quatre cents hectares. Celle-ci dépasse largement l'antique limite du *pomerium*, et montre ainsi que la ville nouvelle se définit plus selon la réalité du moment qu'en fonction de ses traditionnelles limites religieuses. Un premier aqueduc, à l'initiative du censeur Appius Claudius Caecus, approvisionne Rome en eau depuis -312, renforcé par un second, élevé en -272 par Manius Curius Dentatus, le vainqueur de Pyrrhus et le Romain que Caton admire le plus dans l'histoire. Des voies quittent la ville dans diverses directions, la via Appia, vers le sud, voulue par le même Appius Claudius, ou la via Flaminia, vers le nord, depuis -220.

Le cœur de Rome, également, a beaucoup changé. De nouveaux édifices, des temples sont élevés. Dans la partie septentrionale du Forum, traditionnellement vouée aux débats politiques, un *comitium* est construit afin que les magistrats puissent réunir les citoyens de façon plus formelle. Les boutiques vont progressivement diminuer en nombre. Celles que l'on appelait les Boutiques neuves (elles avaient été reconstruites en -210 après un incendie) disparaissent peu à peu, comme les Boutiques anciennes, situées au sud du Forum, pour faire place à de nouveaux bâtiments publics et aux *atria*, petits édifices carrés que les plus riches font construire afin d'y accueillir leurs clients et augmenter leur prestige de patron. Le marché municipal, qui était organisé sur la même place depuis -338 va progressivement être déplacé vers le nord, à l'emplacement du futur *forum* de César, où seront finalement regroupés, en -179, tous les marchands de comestibles et les commerçants des anciennes boutiques. Cela montre bien la volonté de créer un véritable centre politique au Forum, qui ne corresponde plus à la traditionnelle « place du village » où les tribuns haranguent une foule colorée trop occupée à faire ses emplètes (et à commercer) pour l'écouter, mais qui transcrive, dans la nouvelle conception urbanistique, la place, désormais unique et éminente, de Rome en Italie.

Cette transformation accompagne, en effet, et traduit dans la pierre, la métamorphose du pouvoir romain. À la fin du IIIe siècle, Rome domine la majeure partie de l'Italie qui compte environ un million d'habitants [1]. Le territoire romain, autrement dit *ager romanus*, de droit romain, est principalement constitué des peuples de l'Italie centrale – Latium, Sabine, Campanie, sud de l'Étrurie, la majorité du Picenum. Il s'agit de la partie la plus fertile de la péninsule, ponctuée de gros bourgs spécialisés dans diverses productions dont parle Caton dans son *De Agricultura*, tels Capoue, Casinum, Minturnes, Nola, Venafrum et d'autres. C'est ce territoire qui est divisé en trente et une tribus (les tribus « rustiques ») s'ajoutant aux quatre tribus urbaines de la capitale. Celles-ci constituent le cadre de l'organisation géographique du pouvoir qui se traduit lors des comices tributes. Le reste de l'Italie sera progressivement agrégé à ces tribus existantes.

1. Chiffre que l'on peut déduire de ceux cités par Polybe, II 24, et traités par P. Brunt in *Italian Manpower*, p. 44 sqq.

Or cette partie restante de l'Italie, la majorité de la péninsule en superficie, est composée des « alliés » de Rome. Il s'agit de peuples conquis qui n'ont pas la citoyenneté romaine, mais qui sont liés à Rome par des traités plus ou moins durs exigeant impôts et soldats. Tout le sud de l'Italie est peuplé de ces « alliés » qui sont, en fait, des Grecs ; ceux-là même qu'Hannibal a tenté de désolidariser de Rome pour les rallier à sa cause en mettant l'ennemi en difficulté. Depuis longtemps, depuis l'origine même de Rome devrait-on dire, ces Grecs sont en contact avec la ville de Romulus, comme l'étaient également les Étrusques avant de tomber sous la coupe romaine. Depuis cinq siècles, les Romains sont familiarisés avec les objets et les produits de Grande-Grèce et de Sicile que les commerçants venaient troquer dans la Ville. Mais depuis le IVe siècle, ces échanges s'intensifient au point de bouleverser les habitudes et les goûts romains. Deux raisons essentielles à cela : d'une part le développement économique dû à l'usage nouveau à Rome de la monnaie. D'abord grec, avec ses unités de mesures grecques, dès la fin du IVe siècle, le monnayage devient romain, à la fin du IIIe siècle, avec la mise en place du système romain. La guerre (et les besoins d'argent qu'elle suscite) a d'ailleurs beaucoup précipité cette évolution qui, en donnant à Rome une monnaie propre, lui a assuré une suprématie économique. D'autre part la domination des peuples grecs du Sud. Avec la conquête, les otages, les esclaves, avec aussi la fascination pour une culture, un art dont la maîtrise et l'achèvement éblouissent les Romains, parce que leur propre évolution culturelle n'a pas encore atteint ce degré, plus jeunes qu'ils sont de plusieurs siècles, c'est une influence déterminante qu'ils subissent, consciemment et inconsciemment, volontairement ou involontairement. De cette confrontation (qu'ont connue les Grecs et d'autres civilisations en leur temps et en leur place) naîtront une culture et un art romains, non pas une copie de la culture grecque, mais une nouvelle identité originale, enrichie de l'autre et qui assurera seule la pérennité de cette culture grecque quand sa civilisation aura péri.

Voilà donc longtemps que les artistes grecs sont à l'œuvre à Rome. Au moins trois siècles ! Mais c'est au IIIe siècle que les importations et les exportations de céramique prennent une ampleur nouvelle. Le premier temple d'Apollon, au Champ de Mars, fut construit en -431 ; celui d'Esculape, dans l'île Tibérine, fut édifié pour abriter une statue du dieu ramené d'Épidaure en -292. La mode des statues commence très tôt. Ce sont d'abord celles des dieux et des héros. Dès la fin du IVe siècle, Pythagore et Alcibiade eurent la leur au Comitium. Puis, au siècle suivant, des artistes grecs dressent des statues colossales d'Hercule et de Jupiter sur le Capitole. En -296, le célèbre quadrige étrusque de terre cuite qui avait couronné le faîte du temple de Jupiter est remplacé par un quadrige de bronze, dû également à des artistes grecs. On pourrait multiplier les exemples de ces cultes, de ces dieux accueillis à Rome, comme l'on pourrait insister sur la naissance de la littérature latine qui est l'œuvre d'hommes venus de Grande-Grèce. T. Livius Andronicus est arrivé tout jeune à Rome, ramené comme esclave de Tarente. Affranchi par son maître, il est le premier à traduire l'*Odyssée* en latin, à écrire des pièces de théâtre de type grec, mais en latin, à fonder une école où il enseigne les deux langues. C. Naevius, originaire de Campanie, propose pour la première fois au public romain des tragédies romaines qui célèbrent les hauts faits de l'histoire de Rome. D'Ennius, autre Grec, nous reparlerons, parce que c'est Caton lui-même qui l'amène à Rome avec lui et c'est de lui, sans doute, qu'il apprit le grec.

Encore faut-il se méfier des excès et laisser le temps à une raisonnable assimilation. Au IIIe siècle, les victoires remportées en Grande-Grèce sont suivies de pillages et de triomphes où défilent toutes les beautés de la Grèce devant les yeux des Romains éblouis et, disons-le, encore ignares en matière d'art. Ces œuvres variées, statues, peintures, bijoux, vases et vaisselle d'argent... sont des trophées. Elles appartiennent aux Romains, et sont exposées pour qu'ils puissent les contempler, au risque de susciter la concupiscence. Quand Marcellus, pendant la seconde guerre punique, réussit à prendre Syracuse, il pille abondamment, dépouillant les temples jusqu'au sacrilège. Ce qui lui vaut de se voir d'abord refuser le triomphe. Il prétendait officiellement faire l'éducation artistique de ses concitoyens et, plus probablement, impressionner les sénateurs pour en obtenir plus grande récompense. Mais ce sont les réactions provoquées par ce butin qui sont intéressantes. Les anciens furent choqués de la cupidité du général et des méthodes employées. Les jeunes, eux, nous dit Plutarque, se montrèrent enthousiastes, comme nous l'avons rappelé[2].

La Rome dans laquelle arrive le jeune Caton est donc très contrastée. L'évolution de son urbanisme reste brouillonne, même si elle est consciente de son nouveau statut économique et politique, et veut se donner les moyens d'assurer un rôle de capitale. Dans le même temps, elle n'offre pas le visage d'une cité mal dégrossie, ignorante de l'art et étrangère à un esthétisme qui définirait son identité. Elle n'est pas pour autant une ville grecque – qu'elle ne sera jamais. Elle innove, elle assimile, elle s'approprie ce qui l'émerveille d'une civilisation qu'elle côtoie depuis toujours et à laquelle, après tout, elle prétend appartenir : Énée, le Troyen, ne pouvait qu'être grec. Mais elle ne copie pas servilement. Elle utilise, elle emprunte, elle adapte ce qui peut l'aider à affirmer sa personnalité. Elle affirme son originalité, comme le montre par exemple la célèbre statue de bronze dont il nous reste la tête, dite de Brutus. L'œuvre date du IIIe siècle et constitue sans doute le premier témoignage de cette volonté proprement romaine chez les aristocrates de conserver les portraits de leurs ancêtres. La facture peut être grecque, l'expression est indubitablement romaine

2. Plutarque, *Vie de Marcellus*, 33 sqq.

et n'a rien à voir, par exemple, avec les statues des souverains hellénistiques qui se faisaient représenter comme autant d'Alexandre le Grand. Là où la statue grecque revêtirait un caractère solaire, la tête de Brutus est celle d'un homme de la terre, avec l'humanité de ses rides, dont la noblesse des traits matérialise la *virtus* et l'*auctoritas*.

Mais l'identité romaine n'est-elle pas menacée par l'accélaration de ces contacts culturels, par le choc qu'elle crée, par les sentiments qu'elle peut susciter ? Les plus vieux, sûrs de leur expérience, s'en inquiétèrent lors du triomphe de Marcellus. Ils se souvenaient sûrement du censeur Fabricius qui, en -275 (ce n'était pas si vieux!) raya de l'*album* un sénateur parce qu'il gardait chez lui dix livres de vaisselle d'argent[3]. En ce temps-là, il n'existait à Rome qu'un seul service de table en argent que les sénateurs, appelés à recevoir chez eux les ambassadeurs étrangers, se prêtaient les uns aux autres. Les dits ambassadeurs étaient, paraît-il, fort étonnés, soir après soir, de voir repasser les mêmes plats dans leurs mains... Le souci des anciens, on le voit, est d'ordre moral. La cupidité facile ne peut qu'éloigner de ce qui fit la force vertueuse d'un Curius Dentatus : la *frugalitas*. D'où le mot plaisant, mais acerbe, de Caton, en un temps où tout un chacun voulait avoir sa statue au Forum, à ceux qui s'étonnaient qu'il n'eût pas la sienne : « J'aime mieux entendre demander pourquoi on n'a pas élevé une statue à Caton que pourquoi on en a élevé une[4]. » *Vanitas vanitatum...*

*L'*homo novus *et les cercles politiques romains*

Le nouvel enjeu du pouvoir que représente la puissance romaine, et l'espérance d'enrichissement personnel qui l'accompagne conduisent l'aristocratie, dès le IIIe siècle, à

3. Soit un peu plus de 3 kg. Aulu-Gelle, *N. A.*, XVII, 21-39.
4. Plutarque, *C. M.*, 19.

« confisquer » les fonctions les plus hautes du *cursus honorum*. Pourtant, depuis les lois liciniennes, les plébéiens ont la possibilité d'accéder au consulat et L. Sextius aurait été le premier à y parvenir, en -365, si l'on en croit Tite-Live[5]. Il est considéré comme le premier *homo novus* de l'Histoire. Mais, si l'on se livre à un rapide calcul, il apparaît qu'après lui, et jusqu'à Cicéron, ils ne sont guère qu'une quinzaine à être élus consuls, et très peu pendant la vie de Caton où quelques familles seulement monopolisent cette dignité. En un siècle, cinquante-huit familles se partagent deux cents consulats et, parmi elles, cinq seulement en totalisent soixante-cinq. Il n'y a aucune surprise à retrouver en tête de ce palmarès ces clans qui se déchirent pendant la seconde guerre punique et qui rivalisent aux commandes de la République durant le siècle de prospérité que connaît Rome après avoir vaincu Hannibal. Viennent en tête les Cornelii (vingt-deux consulats, dont douze à l'actif des Scipions), puis les Aemilii (douze consulats également), les Fulvii, les Claudii Marcelli, sans oublier les Fabii ou les Valerii. Ceci ne signifie pas que tout espoir de carrière soit interdit aux plébéiens. Ils sont souvent liés aux aristocrates qui privilégient les alliances avec les riches familles plébéiennes pour revigorer un sang qui s'épuise avec le temps ou renforcer une fortune familiale qui parfois s'affaiblit. Certaines grandes familles ont à la fois une branche patricienne et une plébéienne (comme les Veturii). Les mariages ou les adoptions sont l'occasion, pour nombre de plébéiens, d'entrer au Sénat et d'accéder à des fonctions honorables. Mais devenir consul comme Régulus qui le fut à deux reprises au temps de la première guerre punique, ou cumuler le consulat et le censorat, comme Caton, est un phénomène rare. Le cas de Caton, remarqué et aidé par un membre influent des Valerii, lui-même allié aux Fabii alors au pouvoir, ou encore celui d'un

5. Tite-Live, VII, 1, 1.

Marius qui, plus tard, devra sa carrière au soutien des Metelli, relève plus de l'exception que du cas général. C'est dire que Caton, surtout dans le contexte qui est celui de son époque, a bénéficié à la fois de chance et d'un concours de circonstances peu commun. Cela explique aussi que, ainsi guidé, porté par son patron, il ait d'abord défendu les opinions politiques des Valerii et des Fabii contre les Scipions et les Aemilii. L'*homo novus* s'efforce généralement de s'intégrer à l'aristocratie qui lui ouvre ses rangs. Ce qui n'est pas facile, tant les patriciens sont fiers de leurs prérogatives, et jettent sur ces nouveaux venus un regard méprisant. Cicéron en gardera un souvenir cuisant ; et Velleius Paterculus, parlant de Caton, lui applique le terme d'*inquilinus*, le considérant comme un « locataire », une sorte de parasite de la noblesse. Pourtant, l'*homo novus* n'a rien d'un pauvre bougre ramassé dans la rue par charité. Au contraire, c'est lui qui redonne souvent force et vigueur à celui qui le protège au point, dans le cas de Caton, de le supplanter par son intelligence, son savoir-faire, sa présence politique même. Lorsque les auteurs anciens parlent des deux consuls de -195 ou des deux censeurs de -184, c'est bien davantage de Caton qu'ils détaillent les exploits que de Valérius Flaccus. Et pour faire ainsi carrière, même si l'homme nouveau n'est pas noble, il lui faut appartenir à l'ordre équestre. Même si ce dernier point n'est pas théoriquement indispensable, il est impensable d'entrer au Sénat à qui ne possède pas le cens équestre. De toute manière, l'ascension dans la carrière politique, à Rome, nécessite une solide fortune. Pour s'imposer, outre les fonds et le soutien d'un aristocrate haut placé, il faudra encore à l'homme nouveau un caractère bien trempé – qui ne fait pas défaut à Caton ! Et qu'il sache montrer son courage et sa détermination. C'est le seul moyen de rivaliser avec les patriciens. Voilà pourquoi Caton brandit comme une arme sa *virtus*, qui lui tient lieu d'ancêtres et de noblesse, et son *industria*, son énergie politique, garante d'efficacité dans l'action. Tels sont d'ailleurs les deux termes que Cicéron, autre *homo novus*, attribue à Caton comme un slogan politique : *virtus et industria*[6].

Il apparaît donc clairement qu'à l'époque où il « monte » à Rome pour y faire carrière, Caton sait qu'il rencontrera de durs obstacles à franchir, du moins s'il ambitionne d'aller jusqu'aux échelons supérieurs du *cursus*. D'autres que lui, dans sa famille, se sont distingués, et même fort honorablement. P. Porcius Laeca, un peu plus jeune que lui, parviendra même au prétorat l'année où il sera consul ; L. Porcius Licinus, son aîné, issu d'une autre branche de la famille dont on ne sait quelle relation exacte il entretenait avec elle, se distingua pendant le siège de Capoue, en -211, fut édile l'année suivante et donna, avec son collègue, des jeux Plébéiens remarqués ; il fut aussi préteur en -207 puis chargé d'un commandement en Gaule cisalpine, et joua un rôle important dans la bataille contre Hannibal sur le Métaure au côté de Livius Salinator – bataille à laquelle Caton participa, on s'en souvient, sous les ordres de Claudius Nero. Mais là s'arrêtèrent leurs exploits. Ils ne firent que servir quand Caton allait parvenir au pouvoir suprême et exercer sur le cours des évènements une influence décisive. D'ailleurs la célébrité ne vint guère à Caton qu'à partir de son consulat, et, plus encore, de sa censure. De ses débuts de carrière, assez traditionnels, il reste peu de traces. Tite-Live, par exemple, ne le cite que rarement dans son histoire de Rome, et ne prend la peine de s'attarder un peu pour nous en brosser le portrait qu'à l'occasion de sa campagne pour les élections censoriales de -184.

Caton questeur

En -205, Caton est élu questeur pour l'année -204. Il gravit donc le premier degré du *cursus honorum*. Fraccaro

6. Cicéron, *De Republica*, I, 1.

s'étonne qu'un parfait inconnu, à peine arrivé à Rome, réussisse ainsi à se faire connaître et à recueillir les suffrages de ses concitoyens. Il se demande si Caton n'avait pas déjà été introduit à Rome dans les cercles politiques avant de participer à la campagne contre Hasdrubal sur le Métaure en -207. Rien ne permet de le penser, et sa rapide ascension politique peut très bien s'expliquer si l'on tient compte de deux éléments importants : son mentor, et les évènements à l'époque des faits. En cette fin du IIIe siècle, nul n'existe en politique que par le patron dont il est le loyal client. Valérius Flaccus, le protecteur de Caton est un proche des Fabii, farouches opposants, depuis le début de la guerre, des Cornelii Scipiones et des Aemilii, partisans dès les premières heures du conflit d'une politique offensive. Après les revers que connurent les Romains, Fabius parvint à redresser la situation, éclipsant quelque peu ses adversaires. Mais quand Rome renoua avec le succès, les Romains rêvèrent de nouveau de batailles glorieuses et de victoires et se lassèrent de la prudence du « Temporisateur ». Après l'élimination d'Hasdrubal qui mettait Hannibal en difficulté, et à l'annonce des conquêtes victorieuses du jeune Scipion, ils élirent celui-ci consul pour -205, alors même qu'il n'avait pas gravi les degrés obligés de la carrière politique pour mériter cet honneur. Or Scipion prétendait bien porter l'offensive en Afrique et abattre Carthage *in situ*, promettant ainsi aux foules enthousiastes une fin de guerre à la fois proche et glorieuse. Tel n'était pas le projet de Fabius Maximus et de ses partisans qui jugeaient plus utile de débarrasser le sol italien des Puniques, quitte à traiter ensuite avec Carthage. Fabius savait que le projet de son adversaire était ruineux, hasardeux, et se méfiait des tentations impérialistes des Scipions et des Aemilii qui, en éliminant Carthage et en laissant Rome seule maîtresse de la Méditerranée occidentale, risquaient de changer son destin et de modifier la mentalité et les ambitions de ses dirigeants. Avec les siens, il tenta donc d'empêcher Scipion, devenu consul, d'obtenir la province de Sicile et le droit de passer en Afrique. Sans succès. Il n'était pas inutile, alors, de placer auprès de ce chef si charismatique des hommes à lui pour l'observer, voire le contrôler sinon le contrecarrer. Caton, présenté par Valérius Flaccus, offrait bien ce caractère déterminé qu'une gloire montante comme celle de Scipion n'était pas pour impressionner, surtout s'il s'agissait de défendre les intérêts de Rome. On imagine que les opposants au nouveau et brillant consul n'eurent pas de mal à convaincre leurs clients, parmi les représentants des tribus, pour faire élire cet inconnu qui dut probablement davantage sa questure à ses protecteurs qu'à ses talents oratoires. Il aurait le temps ensuite, de se faire connaître. Pour l'heure, le nouveau questeur est envoyé, en -204, auprès d'un des légats de Scipion qui finit de préparer en Sicile son passage en Afrique.

Caton symbolise si bien, et légendairement, l'opposition à Scipion que Plutarque nous rapporte, sur sa questure, une anecdote totalement invraisemblable, mais qui tend à ancrer tôt dans sa carrière son combat contre l'hellénisme et les prohellènes. Plutarque[7] rappelle d'abord les sentiments de Fabius envers Scipion, qu'il attribue à la jalousie du vieux chef envers une jeune gloire montante. Et Caton se trouve alors présenté comme l'œil et la voix de Fabius en Sicile. Témoin de la prodigalité du général en chef envers ses soldats, lui, le jeune questeur l'aurait ainsi tancé : « Ton plus grand tort n'est pas de dépenser, mais de gâter la simplicité naturelle des soldats, qui emploient au plaisir et au luxe ce qui excède leurs besoins. » À quoi Scipion aurait rétorqué : « Je n'ai nul besoin d'un questeur si exact, quand je navigue à pleines voiles vers la guerre, et je dois compte à l'État de mes actions, non de mes dépenses. » Alors Caton aurait quitté son poste en Sicile et serait rentré à Rome où, selon son biographe, « de concert avec Fabius, il se mit à

7. Plutarque, *C. M.*, 3, 5-7.

crier dans le Sénat contre les gaspillages incroyables et les passe-temps puérils de Scipion, l'accusant de traîner dans les palestres et les théâtres, comme si, au lieu de commander une armée, il célébrait une fête. Il fit si bien que l'on envoya des tribuns à Scipion pour le ramener à Rome, si les accusations portées contre lui apparaissaient fondées ». Ceux-ci auraient alors constaté que « les agréments de son train de vie ne lui faisaient nullement négliger les affaires sérieuses et importantes », et l'auraient donc laissé s'embarquer pour la rive africaine.

Plutarque se sert ici d'un épisode connu de la préparation en Sicile du débarquement en Afrique qui s'est déroulé en -205, donc l'année qui a précédé l'arrivée de Caton en Sicile. Sans doute est-ce la raison pour laquelle certains historiens ont pu se demander, sans fondement, si Caton n'avait pas été questeur en -205 au lieu de -204. Cet épisode nous est largement relaté par Tite-Live[8]. En deux mots, il s'agit d'une part de l'affaire de Locres et, d'autre part, du train de vie de Scipion à Syracuse, où il passe une grande partie de l'année pour préparer son expédition contre Carthage. Les Locriens, habitants d'une petite cité du sud de l'Italie, avaient quitté le parti de Rome pour se soumettre aux Carthaginois qui leur firent subir une dure tyrannie. Les soldats romains reprennent la ville et Scipion confie la charge de Locres à un commandant en chef, Q. Pléminius, et à deux tribuns militaires. Non seulement ces hommes laissent leurs soldats maltraiter les habitants de la cité – pillages, sacrilèges, atrocités multiples envers les hommes et les biens – mais ils rivalisent d'exactions entre eux. Bagarres, disputes, injures entre Romains. Pléminius fait fouetter les tribuns en public. Ces derniers sont vengés par leurs soldats qui se jettent sur le commandant, le rouent de coups et lui coupent le nez et les oreilles. Scipion, informé, vient sur place, donne raison

8. Tite-Live, XXIX, 8-9 et 16-22.

à Pléminius qui décide d'affirmer son autorité en faisant torturer et mettre à mort les deux tribuns. Les Locriens dépêchent alors une ambassade auprès du Sénat pour se plaindre de la barbarie des soldats romains à leur égard, et du spectacle que donnent aux habitants leurs sanglantes dissensions internes. Un des ambassadeurs résume leur situation en une phrase : « Je dis qu'il n'y a pas une maison à Locres, pas un habitant qui ait été respecté ; je dis qu'il n'y a aucun crime, aucun vice, aucun vol qui ait été épargné à ceux qui pouvaient en être victimes [...] Tous les crimes que les tyrans les plus cruels et les plus insupportables ont commis contre une population opprimée, Pléminius les a commis contre nous, contre nos enfants et nos épouses. » Fabius prend alors la parole pour demander aux Locriens s'ils se sont ouverts de leurs plaintes à Scipion. Ils rétorquent que le général est trop occupé pour les entendre et que, du reste, Pléminius a tout son soutien. Une fois les ambassadeurs sortis de la Curie, Fabius se lance dans une violente diatribe contre Scipion, l'accusant de détruire la discipline militaire. Il réclame qu'on amène Pléminius enchaîné à Rome et qu'on le punisse de mort si les accusations des Locriens sont avérées. Il exige que Scipion soit rappelé à Rome parce qu'il a trahi la confiance de ses concitoyens, et que les victimes soient dédommagées. Mais, note Tite-Live, les esprits étaient si prévenus contre Scipion qu'on ne put prendre de décision immédiate. Et il ajoute qu'indépendamment de cette affaire, « on critiquait le mode de vie de Scipion, indigne d'un Romain, à plus forte raison d'un général : il se promenait dans le gymnase en manteau, chaussé de sandales et consacrait tout son temps à la lecture ou à la palestre », vivant, ainsi que son entourage, « dans l'oisiveté et le confort ». Autrement dit, on reprochait à Scipion son mode de vie à la grecque. Un Romain se doit de porter la toge, et des *calcei*, non le manteau grec, le *pallium*, plus léger et les sandales spartiates (*crepidae*) qui laissent le pied à l'air. La lecture des philosophes (ces « bavards », dira Caton) et la fréquentation des gymnases ne peuvent que détourner un Romain de son action et l'inciter à la débauche.

La critique est celle de Fabius et des opposants à Scipion. Nulle doute qu'elle est partagée par Caton, mais ce n'est pas lui qui la prononce. En -205, lorsque se déroule l'affaire de Locres ou lorsque Scipion se laisse séduire par le mode de vie grec, Caton est à Rome ; et en -204, lorsque les ambassadeurs locriens sont entendus au Sénat, et Scipion critiqué, Caton est en Sicile. Au reste imaginerait-on un jeune questeur se permettre une réflexion critique à son général en chef, puis quitter son poste pour venir le dénoncer à Rome et y être écouté ? C'est méconnaître les règles très strictes de la discipline militaire, que rappelle par exemple un Polybe[9]. Et Tite-Live, dans son long récit des évènements, ne mentionne jamais Caton. Seule la fin de la narration de Plutarque est exacte : le Sénat décide d'envoyer une délégation de dix membres conduite par le préteur Pomponius auprès de Scipion aux fins d'une enquête tant sur son attitude pendant l'affaire de Locres que sur sa manière de vivre à Syracuse. À ceci près que cette proposition n'émane pas de Caton mais de Q. Caecilius Métellus, ancien consul de -205 et proconsul chargé du Bruttium. Pourquoi, alors, Plutarque délivre-t-il un récit à l'évidence invraisemblable et inexact, qu'il est d'ailleurs le seul à faire ? Il s'agit pour lui de dramatiser et d'ancrer dans le temps le conflit qui a réellement opposé Caton et Scipion. L'épisode de Locres a créé une vive émotion à Rome. Il a donné lieu à une violente critique de Scipion de la part de l'opposition. Caton, nous l'avons vu, est un sympathisant de la politique des Fabii, et il est soutenu par les proches de Fabius. Par la suite, le combat qu'il livrera aux Scipions s'exacerbera et deviendra légendaire. En faisant jouer à Caton ce rôle dès sa questure, Plutarque renforce l'image de l'homme déterminé et inébranlable contre

9. Cf. Polybe, *Histoires*, VI, 19-42.

ses adversaires. Et pour forger cette histoire, il utilise un autre affrontement, bien réel celui-ci, qui opposera Caton à Scipion l'Asiatique et à son frère l'Africain après leur victoire en Asie en -189. Nous verrons qu'à cette date, Caton réclamera des comptes aux deux Scipions au nom de l'État. Ici, comme si l'histoire ne faisait que se répéter, Plutarque nous montre Caton qui fait reproche à Scipion de gaspiller l'argent du Trésor romain. La superposition des deux faits montre que ce que pourra se permettre Caton en -187 est impensable de la part d'un jeune questeur inconnu en -204. Plutarque fonde simplement la légende du héros.

Cela ne signifie nullement que Caton ait approuvé la conduite de son chef et ne partage pas l'avis de Fabius. Mais, discipline oblige, il n'en dit certainement rien. Quant à Scipion, il reçoit les émissaires du Sénat et leur montre tous les préparatifs nécessaires à son débarquement en Afrique, et qui sont remarquables. Ceux-ci, éblouis par la précision et l'intelligence du général, arrêtent là toute poursuite et rentrent à Rome aussi « heureux » que s'ils revenaient annoncer la victoire...

En -204, Scipion s'embarque pour l'Afrique où la victoire ne sera pas aussi facile et immédiate que dans les rêves des délégués romains, mais commencera à sourire au jeune général en chef dès l'année suivante. Caton le suit très certainement sur l'autre bord de la Méditerranée, mais nous ignorons à quel combat il prend part. Le portrait que nous brosse Plutarque de Caton en campagne est sans doute un peu caricatural, mais correspond assez au caractère que nous lui connaissons et aussi à « l'énergie dans l'action » que salue Tite-Live [10]. Au combat, il frappe avec violence et détermination, menaçant l'ennemi de sa voix rude et de son air farouche. Pendant la marche, il va à pied, porte seul ses armes, laissant le soin de ses provisions à un esclave à qui

10. Tite-Live, XXXIX, 40, 6 et Plutarque, *C. M.*, 1, 8-10.

il n'adresse jamais de reproche pour la nourriture servie, allant même jusqu'à l'aider dans ses préparatifs. Il ne boit que de l'eau et, si la soif se fait trop sentir, il la coupe de vinaigre pour mieux se désaltérer, ce qui constitue généralement la boisson des soldats et des esclaves ; rarement, « si la force lui manque », il s'autorise « un peu de vin quelconque ». Cette frugalité légendairement romaine se démarque beaucoup du train de vie reproché à Scipion. Certains ont pu penser que son animosité farouche contre lui a pu naître de l'observation de ses mœurs pendant cette année qu'il passa dans son armée. Cela supposerait que Caton partageât déjà aussi farouchement la haine des vieux Romains pour les modes de vie grecs. Or ce qui va suivre montre au contraire que si Caton est certainement, par son éducation, fortement attaché aux valeurs romaines, il ne jette pas encore sur les Grecs le regard résolument méfiant qu'il semblera avoir un peu plus tard.

La rencontre d'Ennius

Avant la fin de sa questure, Scipion envoie Caton en Sardaigne à une date que nous ignorons, pour une mission que nous ne connaissons pas davantage. De là, il ne regagnera Rome qu'en -203, voire au début -202, accompagné d'un « allié » qui, selon Cicéron, est devenu son intime[11] et qui fut l'un des premiers grands noms de la littérature latine, Quintus Ennius. Le fait est attesté par Cornélius Népos[12] qui attribue à Caton le mérite d'avoir installé Ennius à Rome comme un titre de gloire en rien « inférieur à nos yeux au plus illustre triomphe qu'eût pu lui valoir une victoire en Sardaigne ». Nous n'avons guère de raisons de mettre en doute cette amitié entre les deux hommes ni le fait qu'il

11. Cicéron, *De Sen.*, 4, 10.
12. Cornélius Népos, *Caton*, 1, 4.

faille mettre au compte de Caton cette « découverte » littéraire, quoi que prétendent d'aucuns, arguant que Caton retournera plus tard en Sardaigne et que Népos a pu faire une confusion. Nous avons vu que sa première biographie de Caton, plus ancienne et plus complète, était probablement assez précise et exacte et, d'autre part, toute la tradition littéraire atteste que Rome doit à Caton l'un de ses meilleurs auteurs.

Or Ennius est un Grec. De cinq ans l'aîné de Caton, il est originaire de Rudies, en Messapie, à l'est de Tarente. Il est en Sardaigne avec le contingent que les *socii* (alliés de Rome) ont dû fournir à ceux qui les gouvernent. C'est un homme brillant, probablement officier, qui parle avec autant d'aisance le grec, l'osque et le latin. Il est féru de littérature grecque, notamment de poésie et, à ce titre, eût dû attirer la méfiance désapprobatrice de Caton qui, en bon Romain, condamnait la poésie comme une entrave à l'action et un obstacle à l'expression de la virilité. Comment le Grec, dans ces conditions, est-il remarqué par Caton qui devient son protecteur ? On peut supposer trois raisons principales à leur amitié.

D'abord, cet étranger n'a pas des autres Grecs l'obséquiosité que méprisait tant Caton. Sa grandeur d'âme lui interdit de se comporter comme ces parasites qui savent flatter pour mieux s'enrichir et profiter des libéralités de leur bienfaiteur. Nous savons qu'Ennius ne fut jamais riche alors même qu'il eût pu se servir lorsqu'il suivit en Asie l'un de ses protecteurs. Et s'il partage les confidences des grands en même temps que leurs repas, il n'en garde pas moins son franc-parler. En un mot, il reste un homme fier, digne[13], et désintéressé.

Ensuite, Ennius est un homme jovial, charmeur, dont le caractère avait tout pour séduire le jeune questeur. Un pas-

13. Cf. Cicéron, *De Oratore*, 11, 68, 276.

sage des *Annales* consacré à Géminus Servilius, qui fut tué à la bataille de Cannes en -216, permet au poète de brosser le portrait de celui qui, comme lui, accompagne les grands hommes, jouit de leur libéralité et tente, en contrepartie, de leur procurer un peu de détente. On considère généralement que ces vers ont un caractère autobiographique, et ils nous permettent d'imaginer comment se comportait Ennius avec ses protecteurs : « Un homme savant, de parole, facile, agréable, satisfait de ce qu'il a, heureux, avisé, donnant son assentiment au bon moment, affable, parlant peu, connaissant bien les temps anciens, [...] connaissant la morale des anciens et des contemporains, ainsi que les lois de nombreux anciens, divines et humaines [14] »... Caton, nous le savons, était un bon vivant. Il aimait les repas simples, entre amis, qui se prolongent par de franches et bonnes discussions arrosées par quelques coupes. La franchise et la jovialité d'Ennius, la richesse de son savoir aussi, n'ont pas manqué de retenir son attention.

Enfin, et l'extrait des *Annales* y fait allusion, Ennius est un Grec qui aime Rome et en connaît parfaitement l'histoire et la morale. Il n'a rien d'un poète perdu dans les étoiles, ni d'un philosophe bavard coupé du monde de la réalité. Il fera dire à l'un de ses personnages : « Philosophons un moment, car toute la vie, point ne faut [15]. » Caton ne pouvait qu'être séduit par un étranger qui affirmait à présent se sentir plus romain que messapien, chantait la supériorité de Rome (« Rome est debout grâce à ses mœurs antiques, et grâce à ses grands hommes ») et attribuait celle-ci à la rigueur morale. Dans les *Annales* qu'il écrira un peu plus tard, Ennius rappelle les grandes heures de l'histoire romaine et y célèbre ceux qui figurent pour Caton des exemples

14. Extrait du livre VII des *Annales* rapporté par Aulu-Gelle, *N. A.*, XII, 4.

15. Cité par Aulu-Gelle, *N. A.*, V, 15, 9 ; par Cicéron, *De Republica*, I, 30 ; *Tusculanes*, II, 1 ; *De Oratore*, II, 37, 156.

radieux : Fabricius, Curius Dentatus, Coruncanius... Fabius lui-même (« la gloire pour nous devient éclatante »). Il n'oubliera pas Caton. « Mœurs et héros d'autrefois font la durée de Rome », écrira-t-il. Ou encore : « Un homme, il lui faut vivre épris de vraie vertu, courageux, sans reproche et face à l'adversaire. » Caton s'exprimerait-il autrement ? Sans doute, plus tard, Ennius chantera-t-il aussi les louanges de Scipion et d'autres philhellènes qui deviendront ses protecteurs. Son cœur de Grec se sentira probablement encore mieux en harmonie avec ces patrons cultivés ; mais pour l'heure, il est facile d'imaginer Caton séduit, voire ébloui par une aussi large ouverture d'esprit, une aussi vaste culture, une aussi remarquable *fides*, dont il se dit qu'elle pourrait lui rendre quelque service. Et il n'est pas interdit de penser que c'est à cette époque, sous la direction d'Ennius, qu'il apprend la langue et les rudiments de culture grecques dont on trouve des traces dans ses discours, même les plus hostiles à l'hellénisme[16] !

Ennius ouvre à Caton d'autres horizons. Par une meilleure connaissance de la civilisation grecque, il va fonder en lui les arguments qu'il développera contre la Grèce et qui alimenteront sa méfiance et ses réticences. Il enseignera le grec aux plus grands, à commencer par Scipion ; il ouvrira une école sur l'Aventin. Nous pouvons être assuré que Caton fut son premier élève célèbre, et sans doute pas le plus sot.

Dès son arrivée à Rome, Ennius se lance dans un travail qui va lui assurer une popularité certaine : la traduction de *L'Histoire sacrée* d'Évhémère, vieille de près d'un siècle. Traduction, ou plutôt adaptation en prose, toujours en latin, qui ne se contente pas de montrer comment les dieux sont en fait des hommes des temps anciens à qui il faut exprimer sa reconnaissance, mais qui critique fortement la divination et toutes les manifestations de crédulité aux-

16. C'est ce que dit l'auteur du *De Viris illustribus*, 47.

quelles la panique créée par la seconde guerre punique a donné lieu. Nul doute que, dans une certaine mesure, cet appel au rationalisme, quand il se borne à rappeler le devoir de la civilisation, a pu satisfaire Caton. Mais Ennius est probablement allé trop loin pour lui, lorsqu'il flatte l'esprit frondeur de certains Romains de l'époque en déclarant que « les habitants du ciel » (dont il ne remet pas l'existence en cause) « s'inquiètent peu de ce que fait le genre humain [17] ». Et Cicéron précise que ce mot recueillait toujours les applaudissements de la foule. Pourtant le poète se conduit en vrai Romain et son œuvre revêt une couleur patriotique quand il cherche à déculpabiliser les citoyens : point d'infériorité devant la culture grecque ; l'histoire de Rome et ses grands hommes justifient sa place à la tête du nouveau monde qui se dessine et fondent les Romains à affirmer leur supériorité politique. Mais la conception de l'histoire par Caton diffère de celle d'Ennius. Celui-ci, fidèle à l'analyse grecque, trouve dans la valeur des individus et notamment des « héros » la justification d'une domination de l'univers, alors que celui-là nourrit une vision plus globale de l'histoire dans laquelle les hommes, fussent-ils de grands chefs, n'ont pas le premier rôle : c'est le peuple dans son entier, la cité dans son entité qui sont fondés, par leur force unitaire et par la civilisation forgée collectivement, à gouverner les autres peuples. Peut-être est-ce ce différend qui éloigne Caton d'Ennius et conduit celui-ci à se rapprocher des philhellènes comme Scipion pour qui le rôle du chef reste prééminent. Sans doute aussi Ennius se laisse-t-il séduire par les nouveaux vainqueurs et dirigeants qui font souffler sur la politique romaine un vent de jeunesse. Quand le vieux Fabius meurt en -203, à soixante-douze ans, Scipion n'a que trente-deux ans et la gloire de réduire Carthage à merci l'attend.

17. Cf. Cicéron, *De Divinatione*, II, 50, 104.

La victoire de Scipion et ses conséquences

Au moment où Ennius entame son travail, le peuple romain a le plus grand besoin d'être rassuré. Certes, en -203, la chance a souri à Scipion qui s'impose en Afrique. Carthage veut négocier. Mais à Rome, le commandement du jeune chef romain est contesté. Scipion impose notamment à son ennemi d'évacuer l'Italie, la Gaule, les îles entre l'Italie et l'Espagne, de renoncer à l'Espagne, de livrer sa flotte (sauf vingt navires), de payer une lourde amende (cinq mille talents) et d'approvisionner l'armée romaine jusqu'à la paix définitive. Carthage dépêche des ambassadeurs à Rome pour ratifier le traité, mais les adversaires de Scipion font traîner les négociations. Et pendant ce temps Hannibal regagne l'Afrique. L'espoir renaît à Carthage. Le traité est enfin signé au printemps -202, mais la disette est sévère en Afrique, et un coup de force de la flotte punique à l'encontre d'un convoi de ravitaillement romain remet tout en question. Hannibal rencontre Scipion à Zama en octobre, et cette dernière bataille assure à Rome une victoire définitive. Le traité que signera Carthage au printemps -201 sera identique, mais sa flotte sera réduite à dix navires et son amende multipliée par deux.

Il n'empêche. La tension gagne Rome. La peur renaît, comme aux pires jours d'un conflit qui a coûté si cher aux Romains. À l'annonce de la reprise des hostilités, les prodiges se multiplient, replongeant la population dans les affres de la crédulité. Ici, le disque solaire paraît rétrécir, là, la foudre s'abat en plein forum, à plusieurs endroits il pleut des pierres, le Tibre déborde et inonde les quartiers de la capitale plus qu'à l'ordinaire... Le consul Tibérius Claudius Néron, parti avec sa flotte, essuie une dure tempête et se laisse surprendre par l'hiver. L'autre consul nomme Gaius Servilius Géminus dictateur. Et le 14 mars -201, l'année commence sans magistrats curules. Un pontife meurt. Les jeux Romains sont recommencés trois fois. Les comptables des édiles sont convaincus d'avoir soustrait de l'argent au Trésor. L'élection de édiles plébéiens ne s'est pas déroulée selon les règles, et ils démissionnent de leurs fonctions, fait rarissime dont nous possédons cependant un exemple en -292[18]. Il semble qu'à l'occasion de ce vice de procédure, Caton prononce un discours : *De aedilibus vitio creatis*[19]. Mais les quelques mots qui nous restent ne nous permettent pas d'en savoir davantage. Il n'est d'ailleurs pas certain que ce discours ait été prononcé en cette circonstance, même si c'est vraisemblable. En quelle qualité Caton s'exprime-t-il ? Nous l'ignorons, et l'hypothèse de certains historiens selon laquelle il aurait été augure n'est corroborée par aucun élément. Il s'agit sans doute là de la trace d'un des premiers de ses nombreux discours dont nous savons qu'il conservait les textes dans ses archives personnelles. Cicéron nous dit qu'il en connaissait encore cent cinquante à son époque, mais ce qui nous reste aujourd'hui se réduit à fort peu de choses, souvent des phrases utilisées comme citation par des auteurs postérieurs, et seuls quelques extraits un peu plus longs, comme nous le verrons ultérieurement, nous donnent un aperçu de la force de persuasion et du talent oratoire de Caton.

Ce que fait Caton entre -202 et -199, année de son édilité, nous échappe totalement. A-t-il fait des séjours en Sabine, ou à Tusculum ? C'est probable. Mais nous pouvons tenir pour certain qu'il poursuit une action politique déterminée dans l'ombre de Valérius Flaccus et de ses amis. Rome est en train de vivre un tournant capital de son histoire. Elle a failli périr et disparaître à jamais du fait d'un général carthaginois hors du commun – elle rend d'ailleurs hommage tant à ses qualités de grand stratège qu'à ses talents de diplomate, et lui érige une statue ! Elle se retrouve seule maîtresse de l'Occident méditerranéen. Quand Scipion rentre à Rome, à l'automne -201, le peuple exulte. Toute frayeur

18. Tite-Live XXX, 39 ; cf. aussi Tite-Live, X, 47, 1.
19. Malc., *ORF*³, 217-218.

est oubliée. Polybe relate avec chaleur « les démonstrations spectaculaires d'affection que la foule ressentait pour un tel homme ». Il décrit les Romains « au comble de la joie », débordant d'un enthousiasme aussi grand qu'avait été profonde leur désespérance. « La vue du cortège triomphal, avec tous les captifs, réveille en eux avec plus d'intensité que jamais le souvenir des périls passés, et la foule manifeste dans un enthousiasme délirant sa reconnaissance envers les dieux et envers l'homme à qui l'on était redevable d'un pareil changement[20]. » Caton est peut-être parmi les spectateurs de ce défilé. Mais s'il ne ressent pas forcément l'aigreur des vieux adversaires politiques des Cornelii, s'il n'éprouve pas la jalousie d'un Fabius (selon Plutarque) parce qu'il sait quel fossé le sépare du jeune aristocrate, il ne se laisse sûrement pas emporter par la liesse populaire. Il se rend compte que l'adulation dont cet homme est l'objet a quelque chose de nouveau et d'inquiétant parce qu'elle occulte que la victoire est d'abord celle du peuple avant d'être celle du chef. Tite-Live note d'ailleurs que c'est la première fois qu'un général passerait « à la postérité sous le nom du peuple qu'il avait vaincu ». Scipion l'Africain, celui que pour la première fois, en Espagne, ses soldats avaient spontanément salué du titre d'*imperator*, jusque-là réservé à Jupiter, et qui avait montré « une âme royale » en refusant d'être considéré comme un roi, lui, le grand admirateur d'Alexandre le Grand.

Caton sait aussi quel fut le prix à payer. En hommes d'abord : cinquante mille citoyens romains sont morts, au bas mot, pour ne rien dire des alliés, plus nombreux encore. La perte de six pour cent de la population civile, similaire à celle de notre guerre de 1914-1918. L'Italie est exsangue, les terres dévastées, abandonnées pendant des années, en friche. Confisquées aussi par Rome aux alliés qui avaient

20. Polybe, XVI, 23 ; cf. aussi Tite-Live, XXX, 45.

cru bon de rejoindre Hannibal. En argent ensuite : la guerre a coûté très cher et a provoqué plusieurs dévaluations. Il fallut la contribution de tous ; les particuliers remirent à l'État bijoux, vaisselle d'argent, objets précieux. Des lois, comme la loi Oppia de -215, ont limité le train de vie et obligèrent par exemple les femmes à donner leur or. L'État dut avoir recours à des prêteurs regroupés en sociétés privées (les publicains) pour financer les armements et les vivres des soldats, ou à des adjudicataires privés pour percevoir taxes et impôts. Et cela au prix de lourdes contreparties. L'économie va s'en trouver profondément modifiée. La société change aussi : les petits paysans engagés pour de trop longues périodes (certains sont restés sous les armes dix ou quinze ans !) ne retrouvent plus leur terre en rentrant. Soit elle est en friche et ils n'ont pas les moyens d'attendre qu'elle rapporte à nouveau pour subsister, soit elle a été cultivée par les esclaves d'un plus gros propriétaire, et il faut rembourser ; ce qui s'avère impossible sauf à céder sa terre au plus riche. L'exode rural conduit à la ville des pauvres et des oisifs. La physionomie de la campagne romaine commence à changer, même si la petite paysannerie ne disparaît jamais complètement.

La vie politique connaît également des bouleversements. Les magistrats sont au front, sauf les tribuns de la plèbe qui vont prendre une importance nouvelle. En conséquence, le Sénat gouverne de plus en plus seul, et consulte moins les assemblées populaires, souvent dégarnies. Le mouvement populaire, notamment depuis le désastre de Cannes, a perdu les moyens de lutter contre l'aristocratie. C'est donc l'oligarchie sénatoriale qui sort renforcée de la guerre et qui garde ses nouvelles prérogatives, particulièrement dans le domaine grandissant des affaires extérieures.

En outre, à peine Carthage est-elle vaincue, Rome se trouve confrontée à l'Orient méditerranéen et dès -200, les comices centuriates, à l'appel des alliés des Romains, principalement Pergame, Rhodes et les Étoliens, votent la guerre contre Philippe V de Macédoine qui rêve d'hégémonie. Quelle est la part des ambitions personnelles dans ces interventions lointaines ? Cela pose la question de l'impérialisme romain que Caton a toujours combattu, et sur lequel il nous faudra revenir. En tout cas, cette guerre sera rapide et le général philhellène T. Quinctius Flamininus est vainqueur de Philippe en -197 à Cynoscéphales, en Thessalie. Dans la foulée, il proclame la liberté des États grecs aux jeux Isthmiques.

Caton édile, puis préteur – La Sardaigne

En -199, Caton est édile plébéien avec Caius Helvius, tandis que Valérius Flaccus touche à la dignité de préteur[21]. L'édile joue un rôle important puisqu'il lui échoit de veiller à l'approvisionnement de la Ville et à la sécurité des citoyens. Il s'occupe également de l'hygiène et surveille par exemple les bains publics qui, à cette époque, sont encore peu nombreux et n'offrent aucune décoration superflue sur les murs. Nous sommes loin de ces établissements de loisirs luxueux, appelés thermes, qui auront pour but, sous l'Empire, de tromper l'oisiveté des citoyens. Sénèque dans une célèbre lettre à Lucilius[22], rappelle que l'austérité des bains reflétait l'image des mœurs d'alors : « Ô dieux, quel plaisir de pénétrer dans ces bains sombres et grossièrement crépis, dont on aurait su qu'un édile comme Caton [...] en avait réglé de sa main la chaleur ! C'était une attribution, c'était une fonction de ces illustres édiles, qui l'exerçaient tout comme une autre : ils visitaient les lieux où le peuple avait accès, ils y faisaient régner avec la propreté une bonne et saine température. » La modestie de la tâche n'est pas indigne du magistrat que le peuple a élu. Il revient encore à l'édile

21. Tite-Live, XXXII, 7, 13. Cornélius Népos, *Caton*, 1, 3.
22. Sénèque, *Lettres à Lucilius*, 86, 10.

de préparer et d'offrir à la population des jeux publics. Ce sont des cérémonies religieuses dont il faut s'acquitter avec le plus grand scrupule et qu'il est nécessaire de recommencer si tout ne s'est pas déroulé comme il est prescrit pour satisfaire les dieux. Tite-Live nous dit que Caton et son collègue Helvius recommencèrent plusieurs fois les jeux Plébéiens et donnèrent d'autres jeux à l'occasion du banquet offert à Jupiter. Ces renseignements sur l'édilité de Caton sont, à l'évidence, succincts, mais ils laissent deviner avec quelle conscience il s'acquitta de sa tâche.

Du reste, il fut élu, ainsi qu'Helvius, préteur pour l'année suivante, -198, signe que les citoyens apprécièrent son travail. Le temps n'est pas encore où un délai sera imposé entre deux magistratures pour freiner les ambitions personnelles, et il n'y a rien d'étonnant à ce que la préture de Caton suive son édilité. Des quatre préteurs élus, l'un, Lucius Cornélius Mérula, obtint la préture urbaine tandis que les trois autres se voyaient chargés chacun de l'administration d'une province : la Sicile pour Marcus Claudius Marcellus, la Gaule pour Caius Helvius et le Sardaigne pour Caton. Tite-Live précise que les consuls de l'année, Aelius Paetus et Q. Flamininus, reçurent la mission de lever des troupes aussi pour les préteurs Marcellus et Caton afin que chacun d'eux pût congédier les soldats de l'ancienne armée dès qu'ils seraient dans leur province. C'est ainsi que Caton partit avec deux mille fantassins latins et alliés, et deux cents cavaliers[23].

L'action de Caton en Sardaigne, tant administrative que militaire, nous est quasiment inconnue. Tite-Live n'en souffle mot, parce qu'il se passe ailleurs des évènements autrement importants : à Rome, Attale de Pergame, qui craint les ambitions d'Antiochus III de Syrie, vient au Sénat demander l'aide de ses alliés romains, et en Grèce, le consul Flamininus

23. Tite-Live, XXXII, 8, 5 sqq.

s'emploie à combattre les prétentions hégémoniques du roi de Macédoine. De surcroît, il ne se passe probablement rien d'extraordinaire en Sardaigne qui mérite que l'on tresse des couronnes à Caton. Le *De Viris illustribus*[24] prétend, non sans emphase, que Caton, pendant sa préture, « a soumis la Sardaigne ». Ce n'est pas seulement exagéré, c'est faux. La Sardaigne est romaine dès avant la naissance de Caton, cédée à Rome par Carthage, avec la Corse, entre les deux premières guerres puniques. Les généraux romains y ont d'ailleurs placé des garnisons pendant la seconde guerre punique pour tenir les points stratégiques. Caton lui-même y fut envoyé par Scipion en -204, comme nous l'avons vu, et y rencontra Ennius.

Caton débarque donc en pays de connaissance. « C'est une île remarquable par son étendue, la densité de la population, la fertilité de son sol », nous dit Polybe[25]. Caton va d'ailleurs faire envoyer du ravitaillement à l'armée consulaire en Grèce. En outre, il est fort probable que l'île est aussi très boisée et que cette matière première n'a pas été négligée pour la construction de la flotte. Dire que la Sardaigne est une terre calme serait cependant inexact. Elle ne l'a jamais été. Quand elle vivait sous le joug carthaginois, elle fut longtemps agitée par des mercenaires rebelles dont certains avaient demandé l'aide de Rome. Les collines sont en permanence infestées de brigands en tout genre et la mer sert de refuge à des armadas de pirates depuis des lustres. Les Romains, pas plus que les Carthaginois avant eux, ne viendront à bout des uns et des autres. Mais cela n'empêche pas l'administration romaine de tenir à peu près l'ensemble, fût-ce au prix de corruptions et de pratiques assez peu orthodoxes. N'oublions pas que, pour un magistrat en poste, une province est généralement source d'enri-

24. *De Viris illustribus*, 47, 1.
25. Polybe, I, 2, 79.

chissement personnel, rendu quasiment indispensable par la cherté de la vie politique à Rome. Déjà au temps de Caton, faire carrière demande de solides fonds propres qu'il faut bien renouveler. En outre, loin de Rome, le gouverneur est seul maître des lieux, et si la distance n'autorise pas tout parce qu'il devra rendre des comptes, elle lui permet quelques écarts jugés bien pardonnables. Il lui faut seulement savoir jusqu'où ne pas aller trop loin.

Or Caton, dans sa fonction, fait exception et se distingue par une remarquable et inébranlable intégrité. Tite-Live lui rend hommage en notant qu'« irréprochable et intègre, il était réputé pour son extrême sévérité dans sa lutte contre l'usure ; les usuriers furent chassés de l'île et les dépenses pour l'entretien du préteur, qui étaient à la charge des alliés, furent allégées ou supprimées [26] ». Le témoignage de Plutarque va dans le même sens [27] : « Sa tempérance méritait une admiration extrême : lorsqu'il commandait l'armée, il ne prenait pas pour lui et pour sa suite plus de trois médimnes attiques de froment par mois [un médimne = un peu plus de cinquante litres], avec moins d'un médimne et demi d'orge par jour pour les bêtes de somme. Ayant reçu la Sardaigne comme province, alors que les préteurs qui l'avaient précédé se procuraient habituellement des tentes, des lits, des vêtements aux dépens du Trésor public, qu'ils chargeaient aussi de l'entretien d'une foule de domestiques et d'amis et de coûteuses fournitures pour leurs festins, Caton fit des changements incroyables dans le sens de l'économie. Jamais, en aucune circonstance, il n'imposa de dépense somptuaire au Trésor. Il faisait le tour des villes à pied, sans attelage, accompagné d'un unique appariteur, qui lui portait un habit et un vase à libation pour les sacrifices. » Le biographe ajoute qu'il se montrait « plein de gravité et de

26. Tite-Live, XXXII, 27.
27. Plutarque, *C. M.*, 6, 1 sqq.

sévérité » en justice, « rigoureux et autoritaire » dans les ordres qu'il donnait, « de telle sorte que jamais la domination romaine ne fut à la fois plus redoutée et plus aimée dans ce pays ». Sans doute s'agit-il d'une conduite un peu trop idéalement dépeinte pour être tout à fait exacte. Fraccaro avait remarqué que ces lignes ressemblent beaucoup à un plaidoyer, et avait émis l'hypothèse que Plutarque s'était inspiré d'un discours de Caton lui-même, sans doute prononcé pour combattre l'un de ses détracteurs[28]. Cela n'a rien d'impossible. Il n'empêche que l'éloge bref, mais appuyé, de Tite-Live sur la conduite de Caton en Sardaigne laisse à penser que le gouverneur de Sardaigne a appliqué dans ses fonctions le caractère rude, mais juste que nous lui connaissons. Caton apparaît bien là encore comme un serviteur de l'État, honnête et désintéressé.

Est-ce au moment de sa préture que Caton se serait trouvé impliqué dans l'une des lois Porciae ? Nous l'ignorons. Nous savons juste que ces lois, au nombre de trois et déposées séparément, concernent le droit de *provocatio*, cher au citoyen romain. Dès l'origine de la République, il fut acquis qu'un citoyen condamné à être fouetté ou à la peine capitale pourrait en appeler à la justice de ses pairs réunis en comices. C'est une garantie fondamentale de la liberté du citoyen. Il semble que les lois Porciae aient eu pour but de prévoir des sanctions pour le non-respect de ce droit fondamental. Caton est-il l'auteur de l'une d'elle ? On attendrait plutôt que leur auteur fût tribun de la plèbe, comme le fut P. Porcius Laeca, précisément en -199. Mais nous avons vu que le même Laeca fut préteur en -195, l'année du consulat de Caton, et qu'un autre membre de la famille, L. Porcius Licinus accéda également à cette magistrature en -193. Que Caton ait soutenu des lois en faveur du respect d'un droit essentiel du citoyen, cette année-là ou un peu plus

28. Malc., *ORF*[3], 173.

tard, c'est probable. Qu'il soit l'auteur de l'une d'elle est moins sûr, car il paraît étonnant qu'aucun de ses biographes, et notamment Cicéron, si attaché aux valeurs républicaines, ne lui en attribue la paternité.

L'élection au consulat

Pour l'année -195 sont élus consuls Marcus Porcius Caton et son ami Lucius Valérius Flaccus [29]. Pour Caton, *homo novus*, c'est une consécration dont le mérite revient autant à l'appui de son mentor et de ses amis de l'opposition aux Scipions qu'à ses propres talents. De son activité politique entre sa préture et son consulat, nous ne savons rien. La raison principale en est que la gloire de Scipion et la résistance politique des siens ont éclipsé momentanément l'action de ses détracteurs. Pourtant, pour parvenir ainsi au plus haut degré de la hiérarchie politique, Caton n'est certainement pas resté oisif. Son éloquence un peu rude, mais brillante, commence à être reconnue. Elle lui forge une renommée qui conduit le peuple, selon Plutarque, à le comparer à Démosthène. Nous verrons en son temps que l'art oratoire de Caton n'a sans doute pas la finesse du célèbre Athénien, mais il en a la rigueur et l'efficacité, et il « excite l'émulation commune de la jeunesse [30] ». Selon la coutume de l'époque, Caton n'a nul besoin de dégager son bras droit de sa toge pour appuyer ses dires de quelques gestes amples. Cette mode ne percera qu'au temps des Gracques. Mais la voix tonitruante du Sabin n'a cure de ce soutien. Son regard farouche et son air sévère suffisent assez pour impressionner l'auditoire et lui imposer admiration et respect. Le peuple admire également la simplicité de ses mœurs à un moment où certains commencent à se laisser gagner par quelques

29. Tite-Live, XXXIII, 42.
30. Plutarque, *C. M.*, 4, 1.

bizarreries de costume venues de Grèce, ou par quelque attitude qui ne rappelle en rien l'antique rusticité romaine. On admire sa *frugalitas* à table, son vêtement simple et ses manières plébéiennes. On loue son énergie, sa résistance à la fatigue et son indifférence aux plaisirs qui lui donnent toujours, en comparaison des gens épuisés de travail ou de luxure, l'air d'« un athlète victorieux » au mieux de son entraînement. « Il dit lui-même qu'il ne porta jamais un habit qui valût plus de cent drachmes, que, même quand il était préteur ou consul, il buvait le même vin que ses ouvriers, qu'il ne mettait pas plus de trente as aux mets qu'il faisait acheter pour un dîner, et cela dans l'intérêt de la République, afin d'avoir un corps robuste pour faire la guerre[31]. » De fait, Caton travaille beaucoup. Il ne connaît pas de vie privée. Le voici qui touche à la quarantaine sans être encore marié. Non qu'il soit de bois, mais il est dans ce domaine (comme dans beaucoup d'autres) attaché aux vieilles valeurs morales et il se contente probablement des esclaves de sa maison pour user un peu de sa formidable vitalité. Il se lève dès avant l'aube et néglige ses propres affaires pour celles de l'État. C'est du moins ce qu'il prétend, selon Plutarque, en regrettant qu'on lui envie sa robustesse et son action désintéressée au service de ses concitoyens. « Il disait encore qu'il préférait bien agir sans obtenir de reconnaissance que de mal agir sans en être puni, et qu'il excusait les fautes de tous, sauf les siennes[32]. » Plutarque se fonde ici sur des propos restés célèbres de Caton qui montrent qu'outre de réelles qualités, le nouveau consul ne semble guère touché par la grâce de la modestie.

Le premier jour de l'année, le 15 mars, les consuls prennent leurs fonctions. Ils demandent au Sénat de se prononcer sur la répartition des postes[33]. C'est le moment de faire

31. Plutarque, *C. M.*, 4, 4.
32. Plutarque, *C. M.*, 8, 15-17.
33. Tite-Live, XXXIII, 43.

le point de la situation : l'Espagne est sous le coup de graves menaces de guerre. L'un des consuls devra y partir avec deux légions, quinze mille alliés latins, et huit cents cavaliers, transportés par une flotte de vingt navires de guerre. En outre, pour -195, un préteur supplémentaire a été élu pour aller seconder le consul en Espagne. Il s'agit de Publius Manlius que l'on autorise à recruter deux mille fantassins et deux cents cavaliers supplémentaires pour épauler la légion qui a servi l'année précédente dans la péninsule sous les ordres du préteur Quintus Minucius Thermus. Le deuxième souci des *Patres* concerne l'Orient : le roi Antiochus est repris par ses vieux démons hégémoniques. On apprend qu'il s'est mis en tête d'envahir l'Égypte après avoir cru à la fausse nouvelle de la mort de Ptolémée. Il est à la tête d'« une flotte considérable et d'une armée de terre remarquablement entraînée ». Par chance, il n'a pas jeté son dévolu sur la Grèce qui, sans cela, « serait déjà en feu ». Il faut donc prévenir le danger, d'autant plus grand qu'Hannibal s'est enfui de Carthage et compte bien apporter son aide à Antiochus. De leur côté, les Étoliens, « mal disposés à l'égard des Romains », s'agitent et agacent les sénateurs. On apprend qu'ils auraient repris les armes. Enfin, le tyran de Sparte, Nabis, que l'on dépeint cupide et cruel, inquiète. Il a mis ses visées sur Argos qui, « par sa position », est « en quelque sorte la citadelle de la Grèce ». Un telle action mine alors les efforts de libération accomplis. Pour faire face à ces menaces, le proconsul philhellène T. Quinctius Flamininus, général valeureux et fin diplomate, est sur place. Quant à la Gaule cisalpine, qui a donné des soucis à Rome l'année précédente, seules deux légions devraient suffire à la contrôler, et cette surveillance revient à celui des deux consuls qui se chargera de l'Italie. Les sénateurs laissent donc Caton et Valérius Flaccus se répartir les tâches comme ils le veulent, « à l'amiable ou par tirage au sort ». Cette seconde solution attribue l'Espagne à Caton et l'Italie (et la Gaule) à Valérius. Ce dernier s'acquittera de sa tâche sans gloire particulière, n'ayant pas rencontré en Gaule de motif de briller militairement, laissant tout le profit de la renommée à son collègue qui, à la suite des campagnes d'Espagne que nous allons évoquer, obtiendra le triomphe.

Il est intéressant de remarquer que nos sources ne parlent quasiment pas de Valérius, et beaucoup de Caton pour ses actions militaires, mais jamais des positions de l'un ou l'autre consul à propos de l'Orient, comme s'ils n'avaient jamais eu à intervenir dans la politique menée en Grèce par Flamininus. En fait, celui-ci va mener une action diplomatique importante visant à calmer Nabis et à l'amener à rendre Argos, mais il devra se résoudre à prendre Sparte pour arriver à ses fins et rendre la liberté aux Argiens lors des jeux Néméens. Quant à Caton, on ne conserve de son consulat que le souvenir de trois actions d'inégale importance : la célébration du printemps sacré, la lutte contre l'abrogation de la loi Oppia et la guerre d'Espagne. Il règle les deux premières affaires avant son départ. Son attitude, d'ailleurs, surprend l'opinion publique. La guerre vient d'éclater dans la péninsule Ibérique et le consul ne semble pas pressé de partir. Comme s'il voulait d'abord jouer un rôle dans la politique intérieure de Rome. Heureusement arrive au Sénat une lettre du préteur Q. Minucius Thermus qui narre la victoire remportée à Turda, dans le nord, sur deux généraux ennemis, dont l'un a été fait prisonnier. Cette bonne nouvelle rassure et laisse à Caton le temps de s'occuper des autres affaires[34].

La célébration du ver sacrum

La célébration du printemps sacré (*ver sacrum*) offre un bon exemple de l'esprit à la fois scrupuleux et pragmatique du consul, qui fait preuve aussi d'une ruse toute paysanne.

34. Tite-Live, XXXIII, 44.

En juin -217, moins d'un an après l'arrivée d'Hannibal en Italie, Rome connaissait l'une de ses plus cuisantes défaites au lac Trasimène, et le consul Flaminius y avait également perdu la vie. On se souvient que, dans la panique, Fabius Maximus avait été nommé dictateur. Il avait aussitôt convoqué le Sénat et demandé que fussent consultés les Livres sibyllins pour connaître les remèdes à ce qu'il considérait comme une manifestation de la colère divine. Les décemvirs chargés de leur consultation préconisèrent plusieurs actions religieuses (érection de temples, prières publiques, lectisterne), et notamment de promettre un printemps sacré « si l'on remportait la victoire et si l'État retrouvait sa situation d'avant les hostilités[35] ».

Cette coutume était si peu dans les usages religieux romains, ou depuis si longtemps impratiquée, que le grand pontife, après avoir rappelé la nécessité de consulter l'ensemble du peuple sur ce vœu, crut bon de préciser les circonstances de son exécution : « Que l'ensemble des citoyens romains fasse don de tout ce que le printemps aura produit comme bétail – porcs, brebis, chèvres, bœufs – et qui n'aura pas été consacré, pour le sacrifier à Jupiter, à une date fixée par le Sénat et par le peuple. » Il ajoutait que ces sacrifices bénéficieraient d'une grande tolérance dans leur exécution formelle et prévoyait que tout ce qui, en temps ordinaire, aurait constitué un obstacle à la validation de la cérémonie, ne serait pas retenu à charge contre elle dans ce cas spécifique. C'était, on le voit, un lourd tribut à payer au dieu pour racheter ce que tous considéraient comme une défaite à l'allure de prodige. En réalité, les préconisations du grand pontife représentent un *ver sacrum* moins rigoureux que ceux dédiés à Mars aux temps anciens, notamment chez les Sabins. Chez ceux-ci, en effet, le printemps sacré incluait la consécration d'hommes qu'ils avaient progressivement

35. Tite-Live, XXII, 9 et 10.

remplacée par l'expulsion des jeunes, laissés libres de se chercher une nouvelle patrie. Ici, il ne s'agissait que du sacrifice de quatre catégories d'animaux, à l'exclusion de certains, comme les chiens, les boucs ou les chevaux, qui revêtaient un rôle important dans la vie religieuse ou militaire. Il n'en reste pas moins que ce *ver sacrum* pèserait lourd, surtout dans une période de crise, pour la population en général et les paysans en particulier. Sans doute est-ce pour cette raison qu'il fallut attendre vingt-deux ans avant de l'exécuter. Les sénateurs propriétaires terriens n'éprouvaient sans doute aucun enthousiasme à voir opérer les sacrificateurs et retardaient l'échéance.

Alors, pourquoi en -195 ? La volonté n'en revient pas à Caton, pourtant consul et homme de parole, scrupuleusement attaché aux rites de l'ancienne religion, mais plus vraisemblablement à M. Claudius Marcellus, jeune ambitieux, qui avait, l'année précédente, maté la révolte des Boïens et des Insubres, et célébré avec faste son triomphe le 4 mars -195. Il venait en outre d'être nommé pontife et se trouvait bien placé pour demander au Sénat de veiller à réaliser le vœu de -217. Caton, d'un côté, devait se sentir lié d'honorer la promesse du grand Fabius ; mais, d'un autre côté, en paysan sabin soucieux de ses terres comme de son bétail, et regardant à la dépense, il éprouvait certainement une grande contrariété à supprimer tous ces animaux sources de revenus. Exécuta-t-il le *ver sacrum* ? C'est probable, malgré le doute qu'émet J. Heurgon, qui remarque que l'année suivante, le grand pontife, le riche et ami de Scipion l'Africain P. Licinius Crassus, décréta nul pour vice de forme le sacrifice de -195 et le fit recommencer. Si l'on se souvient de la tolérance exprimée par le pontife en -217 pour son exécution, J. Heurgon en vient à se demander si le seul vice de forme acceptable ne serait pas... de n'avoir pas suivi l'injonction du Sénat.

Toutefois, sans aller jusque-là, il est une ruse dont usa certainement Caton, et qui fut reprise l'année suivante : celle du calendrier. Le Sénat décréta que le *ver sacrum* concernait tous les animaux nés entre le 1er mars et le 30 avril[36]. En effet, le pontife de -217 n'avait pas fixé les limites de ce printemps sacré. On remarque d'abord que ces dates ne correspondent pas à celles du printemps traditionnel des Romains qui s'étend du 7 février au 8 mai[37]. Il ne concerne donc que deux mois sur les trois. D'autre part, et surtout, les dates indiquées ne correspondent pas du tout, ces années-là, à celles de notre calendrier. Nous nous situons avant la réforme de César qui a servi, en -46, à faire coïncider les mois du calendrier lunaire en vigueur avec le calendrier solaire. À l'époque de Caton, il fallait intercaler un mois supplémentaire périodiquement afin de faire concorder année lunaire et année solaire. Mais une mauvaise gestion du temps avait provoqué des décalages importants : ainsi, en -190, Tite-Live nous parle d'une éclipse le 11 juillet que les calculs de nos astronomes situent... le 14 mars du calendrier julien. Des études sur cette période fixent à trois mois environ la différence entre la date annoncée et la réalité ! Autrement dit, le *ver sacrum* concerna les animaux nés entre le 1er décembre et le 30 janvier du calendrier julien. C'est dire que furent épargnés tous les nouveau-nés du printemps. Il suffit de lire les agronomes dont Caton est, à Rome, le premier, pour constater qu'ils tenaient compte de la nature pour faire saillir les bêtes et garantir les naissances au moment le plus favorable pour les petits.

Certes, Tite-Live donne les dates du 1er mars au 30 avril pour l'année -194, et n'en dit rien pour -195. Pourtant, il remarque que Caton, entré en fonction le 15 mars, arrive en Espagne au début du printemps. Ce qui supposerait qu'il partit immédiatement. Or nous avons vu qu'il différa longtemps son départ, à l'étonnement de tous, et qu'il régla

36. Tite-Live, XXXIV, 44, 3.
37. Varron, *Res Rusticae*, I, 28, 1 sqq.

d'abord diverses affaires à Rome, dont l'exécution du printemps sacré. Il faut alors comprendre qu'il fut investi de sa charge consulaire le 15 mars du calendrier de l'époque – en fait en hiver, et ne partit qu'au printemps, c'est-à-dire à la floraison des arbres. Le *ver sacrum* dut bien se dérouler entre décembre et février. Caton sut ainsi concilier le devoir religieux et son souci de l'économie pastorale.

L'abrogation de la loi Oppia

La lutte pour l'abrogation de la loi Oppia est également révélatrice de la personnalité de Caton, même si elle paraît futile en regard des graves évènements qui se déroulent en Espagne et en Orient. Tite-Live semble s'excuser de l'exposer longuement, mais justifie un récit « qui paraîtra mince » par « les violents débats et les passions » que cette affaire a provoqués. C'est, pour l'historien latin, la seule occasion de reproduire un long discours du consul. Nous savons que celui-ci n'a pas prononcé ces paroles mêmes et que Tite-Live, selon l'habitude des écrivains, en a entièrement recomposé le texte. On a pu même s'interroger sur la nature des propos tenus, leur justesse, et établir des comparaisons avec le discours que Salluste prête à Caton le Jeune dont Tite-Live aurait pu s'inspirer. Nous ne nous appesantirons pas sur ces questions difficiles à résoudre et considérerons, comme c'est aujourd'hui généralement admis, que les propos prêtés par l'historien à Caton, s'ils ne sont pas fidèles à la lettre près, reflètent étroitement la personnalité du consul et s'inspirent du discours réellement prononcé dont Tite-Live, à son époque, a pu avoir connaissance. L'attitude de Caton dans cette circonstance a, en tout cas, contribué à lui forger la réputation d'un misogyne dont nous allons voir, à y regarder de près, qu'elle est, pour une large part, légendaire.

L'affaire commence par l'initiative de deux tribuns de la plèbe, Marcus Fundianus et Lucius Valérius, qui soumettent au peuple l'abrogation d'une loi proposée jadis par le tribun de la plèbe Gaius Oppius « au plus fort de la guerre punique[38] ». C'était en -215, sous le consulat de Quintus Fabius et de Tibérius Sempronius, ou peut-être même en -213, à un moment où le manque d'argent se faisait encore plus cruellement sentir. L'erreur de Tite-Live serait compréhensible puisque, cette année-là, les consuls étaient Q. Fabius, fils du consul de -215 et T. Sempronius, réélu une nouvelle fois à deux ans d'intervalle (la règle exigeant un délai de dix ans entre deux consulats n'était pas encore en vigueur). « La loi interdisait aux femmes de posséder plus d'une once et demie d'or [soit près de quatorze grammes], de porter des vêtements de couleur vive [c'est-à-dire de pourpre, qui était fort onéreuse en raison de sa provenance et de son mode de fabrication], et d'utiliser une voiture attelée dans Rome, à l'intérieur de la ville ou dans un rayon de quinze cent mètres, sauf à l'occasion d'une cérémonie religieuse [par *vehiculum*, il faut entendre le *carpentum*, chariot en usage depuis l'époque étrusque – Tanaquil était arrivé à Rome sur un *carpentum*, et non un *pilentum*, le char utilisé lors des cérémonies dont Camille avait accordé l'usage aux matrones en -391[39]]. » Ce n'était pas la première fois que les femmes romaines contribuaient à l'effort de guerre, par exemple précisément après la prise de Véies, en offrant leurs bijoux à l'État pour que l'on pût envoyer un cratère d'or comme ex-voto à l'Apollon de Delphes pour le remercier de la victoire ou lorsqu'il s'agit de payer aux Gaulois une rançon sans puiser dans le trésor des temples. Elles n'étaient d'ailleurs pas les seules sollicitées et les citoyens durent plus d'une fois prêter ou donner leurs biens à l'État, comme ce fut le cas en -214 quand il fallut recons-

38. Toute la narration de cette affaire se trouve dans Tite-Live, XXXIV, 1-7, avec, notamment, le discours prêté à Caton (2-4) et la réponse du tribun L. Valérius (5-8). Les exemples empruntés à Tite-Live se retrouvent donc à ces références.

39. Cf. Tite-Live, V, 25, 8-9.

tituer une armée pour continuer la lutte contre Hannibal. La loi Oppia n'avait donc rien d'exceptionnel. Rappelons qu'après Trasimène et Cannes, la révolte de Syracuse en -215 ou la chute de Tarente en -213 ont provoqué des dévaluations et que l'État manquait de métal précieux. La situation ne s'améliora qu'après la victoire sur Hannibal en -207, et, en -210, l'État avait lancé un grand emprunt qui épuisa les richesses des particuliers et ne fut remboursé qu'à partir de -204.

L'idée d'abroger la loi Oppia alors que la prospérité est revenue et que Rome, après avoir acquis la domination de l'Occident méditerranéen, est en passe d'étendre son pouvoir sur l'Orient, peut apparaître comme une simple mesure économique et de justice. De la même manière que l'on rembourse l'emprunt fait aux citoyens, il semble normal de rendre aux femmes leur part de la contribution générale. Pourtant l'affaire ne va pas de soi et bien des hommes politiques sont contre cette abrogation, à commencer par les tribuns de la plèbe Marcus et Publius Junius Brutus. Des assemblées se tiennent, tant au Forum que sur la place du Capitole, devant le temple de Jupiter. Les débats sont animés et les arguments sont longuement développés dans un sens comme dans l'autre. L'affaire s'envenime : les femmes ressentent l'opposition à l'abrogation de la loi comme une injustice et une insulte à leur qualité. Les maris, qui ont théoriquement l'autorité sur elles, ne peuvent les empêcher de sortir, d'aller au Forum, de bloquer les rues qui y conduisent. Elles supplient qu'on leur rende leurs parures d'autrefois maintenant que l'économie est florissante et que les particuliers s'enrichissent chaque jour davantage. La foule des femmes grossit ; il en vient même d'autres agglomérations. Elles abordent les magistrats, le préteur, le consul même et leur posent des questions. On imagine l'ampleur, le tumulte de ces manifestations qu'il est impossible de contenir.

Ces débordements peuvent surprendre si l'on reste sur l'idée que la femme romaine, qui dépend entièrement de son père ou de son mari, est une épouse docile, soumise et qui quitte peu sa maison. En fait, même si des manifestations de cette envergure ne sont pas fréquentes dans l'histoire, même si la femme, légalement, ne peut jouer aucun rôle politique, les exemples ne sont pas rares où l'on se rend compte qu'elle pèse d'un poids certain dans les affaires de la cité. La légende des premiers temps, déjà, est riche de ces figures féminines qui influèrent sur le destin de Rome et à qui les fils de la louve restent redevables : Acca Larentia, Lucrèce, Clélie et combien d'autres, sans oublier les Sabines qui surent réconcilier leurs pères et leurs époux dans un bel élan de sagesse. Lorsque Corolian se fit traître à sa patrie, c'est à sa femme et à sa mère que l'on fit appel pour sauver la ville, et la fermeté d'âme de Véturia et de Volumnia, alliée à leur dignité patriotique fit plier le fils rebelle. Lors du siège du Capitole par les Gaulois, alors que les cables manquaient pour actionner les machines de guerre, les Romaines coupèrent d'elles-mêmes leurs cheveux et les donnèrent à leurs maris qui purent ainsi, en les tressant suppléer au manque et repousser l'assaut des ennemis. Elles « aimèrent mieux vivre librement la tête temporairement enlaidie, avec leurs époux, que de sauvegarder leur beauté, mais de devenir esclaves ». Le temple dédié à Vénus chauve témoigne de leur dévouement à la patrie[40]. Les légendes sont belles. Mais dans la réalité d'une histoire plus récente, les exemples sont aussi nombreux – et parfois moins glorieux – de matrones qui se mêlent indûment des affaires publiques. Comme cette étonnante affaire des poisons, en -331, dans laquelle cent vingt-six matrones furent impliquées à la suite d'une dénonciation consécutive à la mort de plusieurs personnages importants. Ou encore cette altercation spectaculaire, en -295, entre patriciennes et plébéiennes parce que les premières avaient exclu d'un culte l'une d'elle qui s'était

40. Végèce, *De Re militari*, IV, 9.

mésalliée en épousant un plébéien, pourtant consul. Ou encore la charmante histoire du jeune Papirius que Caton lui-même raconte dans son discours *Aux soldats contre Galba* : jadis, les sénateurs emmenaient volontiers avec eux leurs fils encore mineurs pour assister aux débats et se former à leur future vie politique. Un jour, après avoir discuté d'une affaire importante, le secret fut demandé à tous les auditeurs en attendant la décision du lendemain. Interrogé par sa mère sur le sujet du jour débattu à la Curie, l'adolescent se tait, aiguisant d'autant la curiosité maternelle. Trop pressé, l'enfant se décide enfin à « un joli et spirituel mensonge » : était-il « plus conforme à l'intérêt de la République qu'un homme eût deux femmes, ou qu'une femme fût mariée à deux hommes » ! La mère prend peur, « sort tremblante de chez elle et va trouver les autres matrones ». Émoi dans les *atria* : le lendemain, un cortège de matrones vient assiéger la Curie en suppliant de choisir la seconde solution plutôt que la première... au grand étonnement des *Patres* ! Papirius s'avance et avoue son pieux mensonge, à la grande honte des femmes, et à la satisfaction des sénateurs, qui décident aussitôt d'interdire l'accès de la Curie aux enfants, à l'exception de Papirius, honoré du surnom de *Praetextatus* « pour sa sagesse à se taire et à parler, à l'âge de la robe prétexte[41] ». Dans ces épisodes, le caractère des Romains apparaît moins trempé, et Caton n'en a pas perdu le souvenir, pas plus qu'il n'a oublié les manifestations des femmes au lendemain du désastre de Cannes qui s'assemblaient au Forum pour pleurer leurs maris et leurs enfants morts, au point qu'il fallut officiellement limiter à un mois la durée du deuil : elles avaient cessé d'accomplir leur devoir religieux envers Cérès. Et

41. Pour ces trois exemples, cf. Tite-Live, VIII, 18, 8 et Valère Maxime, II, 5, 5 ; Tite-Live, X, 23 ; Aulu-Gelle, *N. A.*, I, 23 et Macrobe, *Saturnales*, I, 6, 19.

aussi lorsque Hannibal offrit de racheter les prisonniers et que le Sénat refusa ; elles envahirent le Forum et imploraient bruyamment les *Patres* en tendant des bras suppliants vers la Curie[42]...

Il faut se rendre compte que les souvenirs de ces manifestations présentées comme des entraves à la bonne marche de la cité à une époque où la situation était si difficile ont pu faire naître une certaine exaspération à l'égard de celles que l'on considérait parfois comme indifférentes aux intérêts publics. À cela s'ajoutent les prétentions nouvelles de ces femmes, une fois la prospérité revenue. Beaucoup ne sont pas prêts à risquer de voir les matrones user d'une influence si prégnante, comme le constatera plus tard le préfet A. Sévérus Caecina à propos de « celles qui jadis avaient été enchaînées par les lois Oppia » et avaient ensuite « brisé leurs fers et régentaient maisons et tribunaux[43] ».

Caton est de ceux-là, et son discours contre l'abrogation de la loi, loin d'être réduit à une tirade antiféministe, mêle subtilement les arguments économiques, politiques et moraux. Il commence par morigéner ses concitoyens en leur rappelant que chacun a l'autorité sur son épouse et doit en user au lieu de trembler « devant cette assemblée de femmes parce que nous n'avons pas su nous faire obéir chez nous ». Il condamne ces manifestations de matrones qu'il assimile à « une révolte ». Il fustige leur manque de « pudeur » et leur rappelle leur devoir : « Même chez vous, vous n'avez pas à vous occuper de l'adoption ou de l'abrogation des lois, si vous voulez rester dans les limites que vous impose la réserve qu'on est en droit d'attendre des femmes. » Elles ne doivent pas oublier qu'elles sont « sous la dépendance de leurs parents, de leur frère ou de leur mari ». Que les hommes se méfient de « ces tempéraments

42. Cf. Tite-Live, XXII, 56 et 60. Cf. aussi XXV, 1.
43. Tacite, *Annales*, III, 33.

de feu », de « ces êtres rebelles » qui veulent obtenir « une liberté totale, ou plutôt, à franchement parler, le droit de faire tout ce qui leur plaît. Si en effet elles gagnent cette première bataille, où s'arrêteront-elles ? Rappelez-vous toutes les lois que nos ancêtres ont prises pour mater les caprices des femmes et pour les mettre sous la dépendance de leur mari. Malgré toutes ces lois, vous avez du mal à en venir à bout. Si vous acceptez qu'elles les suppriment les unes après les autres, qu'elles s'en débarrassent et qu'elles deviennent les égales des hommes, croyez-vous qu'il sera possible de les supporter ? Très vite, dès qu'elles seront vos égales, elles voudront vous dominer. » Caton en profite pour rappeler qu'une loi n'est pas faite pour plaire, mais pour « être utile au plus grand nombre ». Et il ironise sur le vrai motif de ces manifestations : non pas, comme naguère, pleurer un être cher ou implorer le rachat des prisonniers, mais pouvoir « briller de l'éclat de l'or et de la pourpre », « rouler en voiture dans Rome » tous les jours et ne plus voir de « limite à [leurs] dépenses, à [leur] luxe ».

Avant d'aller plus loin dans le discours du consul, il faut nous arrêter sur cette longue partie dans laquelle Caton se pose en défenseur de la morale traditionnelle. Pour un Romain attaché aux valeurs ancestrales qui ont fait la grandeur de Rome, ces propos n'ont rien de misogyne. Ils se réfèrent simplement aux statuts respectifs de l'homme et de la femme dans la société. Si est reconnue à la maîtresse de maison (*mater familias*) une certaine autorité pour gérer l'organisation de la demeure – elle en détient d'ailleurs presque toutes les clés – la dépendance que rappelle Caton est légalement effective et il est interdit à une matrone de famille respectable de s'intéresser aux affaires publiques, et même de sortir seule dans la ville. Elle trahirait alors sa *pudicitia*, sa pudeur. Seule une courtisane peut se le permettre, ou une femme de condition modeste. L'homme, en revanche, est un actif. Citoyen-soldat au service de la patrie, il règne à l'extérieur, comme à l'intérieur. Chez lui, il jouit d'une complète autorité (*potestas*) : c'est sa qualité de *vir* qui s'exprime dans sa *virtus*. Que la femme sorte du cadre juridique qui est le sien, et c'est la *potestas* des hommes en particulier, et l'équilibre social en général qui s'en trouvent menacés. L'ordre traditionnel doit donc régner si l'on veut éviter le chaos et la décadence[44].

Mais cette leçon de morale ne se justifie pas à elle seule. Caton s'en sert pour montrer le risque encouru pour la prospérité économique si l'on tolère que les femmes dépensent sans compter pour rivaliser de luxe et de richesses. Et là, il apparaît clairement que Caton ne vise plus seulement les femmes, mais l'ensemble de ses contemporains : « Il m'est arrivé bien souvent de déplorer devant vous les dépenses des femmes et des hommes, simples particuliers ou hommes politiques, et de dénoncer les deux maux opposés dont souffre notre pays : la cupidité et le goût du luxe ; tous les grands empires ont succombé à ces fléaux. » Et de citer la Grèce, l'Asie, les statues rapportées de Syracuse, « fatales à notre ville, croyez-moi ». « Je redoute que ces richesses, au lieu d'être à notre service, nous asservissent. » Caton s'abîme alors un instant dans la nostalgie d'un temps révolu, celui où personne n'était riche, où « il n'y avait pas de luxe à réprimer », où la cupidité était inconnue (souvenons-nous de l'exemple de Curius Dentatus). Et, sur un ton plus politique, il regrette cette saine égalité dans la pauvreté originelle. Cette *frugalitas* préservait des passions et des rivalités. Alors que maintenant vont se développer la surenchère entre les riches, et les efforts désespérés des pauvres pour échapper au mépris. Les femmes voudront voir satisfaire leurs caprices et demanderont à leurs maris. « Plaignons le mari qui cédera ; plaignons celui qui ne cédera pas et verra un autre homme offrir ce qu'il aura refusé. Oui, c'est devenu

44. Cf. notre *Eros romain*, 1re partie.

aujourd'hui une pratique courante de demander à d'autres qu'à son mari. » Valère Maxime précisera, bien plus tard, que Caton avait vu juste ! Le consul n'est pas naïf : il dit lui-même, en conclusion, qu'il serait illusoire de vouloir « retrouver la situation d'autrefois, quand il n'y avait pas de loi sur le luxe », mais il avertit : « Quand il n'y aura plus de loi pour limiter les dépenses des femmes, [on] ne pourra plus jamais les maintenir dans le devoir. »

Caton n'est pas isolé quand il dénonce les dépenses des femmes et la course au luxe qu'entraînent les rivalités dans une société à la prospérité retrouvée. Plaute, pour ne prendre qu'un seul exemple, cite à plus d'une reprise les prétentions des dames qu'il place dans la bouche de ses personnages : « De la pourpre et de l'or, des servantes, des mulets, des muletiers, des valets de pied, des petits chasseurs, des voitures »..., telles sont « les manières des grandes dames[45]. » Epidicus se gausse, dans un trait célèbre, de toutes les formes de tuniques aux noms pompeux que la mode a su inventer[46], et le vieillard des *Ménechmes* répond à l'appel de sa fille qui s'est disputée avec son mari : « C'est leur habitude, à ces femmes qui exigent que leurs maris soient à leur service, fières de leur dot, orgueilleuses[47]. » Le combat de Caton n'a rien d'original. En -195, le luxe est déjà bien implanté avec, en conséquences inévitables, les modifications qu'il provoque dans les relations sociales. Et il n'est pas le seul à en percevoir les méfaits, à en prédire les suites.

Dans son discours, Caton ne s'en prend donc pas spécifiquement aux femmes ; s'il les prend pour cible, c'est que la loi Oppia les concerne. Il fait en réalité le procès de la *luxuria*. C'est dans l'optique plus générale de cette grave

45. Plaute, *Aulularia*, 500-502.
46. Plaute, *Epidicus*, 223-235.
47. Plaute, *Ménechmes*, 760 sqq.

menace pour l'avenir moral et politique du pays qu'il faut replacer les propos du consul. Or Caton a lutté une grande partie de sa vie contre ce vice dont il fait coïncider l'origine avec l'arrivée à Rome du luxe oriental. Déjà, dans sa jeunesse, il avait remarqué l'évolution des esprits et des mœurs au contact des « beautés de la Grèce » que Marcellus et d'autres avaient rapportées après leurs victoires dans le sud de l'Italie et en Sicile. Il n'est pas seul à faire cette analyse, comme nous le verrons dans un prochain chapitre : Caton est le chef de file d'un vaste mouvement qui lutte contre ce qu'il considère comme le plus important agent de la décadence. Et cette *luxuria* concerne autant les hommes que les femmes. Mais, si elle est condamnable chez les premiers, elle l'est davantage chez les secondes, qui y puisent des ferments de leur émancipation. Comment admettre que les femmes sortent de chez elles de plus en plus souvent la tête découverte, ou assistent aux représentations théâtrales ? Comment imaginer qu'on puisse, comme aux hommes, leur dresser des statues ? Caton, déjà hostile à ces matérialisations de la vanité masculine, se scandalise de les voir se généraliser aux femmes comme une dérision de leur *pudicitia*[48]. D'ailleurs, l'annaliste Pison Frugi date de l'abrogation de la loi Oppia « la ruine de la pudicité[49] ». La *luxuria* devient un fléau facteur de la désagrégation du corps social. Elle induit la corruption, nourrit l'ambition en lui donnant des moyens de se réaliser qui ne reposent plus sur la valeur de l'individu, mais sur l'abondance de ses richesses. Plutarque remarque que Caton mécontenta ses concitoyens en tentant de réduire le luxe ; il savait pourtant qu'« il ne pouvait le supprimer en l'attaquant de front, car il avait déjà atteint et corrompu la multitude[50] ». Ce combat ira s'am-

48. Valère Maxime, 6, 3, 10-12 et Pline, *H. N.* XXXIV, 14, 31.
49. Pline, *H. N.* XVII, 38, 24.
50. Plutarque, *C. M.*, 18, 2.

plifiant dans les années qui suivent le consulat, et d'autres lois seront prises dont nous reparlerons. Mais déjà il semble perdu tant il est évident qu'un peuple qui devient l'arbitre de la Méditerranée et le maître des luxuriantes contrées orientales ne peut s'abstraire de la contamination des richesses de ses vassaux.

Ainsi le discours de Caton contre l'abrogation de la loi Oppia apparaît-il plutôt comme une déclaration politique clairvoyante et prémonitoire, et ne peut-il se réduire à une banale crise de misogynie. Certes, nous possédons une ou deux déclarations de Caton comme celle-ci : « Toutes les femmes sont intolérables et vaines ; si les hommes pouvaient s'en passer, leur vie serait probablement plus sainte ! » Mais il s'agit d'accès de colère d'un homme qui, avec bien d'autres, ne supporte plus de voir bafouées les règles de la morale, garante de l'équilibre social. Caton n'a pas peur des femmes ; elles l'agacent lorsqu'elles ne savent pas s'en tenir au rôle que la tradition leur a dévolu. Du reste, il se forgera bientôt la réputation d'un bon mari et d'un bon père. Mais il est vrai qu'il se fait une trop haute idée de son devoir de citoyen et de responsable politique pour que ses devoirs d'homme public ne priment pas ceux de l'homme privé. En tout cas, dans son célèbre discours de -195, c'est le consul qui s'exprime, et ses visées dépassent certainement le simple mépris des femmes auquel son contradicteur, L. Valérius, prétend réduire son propos.

La campagne d'Espagne

Le lendemain des discours de Caton et de Valérius, les femmes sont encore plus nombreuses à descendre dans la rue. Elles convergent vers la maison des Brutus, les deux tribuns qui partagent l'avis de Caton, et décident d'en faire le siège jusqu'à ce qu'ils retirent leur veto. Comme il apparaissait que les tribus voteraient en faveur de l'abrogation, les tribuns cédèrent et « la loi fut donc abrogée vingt ans après avoir été adoptée[51] ».

Tite-Live précise que Caton part pour l'Espagne « immédiatement après » ce vote. Il dispose de vingt-six navires de guerre, « dont cinq fournis par les alliés » et se rend au port de Luna, dans le golfe de la Spezzia, où il a donné rendez-vous à l'armée. Il fait réquisitionner divers bateaux le long de la côte et, en quittant Luna, fixe aux soldats la ville de Port-Vendres comme point de ralliement à partir duquel il compte marcher contre l'ennemi « quand sa flotte serait au complet ». De là, ils gagnent le cap Ravas d'où ils délogent un détachement espagnol, puis, grâce à un vent favorable, parviennent à Emporiae (Ampurias) où toutes les troupes débarquent, à l'exception des marins.

Le récit de la campagne de Caton nous est connu grâce à Plutarque, pour quelques détails, et surtout à Tite-Live[52]. L'historien latin nous brosse une expédition militaire digne d'un héros. Il est clair que sa source principale, Valérius Antias, qu'il cite à plusieurs reprises, se réfère surtout aux écrits de Caton lui-même, notamment à ses *Origines* dont le livre V parlait de l'Espagne, et au discours que Caton prononça sur son consulat, dont il nous reste quelques extraits[53]. La même immodestie se constate dans les deux cas, identique à celle que nous avons déjà décelée chez cet *homo novus* à la vertu militante. Nous savons toutefois que cette habitude de se mettre en avant – sans doute indispensable pour un homme de caractère qui n'est rien et doit se faire reconnaître de l'aristocratie dirigeante – n'empêche pas une honnêteté foncière. En tenant compte de l'exagération, nous pouvons considérer que le récit de Tite-Live

51. Tite-Live, XXXIV, 8, 1.

52. Toutes les références sont au livre XXXIV, 8-21. Plutarque, *C. M.*, 10 et 11.

53. Cf. Malc., *ORF*[1], 23-57 : *Dierum dictarum de consulatu suo*.

retrace sans doute assez fidèlement, d'après Caton lui-même, l'histoire de sa guerre d'Espagne. Gardons seulement à l'esprit que les exploits exaltés de cette relation n'ont rien de commun avec, par exemple, les combats de la seconde guerre punique. Certes, pour Caton, il s'agit d'une première : en Sardaigne, il n'avait eu à combattre que des brigands. Mais sa guerre se résume en réalité à quelques opérations de grande envergure. Il faut calmer, pacifier tous ces peuples rebelles, imposer la férule de Rome. Le plus dur a déjà été accompli lorsqu'il pose le pied sur le sol espagnol.

Les Romains considèrent que l'Espagne est sous leur domination depuis la victoire de Scipion sur les troupes carthaginoises en -206. Le temps de la présence punique sur cette terre qui servit de base arrière à Hannibal pour lancer sa conquête de l'Italie est alors révolu. Le jeune général romain qui redonna l'espoir à ses concitoyens quitta la péninsule Ibérique en -205. Pendant près de dix ans, deux ou trois légions suffirent à Rome pour affirmer son autorité, ou même parfois un simple corps expéditionnaire gros seulement de cinquante mille hommes, principalement des Italiens, aidés de troupes auxiliaires levées sur place[54]. Deux gouverneurs, anciens magistrats prorogés, l'un pour l'Andalousie, l'autre dans le bassin de l'Èbre, suffisaient pour maintenir l'ordre dans la province. Mais il faut bien dire que la présence romaine n'apporta pas la paix civile, et que pendant les dix ans qui séparent la conquête de l'arrivée de Caton, les occupants se rendirent coupables de maintes exactions qui provoquèrent de nombreuses révoltes.

À partir de -197, Rome décida d'envoyer deux préteurs annuels à qui l'on accorda un *imperium* proconsulaire. (Leur nombre croîtra jusqu'à six en -179). Les deux premiers préteurs furent Caius Sempronius Tuditanus et Helvius, qui reçurent pour mission de délimiter les deux provinces, celle

54. Cf. P. Brunt, *Italian Manpower*, p. 661 sqq.

du nord appelée Espagne citérieure, et celle du sud, l'Espagne ultérieure. Leur premier contact avec la terre espagnole fut rude : il leur fallut faire face à une révolte particulièrement violente des Turdétans, au sud, et Sempronius Tuditanus trouva la mort dans l'affrontement. Rome expédia, dès -196, une légion supplémentaire dans chacune des deux provinces, et décida d'envoyer d'autres troupes sous la conduite de l'un des deux consuls de -195 – Caton en l'occurence. On se souvient que peu après la prise de fonction du nouveau consul, une lettre du préteur de -196, Q. Minucius Thermus, avait calmé, à Rome, l'inquiétude des sénateurs en annonçant une écrasante victoire romaine sur les révoltés. Cette nouvelle avait permis à Caton de prendre le temps de préparer son départ, et de régler quelques affaires intérieures[55].

La guerre s'est donc calmée en Espagne quand Caton débarque à Emporiae, mais les ferments de la révolte existent toujours, et la rébellion gronde un peu partout. S'il choisit de se positionner d'abord dans cette ville, c'est qu'Emporiae est un site tout à fait particulier, tant par sa situation géographique que par ses caractéristiques géophysiques. Il s'agit, en effet, d'un comptoir grec fondé à la même époque que Marseille, vers -600, qui s'inscrit dans le cadre de la colonisation phocéenne en Occident. Le lieu se situe au point de confluence des principaux courants marins qui permettent l'échange avec le Nord (la Gaule), le sud de la péninsule et les îles Baléares, donc l'Italie. En outre, il est placé à l'embouchure du fleuve Fluvià et offre l'accueil d'une île entourée de marécages distante de deux cents mètres de la terre ferme. C'est dire combien les Grecs qui s'installèrent là se sentirent protégés de leurs turbulents voisins espagnols. Jamais d'ailleurs, ils ne s'aventurèrent à l'intérieur des terres, se contentant de construire ensuite sur la terre ferme une petite ville bien fortifiée, et d'établir avec

55. Tite-Live, XXXIII, 44.

les populations locales des relations commerciales. En bons commerçants, ils assuraient aux indigènes un débouché en Méditerranée aux marchandises qu'ils leur achetaient. D'autre part, surtout, les Grecs d'Emporiae sont proches de Rome. Situés hors du territoire punique en Espagne, ils ont craint la progression des Carthaginois, et ont, avec Sagonte, dès -226, demandé l'aide des Romains contre l'expansion carthaginoise. Alliée à Marseille, elle-même liée à Rome par un traité dès le IVe siècle avant notre ère, Emporiae s'enorgueillit d'une très ancienne collaboration avec les Romains. Il est donc bien naturel qu'Emporiae soit choisie par Rome comme lieu de débarquement et base arrière de ses troupes en Espagne.

Tite-Live souligne, d'ailleurs, la tension qui règne dans la ville à l'arrivée de Caton[56]. Il insiste sur le mur de fortification tourné vers la campagne espagnole, sur son unique porte gardée en permanence par un magistrat, et par les rondes nocturnes qui mobilisent un tiers de la population ! « Jamais ils ne laissaient un Espagnol entrer dans leur ville, et il fallait qu'ils aient de bonnes raisons pour sortir de chez eux »... L'arrivée des Romains rassure les habitants. Leur « amitié, derrière laquelle ils s'abritaient, renforçait encore leur sécurité ». L'accueil réservé au consul est donc « chaleureux et empressé ». Caton en profite pour y rester quelques jours afin de reconnaître les forces et les positions de l'ennemi. Mais il n'est pas question que les hommes soient désœuvrés. Il les soumet à l'entraînement. Il renvoie également ses bateaux à Marseille, afin que chacun sache qu'il faut vaincre, ou mourir, sans autre espoir de salut. Il renvoie encore les revendeurs de blé à Rome. Les greniers espagnols sont pleins : « La guerre se nourrira par ses propres moyens ». En quittant Emporiae, il laisse ses hommes brûler et piller, « répandant partout la panique et l'exode. »

56. Tite-Live, XXXIV, 9.

Caton installe son camp près d'Emporiae. Les premières semaines de la campagne semblent calmes. Nous sommes vraisemblablement en mai, peut-être en juin. Le préteur Helvius, qui revient d'Espagne Ultérieure, rejoint Caton avant de regagner Rome où ses succès lui vaudront une ovation. Sur le chemin, il vient encore d'écraser un détachement de Celtibères et a repris la ville d'Iliturgi. Son collègue, Q. Minucius Thermus rentrera également à Rome deux mois plus tard et y recevra les honneurs du triomphe[57]. Sur le terrain, l'atmosphère demeure tendue. Trois envoyés de Bilistage, roi des Ilergètes, dont le propre fils du souverain, viennent supplier Caton de les aider à repousser des attaques ennemies. Si seulement trois mille Romains se présentent, leurs adversaires prendront peur, et il n'y aura même pas à combattre. Le consul, dans un premier temps, refuse. Il sait la situation instable et diviser ses troupes reviendrait à l'affaiblir. Malgré les pleurs, les supplications, voire les menaces des Ilergètes qui veulent quitter le parti de Rome, Caton se donne le temps de la réflexion. Le lendemain, il les convoque pour leur laisser entendre qu'il viendra à leur secours. Il ordonne que le tiers des hommes se prépare à partir sur des bateaux, que l'on cuise du pain en conséquence, que le départ surviendrait le surlendemain. Et il renvoie les ambassadeurs du roi (sauf le fils qui est gardé en otage et fort bien traité) afin qu'ils annoncent l'arrivée des Romains. Puis quand « la mise en scène [a] assez duré », il rappelle ses soldats. L'illusion eut ici autant d'effet que la réalité. Et l'épisode nous fournit un bel exemple de la ruse de Caton appliquée aux opérations militaires. Il en donne d'autres ; mais celle-ci ne suffit pas toujours à éviter le com-

57. Tite-Live a commis une erreur en présentant Minucius Thermus comme le successeur de Helvius en Espagne Ultérieure. En fait, Minucius avait reçu le gouvernement de l'Espagne Citérieure, et l'Ultérieure est revenue au préteur Q. Fabius Buteo, comme il l'indique lui-même en XXXIII, 26, 1.

bat. La première vraie bataille livrée par le consul nous offre un autre aspect de son caractère : le courage.

Pendant quelques semaines, le consul a entraîné ses soldats aux sorties nocturnes. Il les a emmenés, « au gré des circonstances », piller les champs des ennemis en s'éloignant de plus en plus du camp pour surprendre les adversaires et faire des prisonniers. Au point que l'ennemi hésite à quitter ses places fortes. Jugeant le moment venu de se livrer à une action militaire, il réunit les officiers, sous-officiers ainsi que la cavalerie et leur annonce que le temps des brigandages est terminé. Celui de la guerre est arrivé. « Aujourd'hui deux préteurs et un consul, soit trois armées occupent l'Espagne. Il n'y a plus un Carthaginois dans le pays depuis près de dix ans et pourtant nous avons perdu nos possessions au nord de l'Èbre. Il faut les récupérer par nos armes et notre bravoure ; il faut que ce peuple, plus prompt à recommencer la guerre que courageux à la soutenir, accepte le joug dont il s'était débarrassé. » Tel est, selon Tite-Live, « le sens général » du propos de Caton qui promet à ses hommes qu'après avoir pillé la campagne, ils auront « le droit [...] de vider les villes de leurs trésors ». Puis il leur annonce son intention de marcher de nuit contre le camp ennemi.

Sa tactique est simple, mais osée. Il fait contourner à ses soldats le camp des adversaires et, une fois parvenu de l'autre côté, les fait mettre en ligne avant le point du jour. Puis, au petit matin, il fait avancer trois cohortes au pied de la palissade ennemie. « Soldats, la bravoure est la seule valeur sur laquelle vous puissiez compter, et j'ai tout fait pour qu'il en soit ainsi. Les ennemis se trouvent entre notre camp et vous ; par derrière s'étend une région hostile. Le parti le plus sûr est aussi le plus glorieux. Mettez tous vos espoirs dans votre bravoure ! » Ainsi les dés sont-ils jetés. Il faut vaincre ou périr.

« Les barbares », surpris de trouver à leur réveil des Romains au pied de leurs remparts, s'arment en hâte. Caton ordonne alors aux trois cohortes avancées de simuler une fuite. Les Ibères, sûrs de leur victoire, sortent du camp et occupent l'espace libre entre leur palissade et les Romains, comme le voulait le consul. Mais ils n'ont pas le temps de se mettre en ligne que déjà Caton lance l'attaque. Et d'abord la cavalerie qui encadre l'ennemi sur chaque aile. Cependant, à droite, les Ibères se ressaisissent et repoussent les Romains qui, en reculant, sèment un début de panique dans les rangs des fantassins. Aussitôt Caton réagit et expédie deux cohortes d'élite contourner l'ennemi par la droite pour le prendre à revers. Du coup, la panique change de camp. Mais les soldats romains ont eu peur, et le consul en personne, au cœur de la bataille, saisit des hommes prêts à fuir dans le dos, les fait pivoter sur eux-mêmes et les renvoie contre l'ennemi.

À gauche, au contraire, l'adversaire s'affole, et cède le pas. Mais les armes de trait commencent à manquer. Il faut tirer l'épée. Le corps à corps s'engage, dans lequel les Ibères sont forts exercés. C'est, comme le dit Tite-Live « une nouvelle bataille [...] où seuls comptent le courage et la force ». Les Romains faiblissent. Caton s'en aperçoit et envoie au cœur du combat des troupes fraîches, avec des armes intactes, qu'il a gardées pour le moment décisif. C'est au tour des Ibères de reculer, puis de prendre la fuite à travers champs pour chercher refuge dans leur camp. Alors Caton saute sur son cheval et court chercher la deuxième légion, gardée en réserve, pour aller attaquer, le plus vite possible, le camp adverse. Il traverse les rangs des légionnaires en piquant de son poignard ceux qui ne sont pas assez rapides dans cette manœuvre, ordonnant qu'ils soient punis.

L'attaque du camp a commencé. Les projectiles pleuvent sur les Romains pour les empêcher de franchir la palissade. Les Ibères défendent leurs portes avec vaillance, tandis que la nouvelle légion apporte un sang neuf dans ce combat. Caton cherche des yeux le point faible de l'ennemi, pour y faire porter son effort. Il s'aperçoit alors que la porte gauche semble moins fournie en défense. Il y expédie aussitôt les deux premières lignes de la seconde légion. Les Ibères ne peuvent soutenir le choc. Les Romains pénètrent dans le camp. Comprenant que tout est perdu, l'ennemi laisse enfin tomber les armes. Aux portes, trop étroites pour permettre le passage de beaucoup d'Ibères, c'est le massacre. Les soldats de la deuxième légion tuent, frappant souvent l'adversaire dans le dos. Le camp est mis au pillage.

Le bilan est lourd pour l'ennemi. Nous ignorons les détails. Valérius Antias, source de Tite-Live, déclare quarante mille morts, un chiffre très exagéré. L'historien romain, qui a lu Caton, dit que le consul, « qui ne dédaigne pas de vanter ses mérites », en annonce un grand nombre, mais ne cite pas de chiffre. Si l'on tient compte du nombre de soldats alloués à Caton par le Sénat, le consul lui-même ne devait pas en commander plus de vingt mille. Mais la victoire, à elle seule, suffit à permettre à Rome d'asseoir son autorité au nord de l'Èbre. Du reste, Caton ne perd pas de temps : il ramène ses hommes au camp et leur accorde juste quelques heures de sommeil. Dans la foulée de la bataille, il les emmène piller la campagne sur une grande étendue, profitant du désarroi ennemi.Tous les Ibères de la région préfèrent se rendre, et Caton, dans une volonté pacifiste, les traite « avec bonté », les renvoyant chez eux après leur avoir distribué du vin et des vivres.

Tite-Live, qui s'appuie, comme cela fut montré[58], sur les écrits de Caton lui-même, souligne que le consul prit, ce jour-là, « trois initiatives dignes d'intérêt » : il emmena ses hommes loin de leur camp pour les obliger à ne compter que sur leur bravoure ; il lança ses cohortes dans le dos de ses ennemis ; et il sut faire attendre les soldats de la deuxième

58. Cf. H. Peter, *Historicorum romanorum reliquiae*, I², Leipzig 1914 (réimprimé à Stuttgart en 1967) et H. Tränkle, « Catos Origines im Geschichtswerk des Livius », *Forschungen zur röm. lit. Festschrift K. Büchner*, Wiesbaden 1970, p. 274 sqq.

légion pour les envoyer, frais et en bon ordre, au bon moment porter le coup de grâce à l'ennemi.

Caton prend alors la route de Tarragone (Tarraco), dans la pensée que le nord de l'Èbre se trouve pacifié. En fait, en cours de route, il est confronté à une nouvelle révolte des Bergistans, qu'il va mater avec fermeté en vendant les vaincus à l'encan. Il comprend qu'il ne viendra pas à bout des Ibères sans les désarmer. Cette décision romaine est ressentie comme un véritable drame par les populations locales tant les hommes sont fiers et « ne peuvent envisager de vivre que les armes à la main ». Nombreux sont les suicides. Le consul rassemble alors les sénateurs de toutes les villes et leur montre que la guerre est plus dommageable pour leurs peuples que pour les Romains. « Le seul remède que j'aie trouvé pour que vous cessiez de vous révolter est de vous mettre dans l'incapacité de le faire. Je voudrais appliquer la méthode la plus douce possible. Conseillez-moi à votre tour, je vous prie. » Un silence glacé accueille ces propos. Caton décide de leur laisser le temps de la réflexion. Mais quand, le lendemain, il leur repose la question, ils observent le même silence. Le consul décide donc de détruire en un seul jour les fortifications de toutes les villes et de réduire les derniers foyers de résistance. Un décision spectaculaire qu'atteste également Polybe, repris par Plutarque, et exécutée rapidement. D'après le biographe, « Caton lui-même dit qu'il prit en Espagne plus de villes qu'il n'y passa de jours, et ce n'est pas vantardise, si vraiment ces villes étaient effectivement au nombre de quatre cents ».

Mais la guerre n'est pas terminée. Le sud de l'Espagne s'agite. Le préteur Publius Manlius doit affronter les Turdétans, généralement plus belliqueux, mais lâches et, présentement, renforcés de mercenaires celtibères qu'ils sont assez riches pour recruter. Si, dans un premier temps, la cavalerie romaine n'a qu'à se montrer pour calmer les ardeurs des Turdétans, Publius Manlius comprend vite que la partie ne sera pas aussi aisée avec les Celtibères. Une fois sur place, Caton fait à ceux-ci trois propositions : ou bien passer aux Romains et toucher le double de la solde offerte par les Turdétans, ou bien rentrer chez eux avec l'assurance qu'on les laisserait en paix, ou enfin, s'ils veulent en découdre avec les Romains, fixer le jour et le lieu de la rencontre. Mais les Celtibères n'arrivent pas à s'entendre sur le choix de la solution, et, dans l'attente, les soldats romains continuent à piller les champs et à prendre des places fortes pour se ravitailler. Plutarque présente l'épisode un peu différemment, prétendant que les Celtibères demandèrent deux cents talents pour prix de leur aide alors que les Romains se trouvaient dans une mauvaise passe. Caton aurait rétorqué que payer n'avait rien d'indigne puisque, vainqueur, il leur donnerait l'argent des vaincus, et vaincus, il n'y aurait personne pour réclamer ou verser cet argent. On reconnaît bien là l'esprit pratique du consul. Cependant, rien ne confirme cette version, et il semble que, de toute façon, rien ne se passa. Tite-Live nous révèle seulement qu'ayant appris que les Celtibères avaient laissé armes et bagages à Sagonte, Caton décida de prendre cette ville, sans rencontrer de résistance. Laissant au préteur la presque totalité de son armée, il remonte vers l'Èbre, seulement accompagné de sept cohortes. La rapidité de son avancée – la distance habituelle en quatre jours de marche accomplie en deux seulement – expliquerait sa facile victoire [59]. La fin de la conquête est plus floue dans nos sources. Un court fragment d'une harangue aux cavaliers prononcée devant Numance est notre seule trace de l'incursion de Caton au cœur des montagnes celtibères. Il fut donc le premier à traverser ce haut plateau boisé, à plus de mille mètres d'altitude, que coupe la verdoyante vallée du Douro. Aux soldats, comme souvent, il tient un discours moralisateur, exaltant la vertu, la peine, le devoir : « Réfléchissez en vous-même : si vous avez fait quelque

59. Frontinus, *Stratagemata*, 3, 1, 2.

chose de bien qui vous ait coûté de la peine, la peine s'en ira bientôt et le bien ne vous quittera plus tant que vous vivrez. Si au contraire vous avez fait quelque chose de mal qui vous ait procuré du plaisir, le plaisir aussi s'en ira bientôt, et la mal vous restera toujours[60]. »

Puis il soumet encore plusieurs peuples : Sédétans, Aussétans et Suessétans. Les nouveaux alliés viennent grossir les cohortes romaines. Enfin, il emmène ses troupes à l'assaut de la ville des Lacétans. Une nouvelle fois, sa ruse lui permet de l'emporter. Il sait que les Lacétans nourrissent à l'égard des Suessétans une haine tenace. Laissant ses meilleures cohortes bien en vue à six cents mètres de la ville, il conduit un détachement d'auxiliaires suessétans vers un quartier éloigné et leur ordonne d'attaquer les remparts. Les Lacétans, à la vue de leurs ennemis personnels, ne se tiennent plus et ouvrent leurs portes pour fondre sur eux, en poussant des cris vengeurs. Les Suessétans, effrayés, tournent le dos et prennent la fuite, poursuivis par les Lacétans. Pendant ce temps, Caton revient chercher ses cohortes et investit la ville sans peine. Lorsqu'ils regagnent leur cité, les Lacétans la trouvent totalement prise. Il ne leur reste plus qu'à capituler.

Là s'arrêtent, probablement les exploits de Caton en Espagne, même si Tite-Live mentionne encore, *in fine*, une révolte des Bergistans matée par les troupes du consul. Cette histoire a déjà été racontée (nous l'avons signalée) et l'historien la narre une seconde fois par erreur, peut-être parce qu'une autre de ses sources ne la mentionne qu'après la soumission des Lacétans.

Le consulat de Caton touche à sa fin. Il ne lui reste plus qu'à écrire au Sénat pour lui dresser le bilan de son expédition en Espagne. Ce rapport parvient à Rome en même temps que celui de Titus Quinctius Flamininus qui relate

60. Malc., *ORF*[1], 20.

sa victoire sur le tyran de Sparte. « Trois jours de prières publiques furent décrétés au nom des deux généraux. » Mais avant de rentrer en Italie, il lui reste encore à organiser l'exploitation des nouvelles richesses. Il crée notamment des taxes sur les mines de fer et d'argent. Dans ses *Origines*, il notera : « Dans ces régions, il y a de très belles mines de fer et d'argent, une grande montagne de sel pur ; plus on en enlève, plus elle augmente[61]. » Ces richesses sont mentionnées pour la première fois dans la littérature latine, et Strabon[62] souligne à juste titre que l'Espagne était la terre la plus riche en métaux. On sait quel bénéfice Rome tirera de ces mines qui commencent à être exploitées alors que se tarissent celles de l'Orient. La source de la richesse économique se déplace d'Orient en Occident en même temps que la suprématie politique passe de la Grèce ou de l'Asie à Rome. Les gisements de fer et d'argent de l'Èbre n'étaient d'ailleurs pas les plus abondants de la péninsule Ibérique, mais ils permirent déjà aux deux préteurs Helvius et Minucius Thermus de rapporter à Rome une quantité considérable d'argent[63]. Caton fera de même. Quant au sel, Caton semble le seul à mentionner cette montagne de sel gemme, comme il en existe aujourd'hui encore dans la province de Barcelone, près de Cardona. On sait seulement que le sel espagnol était très prisé en médecine dans l'Antiquité.

Le bilan de la campagne ne se mesure pas seulement au nombre de villes conquises ou à la richesse des mines maintenant administrées par Rome. Caton y gagne beaucoup en notoriété, et la réputation de son caractère s'affirme. Tite-Live lui tresse un éloge qui s'inspire certainement des rapports que le consul envoya au Sénat. « La volonté et l'intelligence de Caton étaient si vives qu'il abordait et trai-

61. Caton, *Or.*, V, 2.
62. Strabon, III, 2, 8.
63. Cf. Pline, *H. N.*, IV, 112 et Tite-Live, XXXIV, 10.

tait personnellement tous les problèmes, quelle que soit leur importance, et ne se contentait pas de donner des conseils et des ordres utiles, mais bien souvent contrôlait leur exécution. La discipline qu'il imposait aux autres n'était ni plus stricte ni plus sévère que celle qu'il s'imposait à lui-même : il acceptait les privations, les veilles et les corvées, et ne jouissait dans son armée d'aucun privilège, à part le titre de consul et les prérogatives attachées à sa fonction[64]. » Ce que confirme Plutarque en nous livrant quelques anecdotes[65]. D'après lui, et suivant quelques autres témoignages, Caton aurait continué de vivre dans la *frugalitas* à laquelle son éducation l'avait accoutumé. Il se serait ainsi contenté, durant toute sa campagne, du soin de cinq serviteurs, dont deux qu'il avait fait acheter au Forum avant de partir puisque l'aide de trois esclaves lui suffisait en ville. La légende veut que l'un d'eux, Paccius, ait acheté, parmi les prisonniers, trois jeunes garçons. Caton l'apprit. Paccius n'osa plus se montrer devant son maître, et se pendit. Caton fit revendre les enfants et en versa le prix au Trésor public. On racontait aussi qu'il abandonna en Espagne le cheval qu'il montait pendant la campagne pour faire économiser à l'État le prix de son transport[66]. Pline ajoute que pendant les traversées entre l'Italie et l'Espagne, à l'aller comme au retour, il ne but pas un autre vin que celui des rameurs. Et c'était pourtant un triomphateur qui rentrait à Rome[67]. Dur pour lui-même, on comprend qu'il l'ait été pour les autres et qu'il ne se laisse pas impressionner par ce que d'autres auraient pris pour un mauvais présage. Ainsi, par exemple, il trouva un jour un soldat en alarme parce que ses souliers avaient été rongés par les souris : « Ce serait bien plus étonnant encore, lui rétorqua-t-il, si c'étaient tes souliers qui eus-

64. Tite-Live, XXXIV, 18.
65. Plutarque, *C. M.*, 10, 4-6.
66. Plutarque, *C. M.*, 5, 7 et 10, 6.
67. Pline, *H. N.*, XIV, 91.

sent mangé les souris[68]. » Quant au butin, abondant, il n'en garde rien, et ne préleva « que ce qu'il avait bu et mangé ». Mais il distribua à chacun de ses soldats une livre d'argent, selon Plutarque, deux cent soixante-dix as aux fantassins et le triple aux cavaliers, selon Tite-Live. Les deux chiffres sont sans commune mesure, et le second, quoique assez modeste puisqu'il ne correspond même pas au salaire d'un ouvrier pendant une durée égale à celle de cette expédition, est probablement plus proche de la réalité. Tite-Live précise d'ailleurs le montant du butin que Caton fit livrer au Trésor : « vingt-cinq mille livres d'argent en lingots, cent vingt-trois mille pièces au bige, cinq cent quarante mille pièces frappées à Osca, mille quatre cents livres d'or[69] ».

On imagine mal que Caton ait pu se montrer si prodigue avec ses hommes, qui ne sont pas des soldats professionnels, mais des citoyens, des Latins et des auxiliaires accomplissant leur devoir militaire quand on sait quel esprit désintéressé le consul montrait à l'égard de ce devoir. Quelques as symbolisaient une récompense, une livre d'argent eût paru disproportionnée. Il ne prononça donc certainement pas le mot que Plutarque lui prête à l'occasion de cette distribution : « Il vaut mieux que beaucoup de Romains s'en retournent avec de l'argent qu'un petit nombre avec de l'or. » Mais on peut lui laisser, du moins dans l'esprit, la paternité de la suite, qui souligne encore son portrait : « Ce n'est pas que je blâme ceux qui cherchent à bien profiter de ces occasions ; mais moi j'aime mieux rivaliser de vertu avec les meilleurs que de richesses avec les plus riches et d'avidité avec les plus avides[70]. » À titre de comparaison, Scipion l'Africain avait donné quatre cents as à chaque sol-

68. Augustin, *De Doctrina christiana*, 2, 20.
69. Tite-Live, XXXIV, 46.
70. Plutarque, *C. M.*, 10, 4-5.

dat lors de son triomphe sur Carthage et Flamininus deux cent cinquante pour récompenser ses hommes de leur victoire sur le roi de Macédoine. Sans être d'une grande générosité, et malgré ses principes, le chef de l'armée d'Espagne avait su marquer sa reconnaissance sans pingrerie.

Le triomphe – Bilan du Consulat

À la fin de -195, le collègue de Caton, L. Valérius Flaccus, qui n'est plus inquiété en Gaule depuis qu'il a maté les Boïens, rentre à Rome pour organiser les élections pour -194. Sont élus consuls Scipion l'Africain (c'est son second consulat) et Tibérius Sempronius Longus. C'est une coïncidence que souligne Tite-Live : « Leurs pères avaient été consuls la première année de la guerre contre Carthage [71]. » Les sénateurs forment le souhait que les consuls restent tous deux en Italie puisque la paix est enfin revenue, tant en Espagne qu'en Macédoine. Mais Scipion ne partage pas cette analyse. Antiochus l'inquiète. Les Étoliens, toujours hostiles aux Romains, pourraient faire appel à lui, et Hannibal, réfugié auprès de lui, pourrait le pousser à intervenir, usant dans ce but des arguments forgés par une rancœur tenace. Pourtant, le Sénat décide de ne pas envoyer d'armée nouvelle en Orient. Celle qui s'y trouve devra être ramenée et démobilisée, ainsi, d'ailleurs, que celle de Caton en Espagne. Pour gouverner la péninsule Ibérique, le sort désigne deux préteurs, Publius Cornélius Scipion (Nasica), cousin de l'Africain, et Sextius Digitius.

L'homonymie du consul et du préteur est certainement à l'origine d'une confusion qui conduit deux biographes de Caton à relater un fait erroné. Au moment où les nouveaux magistrats entrent en fonction, Caton n'est toujours pas rentré d'Espagne. Il y achève sa conquête des Lacétans.

71. Tite-Live, XXXIV, 42, 2.

Or, selon Cornélius Népos[72], le nouveau consul, Scipion l'Africain, se serait mis en tête de le faire partir de sa province pour « se mettre, lui, à sa place ». Quant à Plutarque, il écrit : « Tandis qu'il séjournait encore en Espagne, le grand Scipion, qui était son ennemi et voulait faire obstacle à ses succès et prendre en main les affaires d'Espagne, parvint à se faire nommer son successeur en cette province. Il partit en toute hâte pour ôter le commandement à Caton[73]. » Le Sénat aurait alors décrété qu'« on ne toucherait pas aux actes de l'administration de Caton, de sorte que ce commandement nuisit plus à sa propre réputation qu'à celle de Caton, parce qu'il le passa dans l'inaction et le repos ».

En fait, comme Tite-Live nous le précise, les visées de l'Africain ne vont pas vers l'Espagne qui, dorénavant, semble calmée, mais vers l'est où menace Antiochus, et où un général peut plus sûrement accroître sa gloire. L'historien latin ne mentionne nulle part d'expédition de Scipion en Espagne, parce qu'il n'y en eut point. On imagine mal qu'un si prestigieux consul eût pu aller dans un pays où il n'y avait aucune conquête à faire, et y rester désœuvré, même animé de la plus violente haine contre Caton ! Il est clair que Népos et Plutarque ont l'un et l'autre confondu Scipion l'Africain avec son cousin, le préteur chargé de l'Espagne Ultérieure, mais cette erreur est à mettre sur le compte de l'animosité légendaire opposant Caton au grand Scipion. L'appui que le Sénat apporte à Caton dans cette affaire a plus de valeur politique et renforce le prestige du consul de -195 si la rivalité qu'il est censé trancher concerne, en face de Caton, l'Africain plutôt que son cousin.

Caton rentre à Rome probablement au début de -194 pour célébrer un triomphe d'autant plus apprécié qu'il permet d'enrichir le Trésor public de façon non négligeable. À cette

72. Cornélius Népos, *Caton*, 2, 2.
73. Plutarque, *C. M.*, 11, 1 sqq.

occasion, il prononce un discours dont il ne nous reste, à la lettre, que quatre mots. Mais ceux-ci célèbrent la difficulté de sa tâche, et l'on devine que le propos du général vainqueur n'a pas dû, une fois encore, briller par sa modestie[74].

Ainsi s'achève le consulat de Caton et, avec lui, la carrière des honneurs politiques. En elle-même, cette ascension jusqu'à la fonction suprême n'a rien d'exceptionnel. Il a fallu neuf ans à Caton pour gravir tous les échelons, de la questure au consulat, et c'est une durée moyenne que l'on observe aussi bien pour les plébéiens que pour les nobles. Plus rares, sans doute, furent la volonté et la faculté d'adaptation d'un inconnu, venu tout droit de sa campagne sabine – même avec l'indispensable protection d'un puissant et compte tenu des circonstances historiques et politiques particulières. Le caractère du personnage ne suffit pas à tout expliquer. Il faudrait sans doute étudier « la carte électorale » de l'époque pour s'apercevoir que les électeurs de la campagne jouissaient, à la fin du IIIe siècle, d'une force qu'ils ne vont pas tarder à voir diminuer. L'exode rural ou l'accroissement du pouvoir du Sénat au IIe siècle, entre autres raisons, n'y sera pas étranger.

Quant à Caton, une fois libéré du poids de sa charge, il n'est pas disposé à se reposer sur ses lauriers, contrairement à ceux « qui combattent, non pour la vertu, mais pour la gloire, et qui, parvenus aux honneurs suprêmes, s'arrangent dès lors une vie de plaisir et d'oisiveté en abandonnant les affaires publiques. Lui, au contraire, ne relâcha et ne perdit rien de son zèle pour la vertu, mais, tout comme ceux qui abordent la politique pour la première fois et qui ont soif d'honneur et de gloire, il fit effort comme s'il débutait à nouveau ; il se mit à la disposition de ses amis et de ses concitoyens, et ne refusa ni les plaidoiries ni les expéditions militaires[75]. »

74. Malc., *ORF*³, 19.
75. Plutarque, *C. M.*, 11, 4.

Les mots de Plutarque sont éloquents : combat pour la vertu, contre le plaisir et l'oisiveté, dévouement à ses concitoyens, exercice de la parole et implication dans l'action politique et militaire. L'ancien consul ne se retire pas des affaires. Il prend un nouveau départ, et une nouvelle carrière s'ouvre à lui qui le conduira à la censure. C'est principalement dans ces années que Caton se forge une notoriété, une *auctoritas* qui formeront le sédiment de sa légende.

IV

LE CHEMIN DE LA GLOIRE

Lorsqu'il rentre d'Espagne en triomphateur, Caton touche à la quarantaine. C'est, pour lui, l'âge de l'épanouissement et de la pleine possession de ses moyens physiques et intellectuels. Avec son consulat, il a acquis la notoriété ; mais son ambition demeure entière au service de sa patrie et de ses concitoyens. La décennie qui s'ouvre devant lui sera constellée de victoires militaires et de succès politiques dus à ses talents oratoires. Telle est la force de Caton : il brille autant sur les champs de bataille qu'il domine de sa voix et de son autorité lors des débats au Sénat ou au Forum. Ces dix ans vont lui ouvrir les chemins de la gloire et l'enchâsser dans la légende de Rome. En -184, la censure viendra récompenser ses efforts et le consacrer gardien de la morale romaine.

Ses biographes – et Plutarque en particulier – en font une sorte de chevalier blanc qui combat quasiment seul contre tous, d'une part pour éliminer ses concurrents à la fonction de censeur (et il est vrai qu'il échoua aux élections de -189) dans un combat politique sans merci, d'autre part pour empêcher les mœurs politiques nouvelles venues de Grèce et d'Orient de prendre racine dans le sol italien. Sa censure, impitoyable, apparaît alors comme l'apothéose d'une carrière entièrement vouée à la sauvegarde d'on ne sait quelles valeurs prétendument ancestrales dont la perte conduirait la civilisation romaine à l'abîme. Cette vision bien connue d'une décadence qui trouva un écho favorable, pour des raisons conjoncturelles, sous le stylet des poètes et historiens de la fin de la République, contribua à ciseler de Caton la statue d'un héros désespéré dont le combat immarcescible et quasi solitaire ne pouvait qu'être voué à l'échec. On en retire donc l'image d'un réactionnaire anachronique, acharné avec la dernière énergie à s'opposer sans discernement à l'évolution, pourtant inévitable, de la société et de la politique. Le seul bénéfice qu'y trouva le censeur de -184 fut que, dans un souci de simplification, on lui prêta bien des actions dans lesquelles il ne fut sans doute pas le meneur que l'on dit ou même l'instigateur que l'on prétend. C'est ainsi que se bâtissent les légendes : le refus du Sénat d'accorder le triomphe à des généraux qui, de surcroît, sont ses rivaux aux élections censoriales, c'est lui ! L'acharnement contre les Scipions, lui encore ! La répression contre les Bacchanales, lui toujours !... Autant de luttes politiques qui, cependant, nous le verrons, n'ont pas dépendu de Caton, ou pas complètement. Car Caton n'est pas seul, et, à travers sa voix, c'est toute une fraction importante des sénateurs et de la population qui s'exprime. Son élection à la censure ne s'explique pas autrement, et doit se resituer dans le contexte d'une époque troublée où malgré les victoires en Orient, Rome se sent déstabilisée et incertaine sur son avenir.

De ce point de vue, on comprend que la solide stature de Caton, sa détermination, son sens du devoir et son dévouement à ses concitoyens doublé de son abnégation aient constitué, pour beaucoup de ses contemporains, un exemple auquel se référer autant qu'un espoir en la destinée de Rome.

En -194, il se sent l'homme de la situation. Son consulat lui a donné son premier commandement militaire important, et un triomphe a sûrement flatté la bonne image qu'il a de lui-même. Caton, nous le savons, ne compte pas la modestie au nombre de ses vertus personnelles. C'est donc en soldat que le verront les années -194/-193 puisque, selon Plutarque, il repart aussitôt comme légat du nouveau consul Tibérius Sempronius « en Thrace et sur le Danube ». De cette campagne, nous ne savons rien, sinon que la destination de l'armée fut moins lointaine. Tite-Live nous dit, en effet, que Tibérius se vit attribuer la Gaule cisalpine, et dut combattre les Boïens que leur roi avait excités contre Rome. Onze mille morts chez l'ennemi et cinq mille du côté des Romains sanctionnèrent tragiquement la victoire du consul. De Caton, Tite-Live ne nous dit rien, mais il n'y a pas de raison fondamentale de douter de sa présence dans cette région qu'il apprit à bien connaître et dont il parla avec force détails dans ses *Origines*[1]. À son retour, et avant la fin de l'année -193, Caton dédia un temple à Victoria Virgo, réalisation d'un vœu qu'il avait exprimé pendant la campagne d'Espagne. Plus d'une année va s'écouler avant qu'il ne reprenne les armes pour suivre le consul de -191, Manius Acilius Glabrio, en Grèce afin d'y combattre Antiochus.

Le mariage et l'éducation de son fils

C'est probablement dans ce laps de temps qu'il faut situer le mariage de Caton avec Licinia. Son âge au moment de cette union montre qu'il ne s'est guère préoccupé, jusqu'ici, de sa vie privée. Il est clair qu'après une jeunesse rude et tout entière absorbée par le travail de la terre, il fut « happé » par la vie politique après sa rencontre avec Valérius Flaccus. La carrière des honneurs l'a totalement accaparé. Mais le mariage, à Rome, est aussi un acte de la vie politique d'un homme tel que lui, surtout lorsque l'on sait quel rôle jouent les liens familiaux, les alliances, les amitiés dans la carrière d'un citoyen ambitieux. L'amour n'a pas ici sa place.

Il faut dater cette union vers -192, si l'on considère qu'un fils en naîtra, Marcus, surnommé Licinianus pour le distinguer du fils que Caton aura d'un second mariage. Or ce garçon, brillant et admiré de son père, se distinguera lors de la

1. Plutarque, *C. M.*, 12, 1. Tite-Live, XXXIV, 46-47.

guerre contre Persée, en -168, sous les ordres de Paul-Émile. Si l'on tient compte de l'âge qu'il devait avoir alors, il est raisonnable de situer sa naissance vers la fin de -192, ou en -191, peut-être avant le départ de son père pour la Grèce.

De Licinia, nous ne savons rien, sinon, comme le dit Plutarque, qu'elle était « noble plutôt que riche », et qu'elle est décédée bien avant son mari. Elle est certainement beaucoup plus jeune que lui. À cette époque, une jeune fille de vingt ans qui n'est point mariée est une curiosité et, compte tenu de l'espérance de vie et du nombre de décès des femmes en couches, il est rare qu'une épouse devienne mère au-delà de vingt-cinq ans, surtout pour le premier enfant. N'avait-elle que quatorze ou quinze ans, comme c'est le cas de nombreuses jeunes mariées ? Pourquoi n'a-t-elle eu qu'un fils – du moins dans l'état actuel de nos connaissances – en un temps où une famille nombreuse restait de tradition ? Autant de questions auxquelles trop de réponses possibles interdisent de formuler une hypothèse.

L'important est que Caton fait un mariage politique. Licinia est de noble ascendance. Scullard souligne que les Licinii sont d'origine étrusque et ont probablement été attirés à Rome par les Fabii dont l'influence était réelle dans ce pays du nord du Tibre. On l'aura compris, Licinia appartient à une famille liée à celle de Fabius Maximus, et il n'est pas interdit de penser qu'elle a été présentée à Caton par Valérius Flaccus ou par l'un de ses proches, du clan des Fabii. Il s'agit de dorer quelque peu le blason trop neuf du plébéien Caton. Sans doute, du point de vue des Licinii, s'agit-il presque d'une mésalliance que peut justifier l'insuffisance de la dot, et que peut seule compenser la situation de ce mari, fraîchement ancien consul. Pour Caton, la noblesse de la belle famille compte plus que la fortune à laquelle il ne semble pas attacher une grande importance.

La noblesse de Licinia montre, en tout cas, et contrairement à l'image reçue, que Caton n'est pas l'ennemi de la *nobilitas*. Tite-Live, entre autres, se plaît à nous le présenter tel, qui écrit : « Il n'est pas aisé de dire si c'est lui qui a le plus tourmenté la noblesse ou la noblesse qui l'a le plus malmené[2]. » S'il s'en est pris à des nobles, ce n'était pas parce qu'ils étaient nobles, mais parce qu'il combattait leurs actes, leurs paroles, leurs mœurs. Loin d'être hostile à l'aristocratie dans son ensemble, divers exemples montrent au contraire que Caton a cherché à s'y intégrer. Et en ce qui concerne sa vie privée, son mariage le montre, comme, d'ailleurs, le choix de l'épouse qu'il fait pour son fils puisque celui-ci épousera Tertia, la fille de Paul-Émile, la sœur même de Scipion Émilien. Nous reviendrons sur les relations qui rapprochèrent Caton et le futur maître de Rome. Mais le fait qu'il contracte pour son fils une union avec un membre de la grande famille des Aemilii – ceux-là mêmes qui, alliés aux Scipions, ont voulu la seconde guerre punique contre les Fabii ! – montre que l'attitude de Caton envers la *nobilitas* ne peut pas avoir été ce que la tradition prétend, surtout lorsqu'on connaît la signification politique d'un mariage dans l'aristocratie républicaine.

Le mariage de Caton avec Licinia sert donc d'abord les intérêts et la carrière du mari. Cela ne veut pas dire que Caton n'ait éprouvé aucun sentiment pour sa femme, mais il nous faut nous méfier de la notion d'amour qui n'a rien de commun avec ce que nous nommons tel aujourd'hui, surtout dans un couple au début du IIe siècle avant notre ère. Notre seule source sur leurs relations est Plutarque, qu'il faut suivre avec précaution tant il nous brosse le portrait type du mari-père de famille traditionnel idéal. Pourtant, rien ne nous interdit de le croire lorsqu'il parle du respect et de l'attachement de Caton pour son épouse. Mais, à l'époque, les tendres effusions ne sont pas de mise. Embrasser une femme devant témoin est inconvenant. « Moi, disait Caton, ma femme ne m'a jamais enlacé qu'après un grand coup de tonnerre. » Et,

2. Tite-Live, XXXIX, 40, 9.

ajoute Plutarque, il précisait « en plaisantant qu'il était au comble du bonheur quand Jupiter tonnait[3] ». La dame avait peur de l'orage et se réfugiait alors dans un cabinet noir où les privautés étaient permises à son mari ! Il faut dire que, selon certaines rumeurs, elle n'avait pas le caractère facile. Mais, selon son biographe, il l'avait épousée parce qu'il jugeait que « si les femmes riches et les femmes nobles ont également de la dignité et de la fierté, les femmes de haute naissance, craignant de déchoir, sont plus soumises à leur mari pour ce qui touche à l'honneur[4] ».

Caton, selon Plutarque, se montre « un bon père, un excellent mari et un remarquable administrateur de ses biens ». Le rapprochement de cette dernière qualité avec les deux précédentes définit assez la conception traditionnelle du *pater familias* qui est avant tout un maître en son domaine et qui règne sur sa femme et ses enfants comme sur ses esclaves et sa terre. Cette attitude suppose une ferme autorité, un respect scrupuleux des principes du *mos majorum*, ce qui n'exclut pas le dévouement et l'attention d'un père-mari à l'égard des siens dans un souci d'éducation nécessaire au futur service de la patrie. « Il disait qu'un homme qui bat sa femme ou son enfant porte la main sur les objets les plus sacrés ; qu'il regardait comme plus digne d'éloge d'être un bon époux que d'être un grand sénateur », et son admiration allait, dit-on, à Socrate parce qu'il ne s'était jamais départi de sa bonté « à l'égard d'une femme acariâtre et d'enfants stupides ».

Sa conduite envers son fils semble celle d'un père idéal, conscient de transmettre un savoir qui pérennise la tradition héritée des fondateurs de la civilisation. Ainsi aucune tâche, si ce n'est un devoir d'État, ne l'empêche d'être rentré chez lui pour assister sa femme lorsqu'elle lave ou emmaillote le

3. Plutarque, *C. M.*, 17, 7.
4. Plutarque, *C. M.*, 20, 2. Ce qui suit se réfère également au *C. M.*, 20.

bébé. L'enfant est nourri par sa mère, et non par une nourrice. Bien plus, la mère donne également le sein à des enfants d'esclaves pour créer entre les petits les liens d'affection supposés d'une fraternité de lait. Dès que l'enfant a grandi, il revient au père de lui enseigner les rudiments, notamment la lecture. Et bien qu'il ait un esclave grammairien nommé Chilon, jamais il ne lui laisse le soin d'enseigner son fils. Sa science, même remarquable, est juste bonne pour les enfants des autres ; mais il ne saurait souffrir que le sien fût réprimandé, voire frappé par un esclave, et plus encore qu'il dût son éducation à un étranger, comme c'est déjà souvent le cas dans les grandes familles. Il lui enseigne donc lui-même les fondements de la connaissance indispensable à tout futur citoyen : les lettres, le droit et la gymnastique. Cette dernière n'a que peu de rapports, dans l'esprit, avec l'épreuve reine du sport grec. Il s'agit de former le futur soldat qui défendra les siens : lancer le javelot, combattre malgré le poids des armes, monter à cheval, boxer, supporter le froid comme le chaud, traverser le fleuve à la nage en faisant fi des tourbillons... Toute l'éducation militaire que chaque citoyen doit posséder lorsque, tout juste majeur, il se présente pour son premier recrutement, à l'appel du drapeau rouge planté sur le Capitole. Caton ajoute à ces bases quelques rudiments d'histoire, rédigés de sa main, en gros caractères, afin que son fils apprenne les traditions de son pays. Enfin, il prêche aussi par l'exemple, se gardant de « toute indécence de langage » en sa présence, et ne se baignant jamais nu devant lui, ce qui, selon Plutarque, semble avoir été « une coutume générale chez les Romains. Les beaux-pères, en effet, évitaient de se baigner avec leurs gendres : ils eussent rougi de se déshabiller et de paraître nus devant eux. » Le biographe ajoute que les Romains ayant appris des Grecs à se montrer nus, corrompirent ceux-ci « en leur donnant l'exemple de se baigner même avec les femmes » ! En fait, la pudeur supposée d'un Caton ne semble pas avoir été une généralité, mais les coutumes étant différentes, la différence de la conception de la nudité entre les Romains et les Grecs semble avoir échappé à Plutarque. Il est exact que l'hygiène corporelle est un apport de la Grèce et que les paysans romains, à cette époque, n'avaient l'habitude de fréquenter les établissements de bains que lors de leurs visites à la ville, aux nondines.

« C'est ainsi que Caton accomplissait une noble tâche en formant son fils à la vertu. Celui-ci montrait un zèle irréprochable et une grande docilité d'esprit, dus à son bon naturel. Mais son corps était visiblement trop faible pour supporter la fatigue, ce qui amena Caton à relâcher la rigueur excessive et la sévérité de son régime. » Marcus n'a pas l'endurance de son père ! Si Plutarque rapporte la vérité, on peut imaginer qu'il dut souffrir. Mais dans la réalité, Caton n'est pas toujours là. Déjà, en mai -191, il s'embarque pour la Grèce où l'attend l'armée d'Antiochus. Le récit que nous donne Plutarque de l'éducation de son fils est peut-être fidèle dans l'esprit, mais revêt surtout une valeur symbolique : celle de l'éducation traditionnelle du Romain qu'il faudra confronter, le moment venu, avec celle, empreinte d'hellénisme, du jeune Émilien que seules six ou sept années séparent de Marcus. L'éducation « à la Caton » nous permettra alors de mieux comprendre quelles valeurs morales le censeur de -184 défendait pour préserver l'identité du nom romain.

La guerre contre Antiochus

Voilà déjà plusieurs années que le feu de l'affrontement entre Rome et le royaume de Syrie couvait sous les cendres de la défaite infligée par Flamininus à Philippe V de Macédoine, à Cynoscéphales. En -196, aux jeux Isthmiques, le consul philhellène avait orchestré la libération de la Grèce dont les cités avaient expressément engagé la Syrie à respecter cette précieuse liberté, y compris pour les villes grecques d'Asie. Cette arrogance avait exaspéré le puissant roi séleucide Antiochus III qui refusait toute médiation romaine en Orient et entendait bien mener les affaires à sa guise dans cette partie du monde. La victoire de Flamininus sur la Macédoine pouvait le réjouir : Rome lui ouvrait les portes du royaume de Philippe et Antiochus n'ambitionnait rien moins que de restaurer à son profit l'empire d'Alexandre dont il s'estimait l'héritier. L'Égypte, Rhodes, Pergame et d'autres villes d'Asie figuraient au programme de ses conquêtes à venir, jusqu'en Macédoine et, pourquoi non, jusqu'en Grèce. En -195, Hannibal l'avait rejoint et était devenu son conseiller. Antiochus cherche à se rapprocher de Rhodes et de l'Égypte. Le jeune roi lagide atteignant sa majorité, il lui propose d'épouser sa propre fille, Cléopâtre, en lui offrant de pouvoir percevoir le tribut en Syrie méridionale – c'était la dot. Le mariage a lieu fin -193 ou début -192. Et Antiochus conclut la même alliance, grâce au mariage d'une autre de ses filles, avec le roi de Cappadoce. Cette étonnante progression se double de l'envoi à Rome d'ambassadeurs syriens venus proposer aux sénateurs une alliance – somme toute, les descendants d'Énée pouvaient-ils s'opposer à celui qui règne sur la Troade ? – Mais il demande aux Romains de reconnaître ses conquêtes, y compris celles réalisées en Thrace.

Cette ambassade syrienne survient alors même que Attale, le frère d'Eumène II, le roi de Pergame, se trouve à Rome. On imagine la pression exercée par ce petit royaume asiatique fidèle aux Romains. Eumène souhaiterait un conflit qui permît à la République de le protéger tout en repoussant Antiochus. Mais Rome, dans un premier temps, ne cède pas. Les sénateurs verraient bien le roi syrien se charger d'assurer la liberté des cités asiatiques tandis qu'eux-mêmes garantiraient celle de la Grèce. Les ambassades se succèdent. En -192, les Romains envoyés auprès d'Antiochus à Apamée, s'arrêtent d'abord à Pergame où l'on devine à quelle extrémité Eumène veut les pousser. Les négociations avec la Syrie sont interrompues en raison de la mort du prince héritier.

Dans le même temps, la Grèce s'agite. Déjà, en -193, sentant le désir des Grecs de s'affranchir de la bienveillante tutelle romaine, Flamininus était intervenu et avait été reçu avec une insolente arrogance. L'année suivante, les Étoliens, déçus de ne pas avoir obtenu la domination qu'ils espéraient, notamment en Macédoine, occupent une cité de Thessalie et sollicitent l'aide d'Antiochus. Celui-ci, poussé par son conseiller, Hannibal, de défier les Romains, décide alors de répondre à l'appel étolien pour « libérer la Grèce », et débarque à son tour en Thessalie, à Démétrios. Il convie les Achéens à le rejoindre, mais ceux-ci, peu préparés et peu convaincus par les maigres forces syriennes engagées (dix mille hommes et seulement six éléphants), déclinent l'invitation. Beaucoup préfèrent conserver l'amitié des Romains. Philippe V de Macédoine, comprenant qu'il ne pouvait se permettre une défaite sous peine de perdre ses États, préfère s'allier à Rome, son ennemie d'hier, qui lui envoie une armée dans l'hiver -192/-191 pour dégager la Thessalie.

Le Sénat se décide enfin. Un incident mineur, mais jugé provocateur – le massacre par les hommes d'Antiochus d'une poignée de soldats romains à Délium – le détermine à agir. Sans doute aussi l'exaspération contre Hannibal, que l'on soupçonne de préparer une vaste opération revancharde contre Rome, et surtout les pressions exercées par Eumène II de Pergame comptent-elles pour beaucoup dans sa décision. Un des consuls de l'année -191, Manius Acilius Glabrio, est chargé d'intervenir en Grèce contre le roi séleucide. Acilius est un *homo novus* qui doit aux Scipions son ascension politique. C'est donc un philhellène. Il est accompagné de deux légats anciens consuls, L. Quinctius Flamininus et T. Sempronius Longus, et de deux tribuns militaires aussi célèbres : Caton et Valérius Flaccus. Ces derniers sont même présentés également comme légats dans certaines sources, mais il semble qu'ils aient seulement le rang de tribuns si l'on considère que leur engagement dans ce conflit s'est probablement effectué à l'instigation du Sénat pour contrôler les consuls et représenter la fraction des sénateurs qui se défiait des philhellènes[5]. En effet, deux attitudes se dessinent nettement parmi les sénateurs à l'aube de ce conflit, même si l'ensemble de ceux-ci s'affirment partisans de la guerre. Les philhellènes, dont Glabrio et ses légats, ont dans cet engagement une visée que l'on pourrait qualifier d'impérialiste : ils veulent étendre jusqu'en Asie la domination de Rome. Les autres, considérés à tort comme conservateurs, estiment que l'intervention s'impose comme un acte de légitime défense et qu'il convient de repousser Antiochus avec l'énergie que leur inspire leur hostilité à tout ce qui représente un pouvoir monarchique. Deux positions bien différentes, que l'on pourrait caricaturer par le terme d'offensive pour les premiers, et de défensive pour les seconds. Il n'était donc pas question de laisser les philhellènes agir seuls sur le terrain puisqu'ils ne représentaient qu'une partie du Sénat. Caton et Valérius Flaccus rétablissaient en quelque sorte l'équilibre entre les divergences politiques romaines dans l'action menée sur place, au cœur du conflit.

Arriver en Grèce, et jusque dans une Thessalie que les soldats romains venaient juste de libérer à la fin de l'hiver fut, pour Glabrio et son état-major, comme une promenade de santé. Plutarque est le seul à prétendre que le consul envoya Caton s'assurer de la fidélité des habitants de Corinthe, de Patras, et d'Aigion avant de le laisser pour « un long séjour » à Athènes. Ce long voyage semble difficile à réaliser en si peu de temps avant l'affrontement avec Antiochus qui se

5. Plutarque, *C. M.*, 12, 1. Cicéron, *De Sen.*, 32. Polybe, XX, 10, 10, repris par Appien (*Histoire de la Syrie*, 18), désigne Caton et Flaccus comme tribuns. Seul Tite-Live (XXXVI, 17) parmi les sources importantes, les appelle légats. Certains historiens, comme Mommsen – contesté par Kienast – prêtent aux deux hommes des arrière-pensées politiciennes dans leur engagement. Il nous paraît hasardeux d'échafauder des hypothèses qui ne reposent sur aucun élément précis et risquent, de surcroît, d'être infirmées par l'analyse postérieure des attaques de Caton contre Glabrio.

produisit au printemps même, aux Thermopyles. D'autant qu'on ne voit pas clairement pourquoi Caton serait allé à Patras et à Aigion, villes achéennes, déjà visitées quelques mois auparavant par Flamininus qui avait convaincu les Achéens de déclarer la guerre « sans la moindre hésitation » à Antiochus et aux Étoliens[6]. Sans doute, comme cela fut noté, son biographe veut-il accorder à Caton un rôle plus important qu'il n'eut en réalité[7].

Peut-être, cependant, se rendit-il à Athènes. Ce que nous dit Plutarque de cette visite est plus intéressant du point de vue symbolique que de celui de l'exactitude historique. Il y aurait prononcé un discours dans lequel il célébrait « la vertu des anciens Athéniens et parlait du plaisir qu'il avait eu à contempler la beauté et la grandeur » de la ville. Voilà qui ne doit pas nous surprendre, contrairement à sa légende, de la part d'un homme, nous le verrons, qui fut le premier à faire construire une basilique à Rome pendant sa censure. Mais le plus important fut qu'il ne s'exprima pas en grec, « bien qu'il fût capable de parler lui-même dans (cette) langue » (Plutarque rappelle ici que Caton n'a pas attendu ses vieux jours pour apprendre le grec, comme certains croient, à tort, le déduire d'un passage de Cicéron). Il parla volontairement en latin, usant des services d'un interprète pour s'adresser aux Athéniens. « Il restait fidèle aux traditions romaines et se moquait de ceux qui admiraient tout ce qui était grec[8]. » Il se moqua même d'un ouvrage de

6. Tite-Live, XXXV, 49 et 50. Les récits de cette guerre sont rapportés par Plutarque, *C. M.*, 12-14 et par Tite-Live XXXVI, 14-35. Tite-Live évoque la bataille des Thermopyles dans les chapitres 15 à 18 et, plus spécifiquement, l'action de Caton dans les chapitres 18 à 21. Plutarque, lui, s'étend longuement sur la stratégie de Caton pour sauver l'armée romaine pendant la bataille.

7. Cf. A. Aymard, *Les premiers rapports de Rome et de la Confédération achéenne*, p. 329 n. 27.

8. Valère Maxime 2, 2, 2, rappelle que les anciens magistrats veillaient à ce que toute réponse faite à des Grecs ne le fût jamais qu'en latin.

Postumius Albinus, écrit en grec comme s'il y avait été « contraint » par un décret des Amphictyons de Delphes.

Cette manière de procéder, accueillie par les Athéniens avec l'ironie qu'on imagine, était cependant riche de symboles. Elle montrait la détermination de Caton et des siens de ne plus s'incliner devant les vaincus comme l'avaient fait par exemple les premiers philhellènes, et notamment Flamininus, en parlant leur langue et en accompagnant de vers grecs les offrandes faites à leurs dieux. Flamininus voulait dire qu'il se sentait grec et fils d'Énée ; Caton soulignait que les paysans de Sabine ou du Latium – puisque le mépris des Grecs les rabaissait à ce rang – ne se contentaient pas de palabres philosophiques mais justifiaient leur domination par l'usage d'un bon sens pragmatique et la pratique de la vertu. Le seul extrait, d'ailleurs, qui demeure de ce discours ridiculise les interminables échanges diplomatiques que les Grecs affectionnent. « Antiochus fait la guerre à coups de lettres ; ses troupes, ce sont la plume et l'encrier[9]. » Le cynisme de Caton préfigure le nouveau visage de la politique romaine en Orient. Il n'est plus temps pour les Romains de se complexer devant la prétendue supériorité culturelle des Grecs ; et ce ne sont pas les méthodes grecques qui serviraient de modèle au règlement des conflits. S'ouvrait l'ère des ultimatums romains : s'en remettre à la *fides*, coopérer avec les vainqueurs en prouvant, par l'action risquée et le dévouement consenti, que l'on reconnaît la supériorité de Rome, ou bien résister et finir écrasé sous le pas impitoyable des légions. Se soumettre ou périr, telle était l'alternative. Caton se montra fort satisfait de l'effet produit sur les Athéniens. Selon lui, « ils admirèrent la rapidité et la vivacité de son langage, car ce qu'il exprimait brièvement, l'interprète le traduisait longuement par tout un flot de paroles ; aussi le peuple pensait-il tout à fait que les mots venaient,

9. Malc., *ORF*^{3}, 20.

aux Grecs, des lèvres et, aux Romains, du cœur » s'amuse Plutarque. Rappelons que, dans l'Antiquité, si le foie est le siège des sentiments, le cœur reste celui de l'intelligence, et mesurons, une fois encore, l'accès de modestie prêté à Caton...

Philippe V semblait avoir bien compris la détermination politique de Rome. Il fit sa jonction en Thessalie avec l'armée de Glabrio, lui permettant de descendre sans peine vers le sud. Antiochus, qui avait épousé à Calchis, pendant l'hiver, une jeune personne pour qui il avait éprouvé un coup de foudre, n'avait pas encore quitté cette ville, tout à l'enivrement de ses insouciantes amours. Dégrisé par l'arrivée de Glabrio, il s'en prit d'abord aux Étoliens qu'il accusa de l'avoir trompé en ne lui fournissant pas les renforts attendus. Tite-Live note qu'il se sentait abandonné autant des siens, restés en Asie, que de ses alliés, et qu'il se réfugia dans le défilé des Thermopyles, ainsi appelé parce que l'étroit passage constituait en quelque sorte les Portes de la Grèce et en raison de la proximité de sources d'eau chaude. Il comptait bien barrer la route aux Romains, mais devait aussi penser aux trois cents Spartiates de Léonidas qui s'étaient laissé enfermer dans cet étroit goulet minéral et y furent tués jusqu'au dernier en -480. Le site était tristement célèbre. « Le sol est si rocailleux et encombré de pierres qu'il est difficile pour une armée, et même pour des soldats légèrement armés, de se frayer un passage [...] Le chemin qui suit la vallée [...] fait moins de cent mètres de large : c'est la seule route que puissent emprunter les armées, à condition qu'elle ne soit pas barrée. »

Antiochus ferma donc le passage par un fossé et une palissade, renforcée, là où c'était nécessaire, d'un mur de pierres sèches. Il répartit ensuite les troupes étoliennes entre Héraclée, au nord, et Hypata. Glabrio n'eut aucun mal à déloger de leurs positions les Étoliens qui s'enfermèrent dans Héraclée. Puis il installa son camp près des sources d'eau chaude, dans le défilé, juste en face de celui du roi séleucide. Celui-ci, qui se souvenait de l'encerclement des Lacédémoniens par les Perses passés par les hauteurs, donna l'ordre aux Étoliens de surveiller les sommets alentours appelés Callidromos, Rhodonte et Tichious. Mais les alliés d'Antiochus, partagés sur cette stratégie, n'en firent qu'à leur tête, et la moitié d'entre eux préféra rester à l'abri à Héraclée.

Quand il vit les Étoliens occuper les sommets, Glabrio envoya Caton et Valérius Flaccus les déloger avec deux mille fantassins d'élite chacun. À Flaccus de prendre le Rhodonte et le Tichious, et à Caton de s'emparer du Callidromos. Puis il adressa aux soldats la traditionnelle harangue. Il leur montra la faiblesse des Étoliens, leur rappela que le plus grand exploit d'Antiochus, l'hiver précédent, avait été son mariage, leur promit les richesses de l'Orient... et les envoya au combat.

Au petit matin, les soldats romains se mirent en ligne, prêts à se battre bien qu'un peu serrés dans ce défilé qui les empêchait de respecter les distances règlementaires entre chaque légionnaire. Antiochus fit sortir ses troupes : infanterie légère en première ligne, soldats d'élites autour du camp pour le protéger, éléphants, cavalerie, puis les réserves en deuxième ligne. Dans un premier temps, les soldats d'Antiochus résistèrent assez bien aux Romains qu'ils criblèrent de balles de fronde, de flèches et de javelots. Puis ils durent lâcher pied. Mais, loin de se débander, ils se replièrent derrière leur palissade d'où ils dominaient les Romains et les empêchaient d'approcher sous peine de tomber sous leurs lances. Très vite, les hommes de Glabrio comprirent qu'il allait falloir se replier pour ne pas perdre trop de vies humaines. C'est alors que Caton apparut, juste au-dessus du camp, sur le Callidromos d'où il avait chassé les Étoliens. Caton arrivait à point pour sauver l'armée romaine d'une déroute.

Plutarque nous fait un récit circonstancié de la brillante intervention de Caton. Sans doute le biographe ne résistet-il pas au plaisir de présenter une vision très dramatisée des évènements. Mais le détail de la stratégie suivie offre, une fois encore, une belle illustration de la ruse et du courage de l'ancien vainqueur de l'Espagne. La nuit même où se prépare la bataille, Caton, comprenant que l'armée romaine a peu de chances de forcer le passage et se souvenant de la manœuvre des Perses, jadis, quitte le camp avec un détachement. Il a pris la précaution d'emmener avec lui un prisonnier qui connaît la région. Mais une fois parvenus sur les hauteurs, celui-ci se trompe de chemin et égare la troupe dans des lieux impraticables et à pic. Les soldats, pris de panique, s'arrêtent, comme tétanisés. Caton comprend le danger, ordonne aux siens de rester sur place et décide de partir en éclaireur, accompagné d'un certain Lucius Mallius, entraîné à la marche en montagne. Les deux hommes progressent avec peine, « dans la profonde obscurité d'une nuit sans lune, à travers des oliviers sauvages et des rochers qui se dressent devant eux » et les empêchent de rien distinguer. Enfin, ils tombent sur un sentier qu'ils croient descendre au pied de la montagne, jusqu'au camp de l'ennemi. Ils placent des signaux bien en vue au sommet du mont Callidromos et reviennent chercher les soldats qu'ils guident jusqu'à ces repères lumineux rassurants. Mais dès que les hommes s'avancent un peu sur ce chemin pentu, soudain la sente s'évanouit et ils s'arrêtent net au bord d'un précipice. La peur saisit chacun de nouveau et personne ne s'aperçoit qu'ils sont tout près de l'ennemi. Le petit jour point enfin, et avec lui s'élève un brouhaha dont Caton s'aperçoit qu'il monte du camp des Grecs, installé en contrebas. Il impose le silence et s'adresse aux seuls soldats de Firmum dont il connaît le zèle et le dévouement : « J'ai besoin qu'on me prenne un ennemi vivant pour apprendre de lui quels sont ceux qui se trouvent aux avant-postes, quel en est le nombre, quels sont l'emplacement et le dispositif des autres troupes et leurs moyens de résistance. Mais cet enlèvement doit être un coup de main audacieux et rapide, à la façon des lions qui, sans armes, se jettent hardiment sur les animaux peureux. » Aussitôt les Firmans dévalent la pente et fondent sur l'ennemi à l'improviste, semant la confusion. Ils s'emparent d'un homme et d'un seul, et le ramènent tout armé à Caton. Le prisonnier le renseigne sur la position d'Antiochus dans le défilé, et sur les six cents Étoliens qui gardent les passages de la montagne. Sans plus tarder, Caton et sa troupe déboulent sur eux au son de la trompette et en poussant le cri de guerre. Le chef, en tête, est le premier à tirer son épée. À la vue des diables hurlants qui leur sautent dessus du haut de la montagne, les Étoliens s'enfuient vers l'armée d'Antiochus et y sèment le trouble.

C'est précisément le moment où Glabrio livre un dernier assaut contre Antiochus. Le roi, « frappé à la bouche d'une pierre qui lui emporte les dents » fait tourner bride à son cheval, sous le coup de la douleur. Son armée se débande. Mais la fuite est malaisée. Les chemins du défilé sont peu praticables. Ici des marais profonds engloutissent les uns ; là des rochers à pic obligent les fuyards à s'abîmer sur des pierres les uns par-dessus les autres. Dans la peur du fer romain, ils se détruisent eux-mêmes.

Glabrio respire. Caton lui a permis de retourner une situation jugée désespérée peu auparavant. Peu soucieux de modestie, comme le rappelle Plutarque, le vainqueur « mit plus d'emphase que jamais au récit de ses exploits d'alors ». Selon lui, ceux qui le virent dans cette circonstance poursuivre et frapper les ennemis se dirent : « Caton doit moins au peuple que le peuple ne doit à Caton. » Le consul Acilius Glabrio, « encore tout échauffé de sa victoire », prend Caton dans ses bras et le tient longtemps embrassé avant de s'écrier, « dans un transport de joie, que ni lui ni le peuple tout entier ne sauraient décerner à Caton de récompenses égales à ses services ».

L'armée d'Antiochus fut grandement massacrée, son camp pillé, mais le roi réussit à s'enfuir, à regagner Calchis d'où il s'embarqua aussitôt pour Éphèse avec les cinq cents hommes qui lui restaient. La guerre n'était pas terminée pour autant. Il fallait encore régler quelques problèmes, notamment celui des Étoliens à qui fut accordée une trêve, ou celui des Béotiens qui avaient élevé une statue à Antiochus. Mais Caton quittait le théâtre des opérations car il avait mission de rentrer à Rome annoncer la victoire au Sénat. Il ne verrait pas Philippe récupérer la Thessalie, ni les Étoliens relancer le conflit jusqu'à ce que, défaits, ils finissent par capituler. Désormais la guerre allait suivre les traces d'Antiochus sur la terre d'Asie.

Caton, selon Tite-Live, gagne Patras, suit la côte jusqu'à Corcyre et navigue vers Otrante, en Italie. (Plutarque le fait débarquer, de façon plus traditionnelle, à Brindes et passer par Tarente). Les deux sources s'accordent sur la durée du voyage sur le sol italien : quatre jours pour arriver à Rome et accomplir près de cinq cents kilomètres quand il faut en compter une dizaine en temps ordinaire. Caton vole littéralement et touche au but avant Lucius Cornélius Scipion, le frère de l'Africain, lui-même dépêché à Rome par le consul pour relater l'évènement, et parti plusieurs jours avant Caton !

Caton parvient à Rome en pleine nuit et court réveiller le préteur Marcus Junius qui convoque le Sénat au petit matin. Il entame son récit devant les sénateurs quand survient Lucius Scipion, stupéfait d'avoir été doublé. Les *Patres* ordonnent alors aux deux hommes de faire ensemble devant le peuple le récit qu'ils viennent d'entendre. Ils décrètent trois jours de prières publiques et ordonnent au préteur « le sacrifice de quarante victimes adultes au lieu de son choix[10] ». Plutarque souligne que le peuple est en liesse, fier de ses héros, et persuadé qu'il est capable « d'étendre sa domination sur toutes les terres et toutes les mers ». Caton vient de gravir un degré

10. Tite-Live XXXVI, 21. Cf. Plutarque, *C. M.*, 14, 4.

supplémentaire vers le sommet de sa gloire et d'apporter une nouvelle pierre à l'édification de sa légende.

Les campagnes d'Asie – Caton à Ambracie

Afin de comprendre le rôle que Caton joua exactement pendant les années qui le conduisirent à la censure, et notamment dans les différentes actions menées contre plusieurs des chefs qui menèrent la guerre en Orient, il est important de rappeler brièvement les évènements qui permirent à Rome de réduire Antiochus à merci.

Après la victoire romaine aux Thermopyles, deux fronts restaient à pacifier : celui des Étoliens, pour un temps calmés – sans oublier de surveiller Philippe, trop heureux de récupérer ses États – et celui des Syriens qui, repliés en Asie, prétendaient y faire la loi, au grand dam des alliés de Rome comme Rhodes ou, plus encore, de Pergame. Eumène II, bientôt envahi par Antiochus, ne cessait de faire pression pour que l'armée romaine vînt le soutenir et chasser l'occupant. Le Sénat, préoccupé des évènements survenus dans le royaume de Pergame et, sans doute aussi, inquiet de l'influence d'Hannibal sur le roi séleucide, décida de porter la guerre sur la terre asiatique. L'engagement était d'importance et méritait que fussent prises quelques précautions : pour la première fois, les soldats romains allaient poser le pied en Asie et il est évident que personne ne mesurait encore à Rome les conséquences multiples d'une telle expédition. Il fallait un chef charismatique, une figure emblématique qui inspirât confiance aux troupes un peu inquiètes d'un aussi lointain engagement contre un ennemi si redoutable. Certes, déjà vaincu une fois, mais à présent chez lui, Scipion l'Africain eût particulièrement désiré conduire l'armée, peut-être aussi parce qu'il se retrouverait de nouveau face à Hannibal et, par le souvenir de ses exploits passés, porterait chance à ses hommes. Mais il venait d'accomplir un second consulat en -194, et il était sans doute trop tôt pour en briguer un troisième, bien qu'aucun délai ne fût encore nécessaire à observer entre deux consulats. Les deux consuls de -190 furent donc son frère Lucius Cornélius Scipion et Gaius Laelius. Le second était chargé de la Gaule ; au premier revenait la préparation des campagnes de Grèce et d'Asie et son frère, l'Africain, fut désigné comme son légat. Que les deux Scipions se chargeassent ensemble de réduire un ennemi conseillé par le Carthaginois apparut à tous de bon augure.

L'opération se solda par deux victoires romaines, après de nombreuses péripéties dont le détail est assez complexe. La première fut obtenue, probablement vers la fin de l'été, sur mer, près du promontoire de Myonnèse. Les flottes romaine et rhodienne défirent celle d'Antiochus, grâce notamment au brillant amiral rhodien Eudamos. La seconde fut acquise sur terre, à Magnésie du Sipyle, au nord-est de Smyrne, à l'extrême fin de -190 ou au début de -189. Dans l'intervalle, Antiochus avait fait aux Romains des propositions de paix. Ceux-ci, poussés par Eumène, lui avaient intimé l'ordre de libérer l'Asie Mineure et de se retirer en Asie. Là, pourtant, se situe un épisode assez imprécis : il semble que le roi séleucide ait tenté de corrompre l'Africain, proposant de lui rendre, sans rançon, son fils (qu'il détenait probablement depuis sa retraite de Grèce) et lui offrant une importante somme d'or, allant jusqu'à lui proposer de « l'associer au gouvernement du royaume sans lui donner le titre de roi s'il obtenait la paix par son entremise [11] ». C'était mal connaître les Romains en général, et Scipion en particulier. Certes, il se disait philhellène, mais il se devait de servir d'abord les intérêts de sa patrie. Il renvoya l'émissaire d'Antiochus, chargé de porter à son maître son refus et son conseil d'accepter ses conditions sans contrepartie. Cependant, il est troublant de constater qu'à l'heure où l'en-

11. Tite-Live XXXVII, 36.

gagement devint définitif, Scipion, qui se prétendait souffrant, n'y prit point part. Au point qu'Antiochus crut lui-même à une maladie diplomatique de la part d'un homme qui, secrètement, refusait de le combattre... et lui renvoya son fils ! La bataille s'engagea donc sans l'Africain. Son frère, le consul L. Scipion, n'y brilla pas particulièrement, mais les troupes romaines, alliées à celles de Pergame, l'emportèrent assez facilement. Ni les éléphants, ni les chars à faux, ni les archers arabes juchés sur des chameaux n'y purent rien.

Antiochus dut se retirer en Syrie, payer quinze mille talents et promettre de livrer Hannibal. Mais l'essentiel du traité se discuta à Rome où Eumène s'était empressé de se rendre. À Pergame et à Rhodes revenaient de nombreux territoires, sans compter une intéressante exemption de taxes. Eumène avait dû juger qu'il obtiendrait plus en se rendant à Rome qu'en se fiant aux Scipions. D'ailleurs, le débat au Sénat fut animé : Eumène s'opposait violemment aux Rhodiens qui réclamaient la liberté pour les cités grecques. Eumène aurait bien préféré substituer son autorité à celle d'Antiochus. Mais il n'eut pas à se plaindre puisque lui furent octroyées les contrées au nord de Ménandre tandis que Rhodes obtenait celles du sud.

La démarche d'Eumène ne fut peut-être pas étrangère au fait que les sénateurs ne prorogèrent pas le pouvoir de L. Scipion pour finir de régler la question d'Asie. L'un des deux consuls de -189, Cn. Manlius Vulso, en fut chargé, avec dix légats sénatoriaux. Or Manlius mit son zèle et son armée au service du roi de Pergame, et se livra à deux expéditions sans ordre du Sénat : l'une contre les Pisidiens dont Eumène redoutait la désobéissance, l'autre à l'encontre des Galates, populations celtes établies dans les montagnes depuis le IIIe siècle, et réputées difficiles à juguler. Mais le consul ne se contenta pas de mener la guerre avec son train d'horreurs habituelles. Pillages, viols, atrocités multiples, accumulation d'un butin exceptionnel, captures d'hommes que l'on revendrait un bon prix sur les marchés aux esclaves... les actes de barbarie des hommes de Vulso ont atteint un tel degré que le crédit de Rome, dans les négociations de paix avec Antiochus, s'en trouvait terni ; les Rhodiens s'irritaient ; les Scipions à qui leur philhellénisme avait interdit de se conduire en conquérants barbares se retournèrent contre Vulso par le biais d'une accusation menée par leur ami M. Aemilius Lépidus. Le consul avait agi de son propre chef et flétri l'image et l'autorité de Rome. La paix définitive fut néanmoins signée à Apamée dans l'été -188.

Restait le cas des Étoliens. Malgré la trêve dont ils avaient bénéficié, ils continuaient de menacer la paix en Grèce, en dépit des efforts de l'Africain pour les persuader de s'en remettre à leur vainqueur, selon les exigences de la *fides romana*. La guerre reprit, sous la conduite de l'autre consul de -189, M. Fulvius Nobilior. L'acte essentiel en fut la paix d'Ambracie, l'ancienne capitale de Pyrrhus, en Épire. Sur l'intervention d'Athènes et de Rhodes, les habitants eurent la vie sauve. Les Étoliens capitulèrent et acceptèrent les conditions imposées par le consul et ses légats, au nombre desquels se trouvait Caton, qui signifie lui-même sa présence à Ambracie dans un de ses discours [12]. Il avait donc fait, une nouvelle fois le voyage de Grèce et avait pu observer la conduite de Fulvius, certes plus humaine que celle de Manlius, mais déjà influencée par celle des princes orientaux. Il avait, de fait, accumulé un riche butin et s'était fait accompagner dans son expédition du poète Ennius qui composa le poème d'*Ambracie* en l'honneur de son vainqueur.

Rome régnait désormais sur un Orient pacifié.

L'attaque contre Minucius Thermus

Entre ses deux campagnes en Grèce et dans les années qui suivent, Caton participe activement à la vie politique.

12. Malc., *ORF*[1], 71.

Cette période est dominée par l'échec de sa candidature à la censure en -189 et par sa participation à un certain nombre d'actions contre les généraux, à commencer par P. et L. Scipion et certains de leurs proches comme Minucius Thermus ou Acilius Glabrio, le général de Caton aux Thermopyles. Depuis l'Antiquité, les historiens ont voulu faire de Caton l'adversaire acharné et personnel des Scipions et des philhellènes. En fait, à examiner les sources, cette accusation n'apparaît pas aussi claire, et, de surcroît, il serait bon de ne pas réduire Caton à ce rôle partisan. S'il fut l'une des figures politiques majeures de son temps, c'est sans doute que ses visées ne se résument pas à purger de vieilles haines individuelles. Caton n'était pas seul de son parti au Sénat et il faut donner à ses interventions une dimension plus morale et politique. De la même façon, on a accusé Caton de s'en prendre à Minucius et à Acilius pour les évincer de la censure en -189 à laquelle lui-même se présentait. Cette réduction électoraliste du but poursuivi par Caton constitue également une vision partielle et partiale de son action politique. Si, comme nous le verrons, cette préoccupation n'était peut-être pas absente de son esprit en ce qui concerne Acilius Glabrio, effectivement candidat, elle semble incongrue pour Minucius Thermus qui, lui, ne se présentait pas à la censure.

Caton prononça contre Minucius deux discours énergiques dont il nous reste quelques extraits. Avec d'autre sénateurs, il prétendait s'opposer à son triomphe. Minucius était pourtant un valeureux général qui avait suivi le *cursus honorum* et obtenu l'Espagne citérieure comme province après sa préture, en -196. Nous avons vu qu'il y avait mené des opérations avant l'arrivée de Caton, en -195. Ces exploits lui avaient valu un premier triomphe. Consul en -193, il avait mené la guerre en Ligurie et fut prorogé deux années pour achever son intervention comme proconsul. Il était très fier de ses victoires sur les Ligures, vantait la pacification du pays et étalait le butin immense rapporté de ces campagnes. Mais son succès était entaché de quelques accusations graves : les ennemis l'auraient assiégé dans son propre camp et, une autre fois, il s'était laissé enfermer dans un défilé d'où seul un stratagème de ses cavaliers numides l'avait tiré, le sauvant ainsi d'un cruel désastre. Aussi, lorsqu'il envoya son rapport au Sénat dans l'espoir d'obtenir le triomphe, des voix s'élevèrent-elles contre lui, au premier rang desquelles celle de Caton. Les discours dont nous possédons quelques extraits n'ont peut-être pas été prononcés à la même époque, et il n'est pas aisé de les différencier, mais leur contenu et la virulence de leur ton illustrent quels effets pouvait produire une diatribe de Caton, et avec quelle efficacité.

Dans celui intitulé *Sur les dix hommes*, l'orateur accuse Minucius d'avoir mis à mort dix notables ligures chargés d'approvisionner l'armée : « Tu cherches à cacher ton crime sacrilège par un crime encore pire, tu fais de la charcuterie avec de la chair humaine, tu fais un si grand massacre, tu fais dix meurtres, tu mets à mort dix personnes libres, tu enlèves la vie à dix êtres humains, sans qu'ils aient pu présenter leur défense, sans jugement, sans condamnation [...] Foi, respect du serment, respect de soi-même, ce sont choses sans valeur pour lui. » Comment résister à un tel assaut ? Dans son discours *Sur les fausses batailles*, il revient sur ce pénible épisode : « Il a dit que les dix s'étaient mal occupés de son ravitaillement. Il donna l'ordre de les déshabiller et de les battre au fouet. Les Bruttiens fouettèrent les décemvirs, bien des gens l'ont vu. Qui peut supporter cet outrage, un pouvoir absolu de cette sorte, cette servitude ? Personne fût-il roi, n'a osé agir ainsi. Faire cela à des hommes de bien, nés de bonne famille, soucieux du bien ? Où est l'alliance ? Où, le respect de la parole de nos ancêtres ? Toi, avoir infligé des injustices insignes, des coups, les fouets, les meurtrissures, ces douleurs et ces tortures dans le déshonneur et l'outrage le plus grand, à la vue des compatriotes des victimes et d'une multitude de gens ? Mais quel deuil, quel gémissement, combien de larmes, quels pleurs furent causés, j'ai appris. Les esclaves supportent très mal les injustices : quels sentiments pensez-vous qu'aient éprouvé et éprouveraient ces hommes, nés de bonne famille, et doués d'un grand courage, s'ils vivaient[13] ? »

Ces courts passages montrent l'éloquence de Caton. Aulu-Gelle considère même que le discours *Sur les fausses batailles* a « plus de force et d'abondance » que ceux de Tibérius Gracchus et égale presque, en l'annonçant, un Cicéron. Pour l'heure, nous retiendrons surtout l'expression *fides majorum* qui illustre parfaitement le sens du combat de Caton contre Minucius. Et devant une telle charge, le Sénat ne pouvait que refuser le triomphe à Minucius alors que, dans le même temps, il l'accordait à Glabrio. Mais Caton, une fois encore, se livre à une attaque contre son ancien général, dans le cadre des élections censoriales de -189.

Contre Acilius Glabrio – L'échec à la censure de -189

Cette nouvelle affaire n'est pas à la gloire de Caton, et précisément parce qu'elle fut sans doute l'une de celles où ses ambitions personnelles se mêlèrent à son souci de la morale publique.

Six candidats d'importance présentèrent cette année-là leur candidature à la censure : Acilius Glabrio, joint à

13. Parce qu'ils s'étaient les premiers ralliés à Hannibal pendant la seconde guerre punique, les Bruttiens ne furent plus considérés comme des alliés et furent obligés de servir comme esclaves dans l'armée. Ils étaient donc chargés d'administrer les punitions sur ordre des magistrats. Malc., *ORF*[1], 61-66. D'autres extraits appartiennent à des discours prononcés ultérieurement : *ibid.* 67 à 83. Cf. aussi Aulu-Gelle, *N. A.*, X, 3, 17 et XIII, 25, 12. Sur la carrière de Minucius, cf. Tite-Live, XXXIII, 24 ; 26 ; 44 ; XXXIV, 54-56 ; XXXV, 3 ; 6 ; 11 ; 20-21 ; XXXVII, 2. Le refus de son triomphe : XXXVII, 46. Sa mort, en Thrace : XXXVIII, 41. Tite-Live le qualifie d'homme « courageux et énergique ».

P. Cornélius Scipion, le cousin de l'Africain et de Lucius, qui étaient soutenus par le clan des Scipions ; M. Claudius Marcellus joint à T. Quinctius Flamininus, chaudement entourés par les partisans du second ; et Marcus Porcius Caton associé à P. Valérius Flaccus qui défendaient les visées politiques et morales des sénateurs attachés aux valeurs républicaines. Mais, pour ces derniers, il est difficile de parler d'une faction pour les soutenir comme on peut le dire des quatre autres.

Le groupe des Scipions avait perdu de l'importance depuis quelques années au profit des partisans du grand philhellène Flamininus. Originaire d'une vieille famille patricienne qui comptait parmi ses ancêtres le fameux Cincinnatus, il avait eu le privilège, comme jadis l'Africain, de franchir un peu rapidement les échelons du *cursus honorum* et s'était retrouvé consul sans avoir exercé la préture. Son haut fait de gloire restait sa victoire sur Philippe V à Cynoscéphales et la libération de la Grèce (-196). En fin connaisseur de la langue et du pays, où il avait beaucoup séjourné, il s'était acquis la reconnaissance des Grecs comme des Romains et jouissait d'une grande popularité. Il avait malheureusement aussi emprunté à ses nouveaux amis des habitudes de vie plus proches de la royauté que de la République, et la rumeur le disait sensible à la flatterie des courtisans. Plutarque nous le décrit beau, jeune, riche, brillamment intelligent et cultivé, généreux de surcroît. On imagine qu'il offrait à la jeunesse romaine un exemple bien différent de celui que prônait un Caton. Mais on le soupçonnait d'un rien de superficialité qui interdit de jamais aller jusqu'au complet dévouement pour une cause. Son allié, Marcellus, appartenait à une riche famille anoblie qui avait eu très tôt tendance à oublier ses origines plébéiennes. Fils du célèbre général qui, pendant la deuxième guerre punique, reprit le pas sur Hannibal, il avait lui-même suivi une carrière irréprochable et, à l'issue de son consulat, triomphé sur les Insubres. Il existait chez les Marcelli une vieille rivalité de gloire avec les Scipions, et il n'est pas surprenant de le voir affronter le cousin de l'Africain.

P. Cornélius Scipion bénéficiait du soutien de sa famille, mais s'était personnellement illustré à plusieurs reprises, comme préteur en Espagne et comme consul en Cisalpine, contre les Boïens. C'était lui qu'on avait désigné, en son temps, pour aller accueillir à Ostie la Mère de l'Ida, en avril -204 : seul le citoyen le plus vertueux de la République pouvait s'acquitter de cette mission. La vérité oblige à dire qu'au-delà de sa vertu, il fut sans doute choisi parce qu'il appartenait à la famille la plus influente du moment. Mais le mérite en avait rejailli sur son nom. Il jouissait en outre de la gloire de son associé, Acilius Glabrio, le vainqueur d'Antiochus aux Thermopyles, qui devait sa carrière aux Scipions. Car, rappelons-le, Glabrio était un homme nouveau, comme Caton.

Face à tant de mérite et de gloire, il va sans dire que les chances de Caton et de Valérius étaient minces, et que Flamininus lui-même ne partait pas assuré de la victoire. D'autant plus, comme le rappelle Tite-Live [14], que Glabrio, qui se trouvait riche du butin accumulé en Grèce, « avait gagné beaucoup de partisans par les distributions qu'il avait faites, et c'est lui qui arrivait en tête ». Or ses adversaires n'admettaient pas qu'un *homo novus* surpassât ainsi des candidats de vieille noblesse comme Flamininus. Deux hommes, P. Sempronius Gracchus et G. Sempronius Rutilus, lui intentèrent un procès sous « le prétexte qu'il n'avait pas présenté le jour du triomphe et déposé au Trésor une partie de l'argent du roi et du butin pris dans le camp d'Antiochus ». Les témoins qui se succédèrent firent des déclarations contradictoires. Caton fut l'un d'entre eux. C'était, assurément, « le plus en vue » de tous, autant en raison de sa candidature à la censure que parce qu'il avait

14. Tite-Live, XXXVII, 57-58.

été le second de Glabrio aux Thermopyles et avait sauvé la situation. Or, dit Tite-Live, « il affirma que les vases d'or et d'argent qu'il avait vus dans le butin après la prise du camp ne figuraient pas au triomphe ». Fatal témoignage.

Du discours de Caton, nous ne possédons qu'une phrase qui, à l'évidence, relate sa propre action en Grèce. Sans doute profita-t-il de l'occasion pour rappeler quel rôle il y avait joué et c'est peut-être sur ce récit que Plutarque fonda le sien. La tradition veut qu'au temps d'Auguste, il ait existé encore quatre discours contre Glabrio, mais rien ne prouve qu'ils aient été écrits au moment de cette accusation, et encore moins qu'ils aient tous été prononcés. Cicéron fait dire à Caton dans son traité sur la vieillesse qu'il profitait de ses dernières années pour « mettre au point » le texte des discours qu'il avait prononcés[15]. Remarquons bien que Caton n'est pas à l'origine de l'attaque contre son ancien général, et qu'il n'est pas le seul à l'accuser de détournement de butin. Mais c'est son témoignage que l'histoire retient, en raison de sa position et de sa notoriété. Et son intervention fut considérée comme partisane et intéressée. Elle se retourna contre lui : « Sa candidature affaiblissait l'autorité que lui valait une vie parfaitement intègre. » Sans doute avait-il beau jeu, dans ses discours, de se poser en défenseur de la morale, de rappeler qu'il avait apporté la victoire à son chef, que lui-même n'avait tiré aucun profit de cette guerre pas plus qu'il n'avait gardé de butin pour lui pendant sa campagne d'Espagne... Il ne pouvait empêcher que chacun vît dans cette accusation une manœuvre pour éliminer un rival à la censure. Ceci dit, rien ne permet d'aller plus loin et d'affirmer comme d'aucuns qu'il s'en est pris à Glabrio, comme d'ailleurs à Minucius Thermus, parce qu'ils étaient soutenus par les Scipions. L'intérêt public, l'honnêteté morale, voire l'intérêt personnel peuvent, seuls, être retenus pour

15. Cicéron, *De Sen.*, XI, 38.

justifier ces deux interventions retentissantes de Caton l'intransigeant.

Le témoignage de Caton plaça Glabrio hors jeu électoral, mais le discrédita lui-même. Glabrio déclara qu'il retirait sa candidature « puisque le candidat qui proférait d'odieux mensonges pour l'abattre était un homme nouveau comme lui tandis que les autres, membres de la noblesse, se contentaient de montrer leur désapprobation sans rien dire ». Les longues effusions entre les deux vainqueurs d'Antiochus, au soir de la bataille, celles d'un général, peut-être proche des Scipions, mais qui avait fait confiance à Caton pour une mission délicate et qui ne lui avait pas boudé sa reconnaissance, étaient décidément bien loin. Glabrio fut condamné à une amende, mais le peuple – signe clair de sa désapprobation – refusa de la voter puisque le prévenu retirait sa candidature. L'affaire fut classée. Flamininus et Marcellus furent élus censeurs. Glabrio se retira de la vie publique et dut mourir avant -180 puisque, cette année-là, le temple de la Piété qu'il avait promis d'édifier le jour de la bataille des Termopyles fut dédié par son fils. On y plaça même une statue dorée de l'ancien vainqueur, la première de ce genre érigée à Rome.

Peu après, comme nous l'avons dit, Caton suivit le consul de l'année -189, Fulvius Nobilior, en Épire où fut enlevée la ville d'Ambracie et obtenue la capitulation des Étoliens.

Les procès de Fulvius Nobilior et de Manlius Vulso

L'année -187 fut marquée par trois retentissants procès, ceux de Fulvius Nobilior, de Manlius Vulso et, surtout des Scipions. Caton ne fut pas neutre dans ces affaires, mais n'y joua probablement pas le rôle qu'on lui prête généralement, surtout si l'on tient compte du fait que, parti en Grèce, il ne rentre que dans le courant de l'année.

C'est ainsi qu'il semble étranger à l'affaire qui touche Fulvius Nobilior, quoi qu'on en ait dit. Tite-Live ne cite d'ailleurs jamais son nom à cette occasion. La responsabilité de l'accusation incombe à l'un des consuls de -187, Marcus Aemilius Lépidus qui vouait au vainqueur d'Ambracie une haine tenace et personnelle : selon l'historien latin, il lui reprochait d'avoir retardé de deux ans son élection au consulat. Il décida alors d'introduire au Sénat, et en l'absence de Fulvius, des ambassadeurs ambraciotes « bardés de reproches ». Ceux-ci accusaient le général romain d'actes de barbarie, tueries, massacres, rapines odieuses et, surtout, vol d'œuvres d'art religieuses. Les statues des dieux, disaient-ils, avaient été arrachées à leurs sanctuaires. « Il ne restait aux Ambraciotes que des murs, des encadrements de portes vides pour honorer les dieux et pour leur adresser prières et supplications [16]. » L'autre consul, Gaius Flaminius, prit la parole pour défendre Fulvius. En deux mots, ils mit les sénateurs en garde contre ce type d'accusation – combien de fois les avait-on entendues, et déjà de la part des Syracusains contre le grand Marcus Marcellus – et trouva inadmissible qu'on pût envisager la moindre décision sans avoir entendu l'accusé, encore en Grèce. Aemilius Lépidus soupçonnait Fulvius de retarder exprès son retour. Le lendemain, alors que Flaminius, souffrant, était absent, Aemilius obtint qu'on rende leurs biens aux Ambraciotes, ainsi que certains de leurs droits économiques. Il fit même voter, un autre jour, avant de partir lui-même en campagne en Ligurie, un sénatus-consulte précisant que la ville d'Ambracie n'avait pas été prise de force. Cela revenait à dire que Fulvius n'aurait pas dû se livrer au pillage. C'était, en réalité, une manière de lui refuser le triomphe par avance.

Quand Fulvius revint à Rome, vers la fin de l'année, il exposa aux sénateurs son action en Étolie, il souhaita, pour prix de ses succès, qu'ils ordonnent des fêtes et lui accordent le triomphe. C'est alors que le tribun de la plèbe Marcus

16. Tite-Live, XXXVIII, 43. L'attaque se poursuit au chap. 44.

Aburius, défendant le point de vue du consul absent Aemilius, hostile à tout triomphe, déclara qu'il s'opposerait à pareille décision. Fulvius fit remarquer combien il était inadmissible qu'une haine personnelle pût avoir pour conséquence d'empêcher d'honorer les dieux et d'obtenir un triomphe mérité. Des voix s'élevèrent contre le tribun. Un de ses collègues, Tibérius Sempronius Gracchus (le père des Gracques) déclara que « satisfaire ses haines personnelles dans l'exercice de ses fonctions n'était guère recommandable» et qu'un tribun « qui se faisait le mandataire des haines d'autrui » déshonorait son collège. Fulvius obtint le triomphe qu'il pensa, dans un premier temps, célébrer en janvier -186, avant de préférer en avancer la date au 23 décembre : il avait appris qu'Aemilius, furieux, avait décidé de rentrer à Rome, mais qu'il avait dû s'arrêter en route, pour cause de maladie. Autant en finir avant son retour ! Et, ce jour-là, il distribua généreusement argent et récompenses à tous ses soldats [17].

L'occasion était trop belle de prêter à Caton l'intention d'intervenir dans ce débat haineux sans qu'on pût clairement savoir au nom de quoi ou sur quel document s'appuyer. Il suffit à certains de rappeler son éternel combat pour la morale. Caton ne pouvait admettre le pillage d'Ambracie ni l'enrichissement des officiers. Il ne devait pas supporter qu'un philhellène ambitieux, l'un des membres les plus influents de la noblesse romaine – pourtant issu d'une famille plébéienne de Tusculum, comme lui ! – se fît ainsi escorter d'un poète (au demeurant bien connu !) pour chanter ses louanges. Certes. Nous avons vu que les liens entre Caton et Ennius s'étaient relâchés et nous reviendrons sur le prétendu mépris qu'il portait à la poésie et aux grands seigneurs romains vivant « à la grecque ». Mais dans le cas présent, Caton n'a aucun lien avec Aemilius Lepidus ni aucune rai-

17. Tite-Live, XXXIX, 4-5.

son d'embrasser sa haine pour Fulvius. De surcroît, il est absent de Rome lorsque le consul use de l'indigne stratagème des ambassadeurs ambraciotes. D'aucuns ont alors imaginé que le tribun Aburius aurait pu être mandaté par Caton, en plus de Lépidus, pour intervenir. Mais l'hypothèse est gratuite.

Les documents réels dont nous disposons sont trois extraits qui se réfèrent à des discours prononcés par Caton, rapportés par Cicéron, Aulu-Gelle et Festus [18]. Le dernier concerne expressément la censure de Fulvius, en -180. Celui de Cicéron rappelle simplement que, dans un discours, Caton avait considéré comme honteux pour Fulvius de s'être fait accompagner dans sa campagne par le poète Ennius, mais aucune date n'est supposée. Quant au mot de Caton rapporté par Aulu-Gelle, il fut prononcé nécessairement après le triomphe de Fulvius, même s'il fait allusion à l'action d'Aemilius, puisqu'il y est question des largesses du triomphateur ce jour-là : « D'abord, qui a vu quelqu'un gratifié d'une couronne sans que la place eût été prise ou le camp de l'ennemi brûlé ? » Certes, le jeu de mots de Caton sur le surnom de Fulvius est connu : il s'amusait à nommer Fulvius Nobilior, Fulvius Mobilior pour insister sur son esprit « souple » et son « cœur changeant [19] ». Cela nous permet de jauger toute l'estime qu'il lui portait. Mais rien ne laisse entendre que cette aimable paronomase date de -187. Il paraît plus logique de penser que toutes ces critiques relèvent d'un discours prononcé par Caton après la censure de Fulvius, c'est-à-dire au plus tôt en -178, comme le montre Fraccaro. Certains savants ont même avancé l'idée que le jeu de mots de Caton ne concerne pas Fulvius lui-même, mais son fils, consul en -153.

18. Cf. Malc., *ORF*[1], 151-153. Cicéron, *Tusculanes*, I, 2, 3. Aulu-Gelle, *N. A.*, V, 6, 24 et Festus p. 356, 17 L.

19. Cicéron, *De Oratore*, 11, 63, 256.

Quels qu'aient pu être, déjà en -189/-187, les sentiments de Caton à l'égard de Fulvius, rien ne permet donc d'affirmer qu'il ait joué un rôle, en tout cas un rôle déterminant, dans l'accusation dont le vainqueur d'Ambracie faillit être la victime. La même remarque se justifie encore plus en ce qui concerne le procès de Manlius Vulso, auteur de campagnes violentes en Asie, notamment contre les Galates, et que n'initiait aucun mandat du Sénat. Il rentra à Rome alors que les consuls Aemilius et Flaminius venaient de partir pour la Ligurie. Le Sénat bruissait encore de leurs envolées contre et pour Fulvius. Il fit aux sénateurs le récit de ses exploits et réclama les honneurs du triomphe. Deux membres de la vénérable assemblée l'accusèrent alors d'avoir plus déshonoré Rome par sa conduite et ses actes de désobéissance que rendu glorieux son nom en Asie. La réponse de Manlius fut longue et résonna probablement comme l'un des premiers grands discours impérialistes de la République [20]. Son habileté, son éloquence, mais aussi la pression de ses amis eurent raison des doutes et des accusations : son triomphe fut décidé « avec le nombre de voix réglementaire ». De Caton, dans cette affaire, il n'est question dans aucun texte, ni aucun fragment de discours. Ce qui ne saurait surprendre, puisqu'il était absent de Rome à ce moment-là. Il n'existe donc aucune raison de vouloir lui attribuer une quelconque influence, même par personne interposée, dans les comptes que le Sénat, légitimement, demanda à Manlius.

Le procès des Scipions

L'affrontement tomba d'ailleurs vite dans l'oubli tant Rome bruissait d'une nouvelle accusation, autrement importante et spectaculaire puisqu'elle touchait Scipion l'Africain.

20. Tite-Live, XXXVIII, 45-49.

Deux questions se posent à propos des procès intentés à l'Africain et à son frère Lucius, le vainqueur d'Antiochus, qui se fait appeler Asiagenes, l'Asiatique : tout d'abord comment, et quand ils se sont déroulés ; ensuite quelle part y prit Caton dont la tradition rapporte qu'il s'est acharné jusqu'au bout contre ses « ennemis ». Aucune de ces deux interrogations ne peut recevoir de réponse claire et sûre.

Tite-Live, le premier, celui qui nous laisse le plus de détails sur ces affaires judiciaires, s'embrouille lourdement dans son récit au point de ne reculer devant aucune contradiction. Il situe en -187 une attaque contre l'Africain qu'il nous développe avant de noter que, dégoûté, le grand homme se retire dans sa ville de Literne où il meurt l'année suivante. Quelques paragraphes plus loin, il évoque sa mort... à Rome. Et nous savons que Publius Scipion décède en fait en -183. L'historien prend conscience de ses incohérences. Il avoue sa perplexité devant les divergences présentées par ses sources. Il reconnaît, *in fine*, ignorer le nom de son accusateur, l'année et le lieu de sa mort, l'endroit où il est enterré... Même les discours qu'il cite sont attribués, chez d'autres auteurs, à des parties adverses : il le dit lui-même [21]. Mais rares sont ceux qui nous ont laissé des informations, si l'on excepte Aulu-Gelle, assez succinct, mais considéré par la critique moderne comme la source la plus fiable. Polybe se contente de citer une anecdote célèbre que reprennent Tite-Live et Aulu-Gelle [22].

Pour autant que l'on puisse conjecturer le déroulement des évènements, il apparaît qu'il y eut deux procès distincts, l'un en -187 contre l'Africain et son frère Lucius, à l'instigation de deux personnages nommés l'un et l'autre Quintus Pétilius, dont on ne sait quasiment rien, dont Tite-Live lui-

21. Tite-Live, XXXVIII, 56. Sur les procès des Scipions : XXXVIII, 50-60.
22. Aulu-Gelle, *N. A.*, IV, 18 et Polybe, XXIII, 14.

même est peu sûr (et auxquels Astin ne croit pas), et un autre en -184, contre l'Africain, initié par le tribun Naevius. Ce serait au cours du premier que serait intervenu Caton.

Seul le motif de ces procès est clair : demander des comptes aux Scipions. Au lendemain de sa défaite à Magnésie du Sipyle, Antiochus dut verser cinq cents talents d'argent à Lucius. Cette somme faisait-elle partie de l'immense butin que les généraux ont amassé en Orient, ou s'agissait-il du premier versement de l'indemnité de guerre due à la République romaine ? Dans le premier cas, point n'était besoin de rendre des comptes précis, dans le second, le général n'était que le dépositaire d'une somme à remettre intégralement au Trésor public.

« Certains Petilii, tribuns de la plèbe, disposés et poussés contre (Scipion), à ce qu'on dit, par Marcus Caton, ennemi de Scipion, réclamaient avec beaucoup d'insistance au Sénat qu'il rendît compte de l'argent d'Antiochus et du butin de cette guerre », note Aulu-gelle. D'après Tite-Live, les accusateurs, poussés par un Caton « acharné » auraient réclamé une enquête sur les sommes « extorquées » à Antiochus, « dans la mesure où elles n'ont pas été versées au Trésor », enquête confiée à un préteur. Les tribuns Quintus et Lucius Mummius auraient opposé leur veto, arguant que c'était au Sénat d'enquêter. Les Petilii chargèrent les Scipions, critiquant leurs privilèges et les traitant de tyrans. « Caton défendit le texte de loi [son discours sur l'argent d'Antiochus existe toujours] et fit pression sur les tribuns [...] pour qu'ils retirent leur opposition au projet. » Ce qui fut fait. Le préteur Q. Terentius Culléo fut donc chargé de l'enquête. Mais, sans que l'on sache à quel moment intervient ce geste hautain et symbolique d'un nouvel état d'esprit, Publius Scipion, devant les sénateurs, demanda à son frère de lui apporter le livre de comptes (selon Tite-Live) ou tira de sa toge ce livre qu'il avait apporté (selon Aulu-Gelle), et le déchira de ses mains, refusant l'affront subi qu'on pût le soupçonner, et rappelant qu'on ne demandait pas de comptes à celui à qui l'on devait le salut de la République et de son empire. « Les sénateurs furent décontenancés », note Polybe. Le geste ne manque certes pas de panache, mais témoigne aussi hautement de l'évolution des mentalités dans l'aristocratie : l'attitude du général vainqueur se rapproche davantage de celle d'un monarque oriental qui est au-dessus des lois que de celle d'un Romain soucieux de servir la République et d'obéir à ses institutions.

L'affaire ne s'arrêta pas là. Le tribun C. Minucius Augurinus voulut porter la question devant le peuple. C'est plutôt à cette occasion, selon Scullard, que Caton aurait prononcé son discours *De pecunia regis Antiochi*, dont il ne nous reste rien et que seul mentionne Tite-Live. Le cousin de Lucius, Publius Scipion Nasica, aurait longuement pris la parole pour rappeler quelle gloire les deux frères avaient apportée à Rome, l'un en vainquant Hannibal, l'autre Antiochus. Et le triomphe avait été accordé à Lucius. Et Rome s'était enrichie. « N'avez-vous pas vu défiler au triomphe de Lucius Scipion plus d'or et d'argent que dans dix autres triomphes réunis ? » Il montra que l'argent supposé détourné ne se trouvait pas chez lui. Le condamner, c'était pour Rome, se couvrir d'une honte qui rejaillirait plus encore sur elle-même que sur la famille de Scipion.

Rien n'y fit. Une très forte amende devait être payée si Lucius voulait éviter la prison. Tibérius Gracchus usa de son pouvoir de tribun pour mettre son veto à l'incarcération de Lucius. Qu'il paie, soit ! Mais que celui qui avait fait battre le roi le plus puissant de la terre et étendu le pouvoir de Rome soit conduit, enchaîné, dans une geôle, c'était indigne de la République. Lucius fut donc libéré. Les questeurs allèrent chez lui quérir ses biens. Et, dit-on, l'argent prétendument volé à Antiochus resta introuvable. Il n'y en eut même pas assez pour s'acquitter de l'amende. Ses parents et amis voulurent l'aider. Il refusa, les priant seulement de racheter le strict nécessaire, indispensable pour vivre. La haine populaire se retourna contre les préteurs et les accusateurs.

Or il se trouve que quelques mois plus tard, Lucius Scipion donna des jeux somptueux, conséquence d'un vœu qu'il aurait fait pendant sa campagne contre Antiochus. Avec quel argent ? Avait-il dissimulé une partie de sa fortune ? A-t-il eu recours, comme le laisse penser Pline[23], à une subvention populaire ? Nous l'ignorons. Toujours est-il qu'il n'a pas perdu l'envie de retrouver sa notoriété puisqu'il se présentera à la censure en -184, comme rival de Caton.

L'autre procès, qui touche l'Africain, s'est déroulé précisément en -185 ou -184. Le tribun Naevius l'accusa d'avoir été corrompu par Antiochus, pour traiter avec lui, au nom du peuple romain, une paix « à des conditions favorables et douces ». Il semble que l'accusation dégénéra, et que les accusateurs ressortirent à cette occasion de vieilles histoires, déjà jugées, comme celle de Pléminius à Locres, au temps de la seconde guerre punique. Scipion se garda de répondre à ses détracteurs. Il se contenta de rappeler ses actions, ses victoires, comment sa gloire avait rehaussé celle de Rome. Puis il s'interrompit et se tournant vers la foule : « Il me revient en mémoire, Quirites, que c'est aujourd'hui le jour anniversaire de ma victoire sur Hannibal [...] et je vous ai donné la paix, et une victoire admirable. Allons remercier Jupiter [...]. » Le voilà qui quitte la place et se dirige vers le Capitole où la foule le suit, laissant les juges seuls. Puis il fait le tour des temples de la ville, avant de rentrer chez lui. Le jour de l'assignation, il était absent. Son frère l'excusa et le dit souffrant. Les tribuns voulurent fixer une nouvelle date pour sa comparution, mais Tibérius Gracchus, malgré « une certaine animosité entre les deux hommes », plaida pour qu'on cessât d'importuner « un homme qui avait atteint une telle gloire ». Il fut écouté, et félicité pour avoir fait passer l'intérêt de l'État avant les siens propres. « On

23. Pline, *H. N.*, XXXIII, 138.

n'entendit plus parler de Scipion par la suite ». Retiré à Literne, il y mourut, désabusé, en -183.

Le positionnement politique de Caton

Est-ce Caton, comme on l'a dit, qui avait réussi à l'abattre ? L'idée d'une lutte sans merci entre les deux hommes vient surtout du témoignage de Plutarque. Le biographe écrit, comme Tite-Live et Aulu-Gelle, que Caton « seconda les poursuites entreprises par d'autres et en détermina entièrement plusieurs, comme celle de Pétilius contre Scipion ». Il ajoute qu'il finit par laisser le grand homme en repos parce qu'il fut « impuissant à le faire condamner à mort ». Et qu'il se joignit alors aux accusateurs de Lucius[24]. Cette présentation des évènements laisse penser à une lutte personnelle et acharnée. En fait, la source apparemment unique à laquelle se réfèrent les trois auteurs cités pour ce procès, et qui présente Caton comme l'inspirateur des Petilii, paraît bien incertaine. Et elle ne concerne qu'un procès. Caton n'est jamais cité en ce qui concerne le procès intenté à l'instigation du tribun Naevius, et rien ne permet de dire qu'il y prit part. Pour celui de -187, il semble admis qu'il prononça un discours, aujourd'hui totalement perdu, sur l'argent d'Antiochus. Mais qui nous dit qu'il fut développé à l'occasion de la *contio* du tribun Minucius Augurinus ? Aucun document. Seul Tite-Live prétend qu'il permit à Caton de faire renoncer les tribuns Q. et L. Mummius à leur veto. Or nous avons vu que l'historien lui-même avoue être dans la plus grande confusion quant au déroulement et à la date de ces procès.

Qui nous parle de l'hostilité régnant entre Caton et Scipion ? Outre Plutarque, outre Tite-Live qui parle d'*inimici* (mot réservé généralement aux inimitiés personnelles) et qui emploie, à propos de Caton, le très imagé verbe *alla-*

24. Plutarque, *C. M.*, 15, 1-2.

trare (aboyer) quand il définit le ton avec lequel il critique l'Africain, il faut noter Cornélius Népos, Pline l'Ancien et Aulu-Gelle dans le passage précité. Le premier dit que Caton fut « toute sa vie en désaccord avec Scipion », le deuxième qu'il ne pouvait le supporter, et le troisième reprend le mot de Tite-Live : *inimici*[25]. C'est quasiment tout, et c'est peu pour nourrir l'idée du combat de toute une vie. De surcroît, nous avons vu que les deux exemples donnés par Plutarque d'un affrontement violent entre les deux hommes, l'un à l'époque où Caton était le questeur de Scipion en Sicile et l'autre lorsque Caton termina sa campagne d'Espagne, étaient tous deux de la fiction pure, destinée à alimenter la légende.

Cela veut-il dire qu'aucun sentiment n'opposait Caton à Scipion ? Certainement non. Qu'il n'ait pas été l'agent irrémissible du destin des Scipions qu'on veut bien nous dépeindre n'empêche pas l'existence d'une réelle, profonde et durable antipathie entre ces hommes. On le verra notamment quand Caton, l'implacable, usera de son pouvoir de censeur pour priver Lucius de son cheval public. Mais la conduite politique de Caton ne se réduit pas à une hostilité personnelle qui confinerait à la mesquinerie. Par sa forte personnalité, il est le porte-parole de toute une fraction importante du Sénat.

Il faut rappeler que la seconde guerre punique a provoqué un déséquilibre dans le fonctionnement des institutions de la République. L'autorité du Sénat est sortie de cette épreuve considérablement renforcée. Paradoxalement, il n'a aucun pouvoir exécutif réel, mais c'est lui qui contrôle tout. Les magistrats sont issus de ses rangs, et il serait téméraire de leur part de ne pas suivre ses avis. Nous avons vu notamment combien la politique extérieure, et, par exemple, l'ac-

25. Cornélius Népos, *Caton*, 1, 3. Pline, *H. N.*, *praef.* 30 ; Aulu-Gelle, *N. A.*, IV, 18, 7.

cord du triomphe aux généraux vainqueurs (c'est-à-dire aux consuls en exercice ou aux proconsuls qu'il a désignés) dépendent de son unique bon vouloir. Or le Sénat est loin d'être un organe de pouvoir homogène. Il est dominé par quelques familles puissantes qui forment la noblesse (*nobilitas*). Mais les nobles eux-mêmes se répartissent entre les patriciens, les descendants des plus anciennes familles nobles, et ceux qui sont parvenus au sommet du *cursus honorum* et siègent sur les bancs de la Curie parmi les anciens consuls. Ces derniers peuvent être issus de familles plébéiennes enrichies ou habilement liées par des mariages avec des patriciens, ou être des « hommes nouveaux », comme Caton. Encore ceux-ci sont-ils l'exception à cette époque puisqu'on ne compte que quatre *senatores novi* entre -218 et -167. Et les anciens regardent les nobles fraîchement parvenus avec la morgue qui sied aux rejetons d'auguste origine. Car, même entre sénateurs de la noblesse, nul n'ignore qui est qui et d'où il vient. C'est-à-dire que les *homines novi* doivent beaucoup de leur carrière politique au patronage d'un puissant, comme c'est le cas de celui de Valérius Flaccus pour Caton.

En conséquence, il est surprenant de lire, sous la plume de certains historiens, que Caton passa sa vie à lutter contre la *nobilitas*. Certes, le témoignage de Tite-Live est décisif puisqu'il l'écrit lui-même dans un portrait de Caton[26], et le répète lorsqu'il aborde sa candidature à la censure en parlant même de « harcèlement[27] ». Mais Tite-Live ne précise pas de quelle fraction de la noblesse il s'agit. Comment Caton s'acharnerait-il contre certains nobles qu'il admire, comme Fabius Maximus, à qui il doit tout, comme Valérius Flaccus ? Nous avons vu que, par son mariage même, il avait

26. « Il n'est pas aisé de dire si c'est lui qui a le plus tourmenté la noblesse, ou la noblesse qui l'a le plus malmené. »
27. Tite-Live, XXXIX, 40, 7, et 41, 1.

cherché à s'intégrer à cette noblesse, en choisissant une femme plus pour son origine que pour sa fortune. De ce point de vue, D. Kienast est fondé à montrer que Caton, loin de s'opposer à l'aristocratie, en est un ardent défenseur.

Mais de quelle noblesse s'agit-il ? D'autres historiens ont voulu analyser les combats politiques de Caton – et ils furent légion : ses actions répétées entre son consulat et sa censure nous l'ont montré – comme le résultat d'un conflit de générations. Or cette analyse semble bien restrictive, si elle s'appuie largement, ici encore, sur la présentation que Tite-Live fait du Sénat. À maintes reprises, il dénonce une fraction importante de la digne assemblée par le mot *seniores*, et à chaque mention ou presque, il le met en relation avec des faits du passé. Mais on chercherait en vain, dans la terminologie livienne, une fraction du Sénat formée de « jeunes » pour s'y opposer. Il n'utilise pas les termes de *juvenes* ou de *juniores*, mais désigne leurs adversaires par des noms qui n'ont rien à voir avec l'âge.

Pourtant la jeunesse noble est flamboyante. Elle a été formée à bonne école. Elle descend fièrement de Romulus et de quelques héros légendaires chez qui la valeur n'a pas attendu le nombre des années. Elle s'est nourrie et fortifiée des exploits de ses ancêtres dont la mémoire exemplaire perdure lors de cérémonies funèbres. Polybe a bien souligné l'importance éducative de ces pompes fastueuses, très spectaculaires, quand, fendant la foule, entourées de pleureuses, les effigies des ancêtres portées par des figurants vêtus de la toge bordée de pourpre, toute de pourpre ou brodée d'or selon la dignité des défunts, s'avancent jusqu'aux Rostres. Là, tous s'asseyent à la file sur des sièges d'ivoire pour entendre l'oraison funèbre. Le fils aîné, sous le regard mort de ceux qui firent son nom, rappelle aux assistants en quoi le disparu n'a pas démérité de ses pères. « On ne saurait imaginer plus noble spectacle que celui-là pour un jeune homme épris de gloire et de vertu. » Comment ne pas se sentir « stimulé ? Se peut-il rien voir de plus beau ? » C'est dans ces moments, poursuit Polybe, qu'un jeune homme « trouve une inspiration qui le pousse à tout endurer pour la collectivité, car il espère acquérir aussi cette gloire qui s'attache aux citoyens valeureux[28] ».

Pendant la seconde guerre punique, cette jeunesse a montré de quoi elle était capable. Car c'est elle qui a sauvé Rome. Le peuple a porté Publius Scipion de l'édilité au consulat, et le nouvel Alexandre lui a donné la victoire. Scipion, le futur Africain, fut celui qui œuvra le plus pour l'exaltation de cette jeunesse. Il intervint certainement pour que son jeune cousin, un *adulescens*, accueillît la Grande Mère à Rome en -204 ; ce même cousin, P. Scipion Nasica, consul en -191 avec Acilius Glabrio (un homme du groupe des Scipions), fit édifier le temple de la *Magna Mater*, et celui de *Iuventas*[29]... J.-P. Néraudau a bien montré cette volonté des Scipions à donner à la jeunesse le premier plan de la vie politique. Mais ils se sont heurtés à cette fraction de la *nobilitas* que Tite-Live appelle « les vieux et les gardiens de l'antique tradition ».

En réalité, il ne s'agit pas d'âge[30] mais de ligne politique, l'opposition d'un groupe de sénateurs qui voient dans ce culte rendu à la jeunesse une menace pour leur autorité et une contestation de la morale et du *mos majorum*. Or remettre ces derniers en question reviendrait à mettre en péril les fondements de la République. Il ne s'agit pas d'un combat entre des novateurs et des conservateurs, entre des jeunes et des vieux, entre des révolutionnaires et des réactionnaires, mais de deux politiques différentes qui s'affrontent à égalité pour définir le devenir de Rome et son identité. D'un côté comme de l'autre, il y a des jeunes et des moins jeunes.

28. Polybe, VI, 53-54.
29. Tite-Live, XXXVI, 36.
30. Cf. Marianne Bonnefond, « Le Sénat républicain et les conflits de générations », in *MEFRA* 94, 1982, p. 175-225.

Pour les adversaires de Scipion, le danger majeur ne réside pas dans le fait de confier la conduite des affaires à un jeune, il est surtout de la remettre entre les mains d'un seul homme. Les *seniores* du Sénat craignent d'y perdre leur autorité, mais aussi que les intérêts de l'État soient oubliés dans le souci, chez l'homme providentiel, de sa gloire personnelle. C'est pourquoi ils refusent le triomphe à Minucius Thermus, pourtant victorieux en Espagne en -195, alors qu'il a outrepassé les instructions du Sénat, mais souhaitent qu'il soit accordé à Manlius (en -187) parce qu'il a accompli sa mission. De même, ils félicitent Tibérius Gracchus, dans le procès de Scipion, d'avoir fait passer « le souci de l'État avant ses griefs privés ». Autrement dit de s'être conformé à la morale traditionnelle qui occulte les individualités au profit de l'intérêt général.

Si Caton jouit, dès avant sa censure et, davantage encore, pendant et après celle-ci, du poids politique qu'on lui connaît, ce n'est pas parce qu'il mène on ne sait quel combat personnel et réactionnaire, mais bien parce qu'il est le porte-parole de cette fraction influente du Sénat, baptisée métaphoriquement et a posteriori les *seniores*, dont il défend la ligne politique avec la vigueur et l'efficacité dont il est capable. Il a totalement épousé les vues de cette partie de la noblesse à laquelle il s'est progressivement intégré dans le sillage de Valérius Flaccus. Comme ses pairs, il ne croit pas en l'homme providentiel. D'ailleurs, dans ses *Origines*, jamais l'histoire de Rome ne s'efface derrière les exploits d'un chef ou d'un autre en particulier. Il pense que le *mos majorum* doit cimenter la société et que le luxe et les plaisirs ne sont que des ferments de division sociale. Il faut donc les combattre si l'on veut préserver l'équilibre (social) et conserver à Rome les forces de revendiquer son identité. L'essentiel de la lutte se situe sur le plan moral, surtout face à l'hellénisme. C'est pourquoi la candidature à la censure s'impose nécessairement.

C'est un choix politique qui est également celui d'une grande partie du Sénat. Comme pour nombre de sénateurs, il trouve ses fondements dans son éducation rude et traditionnelle, il s'enracine dans la terre de ses ancêtres, il s'inscrit dans une logique d'évolution et de progrès, il repose sur une conception anti-individualiste de la société, il se fortifie au service de ses concitoyens. Il n'est question ici ni d'âge, ni d'ambition personnelle, ni de réaction.

Rome à la veille de la censure de Caton

La candidature de Caton à la censure n'est donc ni un hasard, ni un acte isolé. Elle s'inscrit dans la lignée de sa démarche politique et de son échec à cette même dignité en -189, elle trouve sa pleine justification dans la lutte que conduit une part importante de la classe politique contre les pro-hellènes depuis la seconde guerre punique. Et son succès en -184 s'explique en grande partie par les doutes et les difficultés que vivent les Romains dans ces années -190. Car là réside le paradoxe : Rome est puissante et victorieuse partout dans le monde méditerranéen jusqu'en Asie, mais elle traverse une crise intérieure grave, d'autant plus sensible que les Romains, délivrés pour un temps des soucis extérieurs, se concentrent davantage sur leurs problèmes internes.

La crise se déploie, en effet, dans les secteurs politique, économique, moral et religieux, et attise les dissensions entre les grands courants du moment. Ainsi, en politique, faut-il veiller à régler les flux migratoires. Depuis la guerre contre Hannibal, une foule disparate ne cesse d'arriver à Rome pour y chercher refuge, puis pour s'y installer dans l'espoir de conditions de vie meilleures. Par exemple, nombre d'habitants du Latium ont trouvé le moyen de venir se faire recenser dans la capitale et d'obtenir la citoyenneté pleine et entière. Or les alliés latins s'inquiètent de voir leur population baisser, essentiellement parce qu'il leur devient de plus en plus difficile de fournir à Rome le nombre de soldats requis. En -187, ils envoient donc une délégation réclamer au Sénat d'arrêter cette hémorragie. Beaucoup souhaitent d'ailleurs en profiter pour contrecarrer la relative ouverture que Rome a octroyée aux Latins et aux Italiens depuis un quart de siècle. Après enquête du préteur, douze mille Latins sont renvoyés chez eux, et, conséquemment, déchus de leur récente citoyenneté [31]. Mais cette décision douloureuse n'améliore que modérément la situation. D'autres populations ont également contribué à faire de Rome une capitale surpeuplée. « Une foule d'étrangers encombrait la ville », note Tite-Live [32]. Notamment des Campaniens. Ceux-ci ont demandé au Sénat, en -189, où ils doivent se faire recenser. À Rome, leur a-t-on répondu. Dès l'année suivante, ils obtiennent le droit d'épouser des Romaines, de régulariser leur situation familiale et, donc, de permettre à leurs enfants d'hériter [33]. Or ces Campaniens sont de longue date les ennemis des Romains. Ils se sont ralliés à Hannibal en souhaitant la victoire punique et ont imposé à Rome une longue et difficile reconquête. Nul doute que parmi ceux qui s'installent dans la Ville se trouvent des Capouans exilés de leur cité en -211, le cœur plein de rancune contre Rome. Et les voici des citoyens, même s'il ne jouissent pas du droit de vote. Le ver est dans le fruit.

Économiquement, toute cette population est difficile à nourrir. Quelques notations de Tite-Live laissent entrevoir les abus auxquels se livrent les importateurs de blé, ou les usuriers. En -189, les édiles chargés de surveiller l'approvisionnement infligent de lourdes amendes à ceux qui ont spéculé sur le prix du blé [34]. Nous avons connaissance d'un discours prononcé par Caton contre une loi concernant l'usure (*Disuasio legis Juniae de feneratione*), en -192 ou -191. Sans doute « l'homme de fer » relançait-il une action

31. Tite-Live, XXXIX, 3, 4. Cf. XLI, 8, 6-8.
32. Tite-Live, XXXIX, 3, 6.
33. Tite-Live, XXXVIII, 28 et 36.
34. Tite-Live, XXXVIII, 35, 5.

qu'il menait depuis le début de sa carrière politique. Ces quelques renseignements laissent supposer qu'une partie non négligeable des habitants de Rome vit dans la misère. Après la guerre, beaucoup de paysans partis au front trop loin et trop longtemps, n'ont pas récupéré leur lopin de terre, souvent abusivement accaparé par les plus riches, et se sont réfugiés à la ville où ils végètent. La croissance trop rapide de Rome permet mieux de cacher les maux, comme le dit Tite-Live [35]. Mais la campagne n'est pas épargnée : avec l'arrivée massive d'esclaves-prisonniers de guerre sur les domaines, les révoltes serviles se multiplient, dans le Latium, à Setia, en -198, en Étrurie en -196 et en -190, en Apulie en -185... pour ne citer que les principales. Elles atteignent parfois une ampleur impressionnante : en Apulie, on prononça sept mille condamnations, et tous ne furent pas arrêtés [36].

Moralement, cette misère s'accuse encore plus au contact des richesses rapportées d'Asie. Les soldats rentrent éblouis de ce qu'ils ont découvert, et davantage en Orient qu'en Grèce, s'il est possible. « L'Asie, par l'agrément de ses cités, l'abondance de ses ressources tant sur terre que sur mer, les mœurs trop raffinées des populations ennemies et les trésors de leurs rois, rendait les armées plus riches que courageuses »... « Car les premières manifestations du luxe étranger ont été introduites dans la cité par l'armée d'Asie. » *Amoenitas*, *mollitia*, *opes*, *luxuria*... tout ce vocabulaire qui caractérise le fléchissement moral des citoyens et résonne déjà comme l'écho d'une décadence annoncée [37]. Caton, comme d'autres, fera son miel de cette débauche orientale dont les manifestations matérielles sonnent le glas de la *virtus romana*. Mais comment empêcher les généraux victorieux de triompher, quand cet honneur est justifié. Chacun

35. Tite-Live, XXXIX, 9, 1.
36. Tite-Live, XXXII, 26 ; XXXIII, 36 ; XXXIX, 29.
37. Tite-Live, XXXIX, 1, 3 et 6, 7.

fait défiler sous les yeux d'une population émerveillée plus d'or et d'argent qu'aucune campagne en Occident n'en a jamais produit. Avec les prisonniers, ce sont des théories de chariots débordant d'objets d'art, de vases ciselés chatoyant de pierres précieuses, « des lits décorés de bronze, des tapis précieux, tentures et autres étoffes »... comme pour le triomphe de Manlius Vulso, en -187, qui suivent le char du général vainqueur. Et après Vulso, Lucius Scipion ou, surtout, Fulvius Nobilior ont agrémenté ces fêtes de jeux « à la grecque[38] ». « Dix jours de jeux somptueux » avec de nombreux acteurs venus de Grèce en l'honneur de Fulvius. Voilà qui fait scandale aux yeux d'une population écrasée par les soucis de la survie au quotidien. Jamais la richesse ne s'est affichée ainsi comme une insulte à la pauvreté.

Religieusement, enfin, la situation n'est guère brillante. Le climat de panique né de l'invasion de l'Italie par Hannibal, l'afflux d'étrangers à Rome qui s'en est suivi ont provoqué une relative, mais non négligeable, désaffection des cultes traditionnels. Les autorités elles-mêmes se sont tournées vers la *Magna Mater* venue d'Asie ou les divinités grecques, comme Apollon. Les superstitions, surtout, ont redoublé et l'on a vu se développer, sous l'influence orientale, des pratiques divinatoires pourtant étrangères à la mentalité religieuse romaine. Il suffit de rappeler l'étrange atmosphère qui règne à Rome en -213 : « Comme la guerre se prolongeait et que les revers et les succès affectaient les consciences, une telle vague de superstitions, en grande partie d'origine étrangère, envahit la Ville que, selon toute apparence, ou les hommes ou les dieux avaient brusquement changé. » Les rites romains, d'abord abandonnés dans les maisons privées, l'étaient maintenant publiquement et, au Forum, au Capitole, « on voyait une foule de femmes adresser aux dieux prières et sacrifices selon des rites contraires

38. Tite-Live, XXXIX, 6-7 ; XXXIX, 22.

à la tradition de leurs pères. Sacrificateurs et prophètes avaient abusé les esprits et leur nombre s'était accru en raison de l'arrivée massive de paysans à Rome [...] Il était facile de gagner de l'argent en exploitant la crédulité des gens et les imposteurs exerçaient leur activité comme si elle était autorisée. » À l'époque, « les personnes raisonnables » se plaignirent au Sénat qui demanda aux édiles de faire cesser ces pratiques. « Mais quand ceux-ci voulurent faire évacuer le Forum [...] ils faillirent subir les violences de la foule. » Tite-Live juge déjà le mal « trop grave », et les mesures d'interdiction qui furent décidées n'empêchèrent pas ces mouvements divers de prospérer[39]. Vingt ans plus tard, et alors que Rome domine la Méditerranée orientale, il eût été illusoire de penser revenir en arrière. Ces cultes étrangers amènent les Romains à concevoir autrement leur relation avec les dieux et avec les prêtres. Ils sont généralement initiatiques et demandent donc à chacun de s'engager personnellement. Ils laissent espérer aux initiés un soutien et un bonheur futur (par exemple après la mort) à celui qui se consacre à la divinité sans arrière-pensée. Les prêtres ne sont pas, comme dans la religion romaine, des administrateurs des cultes, mais des directeurs de conscience et des intercesseurs auprès de la divinité. En un mot, l'initié ne s'appartient plus et se désolidarise de son groupe social pour se mettre au service du dieu ou de la déesse qui lui promet une vie meilleure et une âme sauve. Qui se souvient combien, dans la République romaine, la solidarité et la cohésion au sein du groupe social sont déterminantes pour assurer le fonctionnement et la force de l'État, aura compris tout le danger que constituent ces nouvelles croyances. Ce n'est donc pas par réflexe réactionnaire, mais pour éviter la déliquescence de la République qu'il pressent que Caton milite pour un retour aux valeurs religieuses traditionnelles.

39. Tite-Live, XXV, 1.

Le scandale des Bacchanales

Or c'est précisément en -186 qu'éclate le scandale des Bacchanales. L'affaire est présentée par les autorités comme un vaste complot mené contre l'État, sous le couvert du culte de Dionysos. Plusieurs commentateurs ont avancé que Caton, vu ses idées, avait joué un rôle déterminant dans la répression des conjurés. J-M. Pailler, dont l'étude récente sur ce délicat sujet fait autorité, montre qu'il n'en fut probablement rien. On imagine cependant que Caton n'est pas resté indifférent à ces évènements tumultueux, et que ceux-ci ont pu lui servir pour sa campagne aux élections censoriales.

L'épisode est trop connu pour que nous y revenions longuement. Le récit qu'en donne Tite-Live, même s'il apparaît qu'il fut « arrangé » par l'historien, voire « romancé », pour des motifs divers, reflète bien, cependant, l'essentiel de l'affaire, et son honnêteté n'est pas à remettre en cause. Le sénatus-consulte pris pour réprimer les conjurés, dont nous avons un texte sûr, confirme la relation de Tite-Live sur le fond [40]. Et le récit romanesque lui-même, à travers les sources liviennes, paraît dater de l'époque des faits. Quant à ces sources, elles sont difficiles à déterminer. J-M. Pailler établit la vraisemblance d'un récit originellement écrit en grec, et qui, au-delà de Polybe, remonterait à un philhellène, historien d'occasion, A. Postumius Albinus. L'homme est connu puisque nous savons qu'il s'était mis en tête d'écrire en grec, dans la lignée de Fabius Pictor et de Cincius Alimentus, mais que, peu sûr de maîtriser correctement la langue, il avait demandé que le lecteur, par indulgence, lui pardonnât ses fautes ! « Car je suis un Romain, disait-il, né dans le Latium, la langue grecque m'est tout à fait étrangère. » À quoi Caton répondit : « Vraiment, Aulus, tu dis trop de balivernes : tu as préféré demander pardon pour une faute

40. Tite-Live, XXXIX, 8-19.

plutôt que de ne pas la commettre... Qui t'a décidé à te rendre coupable d'un acte dont tu sollicites le pardon avant de le faire ?[41] » Ce Postumius-là, qui sera consul en -151, rapporte certainement le scandale de -186 puisque c'est un autre Postumius, consul cette même année, qui va conduire la répression. Mais, quoi qu'on en dise, rien n'interdit de penser que Caton a également écrit sur le sujet, ce qui n'aurait rien d'étonnant. Certains critiques, du reste, ont cru déceler la trace d'une « annalistique ancienne », avec Caton et Cassius Hémina, à travers d'autres mentions de l'affaire dans la littérature latine. Mais il semble que ce ne soit pas elle qui ait inspiré Tite-Live.

Des faits, retenons seulement que le culte dionisyaque aurait été introduit par « un prêtre de rites occultes et nocturnes », un devin grec venu à Rome par l'Étrurie. C'est ainsi que les initiés se réunissent, dans le bois de la nymphe Stimula, à l'entrée de la vallée Murcia, en secret, la nuit venue, et s'adonnent à la débauche dans l'ivresse et la volupté des banquets. À l'origine, aucun homme n'était admis, et c'est à tour de rôle que les matrones se désignent entre elles comme prêtresses. Un jour, une certaine Paculla Annia, originaire de Campanie, initie ses deux fils. Dès lors, cinq jours par mois sont réservés aux initiations, dans une véritable folie collective : contorsions frénétiques, courses folles de matrones, cheveux au vent, qui vont tremper dans le Tibre des torches ardentes et les retirent de l'eau toujours allumées (à cause d'un mélange de soufre vierge et de chaux). Elles font retentir des cris qui glacent d'effroi les populations voisines. Or, « dans le nombre, on trouve des hommes et des femmes de famille noble ». Les initiés sont tous des jeunes gens de moins de vingt ans qui subissent, à l'occasion du rituel, des sévices multiples, notamment sexuels. La

41. Aulu-Gelle, *N. A.*, XI, 8, 3-4. Cf. Polybe, XXXIX, 1, 5-9 et Plutarque, *C. M.*, 12, 6.

musique assourdissante couvre leurs cris. Les moins ardents sont immolés comme victimes. Mais les bacchantes ne se contentent pas de copulations homo et hétérosexuelles dans l'impudeur du « mélange des sexes » d'hommes et de femmes libres, il s'y mêle aussi des esclaves, et l'on se livre à divers crimes, « faux témoignages, faux testaments [...], empoisonnements, meurtres [...] ».

Le scandale est révélé par une courtisane, Hispala Faecenia, une affranchie, qui a déjà assisté à ces rites avec son ancienne maîtresse. Lorsque son jeune amant Aebutius, dont le père est mort à la guerre, lui apprend que sa mère, poussée par son beau-père, veut le faire initier (en réalité pour détourner l'héritage), Hispala s'affole, en dissuade Aebutius qui va s'en ouvrir à sa tante paternelle. Celle-ci, substitut du père absent, va trouver le consul Postumius, qui interroge Hispala. L'affaire est présentée au Sénat comme un véritable complot intérieur. Deux sénatus-consultes successifs vont prononcer l'interdiction du culte bachique. La répression est lancée à travers l'Italie, et principalement la Campanie. Sept mille « conjurés » sont traqués, arrêtés. Les hommes sont exécutés, les femmes remises à leur mari, suivant l'ancien droit.

Cette histoire spectaculaire illustre assez bien le climat qui règne à Rome, et l'état de délabrement de la société. On remarque à la fois l'importance prise par un culte à mystères, le rôle des femmes qui sort du cadre traditionnel de la civilisation romaine, celui des esclaves (J.-C. Dumont a montré qu'en Grande-Grèce, la religion dionysiaque servait l'intégration des esclaves), l'isolement des jeunes gens, souvent orphelins en ces lendemains de guerre, et récupérés par ces religions, « endoctrinés » avant même d'être amenés à remplir leurs devoirs de citoyens. Comme le dit le consul dans son discours : comment faire confiance à un soldat romain qui est psychologiquement dépendant d'une religion sectaire et ennemie de Rome. Ce sont là des points importants de l'analyse du consul que doit partager Caton : l'initiation des adolescents par des femmes est grave parce qu'elle est une usurpation. C'est aux citoyens, c'est-à-dire aux pères de famille, d'initier les jeunes à la chose publique. Cela s'opère au grand jour et s'appelle une intégration à la cité tout entière. Les actes clandestins des bacchants s'assimilent à un détournement de quasi-mineurs qui met la patrie en danger. Le *mos majorum* est bafoué. En outre, les mœurs débauchées de ces rites visent à une dégradation morale de la société et en compromettent la perennité.

Mais c'est aussi sur le plan politique que se situe la réaction de l'État. Le consul et les sénateurs n'hésitent pas à considérer ces manifestations dionysiaques comme un complot intérieur qui menace l'État. Sans doute faut-il les placer sur le même plan que les autres mouvements séditieux qui se développent concomitamment en Italie, surtout dans le Sud, même si aucun lien explicite ne les unit à celui des bacchants. La seconde guerre punique n'est pas si éloignée et Rome n'en a pas fini avec les Latins et les alliés. Certains savants vont même jusqu'à penser que le caractère religieux de cette supposée « sédition » ne serait qu'une façade pour dissimuler la véritable intention révolutionnaire. D'autres, plus modérés, sont fondés à s'interroger sur la possible « récupération politique » de cette affaire par le consul Postumius afin de couper court à une politique récemment généreuse dans les droits accordés aux Campaniens et régler définitivement quelques comptes avec ces populations traîtresses du Sud. Tite-Live note que la décision d'initier des jeunes gens de moins de vingt ans remonte à deux ans [42], c'est-à-dire à l'année -188. Nous avons rappelé que c'est précisément le moment où les Campaniens ont été recensés à Rome, à la suite de leur requête de -189. Or, en -189, le préteur n'était autre que... Sp. Postumius Albinus. On peut imaginer que Postumius, hostile à cette « romanisation »,

42. Tite-Live XXXIX, 10, 6, et 13, 14.

ait surveillé de près l'intégration de ces alliés et peut-être même utilisé l'argument électoral de leur éviction dans sa campagne pour le consulat. Cela expliquerait qu'à peine élu consul, en -186, comme le remarque Tite-Live, il ait immédiatement pris des mesures pour interdire les Bacchanales et réprimer les « conjurés ». (Car, pour la première fois, il est question de conjuration dans le sens politique du mot). Sans qu'il soit nécessaire d'aller jusqu'à avancer l'hypothèse que l'histoire d'Aebutius et d'Hispala, même si elle paraît un peu trop bien « arrangée », ait été inventée de toute pièce par le consul pour mieux arriver à ses fins.

On a même prêté au consul des arrière-pensées plus politiciennes, liées au rapport de force entre les groupes dominant le Sénat de l'époque. Postumius n'appartient en effet ni à la mouvance de Caton ni à celle des Scipions. En faisant éclater le scandale des Bacchanales, il pourrait avoir voulu écarter du pouvoir les aristocrates italiens ou certains nobles plébéiens auxquels les associations dionysiaques permettaient d'asseoir leur influence, et contribuer à empêcher l'ouverture de la *nobilitas*. Les *homines novi* devaient ainsi renoncer à faire carrière. Or beaucoup d'entre eux étaient protégés par les Scipions. Cette manœuvre politique aurait eu, du même coup, l'avantage de réduire l'influence du clan des Scipions, et de minimiser leur crédit. Remarquons cependant, sans aller plus avant ici, que ces hypothèses, intéressantes au demeurant, ne trouvent pas leur pleine confirmation dans les textes[43].

Il est difficile de penser que Caton ne soit jamais intervenu dans la répression des Bacchanales, qui a conduit le

43. Outre la thèse de J. M. Pailler, on peut consulter notamment C. Gallini, *Protesta e integrazione nella Roma antica*, Bari, 1970 ; M. A. Levi, « Bacchanalia, foedus e foderati », in *Klearchos*, 1969, p. 15-23 ; R. Turcan, « Religion et politique dans l'affaire des Bacchanales », in *Revue d'Histoire des Religions*, 181, 1972, p. 3-28 ; J. L. Voisin, « Tite-Live, Capoue et les Bacchanales » in *MEFRA*, 96, 1984, p. 644-646...

Sénat à de longues délibérations et à de courageuses décisions, surtout si l'on considère que l'affaire ait connu cette dimension politique. Comment a-t-il pu ne pas se manifester dans un combat où les traditions ancestrales se trouvaient menacées ? Comment a-t-il pu ne pas prendre la parole alors que l'on accusait les femmes de jouer un rôle indigne et qu'il avait lui-même fustigé leur inconduite dans ses discours contre l'abrogation de la loi Oppia ? Il nous reste un mot, un seul ! d'un discours que Festus attribue à Caton *Sur la conjuration*, dont la vulgate juge qu'il fut prononcé à l'occasion de la répression des Bacchanales, sans qu'il soit possible de rien affirmer en faveur de cette hypothèse, ou contre elle. Et il faut bien le souligner, même si cela ne constitue pas une preuve, jamais le nom de Caton n'apparaît dans les sources dont nous disposons de cette affaire.

Toutefois, il est un autre nom qui, lui, est bien attesté : celui de Valérius Flaccus. L'inscription qui nous a conservé le texte du sénatus-consulte le mentionne aux côtés de ceux de M. Claudius Marcellus et de Q. Minucius Rufus comme l'un des trois rédacteurs de cet arrêté. Tous trois sont des personnalités considérables et respectées qui ont exercé le consulat entre -200 et -195. De surcroît, Flaccus et Marcellus (le fils du vainqueur de Syracuse) sont pontifes depuis dix ans au moment des faits. Mais surtout ils appartiennent chacun à l'un des trois grands clans qui dominent la vie politique : outre Flaccus, dont nous connaissons bien l'appartenance au vieux clan des « Fabiens », Marcellus, issu de ce même clan, s'est rallié, avec les « Claudiens », aux « Fulviens » pour former un bloc central de la politique sénatoriale auquel se sont joints les « Postumiens ». Enfin, Minucius Rufus reste fidèle aux Scipions qui forment la troisième tendance du Sénat. On se souvient que ces trois clans étaient représentés aux élections censoriales de -189 et que le bloc central triompha avec M. Claudius Marcellus et T. Quinctius Flamininus ; ou encore de l'hostilité de Caton envers l'un des Municii, Q. Minucius Thermus, proche de

Scipion, qui sollicitait le triomphe de -190. Il apparaît donc clairement que le sénatus-consulte émane de l'ensemble de la classe politique, toutes tendances confondues. Il n'y a aucune raison pour y trouver la marque de Caton plus que celle d'un autre, ou on ne sait quelle énième tentative de lutte contre les Scipions de la part du futur censeur. Cette signature de Flaccus constitue également la preuve de l'importance du collègue de Caton que l'on a un peu rapidement tendance à juger comme sa marionnette.

Que les décisions collectives des sénateurs rejoignent les préoccupations politiques de Caton montre bien que celui-ci, sans avoir besoin de jouer dans cette affaire un rôle moteur, n'est pas un isolé, un illuminé qui agiterait des idées archaïques en se battant contre des moulins. Il se trouve justement que la politique défendue par Caton est à l'unisson de celle d'une majorité de sénateurs. Lors de la répression des Bacchanales, ce n'est pas Caton qui a imposé ses vues à la classe politique, éventuellement contre tel ou tel, c'est l'unanimité rencontrée au Sénat qui est allée dans le sens de la vision politique de Caton et a servi sa candidature à la censure. D'après Plutarque, Caton clamait à la tribune que Rome « avait besoin d'une grande épuration[44] ». La répression des Bacchanales en marquait le début. Sa censure allait lui offrir l'occasion de l'orchestrer plus largement encore.

44. Plutarque, *C. M.*, 16, 6.

V

CATON LE CENSEUR

Avec son élection au censorat en -184, Caton touche à l'acmé de sa carrière politique. Le voici parvenu au plus haut de son parcours dans une charge dont l'administration va définitivement établir sa notoriété, fonder sa légende pour les temps à venir puisque tel est désormais le titre qui demeurera attaché à son nom : Caton le Censeur. C'est dire à la fois qu'il dut exercer sa censure de manière différente de celle d'autres censeurs célèbres, et que nous devons lire avec précaution ce que les auteurs anciens attribuent volontiers à son talent. D'une part Caton n'assure pas seul cette dignité, d'autre part il est loin de pouvoir agir à sa guise sans se heurter à l'acharnement de ses adversaires. Peut-être sont-ce d'ailleurs ces difficultés qui donnent du poids à sa réussite.

L'élection à la censure

Les élections n'étaient pas jouées à l'avance ; il s'en faut de beaucoup. Lorsqu'il pose sa candidature, comme pour effacer le souvenir de son échec cinq ans plus tôt, il se heurte, nous dit Plutarque, « à l'opposition presque unanime des plus illustres et des premiers sénateurs ». Depuis son consulat, il s'est fait beaucoup d'ennemis, et sa parole aussi assassine que tonitruante dans les divers procès où il a plaidé résonne encore dans les mémoires des victimes. Pourtant, Plutarque exagère et cède à la tentation de la généralisation des forces politiques contre Caton. Un contre tous, voilà qui réhausse la stature du héros. Peut-être, comme il le prétend, ceux qui ont oublié les mœurs traditionnelles et ont « conscience de leur mauvaise conduite » craignent-ils « la sévérité d'un homme qui serait inexorable et dur dans l'exercice de son autorité[1] », mais il est inexact d'écrire que « les patriciens, aigris de jalousie, se figuraient véritablement que la noblesse serait bafouée si des hommes d'origine obscure montaient au faîte de l'honneur et du pouvoir ». Nous avons vu, en effet qu'en plus d'une occasion, Caton avait rencontré l'approbation d'une grande partie des sénateurs, et que beaucoup de nobles le suivaient depuis longtemps, dans le sillage de son ami et patricien Valérius Flaccus. D'ailleurs, Plutarque prête à la noblesse romaine une réaction bien anachronique puisque le censorat est partagé régulièrement entre un patricien et un plébéien depuis -339 !

Il est donc préférable de s'en tenir aux propos de Tite-Live qui note, pour cette compétition électorale, « un climat de rivalité » d'autant plus grand que « l'enjeu est plus important et oppose des hommes plus nombreux et plus puissants[2] ». Ils sont neuf à briguer la censure « avec un grand acharnement » : L. Valérius Flaccus, Publius et Lucius Scipion, Cnaeus Manlius Vulso et Lucius Furius Purpurio chez les patriciens, Caton, Marcus Fulvius Nobilior, Tibérius Sempronius Longus et Marcus Sempronius Tuditanus du côté des plébéiens. Tous sont d'anciens consuls et certains ont à leur actif une brillante carrière militaire. Les deux cousins Scipions tiennent sans doute la palme de la célébrité : Publius Scipion Nasica s'est illustré en Gaule et fut un candidat malheureux à la censure de -189 ; Lucius, frère de l'Africain, s'illustre en Grèce et en Asie d'où il rapporta le surnom d'*Asiagenes* (préféré, dans sa forme grecque, à Asiaticus). On s'en souvient, mais personne n'a oublié le retentissant procès où il a tenu, avec son frère, le rôle d'ac-

1. Plutarque, *C. M.*, 16, 4.
2. Tite-Live, XXXIX, 40, 1.

cusé, venu ternir la si magnifique victoire à Magnésie en -189. Nul n'a oublié non plus la répression barbare menée par Manlius Vulso contre les Galates et le discours impérialiste qu'il a prononcé à son retour, lors du procès qui lui fut intenté. Furius Purpurio est également un ancien consul, membre de la commission chargée de régler la paix d'Apamée. Il s'est opposé au triomphe de Manlius Vulso en -187. Chez les plébéiens, les rivalités ne sont pas moins grandes : on se rappelle les difficultés de Fulvius Nobilior à obtenir le triomphe alors que certains mettent en doute sa victoire à Ambracie en -189. Les deux Sempronius se sont illustrés, l'un en Grèce, l'autre en Sicile. Ils furent consuls, le premier en -194 (et est augure depuis -210) et le second en -185.

La compétition s'avère donc rude entre ces hommes à la grande expérience militaire et politique qui, pour la plupart d'entre eux, se sont déjà affrontés dans des combats sans merci. Certains des déçus de -189 (et nous avons vu dans quelles conditions) se retrouvent en lice en -184. Caton se trouve cependant dans une situation meilleure que celle vécue cinq ans auparavant. D'abord les partisans des Scipions vont devoir se départager entre les deux candidats du même clan. Ensuite plusieurs de ces candidats ont vu leur image se ternir lors des accusations portées (à tort ou à raison) contre eux dans les années précédentes. Enfin, la situation à Rome a évolué considérablement en peu de temps, accentuant les différences de vie entre les différentes catégories sociales. La démoralisation, fruit, selon certains, de la contamination du luxe asiatique, va croissant. L'écart se creuse plus nettement entre ceux qui bénéficient outrageusement des nouvelles richesses orientales et ceux qu'elles n'atteignent pas. L'usage de l'usure augmente pernicieusement. Dans le même temps, et comme par effet de miroir, la pauvreté d'une majorité de Romains s'accroît, encore accentuée par quelques catastrophes naturelles comme l'épidémie qui sévit en -187 ou les crues répétées du Tibre (on en compta douze dans la seule année -189 ! Le Champ de Mars et les bas quartiers furent à chaque fois inondés[3]).

Si l'on en croit ses biographes, Caton se lance dans une campagne âpre avec l'énergie qui le caractérise. Selon Tite-Live, « tous les candidats s'étaient ligués pour l'écarter de cette fonction », certes pour être élu à sa place, mais moins parce qu'ils s'indignent contre les prétentions de l'*homo novus* que parce qu'ils prévoient « une censure austère, dangereuse pour la réputation de beaucoup, de la part d'un homme désireux d'infliger à son tour les dommages qu'il avait subis si souvent[4] ». « Comme toujours, il faisait campagne en brandissant des menaces, accusant ses opposants de craindre une censure indépendante et énergique. » Fraccaro pense même que les adversaires de Caton lui firent un procès pour freiner son ambition et qu'il aurait prononcé à cette occasion son discours *Sur son consulat* pour rappeler quelle avait été son action et sa détermination en matière de moralité. Qu'il s'agisse de ce discours ou d'un autre, on imagine mal l'ancien consul ne pas profiter de cette circonstance pour revenir sur ses propres victoires et affirmer encore et toujours ses convictions quant aux effets pervers du luxe sur la société. Plutarque écrit que face aux autres candidats qui flattent le peuple « de belles espérances », Caton ne montre « aucune complaisance » : « Il menaçait hautement les méchants du haut de la tribune et s'écriait que la ville avait besoin d'une grande épuration. Il adjurait le peuple, s'il était sage, de ne pas choisir le plus doux, mais le plus dur des médecins, c'est-à-dire lui-même avec un des patriciens, Valérius Flaccus. Seul celui-ci, pensait-il, pouvait l'aider à couper et à brûler l'hydre du luxe et de la mollesse, et faire ainsi œuvre utile. »

3. Tite-Live, XXXVIII, 28.
4. Tite-Live, XXXIX, 41, 2-3.

Fruit des circonstances ou résultat du réel talent de « l'homme de fer », le peuple romain fut « enthousiasmé » (*dixit* Tite-Live) et « se montra véritablement grand et digne d'être gouverné par de grands chefs » (selon Plutarque). Il rejeta « les concurrents doucereux » et leur préféra « la rigueur et l'intransigeance de Caton » qui fut élu avec, pour collègue, Valérius Flaccus.

Le rôle des censeurs

La censure constitue certainement, au temps de Caton, la dignité la plus prestigieuse à laquelle puisse aspirer un homme politique romain. Plutarque la définit comme « le sommet de tous les honneurs et, en quelque sorte, le couronnement de la carrière politique[5] ». Pourtant, lorsqu'elle apparaît en -443, cette magistrature aux origines obscures semble avoir peu suscité les convoitises des personnages importants de l'État. Il s'agissait en fait, pour le censeur, d'accomplir une nécessaire tâche administrative en contrôlant le statut de chacun dans la cité : le nom, la filiation des citoyens, sa place, suivant son âge, parmi les *juniores* ou les *seniores* dans l'armée, mais aussi la catégorie de fortune ou de propriété qui qualifie le citoyen mobilisable... La répartition servienne en centuries nécessitait de tenir des registres. Chacun devait donc se présenter au recensement sous peine de perdre ses droits de citoyen. Au censeur également revenait de fixer le montant de l'impôt civique, le *tributum*, destiné à payer les dépenses de la paix et de la guerre, y compris la solde instaurée à cette époque pour aider les soldats à s'équiper et à vivre en campagne (le *stipendium*). Cet impôt fut payé par les citoyens jusqu'en -177, quand il fut estimé que les richesses rapportées d'Orient suffisaient à subvenir aux besoins de la cité.

5. Plutarque, *C. M.*, 16, 1.

Mais cette fonction de recensement des citoyens et de leurs biens se doublait d'un contrôle moral des mérites et des mœurs de chacun. Il s'agit là de deux expertises complémentaires dans l'ancienne Rome à une époque où la vie privée se confondait souvent avec la vie publique et où le citoyen devait d'abord servir la cité, c'est-à-dire la communauté. En déclarant, outre ceux qui logeaient sous son toit, les divers composants de sa fortune, ses esclaves, ses véhicules de luxe, ses bijoux… chacun devait, en quelque sorte, montrer le bon usage qu'il en faisait, et s'exposait du même coup à d'éventuels blâmes accompagnés parfois d'amendes. Laisser son champ à l'abandon, ne pas le labourer ou enlever les mauvaises herbes, négliger sa vigne revenait à ne pas prendre soin d'un bien qui, au-delà de soi, faisait la richesse de tous. « Cela n'allait pas sans punition ; c'était le rôle des censeurs », rappelle Aulu-Gelle[6]. « De même tout chevalier romain dont le cheval paraissait maigre et peu brillant était flétri pour incurie. » Le censeur pouvait « déclasser » ces citoyens négligents et leur infliger une taxe proportionnelle à leurs revenus. Nous verrons que Caton ne s'en est pas privé, notamment quand il s'est agi de taxer certains objets de luxe. Ainsi les censeurs ont-ils pour obligation de surveiller la bonne moralité des citoyens, leur discipline, et d'abord militaire. Et plus un individu occupe un rang élevé de la hiérarchie censitaire, plus ce contrôle doit être sévère. Les censeurs peuvent priver un chevalier de son cheval, ou exclure un sénateur du Sénat puisque la révision de la liste des Pères dépend d'eux. On comprend donc toute l'importance politique de leur action, « créatrice d'honneurs », comme le note C. Nicolet, mais aussi susceptible de causer le déshonneur.

Il n'est donc pas étonnant que cette charge, aux fonctions quasi régaliennes, ait pris, au cours des siècles, une impor-

6. Aulu-Gelle, *N. A.*, IV, 12.

tance considérable. Alors qu'elle était, à l'origine, une magistrature de second plan qui servait de marchepied vers le consulat, elle gagne un tel prestige, et principalement au cœur de la tempête de la seconde guerre punique, qu'elle est considérée comme la charge la plus illustre, réservée à ceux dont la moralité est exemplaire. C'est en -209 que la puissance des censeurs fut reconnue comme presque absolue puisque seuls les tribuns peuvent s'opposer à leurs arrêts. En -205, le Sénat précisa que « celui qui a pour charge de demander des comptes n'a pas à en rendre[7] ». Toutefois leur pouvoir est limité dans le temps puisque l'usage veut qu'élus pour cinq ans, ils abdiquent au bout de dix-huit mois, sans que cette coutume soit une obligation. Il s'agit pour eux, comme le note Plutarque, de l'apogée de leur carrière car, depuis la fin du IIIe siècle, ce sont d'anciens consuls et leur âge – environ quarante-cinq ans – est censé garantir leur sagesse…

La lectio senatus

Les sources qui nous rapportent l'action des censeurs sont peu nombreuses : Tite-Live et Plutarque, malgré quelques divergences, et de courts extraits de certains discours prononcés par Caton pendant cette période. Cornélius Népos se contente de résumer d'une phrase cette censure : « Il [Caton] se montra austère dans l'exercice de cette charge ; par exemple, il ne ménagea pas à un certain nombre de personnages en vue ses sévérités, et beaucoup de nouveautés furent ajoutées à son édit dans le but de réprimer le luxe qui déjà commençait à se développer[8]. » C'est en effet l'aspect moral de son action qui reste gravé dans les mémoires par son austérité et sa sévérité. On se souvient

7. Valère Maxime, 7, 2, 6.
8. Cornélius Népos, *Caton*, 2, 3.

que Plutarque a prêté à Caton la volonté de se livrer à « une épuration ».

De fait, Caton raya sept noms de la liste des sénateurs. Cette mesure n'a rien d'exceptionnel dans son ampleur : en plusieurs occasions, notamment lors des censures de -209 et de -204, mais aussi à plusieurs reprises après Caton, le nombre de sénateurs sanctionnés fut plus important. Ce qui est plus nouveau, et plus grave, c'est le rang de ces *Patres* : l'un est consulaire, deux autres semblent avoir exercé la préture. Il s'agit donc d'anciens magistrats aux échelons les plus élevés de la hiérarchie politique. La décision de Caton frappe les esprits à la mesure de « l'anxiété » éprouvée par les membres du Sénat lors de sa prise de fonction. Selon l'habitude, le censeur ajoute un blâme (*nota*) à côté du nom des exclus et doit s'en expliquer. C'est l'occasion, pour Caton, de prononcer des discours que l'on imagine incisifs, et aussi d'affronter les critiques de ses détracteurs qui ne manquent pas de manifester leur indignation.

Le cas le plus spectaculaire reste l'exclusion de Lucius Quinctius Flamininus, le frère de Titus, le célèbre général qui libéra la Grèce après avoir vaincu Philippe V de Macédoine à Cynoscéphales en -197. Lui-même appartient à la meilleure aristocratie, membre du collège des augures depuis -213 semble-t-il, ancien commandant de la flotte en Grèce en -198, et consul en -192 chargé de la Gaule. Or le fait qui motive la décision de Caton remonte à cette campagne de Gaule : Lucius y aurait déshonoré à la fois le nom de Rome et le sien propre par un acte barbare commandé par sa seule passion pour un jeune prostitué. La version la plus plausible rapportée par Tite-Live et, de façon presque similaire, par Plutarque, nous montre « les ébats », lors d'un banquet, du consul et de son protégé. Celui-ci, un certain Philippe, d'origine carthaginoise, aurait suivi Lucius dans sa campagne sur « la promesse de grandes récompenses ». Mais il s'ennuie et reproche au consul qu'on l'ait « arraché de Rome au beau milieu d'un spectacle de gladiateurs pour vendre ses faveurs à son ami ». Or voici qu'au milieu de ce festin, « le sang déjà échauffé par le vin », on annonce la visite d'un noble boïen (donc gaulois) qui vient, avec ses enfants, se présenter comme transfuge. Il souhaite voir le consul et « obtenir des garanties ». Il s'agit d'une coutume bien connue : l'ennemi peut se livrer de son propre chef et s'en remet alors à la *fides* du vainqueur. Introduit sous la tente du consul, à peine a-t-il commencé à s'exprimer par l'intermédiaire d'un interprète que Lucius l'interrompt et dit à Philippe : « Veux-tu, puisque tu as abandonné un spectacle de gladiateurs, voir maintenant mourir ce Gaulois ? » Le jeune garçon, « à peine sérieusement », acquiesce. Aussitôt, Lucius dégaine son épée et frappe le Gaulois à la tête. Celui-ci trouve la force de fuir, « implorant la protection du peuple romain et des personnes présentes », mais le consul le poursuit et lui transperce le flanc[9].

Cette version des faits semble la plus fidèle puisque Tite-Live dit avoir lu le discours prononcé par Caton à cette occasion. Plutarque rapporte sensiblement la même histoire, sans mentionner le Boïen qu'il remplace par un condamné à mort, peut-être parce qu'il n'a pas saisi toute l'importance de la qualité de ce personnage pour l'accusation portée par Caton. L'autre version, celle de l'historien Valérius Antias, dont Tite-Live dit qu'il n'a pas pris connaissance des propos mêmes de Caton, est également reprise par Cicéron dans son *De Senectute*[10]. Le jeune prostitué y est remplacé par une courtisane à qui Lucius se serait vanté de sa façon de rendre la justice, gardant en prison un certain nombre de condamnés pour l'exécution. Comme la belle, au cours d'un banquet, aurait regretté n'avoir jamais pu assister à ce supplice

9. Tite-Live, XXXIX, 42, 5-12.

10. Tite-Live, XXXIX, 43, 1-5. Cicéron, *De Sen.*, XII, 42. Plutarque, *C. M.*, 17, 2 sqq. Valère Maxime, 2, 9, 3, et 4, 5, 1.

définitif, le consul aurait fait exécuter immédiatement devant elle un de ces malheureux, comme on immole une victime aux dieux, et la table même eût été éclaboussée de son sang.

Cette seconde version ne présente, en effet, guère d'intérêt sinon celui d'accentuer l'horreur et la barbarie du geste. Il n'est même pas sûr, comme on l'a prétendu, que les auteurs aient voulu nier l'homosexualité du consul : à l'époque, les relations avec un mignon ne sont pas plus mal considérées que celles entretenues avec une prostituée, l'essentiel étant qu'ils soient, l'un comme l'autre, d'origine servile. L'important n'est pas là. D'après Tite-Live, Caton termine son discours en disant à Lucius que nul ne s'affligerait de le voir déshonoré, s'il avouait, « lui qui, égaré par les effets du vin et de la passion, s'était amusé du sang d'un être humain au cours d'un banquet ». Les vrais griefs sont, d'abord d'un point de vue religieux, d'avoir profané la valeur sacrée d'un banquet par le sang qui rappelle les sacrifices humains, ensuite pour Lucius, de n'avoir pas su garder la *dignitas*, c'est-à-dire observer la tenue liée à son rang, enfin d'avoir sali l'honneur de Rome en bafouant la *fides*, en trahissant la confiance qu'un ennemi qui se rend et s'en remet à la protection de son vainqueur est en droit d'attendre. Cette trahison et la honte qui rejaillit sur la gloire de Rome sont encore accentuées par le fait que, dans le récit livien, Lucius assassine le Gaulois de sa propre main.

Lucius tente de nier. Alors Caton lui propose de prouver sa sincérité en versant une garantie financière, ainsi qu'il est de coutume lors des procès. Après le jugement, le gagnant reçoit cette somme (*sponsio*). Mais Lucius, qui ne pourrait maintenir longuement ses dénégations, y renonce. Les deux frères s'étaient présentés en larmes devant l'assemblée du peuple. Titus, interrogé par Caton, avait répondu qu'il ignorait cet épisode du consulat de son frère. Après le discours du censeur, prononcé depuis la tribune où il avait pris place à côté de son collègue, Lucius garde le silence. La peuple approuve Caton et lui fait « un brillant cortège » à sa descente de la tribune. De cet instant, Titus voue à Caton une haine inébranlable. Grâce à son influence au Sénat, il fait « cesser et annuler tous les baux, loyers et marchés passés par Caton au nom de l'État », et provoque contre lui plusieurs procès. L'épilogue de cette histoire veut qu'un peu plus tard, alors que le peuple avait pris place sur les gradins d'un théâtre pour assister à une représentation, et que les sénateurs s'étaient assis aux premiers rangs selon la coutume, on vit Lucius « honteux et humilié » installé loin d'eux, tout en haut. Prise de pitié, la foule l'engagea alors à descendre pour rejoindre les autres consulaires qui le reçurent parmi eux [11].

Si Plutarque semble détailler les actions de Titus Quinctius contre Caton sur un ton critique alors que le blâme touche son frère, c'est qu'il croit cet affrontement simplement personnel. En réalité, à travers l'exclusion de Lucius, le censeur atteint également son illustre frère. Titus fut censeur en -189, l'année où Caton échoua à la magistrature. S'il avait rempli correctement son office, il aurait dû prendre cette mesure contre son propre frère. Cette critique implicite vient contrarier Titus au moment où il peut espérer succéder à Scipion l'Africain, parti mourir sur les rivages campaniens, au poste important de *princeps senatus*. La tradition voulait qu'y fût désigné le plus ancien ex-censeur d'origine patricienne, même si depuis la nomination de Fabius, en -209, ou encore celle de Scipion, elle n'était plus systématiquement respectée. Or le plus ancien des ex-censeurs est précisément Titus Quinctius Flamininus, à moins que ce ne soit Cornélius Céthégus, censeur en -194, mais qui est peut-être décédé (notre dernière référence à son sujet remonte à la célébration de son *lustrum* en -193). Le discrédit jeté sur Titus Quinctius permet à Caton de déroger à la règle et de nommer à la tête du Sénat son collègue et ami Valérius

11. Plutarque, *Vie de Flamininus*, 19.

Flaccus. « L'épuration » morale du Sénat n'est donc pas dépourvue chez lui d'arrière-pensées politiques.

Les autres victimes des sanctions du censeur sont moins connues. Plutarque évoque un certain Manilius « que l'on s'attendait à voir nommer consul », et qui fut chassé du Sénat « sous prétexte qu'il avait embrassé sa femme en plein jour sous les yeux de leur fille [12] ». L'anecdote est plaisante, mais, replacée dans le contexte de dégradation morale de l'époque, peut justifier la démarche de Caton. On se souvient que lui-même n'embrassait jamais sa femme en public et veillait à ne jamais prononcer de propos grossiers devant son fils, ou ne se mettait jamais nu devant lui. Les stricts principes de l'éducation traditionnelle exigent d'un sénateur qu'il domine ses élans (on vient de le voir avec Lucius Quinctius) et sache tenir son rang (autrement dit garder sa *dignitas*). Ce Manilius nous est inconnu. S'il est sur le point de devenir consul, c'est qu'il doit avoir exercé la préture. Or aucun prétorien ne porte ce nom dans les années précédentes. En revanche, comme cela fut noté, il existe plusieurs Manlius : notamment A. Manlius Vulso, préteur suffect en -189 qui deviendra consul en -178, ou L. Manlius Acidinus qui sera élu pour -179. Cependant l'hypothèse la plus intéressante reste celle de P. Manlius qui fut préteur en -195, l'année du consulat de Caton, et participa à la campagne d'Espagne. Le fait que ce personnage cherche de nouveau à être élu préteur pour -182 ressemble fort à un essai pour revenir au premier plan de la scène politique après une parenthèse consécutive à son éventuelle exclusion du Sénat.

Caton a-t-il voulu régler ses comptes avec les anciens préteurs qui ont, sous ses ordres, servi en Espagne l'année de son consulat ? Un extrait d'un discours *Sur les mœurs de Claudius Néron* semble concerner un autre exclu du Sénat.

12. Plutarque, *C. M.*, 17, 7.

S'agirait-il de Appius Claudius Néron, également préteur en -195 et également envoyé en Espagne ? Le doute subsiste. Mais les trois sénateurs cités sont les seuls, sur sept au total, dont les noms nous soient parvenus. Cela laisse penser qu'il s'agit de personnages importants. Peut-être les quatre autres étaient-ils moins considérables.

Le cheval public

Outre ces exclusions du Sénat, Caton se livre à la révision des listes de chevaliers, et prive quelques-uns d'entre eux de leur cheval public. C'est ainsi qu'à la stupeur générale, il ôte son cheval à Lucius Cornélius Scipion. On imagine le scandale : le frère de l'Africain, le vainqueur de l'Asie, mais aussi l'homme du procès que l'on sait et le rival malheureux de Caton à la censure de -184. Plutarque, qui tient avec acharnement pour la thèse d'une guerre ouverte entre Caton et les Scipions – nous avons dit ce qu'il fallait en penser – veut y voir une preuve de plus de ce conflit.

En fait, si le censeur avait voulu frapper Lucius Scipion d'*ignominia*, il aurait pu l'exclure du Sénat. Le priver, comme d'autres, de son cheval public répond chez Caton à la volonté d'assainir la situation dans l'armée et de la rendre plus efficace. En effet, théoriquement, les soldats font partie des *juniores* opérationnels jusqu'à quarante-six ans, puis, au-delà de cet âge, des *seniores* dont l'intervention n'a lieu qu'en cas de nécessité. Même si aucun texte n'oblige les chevaliers à abandonner leur cheval à quarante-six ans, Caton combat l'usage qui consiste à le leur laisser... quand bien même leur condition physique ne leur permet plus de le monter pour servir efficacement la patrie. C'est d'ailleurs ce qu'Aulu-Gelle note d'une façon générale : « Les censeurs avaient coutume d'enlever son cheval à un homme trop gros et obèse ; c'est évidemment qu'ils pensaient qu'avec un tel poids, il n'était pas capable d'assurer les fonctions de cavalier[13]. » Il n'y a là rien d'infamant. Pourtant, Aulu-Gelle reconnaît que Caton, plus que d'autres, dans son discours *Sur le sacrifice entrepris*, attache à la mesure de suppression une valeur morale : il faut estimer, dit-il, que « celui dont le corps s'est développé avec une luxuriance et une abondance si immodérées, n'est pas tout à fait exempt du reproche de paresse ».

Or Lucius Scipion, qui est, à peu près, âgé de quarante-six ans, est décrit comme un homme au corps affaibli et à la mauvaise condition physique[14]. Il paraît donc normal à Caton de le priver de son cheval. Ce qui a certainement choqué fut moins la décision légitime du censeur que son refus de faire une exception pour un homme aussi considérable.

Le frère de l'Africain n'est pas le seul à subir cette mesure. Nous possédons quelques extraits d'un discours que Caton prononça contre un certain L. Véturius, accusé à la fois de négligence en matière religieuse et de s'être laissé aller à une obésité qui le rendait impropre à servir à cheval. Sans que son nom soit cité, c'est peut-être à son sujet que Caton prononça le bon mot rapporté par Plutarque : « Comment un tel corps pourrait-il être utile à la patrie, quand toute la place, de la gorge jusqu'en haut des cuisses, est occupée par le ventre[15]. » Un bon soldat ne peut avoir qu'un corps sec et musclé, fortifié par l'entraînement et une vie sobre. Par ces mesures disciplinaires, Caton lutte déjà contre les méfaits du luxe oriental.

Le contrôle du luxe

En effet, après ces sanctions exemplaires, les décisions des censeurs qui frappèrent le plus les esprits furent celles

13. Aulu-Gelle, *N. A.*, VI, 22.
14. Valère Maxime, 5, 5, 1.
15. Plutarque, *C. M.*, 9, 6. Malc., *ORF*[1], 90-100.

qui concernaient le luxe. Tite-Live, comme Plutarque, nous détaille quelques-unes de ces mesures en précisant qu'« ils firent preuve de rigueur et d'intransigeance envers tous les ordres » dans l'enregistrement des déclarations de fortune. D'abord, « les répartiteurs reçurent l'ordre d'enregistrer les ornements et les vêtements féminins, ainsi que les véhicules, dont la valeur dépassait quinze mille as, pour une valeur dix fois supérieure ; de même les esclaves âgés de moins de vingt ans, qui au cours des cinq dernières années avaient été vendus dix mille as ou plus, seraient estimés eux aussi à dix fois leur valeur réelle ; et sur tous ces biens était appliquée une taxe de trois pour mille [16] ».

Caton tient sa revanche : son combat contre l'amollissement des mœurs par les richesses étrangères, qui avait essuyé un revers avec l'abrogation de la loi Oppia en -195, reprend ici sans faiblir. La taxe, qui n'est pas un impôt mais plutôt une amende infligée sur le luxe, semble modique, mais s'applique sur la valeur décuplée des biens cités. On remarque qu'elle touche d'abord les femmes. Le discours que Caton prononça vraisemblablement à cette occasion *Sur les parures et les véhicules* dut résonner comme un écho à celui de -195. Au-delà des femmes, il combattait l'invasion du luxe oriental et des mœurs idoines. Les esclaves dont il est fait mention sont grecs. À titre de comparaison, leur prix est deux fois plus élevé que celui des prisonniers carthaginois pendant la seconde guerre punique, et égal ou à peine inférieur à celui d'un bon ouvrier spécialisé [17]. Mais il est clair que ces jeunes Grecs de moins de vingt ans ne devaient guère avoir de spécialité, sinon pour donner du plaisir au maître. Ils font donc bien partie des biens superflus.

Une autre taxe fut également décidée sur les statues et les tableaux et pour freiner la prolifération de statues

16. Tite-Live, XXXIX, 44, 2-3.
17. Tite-Live, XXXIV, 50, 6.

féminines [18]. La loi de -215 qui les interdisait, contemporaine de la loi Oppia, avait probablement sombré avec elle dans l'oubli général.

Les biens de l'État et les grands travaux

Dans son souci de restaurer la vacillante morale publique, Caton prend ensuite quelques mesures pour éviter le détournement des biens de l'État à des fins personnelles. Et particulièrement l'eau, apportée par les aqueducs et que certains particuliers croyaient à eux seuls destinée. Des connexions sauvages alimentaient ainsi des maisons privées, des jardins, voire des champs sans qu'aucune somme fût payée à l'État en contrepartie. C'était notamment le cas d'un certain Furius contre qui Caton prononça une harangue. Dans les quelques lignes qui nous restent, le censeur paraît très bien connaître ce personnage, ce qui lui permet son impartialité dans l'accomplissement de sa mission. Peut-être s'agit-il même de Furius Purpurio, ancien consul et rival malchanceux de Caton à cette censure de -184. Les censeurs, donc, « supprimèrent toute possibilité d'alimenter un bâtiment ou terrain privés avec l'eau publique ; les édifices bâtis ou en construction détenus par des particuliers sur le sol public furent démolis dans les trente jours ».

Il revient encore aux censeurs d'attribuer les marchés publics sous le contrôle du Sénat : « Ils affermèrent les impôts à un taux très élevé et adjugèrent les fournitures à l'État au taux le plus bas. » Une telle mesure, de justesse économique, souleva un tollé de protestations de la part des publicains qui, depuis la seconde guerre punique, prêtaient à l'État des capitaux privés en échange d'avantages non négligeables. Nous avons vu que Titus Quinctius Flamininus, plein de

18. Pline, *H. N.*, XXXIV, 14, 31.

haine contre Caton, les soutint dans leurs protestations. Ils durent faire appel par l'intermédiaire d'un tribun dont on ignore le nom, mais qui pourrait bien être Marcus Caelius contre qui Caton délivra un discours de colère [19]. On y lit notamment : « Il ne se tait jamais celui que tient la maladie de parler, comme l'hydropique la maladie de boire et de dormir. Si vous ne veniez pas quand il vous fait convoquer, il est si avide de faire un discours qu'il louerait un auditeur ; aussi l'entendez-vous sans l'écouter, comme un charlatan dont on entend le discours, mais auquel personne ne se confie s'il est malade. » Le Sénat, en tout cas, dut l'écouter car il annula les adjudications et demanda qu'on fît de nouveaux appels d'offres. « Les censeurs exclurent des enchères par un édit ceux qui avaient tenté de tourner les adjudications précédentes, et en firent de nouvelles à un taux à peine inférieur. »

« Ils mirent ensuite en adjudication les travaux à effectuer avec des crédits prévus à cet effet, l'empierrement des fontaines, la vidange des égouts là où il le fallait, la construction de nouveaux égouts sur l'Aventin, et en d'autres secteurs là où ils n'existaient pas encore. » Une nouvelle fois, l'action des censeurs concerne l'intérêt public et non la glorification du prestige de quelques-uns. Ces travaux d'assainissement sont essentiels dans une Rome qui a peut-être conquis le monde méditerranéen, mais qui demeure largement sale, pauvre et insalubre. La Cloaca Maxima, le grand égout construit par les Étrusques pour drainer la plaine du Forum, reste encore à ciel ouvert. Un témoignage de l'analiste Acilius [20] fait mention d'une dépense de mille talents qui semble bien correspondre à celle engagée par Caton. Les travaux accomplis sous sa censure sont restés comme

19. Intitulé *Si Caelius, tribun du peuple, l'avait attaqué* ; Malc., *ORF*[1], 121-129. Cf. Aulu-Gelle, *N. A.*, I, 15, 9.

20. Rapporté par Denys d'Halicarnasse, III, 67, 5.

les plus considérables du IIe siècle dans ce domaine. La somme de deux mille talents (six millions de deniers) correspond au montant que verse chaque année Antiochus de Syrie au titre des indemnités de guerre. En comparaison, la moyenne des dépenses consacrées par les censeurs pour les travaux est douze fois inférieure ! C'est dire combien Caton œuvra pour la salubrité de la Ville et, par conséquent, pour la santé publique. Il n'est donc pas étonnant que les Romains choisirent de lui ériger une statue (à lui qui prisait si peu cette mode) dans le temple de Salus, avec cette dédicace : « Alors que la République romaine déclinait et penchait vers le pire, Caton, nommé censeur, par une sage direction et par la tempérance des mœurs dont il se fit l'instructeur, la rétablit et la redressa[21]. »

Suivent enfin les constructions engagées par les deux censeurs. Valérius Flaccus, « à titre personnel, fit construire, en direction des Neptuniae Aquae, une digue ouverte au trafic public, ainsi qu'une route longeant les collines de Formies ». Ces deux ouvrages, dont cette route littorale de Sperlonga à Gaète, répondaient au souci public d'assurer un meilleur contrôle du littoral campanien au moment où se créent de nouvelles colonies.

Quant à Caton, il décide d'ordonner un peu l'agencement du Forum. Il rachète deux *atria publica* et quatre boutiques situés « dans le secteur des Latomies », c'est-à-dire à l'ouest de la Curie. Ces *atria* rassemblent des locaux commerciaux autour d'une cour carrée. Il en existait plusieurs répartis sur le Forum, de façon quelque peu désordonnée. Ces terrains vont permettre à Caton de restructurer la partie nord du Forum par la construction d'une basilique qui prend le nom de son promoteur : Porcia, et qui coûte probablement aux environs de vingt-cinq mille deniers, comme, plus tard, la basilique Aemilia.

21. Plutarque, *C. M.*, 19, 4.

La tradition a retenu qu'il s'agit de la première basilique édifiée à Rome, c'est-à-dire d'une construction portant le nom grec d'un édifice royal. Pourtant le mot est déjà utilisé par Plaute à deux reprises lorsqu'il parle des commerces du Forum, dans deux comédies qu'on peut dater des années -195/-190. Mais peut-être le dramaturge utilise-t-il le nom grec pour désigner ce que Tite-Live appelle *atrium regium*, reconstruit en -209 après avoir brûlé l'année précédente [22]. La différence entre la basilique Porcia et l'*atrium regium* (atrium royal) résidait peut-être dans le fait que la première possédait un toit couvrant entièrement l'édifice, à la manière des basiliques grecques. Pour le reste, et bien que nous manquions de documents, il faut imaginer un édifice de dimensions modestes, de plan quadrangulaire, avec des rangées de colonnes de bois formant un portique intérieur pour soutenir la charpente.

Quelle en était la destination ? Nous l'ignorons. Servait-elle, comme en Grèce ou en Asie, à rendre la justice ? Cela sera le cas, partiellement, un peu plus tard à Rome. Les commerçants des *atria* s'y étaient-ils installés ? C'est possible. Caton a probablement voulu offrir à ses contemporains un lieu abrité où ils pussent se rassembler et se rencontrer pour diverses formes d'échanges. Peut-être espérait-il leur enlever, avec ce lieu, l'envie de perdre leur temps en longues déambulations oisives sur le Forum, à la mode grecque, lui à qui on prête l'intention de paver le cœur de Rome de petits coquillages pointus afin de forcer ses concitoyens à renoncer au plaisir de la promenade inutile.

A-t-il voulu, en donnant ce nom étranger à son bâtiment, montrer que Rome, capitale du monde méditerranéen, savait se doter d'édifices royaux qui réhaussent l'image de sa domination ? Il est plus tentant, lorsqu'on connaît l'esprit pra-

22. Plaute, *le Charençon*, v. 470-484, et *les Prisonniers*, v. 813-815. Tite-Live, XXVII, 11, 16.

tique du censeur et son opposition à un impérialisme ambitieux, de penser qu'il a seulement désiré doter sa ville d'un édifice moderne, commode et plus confortable qui pût s'adapter à son inévitable évolution. La Grèce lui a fourni le modèle de cette amélioration architecturale.

Il ne reste que la question du nom. L'association d'un nom grec évoquant le pouvoir royal et celui du très romain et républicain Caton a de quoi surprendre. Mais elle ne choque que ceux qui, suivant la légende, veulent absolument voir en Caton un adversaire résolu et inébranlable de l'hellénisme. C'est une conception tranchée qui ne résiste pas à l'analyse. Nous y reviendrons dans le prochain chapitre.

Le bilan de la censure

Nous n'avons retracé ici que l'essentiel de l'action des censeurs, ce qui est resté dans l'histoire comme la marque d'une autorité sévère, exigeante, mais juste, au service des citoyens romains et de la *respublica*. Si l'on considère les rares extraits d'autres discours prononcés par Caton, dans des domaines aussi variés que l'économie, la religion, la morale publique, il apparaît que ce censeur redouté a joué un rôle de tout premier plan dans la politique du moment. Il a aussi considérablement augmenté le nombre de ses ennemis et a résisté à bien des attaques. Sa censure fut un combat dans lequel il dit lui-même qu'il n'a pas épargné sa peine. Mais il a cherché à raffermir les bases de l'État, à assainir la morale, considérant que l'avenir ne pouvait se construire sur les anciennes fondations vermoulues. Il a mis en garde contre les ambitions personnelles qui minent l'intérêt de la collectivité. Il a voulu placer Rome en position d'accomplir avec force ses nouvelles responsabilités politiques. Caton est un homme de progrès : les travaux gigantesques accomplis sous son autorité le prouvent. Il fut, comme le dit Plutarque, « le pilote » de ce grand navire, vers qui le Sénat tournait les yeux dans les moments difficiles. Et l'on comprend que « cette censure demeura fameuse », que le peuple tout entier lui en fut reconnaissant jusqu'à le considérer comme un sauveur, ainsi que le dit la dédicace de la statue qu'il lui fit ériger.

Selon la tradition, et avant d'abdiquer, les censeurs convoquèrent le peuple en armes au Champ de Mars pour la cérémonie du *lustrum*. Après la procession solennelle, ils ont procédé au sacrifice d'un porc, d'un bélier et d'un taureau (d'où le nom de suovetaurile) et prononcé une prière pour l'accroissement de la force romaine. Il n'est pas obligatoire que le censeur fasse un discours à cette occasion, mais Caton prononça quelques mots *Sur le bonheur de son lustre* où il se dit *felix*, c'est-à-dire heureux par protection divine si les greniers sont pleins, les vendanges et la récolte des olives abondantes. Le retour aux valeurs primordiales [23].

Cependant, il ne faut pas se cacher que sa politique ferme et déterminée, son « austérité » exposèrent Caton à la critique. Tite-Live, après avoir rappelé que « le taux des impôts publics était très haut, celui des remboursements au plus bas », et que le Sénat dut demander, sans grand succès d'ailleurs, l'annulation des adjudications devant « les prières et les larmes des fermiers généraux », conclut : « La censure resta célèbre mais suscita beaucoup de haines qui suivirent Caton toute sa vie. » Car c'est lui qu'on rendait responsable d'une aussi sévère attitude [24]. Nous savons notamment qu'il dut subir les attaques de Lucius Minucius Thermus, qui dénonçait sa censure comme ayant été *infelix*, c'est-à-dire non bénie des dieux. Il est fort probable que c'est à l'occasion ce cette mise en cause que Caton prononça le discours précité *De lustri sui felicitate*, qu'il faut rapprocher de deux autres extraits adressés contre L. Thermus et qui datent de l'issue de la censure. Le censeur y rappelle

23. Malc., *ORF*[1], 132.
24. Tite-Live, XXXIX, 44.

ses origines modestes, sa vie de labeur, sa carrière au service de l'État, et y dénonce ceux qui font des promesses inconsidérées et qui, suivant la mode hellénique, bâtirent des demeures dispendieuses[25].

Lucius Thermus cherchait sans doute à venger Quintus Minucius Thermus dont on a vu les différends qui, jadis, l'opposèrent à Caton. Pour recueillir l'adhésion de certains opposants à Caton et montrer que sa censure était bien *infelix*, il lui suffisait de s'appuyer sur divers fléaux infligés par la nature dans ces années-là, dont Tite-Live nous décrit l'importance, bien propres à ébranler les certitudes des moins superstitieux : orages d'une rare violence et pluies de sang en -183, tempêtes qui jetèrent à terre statues et corniches de temples en -182, épidémies meurtrières qui sévirent à Rome et dans toute l'Italie en -181 et -180. C'était plus qu'il n'en fallait pour justifier l'accusateur[26]. Tite-Live avait raison. Ce n'était là que la première manifestation, après sa censure, d'une haine qui allait conduire souvent Caton à plaider devant les tribunaux et ces exercices oratoires devaient agir sur lui comme une eau de jouvence.

La condamnation de la luxuria

La censure de Caton fut brillante, énergique, globalement efficace et soucieuse de l'État. Les Romains éprouvaient l'impression qu'il avait redressé une République courant à sa perte. Pourtant, à l'heure du bilan, le Censeur pouvait

25. Cf. Malc., *ORF*[1], 132 et 69-73 – *De suis virtutibus contra Thermum* – ainsi que 74 – *in Thermum post censuram*. Plusieurs savants, de Fraccaro à Scullard et Astin, ont montré qu'il s'agissait en fait d'un seul discours prononcé en réponse aux attaques de L. Thermus. Cf. Scullard, *Roman politics*, p. 264.

26. Cf. Tite-Live XXXIX, 43, 3 sqq. ; XL, 2 ; 19 ; 36-37. Rappelons qu'une pluie de sang est un « prodige » bien connu aujourd'hui, lorsque s'abat une pluie chargée du sable rouge du Sahara...

s'interroger sur sa réussite quant au but principal de sa politique, celui de « couper et de brûler l'hydre du luxe et de la mollesse[27] ». Toute l'énergie de Caton s'est, en effet, concentrée sur cette seule détermination à vocation morale : lutter contre la corruption des mœurs, la décadence du *mos majorum*. Telles étaient son analyse et sa volonté depuis le début de sa carrière politique. Il en avait déjà rencontré les limites lors de son consulat. Sa censure devait lui permettre d'en consacrer la réussite ou d'en constater l'échec. Or l'enthousiasme du peuple à son endroit semble bien devoir être nuancé.

La cause de cette dégénérescense des mœurs, de cette perte des valeurs ancestrales qui ont fait la force et la grandeur de Rome, s'avère, pour lui, à la fois unique et bien définie : la *luxuria*. Mais il ne se contente pas de la dénoncer, il est l'un des premiers à la théoriser. Le constat initial est simple et s'appuie sur des exemples concrets qui montrent assez que les valeurs sont bouleversées. Comment sauver une ville « où un poisson se vend plus cher qu'un bœuf », où « les chevaux sont plus chers que les cuisiniers » ? Comment vivre avec un homme dont « le palais est plus sensible que le cœur », ou avec des citoyens qui préfèrent acheter des jardins plutôt que des champs et des pâturages[28] ? Comment s'entendre avec quelqu'un qui croit que la cupidité comporte tous les vices et qui loue celui qui passe pour « dépensier, passionné, raffiné, buveur, inopérant », ainsi qu'il dépeint certains de ses contemporains dans son *Carmen de moribus*[29] ? Polybe, témoin grec à Rome et ami de Scipion Émilien, décrit lui-même « la corruption générale » des mœurs romaines. « Dans la jeunesse, on s'adonnait à la pédérastie ou à l'amour des courtisanes ; beaucoup se livraient à des

27. Plutarque, *C. M.*, 16, 7.
28. Plutarque, *C. M.*, 8, 2 ; 9, 7 ; 4, 6, etc.
29. Rapporté par Aulu-Gelle, *N. A.*, XI, 2, 5.

plaisirs coûteux, tels que festins en musique et beuveries ». Il dénonce les débordements des « jeunes Romains » capables de « payer un talent pour l'achat d'un mignon et trois cents drachmes pour une jarre de salaisons du Pont ». Il rapporte l'indignation de Caton qui « déclara un jour devant le peuple que rien ne montrait plus clairement la décadence de la cité que le fait qu'un joli garçon se vendait plus cher qu'un champ et une jarre de salaisons du Pont qu'un conducteur de bœufs[30] ».

Or d'où proviennent les ferments de cette conception morale sinon de la Grèce ? Il a souvent paru facile, alors, de faire de Caton le pourfendeur de la culture grecque, le contempteur des mœurs dévoyées et sournoises de ces Orientaux venus, avec leurs richesses, se venger du vainqueur en débauchant sa jeunesse. Tel n'est pas exactement le cas, comme nous le verrons dans le prochain chapitre. Caton n'est pas cet opposant archaïque et borné, qui refuserait de prendre en compte l'évolution de l'histoire et dénierait à Rome la nécessité de s'adapter. S'il combat la *luxuria*, c'est qu'il est convaincu de sa nocivité pour la stabilité de la société romaine, et donc pour sa vitalité. Et, pour étayer son raisonnement, il s'appuie sur des philosophes grecs qu'il a appris à connaître. Cicéron, qui, certes, édulcore la réalité et se plaît à faire dire à Caton des paroles utiles à sa propre théorie, mais qui ne pourrait sans aucune référence lui attribuer des maîtres à penser aussi prestigieux que Platon ou Archytas de Tarente, place ces mots dans la bouche du Censeur : « Les hommes n'ont reçu de la nature aucun fléau plus funeste que les plaisirs corporels : ceux-ci inspirent des passions ardentes qui cherchent à se satisfaire sans réflexion ni retenue. De là viennent [...] les bouleversements des États [...], et il n'est pas de crime [...] que ne pousse à commettre la passion du plaisir [...]. En effet, quand la passion commande, il n'y a plus de place pour la

30. Polybe, XXXI, 25.

tempérance et, d'une manière générale, dans le royaume du plaisir, la vertu ne peut séjourner[31]. » Bien des philosophes grecs n'ont pas dit autre chose, et cette peur de la *luxuria* chez les Romains est déjà inscrite dans la loi des XII Tables à propos des rites funéraires[32].

La différence qui distingue Caton des philosophes réside dans le fait que le Censeur ne se contente pas de conduire une réflexion. Son devoir de magistrat l'oblige à considérer le sujet dans l'exercice de sa fonction politique. En bon Romain, il n'envisage sa théorie qu'en rapport avec une application concrète. Or il mesure toute l'importance de la menace que la *luxuria* fait peser sur Rome. La force et la cohésion de la cité reposent sur le respect du *mos majorum*, c'est-à-dire sur des valeurs fédératrices du groupe d'hommes qui la forme, transmises par l'éducation donnée par les pères à leurs enfants et par l'exemple que les citoyens se donnent mutuellement. Il s'agit, rappelons-le, de la *fides*, de la *pietas* qui définissent toutes deux les liens entre les hommes et leur rapport avec la divinité, de la *magnitudo animi* et de la *gravitas* qui gouvernent leur conduite, et surtout de la *virtus* qui traduit leur sentiment d'être des *viri*, des hommes capables de défendre le groupe et de l'augmenter de quelques fils. Chacun se définit donc par rapport aux autres et n'existe que par eux : il n'y a point de place pour l'individualisme. Or le renversement des valeurs n'a pour effet que de briser cette union citoyenne. Le plaisir de l'individu, ses passions personnelles, nourris des richesses qu'il aura le souci d'acquérir pour satisfaire ses seuls désirs vont primer l'effort et le travail au service de la collectivité ; les besoins superficiels de chacun vont l'emporter sur le respect de l'intérêt communautaire. Les exemples abondent, déjà, au plus haut niveau de l'État : des

31. Cicéron, *De Sen.*, XII, 39-41.
32. Table X.

généraux célèbres ont détourné à leur seul profit des biens pris à l'ennemi au nom de Rome. Le souvenir même des délices de Capoue qui affaiblirent les armées d'Hannibal après sa victoire à Cannes pourraient expliquer les revers du chef carthaginois à compter de cet hiver-là. Le luxe ruine l'énergie dont le citoyen-soldat a besoin pour vaincre l'ennemi. Caton le savait mieux que quiconque, lui qui écrivit un manuel sur l'art militaire et qui, selon Plutarque, ne supportait pas « un soldat qui [...] poussât des ronflements plus fort que son cri de guerre [33] ». Poussés par l'ambition personnelle, beaucoup de chefs romains semblent reléguer au second plan le service de l'État, et ce désintérêt s'accompagne aussi d'une désaffection de la chose religieuse. Caton n'ignore pas les exemples de la négligence, pour ne pas dire du dédain des signes célestes. Les magistrats oublient parfois de prendre les auspices ou d'accomplir les sacrifices rituels, au point que Plutarque rend hommage à Paul-Émile pour son respect des actes religieux : « Il rendait l'éclat d'un art élevé à un sacerdoce où les autres ne voyaient qu'un honneur à briguer par vanité [34]. » L'arrivée à Rome de cultes étrangers si différents des cultes romains accentuait encore le doute naissant envers les pratiques traditionnelles. L'exemple du scandale des Bacchanales reste le meilleur du dévoiement des jeunes citoyens : l'autorité naturelle du père de famille et celle de la cité se trouvaient supplantées par celle, très mystérieuse, de prêtresses initiatrices.

Le bouleversement des mœurs consécutif à la corruption morale se révèle donc profond et dangereux. Parce qu'il parle haut et fort, et occupe une situation éminente dans l'État, Caton a souvent donné l'impression de fustiger seul cette évolution et a laissé l'image d'un vieillard solitaire et bougon attaché aux anciennes valeurs avec une obstina-

33. Plutarque, *C. M.*, 9, 5.
34. Plutarque, *Vie de Paul-Émile*, 3.

tion panique. Or le Censeur est loin de vouloir avoir raison contre tous. Une grande partie du Sénat, mais aussi du peuple, le soutient et salue sa lucidité. Comment, d'ailleurs, imaginer, sans cet appui, qu'il ait pu être élu et faire adopter ses résolutions ? Déjà en -210, L. Manlius Torquatus a refusé un troisième consulat parce qu'il désapprouvait les mœurs nouvelles, et d'autres censeurs, comme le père des Gracques, Tibérius Sempronius Gracchus tenta de lutter contre la dépravation des mœurs avec la même vigueur que Caton. Plutarque rapporte que, chaque fois qu'il rentrait chez lui après souper, ses concitoyens éteignaient leurs flambeaux à son passage pour ne pas être surpris à prolonger un peu tard leurs agapes[35]. Paul-Émile, pourtant proche de Scipion puisque le fils de l'Africain a adopté son fils cadet, le futur grand Scipion Émilien, se montre très attaché aux anciennes valeurs : il fera porter au Trésor, sans en rien prélever, tout l'argent et l'or trouvé dans les coffres du roi de Macédoine. Et sa fille épousera le fils de Caton[36] ! Au reste, il conseillera à son fils, pourtant le chef de file des philhellènes, de suivre les avis du Censeur qui se prend d'affection pour lui. Et quand son tour viendra d'assumer la censure, Scipion Émilien se réclamera de son illustre prédécesseur et promettra au peuple d'en suivre l'exemple et de montrer une semblable sévérité. Ces références montrent que la question de l'observance de la morale traditionnelle dépasse largement le cadre d'un éventuel affrontement entre des anciens soi-disant archaïques et des modernes prétendument progressistes. Il y va de la survie de l'identité romaine. Ce que Caton avait bien compris.

Le peuple, lui non plus, n'est pas étranger à la démarche du Censeur de -184. Plaute nous en livre un authentique écho. L'esclave Stasime, dans le *Trinummus,* est un bon

35. Tite-Live, XXVI, 22. Plutarque, *Vie de Tibérius Gracchus*, 14.
36. Plutarque, *Vie de Paul-Émile*, 28.

exemple, qui s'exclame, en -188 : « Les mœurs d'à présent ne tiennent nul compte du droit, mais du bon plaisir [...]. Les mœurs ont fini par réduire les lois à leur merci [...] Les lois sont les esclaves de la coutume ; et les mœurs, elles, ne cessent de mettre tout au pillage, le sacré comme le profane [37]. » Périplectomène, dans le *Miles gloriosus*, ne veut pas s'embarrasser d'un épouse et fait profession d'individualisme, d'égoïsme : « Je veux vivre pour moi. » Pas question d'introduire « une aboyeuse à mes trousses ». D'ailleurs, une grande partie du mal vient des femmes qui succombent trop vite aux sirènes du luxe. Le vieil avare Euclion, de l'*Aulularia*, se félicite de n'avoir point épousé une femme dotée car les riches alliances s'accompagnent « de manières impérieuses, de voitures ornées d'ivoire, de grands châles, de la pourpre »... toutes choses qui « réduisent les maris en servitude » et inversent les rôles à la maison en ruinant la cassette et l'autorité du mari. On connaît la longue liste des fournisseurs de mode qui causent « la perte des maris [38] ». Après quoi, le chef de la troupe, en conclusion de l'*Asinaria*, peut demander de l'indulgence pour le vieux qui a cherché du bon temps en cachette de sa femme : « Il n'a rien fait de nouveau ni d'extraordinaire, il a simplement fait comme les autres, et personne n'a le cœur si dur, la volonté si ferme que, l'occasion se présentant, il ne se donne du plaisir. »

On se souvient du discours de Caton contre l'abrogation de la loi Oppia en -195. Ces exemples montrent que ses craintes n'étaient pas vaines. Même s'il savait qu'il aurait été illusoire de vouloir « retrouver la situation d'autrefois, quand il n'y avait pas de loi sur le luxe ». Il ne veut pas revenir en arrière, mais limiter une évolution qu'il sent inévitable, et dont il perçoit les dangereuses conséquences. Déjà, il dénonçait la *luxuria* qui asservit au lieu de libérer parce

37. Plaute, *Trinummus*, v. 1032-1044.
38. Plaute, *Aulularia*, v. 162 sqq. et 500 sqq.

qu'elle suppose l'*inertia* et s'oppose à la morale de l'énergie, du travail, du devoir du soldat-paysan qui fit la grandeur de Rome. Le refus de Caton d'abroger la loi Oppia n'avait rien d'un stérile caprice misogyne. Loin de vouloir brimer injustement les femmes, il avait voulu transformer en loi somptuaire au service de la morale salvatrice une loi que ses adversaires s'obstinaient à considérer comme une simple mesure économique ponctuelle en temps de guerre.

Dans son discours *Sur la dot* que certains datent de sa censure, Caton tente de restaurer l'autorité du mari sur sa femme, alors qu'elle est menacée, comme le montre bien Plaute, par l'émergence des richesses et du luxe dans la vie quotidienne. « Lorsque le mari divorce, il est le juge de sa femme au lieu du censeur ; il en a les pouvoirs si la femme a commis un acte pervers et affreux ; elle est punie si elle a bu du vin, et condamnée si elle s'est déshonorée avec un autre homme. » Il rappelle même le droit du mari de punir de mort une femme adultère, qui n'est, évidemment, pas réciproque. Telle est la loi ancienne, toujours en vigueur au temps de la censure de Caton, même si on imagine que ces lois ne sont plus aussi sévèrement appliquées. D'ailleurs, Caton lui-même témoigne de cette évolution puisqu'il n'évoque que le cas d'un divorce pour faute grave de l'épouse. Cela fait déjà un bon demi-siècle que le divorce pour convenance personnelle du mari est admis. Une grande partie de l'autorité du mari a été transférée aux censeurs, et la lecture de la loi a évolué. Pourtant Caton tient à rappeler la toute puissance du mari, comme il l'a fait dans ses discours contre l'abrogation de la loi Oppia. La femme, en effet, à gagner trop de liberté dans ces temps de changements économiques, risque de constituer, par sa conduite, un facteur important de la déstabilisation des mœurs [39].

39. Le passage du *De Dote* est cité par Aulu-Gelle, *N. A.*, X, 23. Cf. aussi notre *Éros romain*, 1re partie.

Caton a vu juste. D'autres textes, approuvés par le Sénat, soutenus par lui et soumis au vote des comices tributes, montrent, dans les années qui suivent immédiatement sa censure, que les méfaits de l'argent et les débordements du luxe viennent menacer la stabilité de la société. Passons sur la loi Furia, au demeurant d'interprétation difficile, qui vise à modifier les successions testamentaires afin d'éviter que, par des legs obligés, l'héritier d'une grande famille se retrouve quasiment ruiné. Elle est facilement détournée et son inefficacité provoquera la proposition d'une autre loi, la *lex Voconia*, dont nous allons reparler. Plus directement inspirées par l'accroissement spectaculaire du luxe, plusieurs lois somptuaires sont votées pour tenter de limiter le luxe des banquets. Macrobe et Aulu-Gelle, notamment, évoquent les transformations induites dans la société par l'importance nouvelle accordée à la nourriture, à la subtilité culinaire et aux fêtes qui l'accompagnent, avec danseurs et musiciens[40]. Non seulement les raffinements élaborés dépassent l'imagination, mais les grands se mettent à dîner portes grandes ouvertes pour que les citoyens éblouis soient les témoins oculaires du luxe étalé. Le dîner de raves bouillies de Curius Dentatus paraît bien loin. La loi Orchia, en -182, limite le nombre de convives. Elle est peu respectée et Caton fulmine contre ce mépris de la décision du peuple. Une bonne vingtaine d'années plus tard est votée la loi Fannia, encouragée par tous les ordres, sur le conseil des consuls et de « tous les gens de bien [...] parce que le luxe des banquets faisait subir à la République des dommages plus grands qu'on ne pourrait imaginer ». La situation est si grave que, « pour le plaisir du palais, la plupart des jeunes gens de naissance libre vendaient leur vertu et leur liberté et que la plus grande partie des Romains issus de la plèbe se rendaient au Comitium imprégnés de vin et, ivres, prenaient des mesures dont dépen-

40. Macrobe, *Saturnales*, III, 17. Aulu-Gelle, *N. A.*, II, 24.

dait le salut de l'État ». Tel est le témoignage de Sommonicus Sérénus, rapporté par Macrobe qui énumère toutes les lois somptuaires votées ensuite (loi Didia, loi Licinia...), mais aucune n'arriva à modérer les tentations induites par les richesses, et il faudra attendre Sylla pour qu'une loi obtienne un véritable effet par la fixation autoritairement basse des denrées de luxe. Toutes ces lois donnent raison à Caton qui avait compris d'où venait le danger, et qui fut suivi rapidement par une majorité de citoyens et de sénateurs.

Dans le même esprit, en -169, soit quinze ans après sa censure, Caton soutient « avec une voix puissante et de bons poumons », nous dit Cicéron[41], la loi proposée par le tribun Voconius Saxa. Les femmes sont les premières visées par les dispositions de ce texte qui leur interdit d'hériter de citoyens inscrits dans la première classe censitaire et possédant plus de cent mille sesterces. La pratique était devenue courante et les courtisanes, particulièrement, pouvaient s'enrichir par ce moyen au détriment des familles. La loi n'a donc pas pour seul but de limiter le luxe des femmes, mais surtout d'empêcher que celles-ci soient détentrices de trop grandes fortunes, armes d'un pouvoir, et plus encore que des familles puissantes se trouvent ruinées au profit de personnes de très moyenne vertu. De toute manière, la loi défendait de léguer à quiconque, homme ou femme, une somme supérieure à celle que recevaient les héritiers. La loi Voconia accentue donc l'effet des dispositions de la loi Furia et montre ainsi que la situation s'est rapidement dégradée en quelques années. Au reste, la *lex Voconia* ne tardera pas à être elle-même tournée de plusieurs manières.

En -195, Caton prophétisait devant le peuple assemblé que les deux maux dont souffrait le pays étaient « la cupidité et le goût du luxe » et que « tous les grands empires

41. Cicéron, *Pro Balbo*, 21.

ont succombé à ces fléaux[42] ». À l'heure de sa censure, il veut tuer l'hydre du luxe et Plutarque note que la République « déclinait vers le pire ». Malgré une prise de conscience collective, malgré des tentatives législatives pour enrayer l'évolution de cette dégénérescence morale, il est évident que l'action de Caton eut le mérite d'éclairer, de mettre en garde, non de réussir dans une entreprise vouée d'avance à l'échec. Il en est d'ailleurs conscient lorsqu'il se présente au censorat puisque Plutarque souligne qu'il ne pouvait supprimer le luxe qui « avait déjà atteint et corrompu la multitude ». Au moins son action témoigne-t-elle de sa lucidité, et non d'on ne sait quel conservatisme réactionnaire. Les faits ont montré qu'il avait vu juste. Notons également son courage pour lutter contre la corruption morale sans faillir comme si la cause n'avait pas été désespérée.

La personnalité de Caton

Sans doute Caton, l'homme de fer, tout à son combat au service de sa théorie et de ses convictions, en fait-il un peu trop puisqu'il traduit dans sa vie même, avec une rigueur extrême, les opinions qu'il professe au Forum. Et il est vrai, comme le note Plutarque, qu'il paraît invincible. Le peuple admire sa pugnacité d'athlète victorieux « qui conserve le même régime d'entraînement sans y rien changer jusqu'à sa mort ». Le contraste est saisissant avec ceux qui se montrent « amollis par les plaisirs ». « Il dit lui-même qu'il ne porta jamais un habit qui valût plus de cent drachmes, que, même quand il était préteur et consul, il buvait le même vin que ses ouvriers, qu'il ne mettait pas plus de trente as aux mets qu'il faisait acheter au marché pour son dîner, et cela dans l'intérêt de la République, afin d'avoir un corps robuste pour faire la guerre. Il dit aussi qu'ayant acquis

42. Tite-Live, XXXIV, 4.

par héritage un tapis brodé de Babylone, il le vendit aussitôt ; qu'aucune de ses fermes n'était crépie à la chaux ; que jamais il n'acheta d'esclave au-dessus de quinze cents drachmes, n'ayant pas besoin de beaux serviteurs de luxe, mais de travailleurs et d'hommes solides, par exemple de palefreniers et de bouviers [...] En somme, selon lui, rien de ce qui est superflu n'est bon marché ; ce dont on n'a pas besoin, ne le payât-on qu'un as, il le considérait comme trop cher[43]. »

De ces propos sévères et austères qui rappellent l'existence de ses jeunes années, doit-on déduire que Caton est pingre ? Opposé aux plaisirs corrupteurs et aux richesses inutiles, certes. Mais être ennemi du luxe et des extravagances n'est pas synonyme de mesquinerie ni d'étroitesse d'esprit. Caton, de son enfance et de ses ancêtres, a appris la tradition de la *frugalitas* et du service de la collectivité. Or simplicité ne signifie pas pauvreté. Lui-même possédait des biens qui lui rapportaient. Mais le respect de sa dignité et l'amour de la patrie lui ont enseigné la préférence d'autres valeurs, plus en harmonie avec la *virtus*. Et si, par volonté contradictoire autant que par intensité rebelle aux nouvelles modes, il en fait un peu trop dans les restrictions de sa propre existence, il est loisible de penser, avec Plutarque, que c'est pour mieux « corriger et amender les autres ».

Son immodestie même est au service de cette lutte contre la *luxuria*. Il suffit de lui laisser la parole dans les extraits qui nous restent de son très important discours de -164, *De sumptu suo*[44], et qui résonnent comme un bilan moral : « Jamais je n'ai, par brigue, distribué en largesses mon propre argent ni celui des alliés [...] je n'ai jamais placé parmi les villes de vos alliés de préfets qui allassent piller leurs biens,

43. Plutarque, *C. M.*, 4, 3 sqq.
44. Malc., *ORF*[1], 171.

dépouiller leurs enfants [...], je n'ai jamais distribué à un tout petit nombre d'amis le butin pris à l'ennemi ou le prix de sa vente, pour l'arracher à ceux qui l'avaient pris [...]. Je n'ai jamais délivré d'ordre de transport pour permettre à mes amis d'extorquer, par réquisition, aux provinces de grosses sommes d'argent [...]. Je n'ai jamais, à titre de vin congiaire, distribué d'argent entre mes appariteurs et mes amis ; et je ne les ai pas enrichis aux dépens du public [...]. Voyez, je vous prie, en quel état se trouve la République : les services que je lui ai rendus et dont je tirais mon crédit, je n'ose plus maintenant les rappeler, de peur qu'il ne me vaillent de la haine. Il est rentré dans les mœurs que, si l'on peut impunément mal faire, il n'est pas permis de bien faire impunément. »

Les dénégations, un rien désabusées, de Caton vingt ans après sa censure montrent, comme par effet de miroir, quels ravages l'ambition personnelle et l'appât des richesses ont provoqués de façon irréversible dans la vie morale et politique. De ce point de vue, les efforts du Censeur se soldent par un échec. Mais parce que sa forte personnalité a ancré dans les mémoires le souvenir de ses diatribes combatives, de son honnêteté, de son attachement au *mos majorum* et aux valeurs morales qui ont fondé l'identité romaine, on peut dire que sa censure demeure dans les siècles suivants le phare qui a empêché les Romains de sombrer dans les affres d'un bouleversement tempétueux.

VI

L'HOMME POLITIQUE ET L'HELLÉNISME

Avec l'exercice de la censure, Caton peut s'enorgueillir d'être, à son époque, l'un des quatre seuls « hommes nouveaux » parvenus au faîte des honneurs. Sa carrière politique fut brillante, à défaut d'être rapide. La cinquantaine bien comptée, il aurait pu, comme beaucoup d'autres, mettre un terme à un si beau parcours et se retirer sur ses terres pour cultiver son jardin. Tel n'est pas son dessein. Il jouit d'une santé solide qui va lui permettre pendant trente-cinq ans encore de faire entendre une voix coruscante. Au Sénat, son influence ne se démentira pas jusqu'à son dernier souffle et son rôle, tant dans les affaires intérieures qu'extérieures, n'a rien perdu de son efficacité volontaire. Le nombre des « accusations » auxquelles il dut faire face en témoigne. « Il considérait le service de l'État comme une obligation envers le peuple », note Plutarque [1].

Ce sens du bien de l'État et du service de ses concitoyens, nourri des valeurs ancestrales dont il est persuadé qu'elles sont à la fois le ciment et le moteur de la société, le conduit à prendre une part active à la défense de Rome contre ce qu'il juge un danger imminent : la domination culturelle de la Grèce et la perte de l'identité romaine. Son caractère entier, ses prises de position irrémissibles, son activisme sans relâche au service de ses convictions contribuent, de son vivant, à sédimenter le socle de sa légende : Caton est éminemment et définitivement hostile à l'hellénisme. Ses biographes s'en font longuement l'écho et Plutarque, entre

1. Plutarque, *C. M.*, 24, 11.

autres, écrit par exemple qu'« il se faisait un point d'honneur de mépriser tous les arts et la culture de la Grèce ». Depuis l'Antiquité, les historiens ont développé jusqu'à la caricature cette opposition entre les prohellènes et les antihellènes. Chaque camp a son champion : Scipion pour les premiers, Caton pour les seconds. Des uns, on souligne la volonté progressiste, des autres l'intransigeance conservatrice. Les Anciens, déjà, ne retenaient que les anecdotes qui mettaient en lumière l'ouverture des uns ou stigmatisaient l'étroitesse d'esprit des autres. On en a fait rapidement une querelle des Anciens et des Modernes, vantant la jeunesse des Scipions, et accusant la vieillesse de Caton, des « vieux Romains », comme s'il s'agissait d'un simple conflit de générations.

Or la réalité n'apparaît pas aussi tranchée. Les historiens actuels ont travaillé à minimiser cette opposition entre partisans et adversaires de la culture grecque. Peut-être certains sont-ils tombés dans l'excès contraire en continuant à chercher ce qui opposait (ou n'opposait pas) les tenants de ce qu'ils persistent à nommer la tradition, et ceux du progrès. En fait, il semble que la question soit moins celle d'un conflit que celle d'une évolution commune qui repose sur des analyses politiques différentes chez les Scipions et chez les partisans de Caton. Comment imaginer que Caton ait pu nier l'évidence ? Car l'ouverture de Rome à la culture grecoorientale est, à l'époque où il est censeur, une évidence. Les Grecs sont partout présents en Italie et leur participation à tous les niveaux de la société constitue une réalité indéniable. Sans doute la plèbe réagit-elle avec une certaine hostilité comme toujours réagit le peuple lorsqu'il se croit envahi par des étrangers, surtout si, comme c'est le cas, ils sont volontiers arrogants. Mais il ne faut pas confondre la vision politique de Caton avec la réaction de la plèbe. Car c'est de politique qu'il s'agit, plus que de culture. Et c'est cette divergence d'analyse qu'il faut étudier entre un Caton et un philhellène comme Scipion Émilien. Sans être identiques, nous verrons que leurs vues ne s'opposent pas et que tous deux travaillent au même objectif : conserver à Rome sa grandeur et son identité tout en réalisant l'inévitable assimilation de la culture hellénique.

Rome face à Persée

Pour bien comprendre le rôle joué par Caton au lendemain de sa censure, il n'est pas inutile de rappeler brièvement à quels évènements principaux Rome s'est trouvée confrontée.

Lorsque les Romains se sont déterminés à intervenir pour « libérer » la Grèce du joug macédonien, il semble qu'ils n'aient pas pris l'exacte mesure de la situation. Ils dominaient un Occident méditerranéen unifié sous leur autorité. En face d'eux, l'Orient était, certes, rassemblé sous la bannière de la culture grecque, mais politiquement éclaté en une foule d'États plus ou moins grands et puissants, dont la principale préoccupation résidait dans l'éventuelle conquête du voisin. Outre les grandes puissances comme l'Égypte des Ptolémées (qui s'étendait de la mer Rouge jusqu'à Chypre et au sud de la Syrie-Phénicie), la Syrie (dont le pouvoir s'exerçait jusqu'en Anatolie et aux portes de l'Inde), et la Macédoine (qui dominait la Grèce), il faut noter des États de moindre importance, mais dont le rôle allait s'avérer déterminant, Pergame, Rhodes ou, en Grèce, les ligues éoliennes et étoliennes (de part et d'autre du golfe de Corinthe). Une petite île comme Rhodes, par exemple, joue un rôle majeur en Méditerranée puisqu'elle est le principal centre d'importation et de redistribution de blé en mer Égée. Sa richesse économique en fait une puissance très convoitée dans les alliances politiques, et lorsqu'elle s'associe avec Pergame pour faire alliance avec Rome dès -201, Rome pense détenir un atout majeur dans son positionnement en Orient. Rhodes, de surcroît, a rejeté les rois et se gouverne selon une constitution oligarchique assez proche, dans l'esprit, de celle des Romains, ce qui rend les relations plus faciles entre les deux pays.

Rome a vaincu Philippe V de Macédoine, puis réduit à merci Antiochus III en Syrie. Mais la Grèce, libérée, s'agite et se déchire. L'alliance conclue avec le roi de Macédoine ne tient pas. Le fils cadet de Philippe, amené à Rome comme otage, est soupçonné par son père d'être manipulé par ses hôtes contre lui. Il est assassiné à Rome dans des conditions mystérieuses. Le roi engage alors son fils aîné, Persée, à relever la tête et le désigne comme successeur. À sa mort, en -179, le jeune Persée laisse poindre ses ambitions. Il veut reconstituer le grand royaume de Macédoine, et a des visées sur la Grèce. Pour ce faire, il prend soin de renouer avec certaines cités qui deviendront ses clientes.

L'Orient semble à nouveau déstabilisé. En -172, plusieurs délégations arrivent à Rome. Tout d'abord, le roi Eumène II de Pergame vient au Sénat pour dire sa crainte devant les prétentions impérialistes de Persée. Il y fait un brillant discours qui impressionne favorablement et convainc la plupart, surtout lorsqu'il fait état de rumeurs selon lesquelles Persée aurait même envoyé une ambassade à Carthage où elle aurait été reçue dans le plus grand secret et la nuit venue. Caton, cependant, ne partage pas cet enthousiasme et, selon Plutarque, laisse voir sa méfiance. « Quelqu'un lui dit : "C'est pourtant un homme excellent, et un ami des Romains. – Soit, répliqua-t-il, mais ce genre d'animal est carnassier par nature" ». Il veut dire qu'Eumène est roi, et il suspecte les ambitions d'un roi. Il aurait clairement ajouté qu'« aucun roi [...] n'est digne d'être comparé à Périclès, à Manius Curius (Dentatus) ou même à Hamilcar Barca[2] ». Quelques jours plus tard, des envoyés du roi Persée, venus à Rome pour se rendre compte de l'état d'esprit des sénateurs et pour se justifier, sont à

2. Plutarque, *C. M.*, 8, 12.

peine entendus. Les Pères sont encore sous l'emprise des paroles d'Eumène. Des délégations grecques sont également présentes, et principalement une de Rhodes. Ses ambassadeurs clament leurs craintes de voir le roi de Pergame fomenter des troubles en Lycie, qui lui appartient. Ils veulent être confrontés avec Eumène. Mais ils agacent et n'obtiennent rien. Eumène, lui, repart avec de somptueux cadeaux, « parmi lesquels une chaise curule et un sceptre en ivoire[3] ». Cependant, il est victime d'un attentat à Delphes, pendant son voyage de retour, et il est si gravement touché que, dans un premier temps, on le croit mort.

L'Orient est donc, une nouvelle fois, en effervescence et le Sénat romain éprouve la désagréable sensation de ne rien maîtriser, voire de ne rien comprendre. Marcius Philippus, qui a connu Philippe V autrefois, est envoyé en mission diplomatique en Grèce pour tenter de conforter les alliances prises avec Rome, mais les sénateurs soupçonnent Persée d'être l'instigateur du complot contre Eumène, et de vouloir reprendre en Grèce une guerre de domination. Marcius Philippus échoue et l'affrontement devient inévitable. Persée n'apparaît pas, cependant, un adversaire déterminé. Il cherche à conclure une paix sous conditions, que les Romains refusent. La guerre s'enlise en -169, sous la conduite de Marcius Philippus, consul, parce que Persée refuse de s'engager. L'année suivante, le nouveau consul, Paul-Émile (L. Aemilius Paullus), aidé de Scipion Nasica, réussit à briser l'inertie de Persée et à le battre, à Pydna, le 22 juin -168. Il se trouve que, la nuit précédant la bataille, a lieu une éclipse de lune. Les Macédoniens, effrayés, sont persuadés que ce présage annonce la chute de leur roi. Les soldats romains ne sont pas moins superstitieux, mais un astronome de l'entourage de Paul-Émile, Sulpicius Gallus,

3. Tite-Live, XLII, 12-14.

sait expliquer qu'il s'agit d'un phénomène naturel où les dieux n'ont rien à voir. Cette justification, quand même appuyée de quelques sacrifices exceptionnels, a raison de la peur romaine et il ne faut guère plus d'une heure aux légionnaires pour donner la victoire à leur camp. Toutefois, la troisième guerre de Macédoine ne s'arrête pas là car Persée s'enfuit, mais Paul-Émile le rattrape et le fait prisonnier. Traité avec considération, il est ramené à Rome pour figurer au triomphe de son vainqueur avant de s'éteindre, deux ans plus tard, à Albe où il était tenu en résidence surveillée.

Paul-Émile est un philhellène. Il conduit ses fils dans les principaux sites prestigieux de la Grèce pour y admirer les chefs-d'œuvre des artistes, de Delphes à Athènes, via Chalcis et Aulis. Puis il gagne Corinthe, Argos, Épidaure, et Sparte. À Olympie, il ne peut dissimuler son émotion devant le Zeus de Phidias, comme s'il contemplait le dieu lui-même[4]. Mais son amour de la Grèce et son admiration sincère de sa culture ne lui font pas ignorer que la situation politique restera précaire si le gouvernement romain ne prend pas soin d'affirmer sa domination. Rome décide donc de faire venir en Italie un millier de dirigeants achéens considérés comme peu sûrs. Polybe est du nombre. Officiellement déportés pour n'avoir pas aidé Rome contre Persée, aucun ne sera jugé. Généralement bien traités, hors de Rome pour la plupart, ils servent de caution au nouveau maître du monde : leurs compatriotes éviteront de fomenter des troubles contre Rome et eux-mêmes n'auront pas le loisir d'imaginer quelque rébellion contre elle. Parmi eux, Polybe est privilégié. Il reste à Rome, libre de ses mouvements. Vraisemblablement logé chez Paul-Émile lui-même, il devient rapidement l'ami de son fils aîné, puis du cadet à qui il sert de mentor. Laissons-lui le mot de la

4. Tite-Live, XLV, 27-28.

fin de cette nouvelle guerre : « Il ne se trouvait désormais plus personne pour contester qu'il fallait à l'avenir obéir aux Romains et s'incliner devant leurs injonctions[5]. »

Le luxe et les modes grecs à Rome

Chaque médaille a son revers. À force d'être un peu partout ailleurs, il n'est pas étonnant que Rome ne soit plus tout à fait chez elle... dans Rome. Après Pydna encore plus qu'au début du siècle, les Grecs sont partout, et tiennent leur place à tous les échelons de la société. Les personnages importants, lettrés, se pavanent dans tous les lieux publics et à la mode. Les ambassadeurs de tous les États grecs viennent au Sénat pour s'y justifier, pour se plaindre, pour obtenir quelque faveur. Et comme ils sont beaux parleurs, philosophes ou rhéteurs, ils ne manquent pas de donner à la jeunesse éblouie des conférences sur les sujets les plus improbables. N'oublions pas qu'en théorie, le Sénat reçoit les ambassadeurs en février. Le voyage est long et ils restent à Rome le temps qu'il faut pour obtenir une audience. D'autres personnages importants leur disputent la vedette : il s'agit des jeunes princes retenus quelques années en otage, comme Démétrius le fils cadet de Philippe V, ou celui de Seleucus IV. Parfois même, de puissantes familles envoient à Rome leur rejeton pour y lier d'utiles amitiés. Les mille Achéens arrivés avec Polybe à la suite de Pydna appartiennent aux meilleurs milieux, et sont logés chez tout ce que le Latium compte de familles importantes. Ils nouent avec leurs hôtes des liens puissants et exercent sur eux une influence culturelle certaine, à l'instar de celle de Polybe sur les fils de Paul-Émile.

À un moindre degré, nombre de Grecs viennent à Rome s'établir dans l'espoir d'améliorer leurs affaires. Ils sont

5. Polybe, III, 4, 2-3.

commerçants, artistes (peintres, architectes) ou encore acteurs, athlètes ; ils sont médecins, professeurs, précepteurs... sans oublier les charlatans, devins de toute chapelle, parasites et mendiants qui sauront abuser par quelques tours de la crédulité d'un peuple encore bien ignorant. Et il faut se garder d'oublier les esclaves qui assument les tâches les plus diverses au sein des familles, des plus dégradantes aux plus valorisantes. Beaucoup sont ensuite affranchis et viennent occuper leur place dans la plèbe à une époque où elle pèse davantage dans la balance politique. Même si, depuis -220, le rôle des affranchis est limité parce qu'ils sont automatiquement inscrits dans l'une des quatre tribus urbaines de Rome, libérant ainsi de leur influence les trente et une tribus rurales, il n'en reste pas moins que leurs enfants sont citoyens romains. Or nombre d'affranchis ont su conduire avec profit leurs affaires, permettant à leurs héritiers d'occuper une place non négligeable dans la société. Cette intégration réussie est souvent ressentie comme une injustice dans la plèbe romaine.

Tous ces Grecs exercent sur les Romains une influence indéniable. Plus évolués qu'eux culturellement pour un certain nombre d'entre eux, porteurs en tout cas pour tous de modes de vie que chaque Romain peut trouver exotiques, ils transmettent des savoirs, des savoir-faire et des modes qui font évoluer la société romaine. Les plus crédules se laissent abuser, au prix de quelques sesterces, par les tours de magie des devins ou les simagrées énigmatiques des serviteurs de telle ou telle divinité orientale. Les femmes romaines ne demeurent pas insensibles aux conseils de leurs servantes pour élaborer un maquillage ou une coiffure originale, pour essayer une nouvelle tunique au décolleté inédit afin d'éblouir la bonne société dont elles seraient les leaders[6].

6. Cf. notre essai sur *Les Modes à Rome*, Les Belles Lettres, 1988.

En fait, une seule explication justifie cette présence et cette influence grecques à Rome : la richesse matérielle permise par le bénéfice des conquêtes. Elle seule autorise le luxe qui devient, pour beaucoup, l'unique raison d'exister. L'argent s'affirme la seule arme à laquelle se mesurent la puissance et la gloire, et c'est bien en quoi le combat de Caton contre ce qu'il nomme la décadence revêt un caractère exemplaire. Tite-Live comme Polybe font remonter aux victoires sur la Grèce, et particulièrement à celle de Pydna, le début de la corruption des mœurs par un luxe effréné. Caton, alors consul en -195, avait déjà tenté de lutter contre cette évolution en s'opposant à l'abrogation de la loi Oppia. C'était le temps, nous l'avons dit, où Scipion l'Africain aimait se faire raser chaque matin et parader dans un costume grec, celui où son frère, vainqueur en Asie, préférait le surnom grec d'Asiagenes à celui d'Asiaticus, celui encore où Aemilia, femme de l'Africain, éblouissait la foule, lors des cérémonies, par la richesse de sa parure, la splendeur de son char, la théorie de vases d'or portés par une foule de serviteurs[7]... Mais ce qui restait exceptionnel à l'époque de l'Africain s'est maintenant généralisé à toute la haute société, tant « dans la vie publique que dans la vie privée », comme le note Polybe. Les triomphes et les rapines déversent sur Rome une quantité impressionnante d'œuvres d'art et de richesses qui font paraître pâle, en comparaison, le butin saisi en Sicile et présenté par Marcellus en -221, pourtant l'objet, alors, d'un grand mouvement de surprise et d'indignation. Le triomphe de Paul-Émile dure trois jours pendant lesquels est présenté au peuple un fabuleux trésor de tableaux, de statues, d'objets précieux, jusqu'à l'éblouissante vaisselle royale... Déjà, en -194, celui de Flamininus avait permis de faire défiler, pendant deux jours, des statues de marbre et de bronze, et des vases d'argent ciselés. Le poids

7. Polybe, XXXI, 26.

total de ces derniers atteignait, pour eux seuls, près de quatre-vingt-neuf tonnes ! Ces œuvres d'art, en théorie destinées à venir orner les temples et les portiques publics, trouvent de plus en plus leur place dans les demeures privées dont la décoration se fait plus recherchée. Outre le luxe de la maison ou celui de la toilette, il faudrait encore parler de celui de la table, des modes culinaires venues de Grèce et d'Orient, du besoin d'avoir un cuisinier qui se paie une fortune, de la nécessité de servir les mets recherchés dans de la vaisselle d'argent... La richesse des conquérants doit leur permettre de mener le train de vie des princes orientaux dont ils sont les suzerains. Paul-Émile se fait alors moquer parce qu'il s'obstine à utiliser des plats en argile et refuse d'avoir chez lui des pièces d'argenterie, hormis les deux vases que son beau-père lui a offerts pour saluer sa victoire sur Persée.

L'éducation grecque

Cependant, cette influence grecque due à l'appétit de jouissance et au luxe n'est sans doute pas celle qui marqua Rome le plus profondément. L'éducation de la jeunesse, plus encore que la soif de biens matériels, imprime dans les esprits une évolution durable. Depuis la fin du IIIe siècle, la mode des précepteurs s'est développée dans les grandes familles aristocratiques. On se souvient du jeune Andronicos ramené à Rome depuis la Grande-Grèce et affranchi ensuite qui fut, en même temps, le premier écrivain en langue latine d'origine grecque. Depuis cette époque, c'est un signe d'appartenance à la classe aristocratique que de confier ses enfants à un précepteur grec, chargé de son instruction. Le père de famille se décharge sur lui d'un soin qui pourtant, par tradition, dépend de lui. Caton, d'ailleurs, nous l'avons vu, refuse de se plier à cette nouvelle mode et éduque lui-même son fils. Il ne supportait pas l'idée qu'un serviteur pût réprimander son fils en lui tirant les oreilles ni qu'« il fût redevable à un esclave d'un bienfait aussi précieux que l'éducation[8] ». Mais bien peu suivent son exemple et celui qui n'a pas les moyens d'avoir un esclave précepteur chez lui essaie d'envoyer son enfant dans une de ces écoles ouvertes, au Forum, par des Grecs, esclaves ou affranchis, qui sont assurés de tirer de leur art de substanciels bénéfices.

Or qu'apprennent les jeunes Romains auprès de ces maîtres étrangers, outre les rudiments de la lecture et de l'écriture ? La langue grecque, évidemment. Au point que dans certaines écoles, tout l'enseignement est prodigué dans cette langue. Les élèves découvrent aussi la littérature grecque et apprennent à commenter les œuvres littéraires. Ils retiennent par cœur des pages entières de l'*Iliade* et de l'*Odyssée* et ce sont naturellement des vers d'Homère qui viendront aux lèvres des dirigeants de Rome dans les moments cruciaux de l'histoire romaine, comme il advint à Scipion Émilien devant Carthage dévastée. Les moins favorisés qui n'étudient qu'en latin disposent de traductions d'Homère ou des grands poètes grecs et découvrent peu à peu la beauté de la littérature. Ils éprouvent le désir de transmettre cette sensibilité dans les œuvres écrites en latin. Avec la langue, avec la littérature, c'est l'âme d'un peuple, la fleur d'une culture qui se transmettent aux jeunes Romains, modelant leur esprit, modifiant durablement une mentalité héritée du *mos majorum*.

Le jeune Émilien fournit de cette éducation l'exemple paroxystique. Éduqué dans son enfance autant selon les principes grecs que selon les méthodes romaines, il découvre la Grèce, à dix-sept ans, en accompagnant son père à Pydna. Il le suit sur les sites visités par Paul-Émile et apprend à s'émerveiller des beautés de ce pays. Son père lui offre la bibliothèque du roi Persée. En compagnie de maîtres prestigieux, et en particulier Métrodore, il lit et apprécie Xénophon, dont la *Cyropédie* nourrit sa réflexion politique, Homère qu'il est capable de citer par cœur, Platon et les phi-

8. Plutarque, *C. M.*, 20, 6.

losophes. Le grand veneur du roi de Macédoine l'initie à la chasse, plaisir royal inconnu des Romains, et lui laisse entrevoir les charmes de l'*otium*. Cette culture, dont il s'imprègne avec un goût exquis, lui ouvre les voies d'une vie intellectuelle et spirituelle que les dirigeants romains ignoraient jusqu'alors, à peu d'exceptions près. Velleius Paterculus remarque qu'« il savait avec plus de goût que personne pratiquer et admirer les arts libéraux et les divers genres d'études, et faire un noble emploi des loisirs (*otium*) que lui laissaient les affaires (*negotium*)[9] ». Adulte, il saura mettre en pratique l'enseignement reçu et montrer des qualités de cœur – son indéfectible amitié avec Laelius – et d'esprit incomparables. Le cercle de ses proches, ouvert aux talents grecs, s'enrichira d'écrivains et penseurs tels que Ennius, Polybe, Panétius de Rhodes, Térence... Comme l'éducation apportée à son fils par Caton, toute de rigueur et de sobriété, conforme à l'antique tradition, semble d'un autre âge ! Pourtant six ou sept ans séparent ces deux jeunes gens de la même génération. Et l'on se souvient de la conduite exemplaire du jeune Caton à la bataille de Pydna, dans l'armée de Paul-Émile. Le Censeur n'avait pas à rougir des principes ancestraux inculqués à son fils, mais les deux jeunes gens ne semblent pas avoir été armés pour être confrontés au même monde.

En réalité, l'usage et la connaissance approfondie de la langue grecque sont, à Rome, réservés à une élite. Flamininus, Paul-Émile, Scipion Émilien... parlent un grec raffiné et sans accent. Le père des Gracques s'adresse aux Rhodiens dans leur langue et les ambassadeurs que Rome délègue en Grèce parlent un grec parfait puisque Persée se plaint d'être espionné par des agents du Sénat[10]. Caton, nous l'avons vu, qui n'a pas eu l'éducation des nobles personnages précités,

9. Velleius Paterculus, I, 13.
10. Tite-Live, XLII, 25.

a néanmoins dû apprendre assez tôt la langue d'Homère, peut-être grâce à l'aide d'Ennius. Mais qu'en est-il du peuple ? Il ne bénéficie guère du savoir de ces maître grecs dont Polybe nous dit qu'ils arrivent à Rome en grand nombre [11]. Cependant, il serait faux de penser qu'ils ignorent tout de cette langue étrangère. Le théâtre comique en apporte la preuve. De nombreuses pièces inspirées d'œuvres grecques en conservent leur titre d'origine. Plaute transpose en latin nombre de mots ou d'expressions empruntés aux textes originaux et même forge des mots nouveaux en associant par exemple une racine latine et une terminaison grecque. Tel vers du *Miles Gloriosus* renferme à lui seul trois mots directement transcrits du grec et l'on voit mal comment un public ignorant de cette langue pourrait le comprendre. Tel autre comporte même une citation en grec, ou un jeu de mots que seul peut goûter un connaisseur de cette langue. Plaute n'aurait pas connu un tel succès si la plèbe n'avait pas pu suivre ses pièces dans leur totalité en savourant les expressions amusantes qui, souvent, ridiculisent les personnages au nom grec. Mais cela ne signifie pas que les Romains parlent la langue et, encore moins, qu'ils en connaissent les finesses littéraires. Les Grecs sont présents à Rome depuis l'origine de la Ville. Les paysans côtoient les marchands étrangers, les citadins vivent avec les esclaves venus de Grèce qui sont omniprésents, les citoyens-soldats ont pu aller combattre dans ces pays lointains : ils sont tous baignés de langue grecque. Mais il s'agit seulement de mots épars, d'expressions courantes, de termes techniques. Sans doute la plupart connaissent-ils les principales légendes, comme celle de la guerre de Troie, ou les noms des grands auteurs comme aujourd'hui beaucoup sont capables de citer celui de Proust sans jamais en avoir lu une ligne. Pour un bon nombre, la Grèce revêt une couleur d'exotisme et les spectateurs appré-

11. Polybe, XXXI, 24.

cient par exemple que l'action de la pièce se déroule là-bas pour un dépaysement assuré. « Les poètes, dans les comédies, agissent toujours ainsi : ils assurent que toute l'action se passe à Athènes, pour que la pièce vous semble plus grecque », note Plaute dans le prologue des *Ménechmes*. Faut-il en déduire que la plèbe romaine voue aux Grecs une admiration béate ? Il s'en faut de beaucoup.

Les réticences du peuple romain et la méfiance de Caton

Les petits citoyens, généralement pauvres, jugent ces gens qu'ils côtoient partout et sans cesse, sans aménité. Ils ont peut-être admiré les richesses rapportées par les généraux de Sicile ou de Grèce à la fin du siècle précédent ou au début de ce IIe siècle, mais ils savent qu'elles ne sont pas pour eux. En revanche, ils supportent difficilement le mépris dont ils sont l'objet au quotidien. « Pour moi, je hais ces hommes fainéants au travail mais philosophes (c'est-à-dire bavards) dans leurs maximes », dit un fragment d'une pièce de Pacuvius. Outre la blessure qu'ils éprouvent d'être dédaignés, ils ressentent probablement aussi une certaine jalousie qui exacerbe leur ressentiment. C'est la raison pour laquelle ils ont trouvé en Caton leur vengeur et leur défenseur. Mais leurs raisons ne sont pas exactement celles du Censeur, comme nous le verrons. Elles ne sont guidées par aucune préoccupation d'ordre moral ou politique. Et les Grecs qui sont les victimes de leur chauvinisme ne sont guère de ceux qui peuvent troubler la République romaine.

Le théâtre comique nous en offre une mine inépuisable d'exemples savoureux. Plaute, notamment, ne se défend pas de s'inspirer des modèles grecs de la Néa pour complaire au public, mais c'est pour mieux mettre en scène des caricatures grossières de Grecs qui servent de personnages repoussoirs, à la grande joie des spectateurs. Il les appelle avec condescendance des « petits Grecs », *graeculi*, pauvres hères prêts à tout pour quelque argent, mais bouffis de suffisance et grands professeurs de morale dès qu'ils ont vidé quelques gobelets. Voici comme en parle le parasite Curculio : « Ces Grecs en manteau court, qui se promènent la tête couverte, qui vont, bourrés comme des boudins, de livres, de paniers, qui s'arrêtent et font la conversation ensemble, ces esclaves en rupture de ban, qui se mettent dans vos jambes, vous barrent la route et se promènent avec de belles phrases, que l'on peut voir toujours en train de boire dans les tavernes ; quand ils ont chipé quelque chose, ils boivent chaud, la tête couverte, puis s'en vont, sombres, et un peu saoul [...][12]. » Dans la bouche de l'auteur, le verbe *philosophari* prend souvent un sens péjoratif : il désigne la faculté de tromper en déguisant habilement son mensonge. « Le voici qui fait maintenant le philosophe, il ne se contente plus de mentir », s'indigne un personnage des *Captivi*[13]. La seule philosophie que transmettent ces Grecs sous couvert de l'épicurisme se limite à un hédonisme facile qui enseigne la débauche à la jeunesse romaine, et aussi aux parents. Démiphon, du *Mercator*, est heureux : il a réussi à acheter une maîtresse, à l'insu de sa famille, et se dit fermement décidé à se donner du bon temps. « Il ne me reste pas bien longtemps à vivre ; aussi le plaisir, le vin et l'amour charmeront ces années[14]. » Les plaisirs des sens sont les seuls enseignements de ces philosophes, au mépris de la morale. C'est ce que Plaute nomme d'un mot qu'il invente et charge du mépris que lui inspire la chose, *pergraecari*, « vivre à la grecque », autrement dit dans la débauche. Ainsi Tranion reproche-t-il à l'intendant de la maison d'acheter tout ce qu'il y a de plus cher au marché, de boire, de gaspiller le patrimoine et de corrompre le fils du maître[15]. À la perver-

12. Plaute, *Curculio*, 289 sqq.
13. Plaute, *Captivi*, 283.
14. Plaute, *Mercator*, 552 sqq.
15. Plaute, *Mostellaria*, 20 sqq. ; cf. aussi les *Bacchis*, 813 et *Truculentus*, 871, etc.

sité, à l'immoralité s'ajoutent la perfidie (le contraire de *fides romana*), l'esprit de traîtrise et une irrépressible vantardise qui traduit le contentement de soi-même. Tel apparaît Périplectomène, la parasite du *Miles Gloriosus*, un oisif à l'épicurisme facile. Tout son discours est une apologie de l'individualisme voluptueux, de l'égoïsme libertin qui, sous un vernis de politesse, cache mal le sentiment d'une nette supériorité. Il aime jouer le séducteur. L'invite-t-on à un banquet ? Il ne parle qu'à son tour, ne crache pas, ne se mouche pas ni ne cherche « à peloter une fille qui est avec un autre ». Il ne se jette pas goulûment sur les plats et ne cause jamais de querelle, même en état d'ivresse. En outre, estime-t-il, il vaut la peine de l'inviter : il est « plus doux que la mer silencieuse, plus coulant que le vent d'ouest ». Il s'affirme joyeux convive et nul danseur n'est plus souple que lui. « Bref, je suis né à Éphèse, et non en Apulie. » Ceci justifie cela. Mieux encore, sa seule religion se nomme liberté. « Je veux vivre pour moi » (*sibi vivere*). Est-il marié ? Certes, il aurait supporté une femme qui saurait lui confectionner un chaud manteau de laine pour l'hiver, mais généralement les épouses sont juste capables de réclamer de l'argent pour faire des cadeaux aux autres ou à elles-mêmes. De bons amis lui suffisent donc, ceux, de préférence, qui lui envoient des présents[16]...

À travers ces personnages caricaturaux, Plaute ne se contente pas de dénigrer la conduite de ces « petits Grecs » qui pullulent dans les rues de Rome. Il se fait l'écho d'un désarroi, surtout sensible au sein de la jeunesse qui cherche non sans peine quelques repères moraux. Deux civilisations s'affrontent dont les valeurs sont différentes. Il en résulte une crise morale pour cette société sollicitée par le plaisir mais qui n'en a pas les moyens. Stasime, du *Trinummus*, exprime clairement ce flottement : « La brigue est consa-

16. Plaute, *Miles gloriosus*, 642 sqq.

crée par l'usage, et ne se soucie pas des lois [...] Les mœurs ont fini par réduire les lois en leur pouvoir [...] Ces pauvres lois sont clouées au mur par des clous de fer, alors que ce sont les mauvaises mœurs qu'il vaudrait mieux y clouer ! [17] » La morale de l'énergie fondée sur le travail et la frugalité a vécu, laissant sur le bord du chemin les humbles encore plus pauvres et démunis.

C'est également contre les conséquences de cette influence grecque sur les mœurs romaines que combat Caton, et d'autres avec lui. Il a déjà amplement développé sa pensée sur les bouleversements moraux que connaît son temps en -195. Il récidive à plusieurs reprises et continue de s'insurger contre la difficulté de gouverner lorsque l'économie tout entière se trouve soumise à la loi du plaisir et du luxe. « Il est malaisé, dit-il, de sauver une ville où un poisson se vend plus cher qu'un bœuf [18]. » Mais le danger majeur, selon lui, provient des sortilèges de la parole. Le Grec est savant, il est habile, et le Romain encore trop naïf pour déjouer les pièges de la rhétorique ou les mirages de la philosophie. Dans un discours, *Si Caelius, tribun du peuple, l'avait attaqué*, il proclame : « Il ne se tait jamais celui que tient la maladie de parler, comme l'hydropique la maladie de boire et de dormir. Si vous ne veniez pas quand il vous fait convoquer, il est si avide de faire un discours qu'il louerait un auditeur ; aussi l'entendez-vous sans l'écouter, comme un charlatan dont on entend le discours, mais auquel personne ne se confie s'il est malade. » Dans le même discours, du même tribun, il dit : « Pour un morceau de pain, on peut acheter ou son silence ou son discours [19]. » Ailleurs encore, évoquant la réaction de ses concitoyens aux belles paroles, il remarque, usant d'une

17. Plaute, *Trinummus*, 1033 sqq.
18. Plutarque, *C. M.*, 8, 2.
19. Malc., *ORF*[1], 121 sqq.

image dont Rabelais fera son miel : « Les moutons, pris un à un, n'obéissent pas ; mais en troupeau, ils suivent ceux qui le mènent. De même vous, tels conseillers que vous n'estimeriez pas devoir écouter dans le privé vous mènent à leur gré quand vous êtes assemblés [20]. » Caton exècre ces beaux parleurs, fourbes et flatteurs qui obtiennent ce qu'ils veulent par l'habile artifice d'un discours et, éventuellement, quelques présents, comme les ambassadeurs de Rhodes ou le roi Eumène en personne. Déjà, d'Antiochus, Caton se moquait en prétendant, en Grèce, qu'il se battait « à coups de lettres. Il mène la campagne avec la plume et l'encre ! » Il ne supporte pas davantage ces cercles d'oisifs qui passent leur temps à deviser des évènements autour d'une bonne table, ou ces promeneurs qui flânent, à la mode grecque, le long du canal des eaux de pluie (les *canalicolae*), dans les basiliques (les *subbasilicani*), chez le barbier ou sous les portiques. Nous avons dit qu'on lui prêtait même la volonté de vouloir paver le Forum de petits cailloux pointus pour décourager les promeneurs d'y faire les cent pas en devisant [21] ! Plus encore que contre les Grecs, dont il ne souffre pas la morgue – il se souvient que Philippe V appelait les Romains « les barbares de l'Ouest [22] » – il se déchaîne contre les Romains qui singent les manières des Grecs. Dans le discours cité plus haut, il s'amuse, avec l'ironie mordante qui le caractérise, du maniérisme de Caelius : « Il descend de cheval ; aussitôt il prend des poses, et se répand en mots plaisants [...]. Il chante où l'envie lui en prend, il débite par moments des vers grecs, il dit des bouffonneries, il varie les inflexions de sa voix, il prend des attitudes [...]. » Le même agacement se fait sentir à l'endroit de A. Postumius Albinus, personnage consulaire issu d'une grande

20. Plutarque, *C. M.*, 8, 3.
21. Pline, *H. N.*, XIX, 6, 24.
22. Cf. Tite-Live, XXXI, 34, 8.

famille, que Polybe nous décrit « volubile, bavard et vantard à l'excès » et pétri, dès l'enfance, de culture grecque. Il en vient au point de composer en grec un poème et un ouvrage historique et, dans la préface, prie le lecteur de s'excuser de ses maladresses d'expression. Polybe note qu'une telle fatuité provoque de la part de Caton une observation « fort pertinente ». Après lui avoir fait remarquer que nulle autorité grecque ne lui avait passé commande de ce travail et qu'il n'était pas forcé de l'écrire en grec, il ironise : « C'était un peu comme si un homme, après s'être inscrit pour participer à des concours d'athlétisme pour le pugilat ou le pancrace, se présentait sur le stade à l'heure de l'épreuve et priait les spectateurs de lui pardonner s'il se sentait incapable d'endurer la peine et les coups. » Une telle attitude ne peut que susciter les sarcasmes du public et, ajoute Caton, mérite une sanction[23]. On se souvient que lui-même, séjournant à Athènes, fit un discours devant les Athéniens sur « le plaisir qu'il avait eu à contempler la beauté et la grandeur de leur ville ». La légende veut qu'il l'ait prononcé en grec, mais Plutarque affirme que c'est faux, et qu'il usa des services d'un interprète, « bien qu'il fut capable de parler lui-même dans leur langue ; mais il restait fidèle aux traditions romaines et se moquait de ceux qui admiraient tout ce qui est grec[24] ».

Caton se méfie des Grecs. Il sait trop ce que le mirage du luxe peut provoquer de dégâts, jusqu'à faire oublier aux Romains leur piété : « J'entends trop de gens louer et admirer les décorations splendides de Corinthe et d'Athènes, et se moquer des antéfixes en terre cuite de temples romains[25]. » Il s'en prend aux philosophes, aux orateurs, aux médecins eux-mêmes. À son fils, il écrit : « Je te démontrerai que les Grecs

23. Polybe XXXIX, 1. Cf. Plutarque, *C. M.*, 12, 6.
24. Plutarque, *C. M.*, 12, 5.
25. Tite-Live, XXXIV, 2 sqq.

constituent une race absolument perverse et impossible à tenir en bride. Regarde ma parole comme un oracle : quand ce peuple nous donnera sa littérature, il corrompra tout chez nous ; mais le mal sera pire encore s'il nous envoie ses médecins. Ils ont juré entre eux de tuer tous les barbares à l'aide de la médecine ; ils exercent cette profession moyennant salaire, pour inspirer confiance et faciliter leur œuvre de mort. Nous aussi, ils nous appellent couramment des barbares ; ils nous flétrissent même plus que les autres, en nous donnant le sobriquet d'Opiques [= des pays de l'Ouest, c'est-à-dire barbares, ignorants]. Une fois pour toutes, je t'interdis les médecins[26]. » À ses yeux les philosophes sont des bavards hypocrites, égrenant des mots vides de sens qui lui rappellent les lamentations vaines et frivoles des pleureuses professionnelles. Il se moque d'Isocrate parce que ses disciples vieillissent auprès de lui, « comme s'ils devaient ne faire usage de leur art et ne plaider qu'aux Enfers, devant Minos[27] ». Quant aux poètes, il rappelle au début de son *Carmen de moribus*, combien leur art est éloigné de la notion d'honneur. Ce ne sont que rêveurs, flâneurs, fainéants et bouffons (*grassatores*) à qui leur parasitisme n'autorise aucune place dans la société. Dans son discours contre le tribun Caelius, il s'écrie : « Si j'étais triumvir, je ne voudrais inscrire sur les rôles d'une colonie ni vagabond ni bouffon », et ailleurs il reproche à M. Fulvius Nobilior de s'être fait accompagner de poètes dans sa province. Parmi ceux-ci, pourtant, se trouvait Ennius[28]. En un mot, il répète volontiers qu'il convient d'expulser tous les Grecs d'Italie[29]...

26. Pline, *H. N.*, XXIX, 7, 14.
27. Plutarque, *C. M.*, 23. Cf. Aulu-Gelle, *N. A.*, XVIII, 7.
28. Cicéron, *Tusculanes*, I, 2, 3.
29. Pline, *H. N.*, VII, 30, 113.

La morale politique de Caton

La charge de Caton est appuyée. Un peu trop peut-être pour s'y fier à première lecture. Sa préoccupation est d'ordre moral et politique, c'est-à-dire que la démoralisation de la société a une incidence directe sur l'évolution politique de Rome et, pour lui, obère son avenir. Sans doute est-il l'un des premiers à théoriser sur la notion de décadence à Rome, à la suite de plusieurs philosophes, grecs d'ailleurs. La force de Rome réside dans l'avenir de ses concitoyens au service de sa sauvegarde. Le souci du bien commun en est un des paramètres obligés. Un citoyen est d'abord au service de la collectivité avant d'être à celui de son bien propre. L'individualisme est donc banni pour Caton. Nous avons déjà eu l'occasion de développer cette conviction du Censeur, et de voir combien la *luxuria* était un ferment de désagrégation sociale. L'appétit de jouissance transmis comme une peste au peuple romain par ces *graeculi* n'a rien d'un divertissement ou d'un révélateur sur la voie d'une évolution. C'est un poison fatal. Il suffit de voir comment l'amour de l'or a éveillé chez les aristocrates romains une ambition personnelle au mépris de la République. La conduite de certains généraux en Asie est, de ce point de vue, significative. Et celle de quelques grandes familles qui, à Rome, cherchent – et parviennent – à concentrer dans leurs mains une fortune considérable par quelque moyen que ce soit, ne l'est pas moins. Lucilius accusait : « C'est à l'or et à l'ambition qu'on juge d'un homme et de son mérite : autant vous en avez, autant vous faites figure et autant on vous considère. » Le pouvoir est alors monopolisé par quelques riches familles et le jeu des institutions s'en trouve faussé. Caton se moquait de ses concitoyens qui élisaient toujours les mêmes magistrats : « Vous donnerez à penser ou que vous attachez bien peu de valeur aux fonctions publiques, ou que vous trouvez chez peu de gens assez de valeur pour les exercer[30] », et nous savons qu'il a prononcé un discours pour s'opposer à ce qu'un homme pût être élu consul une seconde fois[31]. L'ironie du Censeur laisse entendre une active corruption des électeurs. Certains magistrats sont si grisés par le pouvoir qu'ils n'ont de cesse de briguer une nouvelle fonction à peine assumée la précédente, tel Q. Fulvius Flaccus qui se présente à la préture l'année même de son édilité[32], contrairement à l'avis des sénateurs. Ceux-ci sont sans doute nombreux à soutenir Caton dans sa lutte contre la brigue et la confiscation du pouvoir par quelques clans puissants qui imposent leurs candidats à chaque élection, puisque plusieurs lois sont déposées en quelques années *de ambitu*, dont celle du proconsul Gnaeus Baebius en -181. Mais il est clair que la puissance de l'argent est telle qu'elles n'ont jamais été respectées, jusqu'à la *lex Annalis* proposée en -180 par le tribun de la plèbe Lucius Villius, qui propose de fixer l'âge auquel il est permis d'être candidat pour chaque magistrature. Il est temps ! Cette année-là précisément, le même Q. Fulvius Flaccus est élu consul à la place de son beau-père, élu normalement et mort mystérieusement. Le doute s'instille lorsqu'on sait que, peu après, sa mère, Quarta Hostilia, impliquée dans une sombre affaire de poisons, est soupçonnée d'avoir supprimé son mari. Il se trouve qu'aux élections, Q. Fulvius avait échoué (pour la troisième fois !) et avait dû s'incliner devant le succès de son beau-père, au grand dam de sa mère qui lui avait dit de se tenir prêt à être à nouveau candidat, et promis qu'elle en ferait un consul dans les deux mois à venir[33] !

Ce que Caton redoute et fustige, c'est la fracture sociale qui s'accroît au fur et à mesure que les richesses aiguisent

30. Plutarque, *C. M.*, 8, 9.
31. *Ne quis iterum consul fieret...* Malc., *ORF*[1], 175-176.
32. Tite-Live, XXXIX, 39.
33. Tite-Live, XL, 37.

les ambitions de quelques-uns et confortent chez eux la conviction qu'elles légitiment leur soif de domination. Oublieux des règles de la République, Tite-Live nous dit que certains, depuis Scipion l'Africain, se conduisent ainsi « à la manière des rois ». Et après Pydna, « la corruption éclata d'une façon toute particulière, parce que le royaume de Persée détruit, l'empire du monde semblait désormais assuré à Rome, et que d'ailleurs une extrême opulence se manifestait à la fois chez les particuliers et dans l'État, par suite de la translation en Italie des dépouilles de la Macédoine[34] ».

Encore faut-il comprendre que lorsqu'il évoque les particuliers, Polybe parle des riches. Car, dans le même temps, la plèbe ne jouit pas des mêmes largesses. De là naîtra sa rancœur et les plus importants thèmes populaires dont Salluste, après les Gracques, se fera le héraut. Mais il serait probablement anachronique d'attribuer à Caton la paternité de ces théories *populares* qui, à l'opposé des convictions des *Optimates*, en ferait le défenseur des pouvoirs du peuple. Caton n'est pas Tibérius Gracchus et ne fut jamais tribun de la plèbe. Dans la devise républicaine d'un pouvoir équilibré, celui du *Senatus Populus-Que Romanus*, Caton est du côté du Sénat. C'est l'appui des sénateurs contre certains ambitieux individualistes, nous l'avons vu, qui lui a permis de construire sa carrière politique au service de l'État tout entier, non à celui de la plèbe. Caton n'est pas un démagogue, ni un arriviste. C'est en quoi son opposition, parfois forcée, à l'hellénisme n'a pas les mêmes motivations que celles du peuple, à la fois craintif, borné et jaloux. Les visées du Censeur sont plus hautes. Il a pris la mesure du danger de l'individualisme, plus menaçant encore pour la pérennité de Rome que l'amollissement des mœurs infiltrées par les vices orientaux. Le Périplectomène de Plaute en est une bonne illustration : il se vautre avec une arrogante

34. Cf. Polybe, XXXI, 22.

délectation dans la débauche ordinaire, ce qui est condamnable ; mais il revendique le droit à l'égoïsme, au *sibi vivere*, ce qui est plus grave. Il refuse les inconvénients du mariage au seul motif de sa paix et de son confort personnel, mais il ignore que le mariage est un devoir pour donner à la patrie des fils qui la défendront. Et ceci à une époque où beaucoup de citoyens hésitent, pour des raisons similaires à celles du Grec du *Miles Gloriosus*, à prendre femme. Le souci de soi doit s'effacer devant l'abnégation du service à rendre à la collectivité. Cicéron, un siècle plus tard, écrira encore : « La patrie ne nous donne pas la vie et l'éducation pour n'attendre de nous aucun retour[35]. » Le Grec rechigne à obéir, à se plier à la loi commune. Il suffit de voir quel spectacle de désunions, de rivalités, de vengeances cruelles les cités grecques offrent au monde. Le Romain, lui, doit plutôt méditer sur les exemples d'Horatius Coclès, de Cincinnatus ou de Curius Dentatus, si cher à Caton. Ils illustrent les conditions sine qua non de la survie de Rome, et avec eux les valeurs de la civilisation romaine, *fides*, *pietas*... Lorsque, de surcroît, ces débauchés orientaux incapables de courage, de constance et de dévouement à la cause publique usent du bel art de parler, qu'ils maîtrisent mieux que quiconque, pour abuser les jeunes Romains, Caton s'horrifie du piège de la séduction qui se referme sur ses compatriotes trop crédules. Comment tolérer que des hommes déconsidérés, mous et militairement incompétents – il suffit de voir les ambassadeurs grecs flatter les sénateurs et plaider leurs intérêts propres en dénigrant leurs voisins – arrivent à semer le doute dans l'esprit d'aristocrates dont la force repose sur l'organisation politique et militaire, et parviennent à remettre en cause des concepts aussi fondamentaux que ceux de justice ? Et qu'ils réussissent à briser un idéal nécessaire et séculaire par le simple jeu d'une séduction rhétorique ? La

35. Cicéron, *De Republica*, I, 4, 8.

motivation politique de Caton tient dans cette indignation, et par elle s'explique la violence de son rejet des Grecs.

Différences entre Caton et Scipion l'Africain

Cependant, il serait probablement erroné de considérer l'opposition de Caton aux Grecs comme un simple refus de l'hellénisme. Le Censeur ne s'en prend pas tant à celui-ci qu'à la récupération politique qu'en font un certain nombre de dirigeants, particulièrement les membres du clan des Scipions et ceux qui leur sont inféodés. De la même façon, il n'est pas exact de limiter son action politique à une opposition aux Scipions. Nous avons vu ce que cet affrontement quasi titanesque entre lui et eux avait de légendaire pour une grande part. Caton s'en prend moins à eux personnellement qu'à ce qu'ils représentent à ses yeux et ne fustige pas l'hellénisme parce que les Scipions s'en inspirent pour conduire leur action.

La pensée politique de Caton s'inscrit dans la droite ligne de celle de Fabius qui représentait la conception oligarchique du pouvoir romain, celle d'une classe de sénateurs chez qui prime l'*auctoritas* et qui ont une claire conscience de leurs devoirs et de leurs droits, celle d'un « système » qui s'élabore lentement mais toujours dans le souci de prévenir le pouvoir personnel en s'assurant que chaque échelon des honneurs soit toujours exercé par plusieurs hommes sous la surveillance du Sénat. En un mot, celle de la *virtus* qui implique le service de sa famille et de sa patrie, même au prix du sacrifice de soi. Dans cette société encore fortement rurale, militaire et religieuse, cimentée par le respect des traditions, le *mos majorum* symbolise la grandeur de Rome. Les sénateurs, des rangs desquels sont issus tour à tour les magistrats, sont les gardiens et les interprètes de cette morale collective. Et Caton en constitue l'un des principaux défenseurs, figure de proue de la noble assemblée dont les membres en font l'un des premiers porte-parole. À en croire

Plutarque[36], « dans les circonstances critiques, le Sénat tournait les yeux vers lui, comme les passagers d'un navire vers le pilote et, souvent, s'il était absent, remettait à plus tard les affaires les plus graves ». Caton se sent donc pleinement le représentant de cette oligarchie au pouvoir dont la politique fit la force de Rome.

Or voilà justement tout ce que bafoue, dans ses attitudes comme dans la conduite des fonctions qui lui sont confiées, un Scipion l'Africain. Il est le premier à qui fut reproché son comportement royal, tant à Rome qu'en Espagne ou en Afrique, le premier que ses soldats saluèrent du terme d'*imperator*. *Rex* et *imperator* n'étaient jusqu'ici utilisés que pour qualifier Jupiter[37]. Certes, nous avons vu quel charisme exerçait sur ses hommes ce jeune général de vingt-cinq ans lorsqu'il cristallisait tous les espoirs des Romains paniqués aux heures noires de la seconde guerre punique. Mais il n'en reste pas moins que Scipion rêvait ouvertement d'un pouvoir personnel, rompant avec la tradition romaine. Il s'en est ouvert dans la lettre qu'il adressa personnellement à Philippe V pour lui vanter ses exploits en Espagne, et fut reçu comme un roi par le souverain de Macédoine en -190. On se rappelle aussi qu'Antiochus III le traita comme un égal en lui offrant de l'or pour récupérer son fils pris en otage, et que le grand général romain n'a pas pris part à la bataille finale contre le Séleucide pour de raisons restées obscures[38]. Cet homme-là ne pouvait être regardé par les « traditionnalistes » que comme un traître. Certes, s'il fut le premier à se conduire ainsi, il ne fut pas le seul : son ami Q. Minucius Thermus suivit son exemple ; son ennemi Cn. Manlius Vulso aussi. Mais nous avons dit avec quelle véhémence Caton s'en prit à eux, quelle que fût leur appartenance politique.

36. Plutarque, *C. M.*, 19, 7.

37. Cf. la thèse de P. M. Martin, *L'idée de royauté à Rome*, t. 2, p. 297 (Clermont-Ferrand, 1994).

38. Polybe, X, 9, 3. Tite-Live, XXXVII, 7, 15 sqq. et 36.

Scipion a calqué sa conduite sur celle des rois. Il s'appuya sur le peuple pour lutter contre le Sénat. C'est en menaçant d'en appeler à celui-là qu'il força celui-ci à lui accorder la province d'Afrique. Le peuple l'adulait et sa popularité lui permit de braver l'autorité des sénateurs. À plusieurs reprises, Fabius, pourtant, mit en garde contre la dérive royale de son comportement, et l'on se souvient de l'attaque prêtée à Caton contre la vie à la grecque, à la façon d'un monarque, menée par Scipion en Sicile[39]. Caton avait bien compris que l'hellénisme donnait à Scipion les moyens qui manquaient à Rome pour concrétiser sa personnalisation du pouvoir. Les rois hellénistiques s'offrent aux Romains comme des héros de légende et fascinent par la relation directe et démagogique qu'ils entretiennent avec leurs peuples. Alexandre en reste l'image archétypale, avec Pyrrhus qui fut le premier monarque hellénistique auquel les Romains furent confrontés. Ce culte du chef, cette sacralisation du général vainqueur, concrétisés par la cérémonie du triomphe, inspirés par la divinisation des rois grecs en Orient, ont été souvent étudiés. Scipion, lui, finit broyé par le parti oligarchique dont Caton n'était qu'une voix parmi d'autres.

Si Scipion doit capituler et finit par se retirer de la vie politique dans sa villa de Campanie, c'est aussi que le peuple romain, malgré son admiration pour ce chef auréolé de gloire, ne peut admettre encore l'influence de l'hellénisme dans la capitale du monde. Le grec, la littérature et les mœurs grecques sont trop, nous l'avons dit, l'apanage de quelques-uns favorisés par leur situation sociale, et parmi ceux-là mêmes, il s'en trouve qui refusent cette culture étrangère, trop habile à leurs yeux à miner la civilisation romaine. Même si un Fulvius Nobilior fait venir des athlètes grecs à Rome pour des jeux votifs en -186, ils ne sont pas prisés par

39. Tite-Live, XXVIII, 40, 4-5 ; 42, 22 et XXIX, 19, 4.

la foule, méfiante à l'égard de la culture issue du gymnase. Polybe, qui le regrette et pense qu'il s'agit d'une carence de l'éducation à Rome, reconnaît que l'arrivée de l'hellénisme a provoqué une corruption générale des mœurs et l'introduction de pratiques scandaleuses comme celle de la pédérastie[40]. L'*otium* n'a pas encore droit de cité public à Rome, il se cantonne à la vie privée de quelques citoyens qui ont eu, généralement, un contact direct avec l'Orient et se sont laissé séduire. Caton, lui, s'en est méfié.

Mais il reste un facteur qui fit chavirer le peuple d'enthousiasme et sut symboliser l'espoir aux heures les plus sombres : la jeunesse de Scipion, alliée à un courage exemplaire. Déjà, à dix-sept ans, il s'élança seul sur son cheval, rapidement suivi d'autre cavaliers, pour tirer son père d'un mauvais pas où Hannibal l'avait contraint, sur les rives du Pô[41]. Très tôt, il figura pour ses soldats, puis pour Rome tout entière, le sauveur potentiel, le nouvel Alexandre, héros jeune et lumineux que seule la chance pouvait accompagner. J.-P. Néraudau a bien montré l'importance de cette jeunesse à une époque où la guerre contre Hannibal décime les rangs des dirigeants de Rome[42]. Et il est vrai qu'il ne se contente pas d'apporter l'indispensable sang neuf dans une lutte épuisante contre le Carthaginois. Il représente le renouveau imposé à l'ancienne génération et symbolise la force éternelle de la jeunesse face aux chefs de Rome dont les plus illustres, comme Fabius, ont déjà atteint l'âge de la vieillesse. Les jeunes apportent leur *furor*, leur désordre bouillonnant qu'il devient difficile de contenir. Il faut les occuper. À Rome, la jeunesse, en ce début de IIe siècle, constitue une classe d'âge nouvelle, que ne connaissent les sociétés qu'à un stade avancé de leur évolution. Auparavant, chacun pas-

40. Tite-Live, XXXIX, 22, 1-2. Polybe, XXXI, 25.
41. Polybe, X, 3.
42. Cf. sa thèse sur *La jeunesse dans la littérature et les institutions de la Rome républicaine*, Belles Lettres, 1979, p. 358 sqq.

sait sans transition du monde de l'enfance à celui des adultes. C'est pour maîtriser les ambitions de ces jeunes gens en politique que la loi Villia Annalis de -180 fixe les âges auxquels il est possible d'aspirer aux magistratures.

Scipion avait eu l'intelligence de comprendre tout le parti qu'il pouvait tirer de sa jeunesse et de l'aura dont son charisme naturel le nimbait. En tout cas il fut précoce et sa carrière politique bouscule les règles du *cursus honorum* : le voici édile, contre toute attente, puis directement consul alors qu'il n'a pas trente ans. C'est déjà une trajectoire que seuls connurent des héros de légende. S'y ajoute le mythe : sa mère aurait été visitée par Jupiter. Tite-Live pourra imaginer l'entrevue au cours de laquelle Hannibal, à Zama, dira à Scipion qu'il se retrouve en lui. « Les deux généraux les plus fameux de leur siècle, qui soutenaient la comparaison avec tous les rois[43]. » Scipion était un nouveau sauveur, un autre Camille qui préparait Rome à accueillir son premier *princeps*, Auguste. Il sut jouer de la superstition populaire. Le clan des Scipions dans son ensemble participe à la renaissance d'une divinité oubliée : *Juventas*. L'oncle de l'Africain décida un lectisterne en son honneur en -218, M. Livius Salinator, proche des Scipions, fit vœu de lui édifier un temple en -207 et fit débuter sa construction pendant son censorat en -204. La dédicace intervint en -191 sous le consulat de Scipion Nasica. On pourrait aussi rappeler que Nasica avait été choisi par Scipion lui-même pour accueillir Cybèle à Rome, symbole de jeunesse et de pureté, nouvel Attis, ou nouvel Énée. Le groupe des Scipions instaure ainsi une religion de la jeunesse qu'il confisque à son profit.

La montée de ces jeunes hommes en politique est ressentie comme une menace par l'oligarchie sénatoriale. Les Anciens soupçonnent Scipion et les siens, non sans raison, de vouloir placer la jeunesse au premier plan et, derrière

43. Tite-Live, XXX, 30 sqq.

Fabius, s'élèvent contre la tradition, contre l'enthousiasme irréfléchi et dangereux des jeunes gens, contre le risque de les voir céder aux sirènes de l'ambition personnelle. Surtout, ils rappellent que seules l'expérience et la maturité sont gages de réussite. Cicéron, dans son *De Senectute*, prête à Caton des arguments de poids pour dire combien la jeunesse en politique est mauvaise conseillère : si Fabricius, Curius Dentatus ou d'autres « vieillards » furent utiles à l'État, c'est par « leur sagesse et leur autorité ». Dire que la « vieillesse ne peut prendre part aux affaires » reviendrait à prétendre que sur un bateau, « le pilote ne fait rien parce qu'il reste tranquillement assis à la poupe » tandis que « les autres escaladent les mâts, courent entre les bancs, écopent la sentine »... Et de laisser tomber l'arrêt : « Ce n'est pas par la vigueur, l'agilité ou la rapidité corporelles que s'exécutent les grandes actions, c'est par la sagesse, l'autorité et la valeur des avis ; or loin d'en être privée la vieillesse en a généralement davantage. » Caton ne manque pas non plus de rappeler que le Sénat, étymologiquement, est un conseil de vieillards et, malicieusement, que Scipion lui-même n'est pas éternellement resté jeune. Il souligne aussi qu'à Sparte, les magistratures étaient exercées par des vieillards et assène cette leçon de l'histoire : « Les plus grands États ont été renversés par des jeunes gens, contenus ou redressés par des vieillards[44]. » En conclusion de ce chapitre sur les capacités des Anciens à conduire la politique, Cicéron place dans la bouche de Caton deux vers du poète Naevius, contemporain du Censeur, extraits d'une de ses comédies : « – Voyons, comment avez-vous si vite perdu votre État si puissant ? – Par l'éclosion de nouveaux orateurs, jeunes gens insensés. » Et le Censeur de conclure : « L'irréflexion est bien le propre de l'âge en fleur, la sagesse celui de l'âge qui vieillit. » Il semble que ces vers engagés, issus de l'œuvre

44. Cicéron, *De Sen.*, VI, 15 sqq.

d'un poète dramatique, donc écouté de la foule, montrent que l'opposition entre les jeunes loups de la politique et les anciens a trouvé un écho populaire, au-delà de l'enceinte du Sénat ou du cadre des joutes oratoires. Une étude sur les jeunes gens opposés aux vieillards dans les pièces de Plaute et de Térence suffirait à nous en convaincre. Il s'agit bien d'un phénomène de société.

Peut-on, cependant, parler d'un conflit de générations ? La place, nouvelle, occupée par les jeunes gens en politique, l'incarnation par quelques personnalités hors du commun des valeurs de la jeunesse, la place du conflit porté sur les tréteaux par les dramaturges pourraient le laisser penser. En fait, la réalité apparaît plus complexe. On pourrait citer plus d'un des partisans du jeune Scipion qui a déjà subi l'outrage des ans, comme il serait aisé de relever les noms de jeunes gens qui ne partagent pas totalement les professions de foi de l'Africain, à commencer par son petit-fils adoptif, Scipion Émilien. Ce qui ne veut pas dire, loin s'en faut, que ces derniers s'opposent à l'hellénisme. Il s'agit donc plutôt d'un conflit politique, voire idéologique entre deux catégories d'hommes, ceux qui s'appuient sur la tradition romaine, celle du *mos majorum*, dont Caton est le plus remarquable héraut, et ceux qui veulent faire évoluer le pouvoir romain en le personnalisant, suivant en cela l'exemple des grands monarques hellénistiques et préfigurant déjà ce que sera le principat, représentés notamment par Scipion l'Africain. Plus qu'une question de générations, il s'agit de la confrontation de deux conceptions du pouvoir. Parlons alors de l'affrontement entre « novateurs », ceux qui ont voué à la Grèce une admiration dépourvue d'esprit critique suffisant et dont il s'avère, au temps de la seconde guerre punique, pour des raisons conjoncturelles, qu'ils sont le plus souvent des jeunes gens, et les « nationalistes », ceux, plus âgés généralement, qui se méfient de l'hellénisme et ne conçoivent pas de construire l'avenir de Rome sur les ruines de ses traditions.

Il ne s'agit plus de générations mais, sur le plan moral, de conduite. Tibérius Gracchus, le père des Gracques, fait partie des officiers de confiance des Scipions en Asie en -190. Tite-Live le dépeint comme « le plus énergique des jeunes gens ». Or, en -187, au procès de Scipion, il fustige l'insolence des jeunes et réclame pour son général le respect, soutenu par les sénateurs les plus âgés[45]. La véracité de ce trait est contesté, mais on pourrait trouver, dans le théâtre de Térence, des jeunes gens condamnés pour leur conduite scandaleuse et leur immoralité, et d'autres qui ne veulent pas contester les valeurs ancestrales. En fait, les jeunes contemporains de Scipion Émilien ne se rebellent pas par principe contre le *mos majorum*, mais ils voudraient que l'on tînt compte de leur sensibilité nouvelle, imprégnée d'hellénisme, de leur inquiétude devant la mutation des valeurs, en un mot qu'on leur reconnût une place dans la société au lieu de les laisser abandonnés à leur désarroi. Plus encore, ils se détachent peu à peu de la politique, attirés par l'*otium* et indifférents aux règles trop rigides auxquelles un Caton souhaiterait les voir se conformer. C'est donc bien une autre mentalité, une autre aspiration, sans doute plus humaniste, qui s'élaborent dans les jeunes esprits, dont Scipion Émilien est l'archétype. Sans doute Caton avait-il conscience de cette évolution quand il se plaignait, d'après Plutarque, de vivre trop longtemps pour se reconnaître dans la nouvelle génération[46], mais son esprit n'était pas obtus et il sut parfaitement apprécier les qualités proprement romaines du jeune fils de Paul-Émile.

Affinités de Caton avec Paul-Émile et Scipion Émilien

Tels sont les plans sur lesquels Caton situe son combat politique. Il lutte moins contre les hommes que contre une

45. Tite-Live, XXXVII, 7, 11 ; XXXVIII, 52 et 53.
46. Plutarque, *C. M.*, 15, 4.

dérive jugée par lui dangereuse pour la pérennité de la République. D'ailleurs ses relations avec le vainqueur de Pydna et avec son fils, montrent son ouverture d'esprit sans qu'il renie en rien ses idéaux.

Pourtant, Paul-Émile ne récuse pas sa réputation de philhellène. Lui aussi, après Scipion l'Africain et Flamininus, s'inscrit dans la lignée de ces grands capitaines admirateurs d'Alexandre le Grand et est tenu pour un libérateur de la Grèce. Il admire Persée et le traite avec des égards. Vainqueur du descendant d'Alexandre, il adopte l'attitude d'un roi qui fait le tour de son royaume, visitant tous les sites grecs célèbres. À Olympie, il est ému par la beauté du temple de Zeus et prétend « sentir la présence de Jupiter dans son cœur[47] ». Il initie son fils, futur maître de Rome, à la culture hellénistique en lui donnant les meilleurs maîtres, comme Métrodore, et à la vie royale en chargeant le grand veneur de Persée de lui révéler l'art de la chasse, privilège royal. Comme Scipion, le premier, s'était fait donner ce titre en Espagne, il fait graver le titre d'*imperator* sur la colonne que Persée avait fait ériger à Delphes pour lui-même et fait dresser à son faîte sa propre statue à la place de celle du roi. De retour à Rome, il remonte le Tibre sur le navire royal, « gigantesque » avec ses seize rangs de rameurs et portant les dépouilles de Macédoine : « On y voyait des armes magnifiques et surtout des étoffes qui venaient du palais[48]. » On pourrait rappeler encore bien des gestes qui suscitaient la méfiance et la réprobation de Caton. En outre, les Aemilii entretiennent depuis longtemps d'étroites relations avec les Cornelii Scipiones, et se sont associés à eux pour pouvoir répondre par la guerre à la provocation d'Hannibal, en -218. Les liens entre les deux familles se sont encore resserrés lorsque Scipion, le fils de l'Africain, philhellène

47. Tite-Live, XLV, 28, 5.
48. Tite-Live, XLV, 35, 3.

cultivé et brillant à qui sa santé fragile ne permettait pas de suivre, sur les champs de bataille, l'exemple glorieux de son père, a adopté le fils cadet de Paul-Émile, devenu ainsi Scipion Émilien.

Mais l'image que Paul-Émile donne à Rome de lui-même est bien différente de celle laissée par un Scipion. Si, en Grèce, il se laisse séduire par les attraits de la vie royale, s'il préfère faire graver à Delphes le titre d'*imperator* plutôt que celui de consul, il a cependant toujours témoigné la plus grande loyauté aux institutions de la République. La mémoire collective, d'ailleurs, l'associe rarement à l'Africain[49] et c'est plutôt à Camille, à Curius Dentatus, à Fabius Maximus qu'on le compare, voire à Cincinnatus lorsqu'on rappelle qu'il est mort dans un (relatif) dénuement. Son honnêteté était légendaire et ses détracteurs préféraient parler de pingrerie. Polybe raconte qu'il ne voulut rien prélever pour lui du trésor de Persée, refusant même de le contempler, que sa fortune n'avait rien de considérable et que ses fils, après sa mort, durent vendre esclaves et mobilier pour rembourser à sa veuve le montant de sa dot[50]. Servius Sulpicius Galba, ancien tribun militaire en Macédoine et ennemi acharné de Paul-Émile, décidé à s'opposer à son triomphe, rameuta pour soutenir sa plaidoirie un grand nombre de soldats du général en chef en leur rappelant seulement la discipline de fer imposée par lui et son peu de générosité pour récompenser leur vaillance. Paul-Émile avait préféré remettre au Trésor public les richesses prises à l'ennemi[51].

Cette attitude vertueuse plut à Caton qui n'avait pas oublié non plus qu'en -187, Paul-Émile s'était élevé contre le triomphe de Manlius Vulso à qui il reprochait son attitude de violence et de brigandage contre les Galates. D'autre part,

49. Tite-Live ne fait qu'une seule fois cette comparaison : XLV, 38, 7.
50. Polybe, XVIII, 35.
51. Plutarque, *Vie de Paul-Émile*, 28. Tite-Live, XLV, 35 sqq.

le respect scrupuleux des rites dont Paul-Émile avait fait preuve lorsqu'il avait été créé augure avait forcé l'admiration, surtout en un temps où beaucoup prenaient avec la religion traditionnelle des libertés que Caton condamnait. Paul-Émile, lui, prenait soin de discuter avec ses collègues et de leur montrer les funestes conséquences des négligences en matière d'observance religieuse. Enfin, pour prendre un dernier exemple de son attachement aux valeurs traditionnelles de Rome, jamais le vainqueur de Persée ne s'adressa en grec aux vaincus, comme Flamininus ou d'autres avaient pu le faire. Il prit soin de faire ses discours officiels en latin, assisté d'un interprète.

Caton reconnaissait les qualités de Paul-Émile qui, dans son attitude politique, se démarquait de l'Africain, de son frère ou de son cousin. Il n'était pas opposé à sa campagne de Grèce et lui apporta son soutien, en -168, dans son discours pour la libération de la Macédoine[52], comme, d'ailleurs, il soutiendra des partisans du groupe des Scipions dans l'affaire de Rhodes l'année suivante, ainsi que nous le verrons. Il prit également son parti dans son discours *Aux soldats contre Galba* et s'y prononça probablement pour le triomphe du vainqueur de Pydna. Ce n'était pas lui qui allait critiquer la discipline militaire que certains trouvaient trop rigoureuse ! Il avait d'ailleurs eu l'occasion d'en être bien informé puisque son propre fils, élevé à la romaine, s'est illustré glorieusement pendant ces combats. Plutarque nous dit qu'« il combattit brillamment » sous les ordres de Paul-Émile, contre Persée. Un jour, un coup reçu lui fait perdre son épée qui glisse de sa main en sueur. Or la perte d'une arme est un déshonneur pour le soldat romain. Aussitôt, « désespéré », le jeune Caton fonce sur les ennemis, entouré par quelques camarades. « Après une lutte longue et furieuse », il libère la place et retrouve son épée sous un monceau d'armes et

52. Cf. Malc., *ORF*[1], 161.

parmi les corps emmêlés des combattants des deux camps. Le général Paul-Émile félicite le jeune homme et l'on dit que Caton lui-même, dans une lettre adressée à son fils, « le louait d'avoir mis son honneur et son zèle à retrouver son épée[53] ». Peu après, Caton accepte que son fils épouse la sœur de Scipion Émilien, Aemilia Tertia. Cette alliance suppose, à Rome, de forts liens d'amitié entre Caton et Paul-Émile. Nous n'en connaissons pas la date, mais elle intervient après Pydna puisqu'à cette date, Aemilia était encore « toute jeune[54] », et avant -161 si l'on considère que le fils aîné qui naît de cette union est consul en -118. Or, à ce moment, l'âge minimum pour accéder à la magistrature suprême est fixé à quarante-trois ans. En -161, nous sommes au moment où le consul C. Fannius Strabo, un proche de Scipion, propose une loi somptuaire, la *lex Fannia*, que l'on prétend avoir été inspirée par Caton et dont, de toute manière, on se serait attendu à ce que l'ancien censeur soit l'auteur.

Il apparaît donc clairement que les relations entre Caton et les Scipions ont évolué parce que, d'abord, ceux-ci ont changé. Le jeune Émilien lui-même, qui se trouve l'héritier de deux familles, a subi l'influence de son père, et aussi de Caton que Paul-Émile lui conseillait de fréquenter et d'écouter. Et malgré son attachement à l'hellénisme dont il est imprégné depuis son enfance, il n'a rien oublié ni renié des valeurs ancestrales de Rome. Polybe, mentor et ami des deux fils de Paul-Émile, d'abord de l'aîné (qui, rappelons-le, fut adopté par un membre de la famille des Fabii) puis du cadet, vante les qualités humaines du jeune Émilien, sa « réputation de tempérance », sa « générosité et sa délicatesse dans les questions d'argent », son sens naturel du devoir[55]. Il souligne qu'il sut « s'abstenir de toutes sortes

53. Plutarque, *C. M.*, 20, 10-11.
54. Cicéron, *De Divinatione*, I, 103.
55. Polybe, XXXI, 25.

de plaisirs » et y gagna la santé et la vigueur physique « qui compensèrent avantageusement les voluptés faciles dont il s'était jadis privé ». Il brilla enfin par son courage[56]. À ne retenir que ces qualités morales, il est clair que Caton retrouvait chez lui l'essentiel des vertus qu'il avait inculquées à son propre fils, de six ou sept ans l'aîné de Scipion. Il faut encore ajouter cette culture grecque qui fait la différence avec le fils de Caton et donne l'impression que plusieurs générations séparent les deux garçons. Cependant, le mérite de l'Émilien est d'avoir su se fortifier de son éducation hellénistique sans se laisser corrompre par les vices inhérents à cette culture, comme la plupart des jeunes gens de son âge. En quelques mots, Velleius Paterculus sut résumer l'alliance de ces qualités chez Scipion Émilien : « Il se distinguait de ses contemporains non seulement par ses talents militaires et ses vertus civiques, mais encore par les dons de l'esprit et l'étendue de ses études ; il savait, avec plus de goût que personne, pratiquer et admirer les arts libéraux et les divers genres d'études, et faire un noble emploi des loisirs que lui laissaient les affaires[57]. »

Divers témoignages permettent de penser qu'il n'existait aucune hostilité entre Caton et Scipion Émilien, en dehors même des propos de Cicéron qui, avec le recul du temps et une certaine idée de la *concordia*, imaginait l'accord et l'admiration même entre Caton et l'Africain. Néanmoins, sans doute l'auteur du *Cato Major* est-il crédible lorsqu'il imagine cette discussion amicale et pédagogique entre Caton, Scipion et son ami Laelius ; et même lorsqu'il fait dire à l'Émilien son admiration pour l'ancien censeur au début du livre II du *De Republica*. Plus intéressantes sont les références que Polybe fait à Caton dans ses *Histoires*. Elles sont au nombre de six, et aucune ne lui est défavorable, même

56. Polybe, XXXI, 28-29.
57. Velleius Paterculus, I, 12-13.

lorsqu'il condamne le luxe ou la conception des mœurs provoquée par l'hellénisme. Il est évident que Polybe – et Scipion avec lui – approuve Caton. Il le dit nettement, par exemple, lorsqu'il dépeint la grécomanie de A. Postumius Albinus et cite la réaction de Caton[58]. Cet ancien consul, issu d'une grande famille, présenté comme « volubile, bavard et vantard à l'excès », s'est, nous l'avons vu, ridiculisé en composant un poème et un ouvrage historique. Comme le note Polybe, ce genre d'individu prend modèle sur « ce qu'il y a de pire chez les Grecs ».

Jusqu'à la fin de sa vie, Caton apportera son soutien à Scipion Émilien dans diverses circonstances, jusqu'à l'initiative de la troisième guerre punique, dont nous reparlerons. Par exemple, en -150, Scipion demande au Sénat d'abroger l'ordre de déportation dont les mille otages achéens avaient fait l'objet au lendemain de Pydna. On se souvient que Polybe était l'un des plus éminents d'entre eux. Les années avaient passé et le temps avait fait son œuvre : dix-huit ans après la victoire de Paul-Émile, il n'en restait qu'environ trois cents en vie. C'était au moins la quatrième fois que la demande était formulée, sans succès. Cette fois encore, beaucoup de sénateurs se montraient opposés à cette mesure de clémence et au retour chez eux des survivants, malgré l'influence politique de Scipion. Alors Caton se leva et dit : « Nous siégeons ici toute la journée, comme si nous n'avions rien à faire, et cela pour savoir si de pauvres vieillards grecs doivent être enterrés par des fossoyeurs de chez nous ou d'Achaïe. » L'ironie sarcastique de Caton emporta la décision et le décret fut levé. Polybe n'était satisfait qu'à moitié car il désirait que les bannis retrouvassent les dignités qui avaient été les leurs avant Pydna. Il alla donc trouver Caton pour connaître son avis et, peut-être, solliciter son appui. Celui-ci, dans un sourire, et avec son mordant habi-

58. Polybe, XXXIX, 1.

tuel lui répondit : « Tu me fais penser à Ulysse qui voudrait rentrer dans l'antre du Cyclope où il aurait oublié son bonnet et sa ceinture[59] ! » L'épisode montre de quel poids, à plus de quatre-vingt ans, l'ancien censeur pouvait peser sur la vie politique. Et aussi, en comparant le Sénat à la caverne du Cyclope, quelle distance il avait pris avec cette vénérable institution. L'anecdote montre enfin quel rapport de confiance, voire d'amitié, s'était installé entre Caton et Polybe et, partant, entre Caton et Scipion.

Caton et l'analyse politique de Polybe

Cette convergence de vues permet de penser que Polybe, lorsqu'il décrit les institutions de la République romaine, s'appuie en bonne part sur l'œuvre de Caton, ainsi que le pense Claude Nicolet.

Au début du deuxième livre du *De Republica*, Cicéron place dans la bouche de Scipion une analyse qu'il dit tenir de Caton à propos de la vie politique : « La constitution de notre cité, aimait-il à dire, est supérieure à celle des autres cités pour la raison suivante : là ce furent en général des individus qui constituèrent leurs États respectifs par leurs lois et leur organisation (il cite Lycurgue, à Sparte, et, à Athènes, Thésée, Dracon, Solon, Clisthène...). Notre État, au contraire, n'a pas été constitué par l'intelligence d'un seul homme, mais par celle d'un grand nombre ; et non au cours d'une seule vie d'homme, mais par des générations, pendant plusieurs siècles. À Rome, le génie naît de l'expérience que donne une longue durée. » Nous retrouvons chez Polybe ce même constat. Après avoir montré que Lycurgue avait pris de semblables précautions pour préserver l'équilibre du pouvoir entre le roi, les aristocrates et le peuple, Polybe note : « Les Romains, eux, ont fini par se donner des

59. Plutarque, *C. M.*, 9, 2-3.

institutions du même genre, mais il n'y sont pas parvenus par la voie du raisonnement. Tirant chaque fois la leçon de leurs mésaventures de façon à choisir le meilleur parti, ils ont abouti aux mêmes résultats que Lycurgue, ce qui fait que leur constitution est la meilleure de toutes celles qui existent aujourd'hui[60]. »

Il n'est pas utile de revenir ici sur la précieuse analyse que Polybe nous livre de la constitution romaine, généralement appelée « mixte » parce qu'elle propose un savant équilibre entre le pouvoir monarchique, représenté par les consuls, l'oligarchie, figurée au Sénat et la démocratie assurée par les assemblées populaires. Polybe la compare, comme Caton, au régime politique mis en place par Lycurgue. Caton lui-même avait déjà eu l'occasion de réfléchir à l'importance de cette forme d'exercice du pouvoir, non en philosophe comme Platon ou Aristote (qu'il ne devait pas ignorer), mais en homme politique, comme le montre un extrait de ses *Origines* conservé par Servius où l'on apprend qu'il avait eu l'occasion de réfléchir sur une constitution semblablement tripartite, à Carthage, datant d'avant la seconde guerre punique[61]. À lire Polybe, ou Cicéron, l'adoption d'un tel mode constitutionnel de fonctionnement marquait la préférence pour une oligarchie modérée qu'illustre bien le choix de la devise *Senatus Populusque Romanus*. Un commentateur a cru voir dans cette analyse la manifestation d'une divergence de vue entre ce que loue Polybe et ce que pensait Caton[62]. Sans doute influencé par la légende de *l'homo novus* proche du peuple et opposé aux grands aristocrates comme Scipion, il considère Caton comme un *popularis* proche des théories gracchiennes. C'est probablement resi-

60. Polybe, VI, 10, 13-14.
61. Caton, *Or.*, IV, 3.
62. P. Catalano, « La divisione del potere in Roma, a proposito di Polibio e di Catone », in *Studi Grosso*, VI, Turin, 1974, p. 667-691.

tuer un peu trop haut dans le temps le schéma conflictuel entre *populares* et *optimates*. Que Polybe, dans son observation, présente une analyse influencée par les Grecs et tronquée quant à la réalité des différents pouvoirs romains, voilà qui ne fait pas de doute. Mais cela ne signifie pas que la vision politique de Caton n'ait pu retenir l'attention de Polybe. Nous avons vu à plusieurs reprises que Caton ne défendait pas la cause du peuple mais s'était intégré à une aristocratie attachée au *mos majorum* et exprimait souvent haut et fort ce qu'une majorité de sénateurs pensait.

Il existe d'autres points de vue convergents entre Polybe et Caton, d'ailleurs bien naturels entre des hommes qui se fréquentaient et s'appréciaient. Par exemple dans leur façon de concevoir le destin et la décadence des États. Toujours dans l'introduction du livre II de son *De Republica*, Cicéron prétend, comme Caton le faisait, remonter aux origines de Rome et étudier toute la croissance de Rome jusqu'à son âge adulte. Tel était, en effet, la volonté de l'auteur des *Origines* qui comparait la vie d'un État à celle d'un corps humain avec sa naissance, sa formation, sa pleine capacité et son déclin. C'est une métaphore que l'on retrouve chez Polybe qui prétend montrer comment la constitution romaine a suivi ce schéma, « car à Rome, plus que partout ailleurs [...] la naissance et l'évolution des institutions ont suivi un cours naturel, et il est, de même, dans la nature des choses qu'après la croissance vienne pour elles le déclin ». « L'évolution de tout individu, de toute société politique, de toute entreprise humaine est marquée par une période de croissance, une période de maturité, une période de déclin, et c'est au moment de la maturité que le plus haut degré d'efficacité est atteint dans tous les domaines[63]. » Or c'est précisément parce qu'au temps de la guerre d'Hannibal, le temps de la maturité de Carthage était passé alors que celui de Rome

63. Polybe, VI, 9, 12 et 51, 2 sqq.

touchait à son apogée, parce qu'à Rome « la politique de l'élite des citoyens » était la meilleure, que Rome, « malgré d'écrasantes défaites », l'emporta. Car Polybe parle surtout d'une époque qui précéda sa venue à Rome et plus d'une référence à des évènements antérieurs montrent que son travail s'appuie sur plusieurs sources, dont Caton.

Certes l'ancien censeur n'est pas la seule référence de l'historien grec ami de Scipion Émilien. Il faudrait encore citer Fabius Pictor, Cincius Alimentus, C. Acilius... Mais à lire les passages où Polybe évoque l'importance de la discipline militaire, le rôle de la collectivité qui tempère les ambitions individuelles, la nécessité d'une gestion honnête de la cité, les conséquences catastrophiques du luxe et du plaisir pour les mœurs romaines, et le manque de sévérité dans l'éducation nouvelle, on mesure combien Caton a pu influencer l'analyse polybienne des institutions et, avec elle, la vision politique de Scipion Émilien [64]. La conclusion de Polybe [65], pourrait être de Caton : grâce à la force de cette constitution, devant une menace, « les citoyens tous ensemble et chacun pour sa part, s'attachent à mener les tâches qu'on leur a confiées...» Ainsi l'État atteint-il « tous les objectifs qu'il s'est fixés ». Mais si, la paix revenue, avec l'opulence, l'arrogance de certains vient à se manifester, chaque pouvoir est là pour tenir les autres. « Tout le monde reste à sa place, parce que tout est prévu pour brider les ambitions exorbitantes et que chacun redoute les réactions du voisin. »

Rome, impérialiste ?

La conception politique du fonctionnement de l'État selon Caton, proche de l'analyse que nous livre Polybe de la com-

64. Cf. par exemple Polybe, VI, 52 ; 54 ; 56 ; XXXI, 25 ; ou encore Cicéron, *De Republica*, IV, 3, 3.
65. Polybe, VI, 18.

plémentarité des institutions, est aussi celle d'une grande partie de l'aristocratie attachée aux valeurs fondatrices de la République. Il en va de même en matière de politique extérieure. Cependant, il faut d'entrée prendre quelques précautions lexicales pour éviter les pièges que nous tendent certaines notions récentes que d'aucuns sont tentés, anachroniquement, d'appliquer à l'histoire romaine. Ainsi de l'impérialisme dont on a taxé un peu rapidement les Romains du IIe siècle avant notre ère en les soumettant aux exigences sémantiques d'un mot né au XIXe siècle. Pour qu'il en allât ainsi, il eût fallu que les contemporains de Scipion décidassent de façon concertée et délibérée de soumettre les peuples de la Méditerranée selon un plan méthodique de conquête dans le seul but d'une domination politique et économique. Soutenir une telle thèse pour la Rome du IIIe et même du IIe siècles, au moins jusqu'à Pydna, reviendrait sans doute à rendre hommage au génie politique précoce des dirigeants romains, mais ne résiste pas à l'analyse des faits.

D'abord, une telle démarche volontariste, offensive et préméditée ne correspond pas à la culture militaire de Rome, ni d'ailleurs à celle des autres peuples de l'Antiquité. Le motif essentiel d'une intervention extérieure a toujours été justifié par le souci d'aider un allié en danger, lié à Rome par un traité d'amitié et le devoir de *fides*. C'est la peur de l'agression extérieure, de la destruction de sa propre patrie en cas de victoire ennemie qui a toujours motivé l'action militaire. Il suffit de lire Tite-Live, Polybe ou Caton lui-même pour s'en rendre compte.

Ensuite, il n'existe pas à Rome de partis politiques qui, solides et forts, constants surtout, pourraient entraîner le pouvoir dans une politique de conquête qui ne résulterait pas d'un enchaînement de circonstances. Les factions qui s'affrontent au Sénat, et qui n'ont rien de partis politiques, sont fluctuantes au gré des intérêts et des évènements. Elles sont dominées par quelques grandes familles puissantes, assistées de leurs clients, qui nouent des alliances ponctuelles, comme nous l'avons vu, par exemple, au moment de la seconde guerre punique. À cette époque, les Aemilii, alliés aux Scipions, s'opposaient fortement aux Fabii, dont Caton était proche. Mais nous avons vu aussi comment Paul-Émile avait pu se rapprocher de Caton par la suite. Ce n'est là qu'un exemple de fluctuations constantes dans le monde politique.

On comprendrait mal, enfin, pourquoi un philhellène comme Flamininus (ou même comme Paul-Émile) lancerait une grande campagne afin de libérer la Grèce du joug macédonien, puis se retirerait à Rome, laissant les cités libérées à leur destin si cette expédition importante répondait à une visée impérialiste. Au point que certaines d'entre elles souhaitent une nouvelle intervention romaine pour repousser les prétentions hégémoniques d'Antiochus III.

Toutefois, il apparaît que l'analyse politique romaine évolue sensiblement après Pydna. Quelques signes prémonitoires laissent penser que, dans l'esprit de certains, la grandeur de Rome nécessite la conquête d'un empire. Déjà, l'attitude quasi royale de l'Africain inquiète. Sa volonté de traiter individuellement avec l'ennemi vaincu, de créer avec lui un rapport semblable à celui que connaissent les liens privés, de patron à client, en lieu et place des traités d'amitié signés auparavant, change la relation établie avec l'ancien adversaire. L'attitude, jugée inadmissible par Caton, des deux frères Scipions de retour d'Asie, qui ne veulent pas rendre de comptes au Sénat, la conduite scandaleuse d'un Manlius Vulso chez les Galates qui se croit permis toutes les exactions, et la teneur méprisante et dominatrice de son discours justificatif sont autant d'éléments qui montrent que des visées impérialistes prennent forme dans certains esprits. Mais il ne s'agit que de bouffées sporadiques et individuelles que les sénateurs arrivent encore à maîtriser. Ils ne les impulsent pas. Ajoutons aussi que la surprise et la fierté d'avoir vaincu Hannibal et, davantage, le sentiment de supériorité, la vanité parfois, d'avoir libéré des cités grecques avec qui Rome a signé traité ont soufflé à plus d'un l'idée que Rome était justifiée à imposer sa loi en Méditerranée. Les peuples grecs l'entendent d'ailleurs bien ainsi puisqu'ils n'hésitent pas à en appeler à son arbitrage dans leurs éternels conflits internes.

Face à ces tentations et à ces bouffées d'orgueil, Caton sut toujours rester un modéré, soucieux des limites de la force romaine et attentif aux conséquences qu'il y aurait à les outrepasser.

La politique extérieure de Caton

Sur le terrain comme au Sénat, Caton fut un acteur important de la politique extérieure de Rome. Il est inutile de rappeler toutes les circonstances où il fut amené à intervenir : nous l'avons suivi sur les champs de bataille de la Sicile à la Grèce en passant par l'Espagne. Tel était le lot de tout citoyen engagé dans le *cursus honorum*. Il prononça également plusieurs discours dont il nous reste souvent peu de choses et dont la date n'est pas sûre, comme pour son *De Re Histriae militari*. En -172, il dit clairement sa méfiance envers les rois lors de l'extraordinaire réception que le Sénat réserve à Eumène II. L'année suivante, il est choisi par les délégués espagnols avec Scipion Nasica, Paul-Émile et Sulpicius Gallus pour défendre leurs intérêts. Ils sont en effet, venus à Rome supplier à genoux les sénateurs de leur rendre justice et dénoncer les magistrats romains qui, dans leur pays, rançonnent le peuple et les traitent « plus cruellement que des ennemis[66] ». Invités à choisir des avocats parmi les Pères, ils se sont souvenus que Caton, Scipion et Paul-Émile avaient administré l'Espagne, en leur temps, avec équité et ont également choisi Sulpicius pour sa sagesse

66. Tite-Live, XLIII, 2.

et sa probité. C'est l'occasion, pour Caton, de prononcer un important discours dont il ne reste quasiment rien, mais dont on devine qu'il dut être, pour l'ancien gouverneur de cette province, l'occasion de rappeler le devoir de probité d'un magistrat romain en poste à l'étranger et le respect qu'il doit aux populations administrées. Sans doute cède-t-il aussi à la tentation de rappeler son propre exemple. En tout cas, le choix des Espagnols dit assez de quel prestige il jouit encore parmi eux. Malheureusement, et malgré le nombre et l'importance des griefs, l'accusation, après diverses manigances, tombe d'elle-même quand les deux préteurs mis en cause préfèrent se retirer en exil. Et les compensations obtenues par les plaignants sont des plus maigres. En -167, Caton se prononce pour la libération de la Macédoine, comme nous l'avons vu, dans son *De Macedonia liberanda* : il ne considère pas opportun de réduire l'Illyrie et la Macédoine en province, ce qui montre sa réticence devant une démarche que certains jugeraient impérialiste. La même année, il intervient pour éviter que Rome ne livre une guerre à Rhodes. Son discours *Pro Rhodiensibus* nous a été partiellement conservé et nous allons y revenir parce qu'il met assez bien en lumière quelques-uns des principes de Caton en matière de politique extérieure. En -154/-153, il intervient encore dans le règlement d'un conflit entre Ptolémée VI Philométor et son jeune frère Ptolémée VII Évergète II, surnommé Physcon (= le Ventru) en raison de sa circonférence corporelle, à propos du trône de Chypre. Ce dernier prétendait obtenir le soutien du Sénat dans son désir de se voir céder Chypre par son frère. À la suite de rocambolesques rebondissements dignes d'une farce théâtrale, et quelques promesses alléchantes, il eut gain de cause : le Sénat lui octroya quelques navires et le droit de lever des troupes grecques... s'il les finançait. Caton s'opposa, condamnant les manœuvres éhontées et les procédés immoraux du prince bedonnant, et soutenant Philométor. Il ne fut pas entendu. En -154 également, dans le conflit qui opposa le roi de Pergame, Attale, à celui de Bythinie, Prusias, Caton défendit la cause d'Attale. En -153/-152, il fit partie d'une ambassade de dix sénateurs chargés d'enquêter sur les causes du conflit qui opposait le Numide Massinissa aux Carthaginois et en revint avec l'idée que laisser prospérer Carthage était dangereux. Il prononça, à ce sujet, son discours *De Bello Carthaginiensi*, dont nous reparlerons. Enfin, nous avons vu qu'en -150, il intervint au Sénat pour soutenir Scipion Émilien en faveur des otages achéens, et obtint satisfaction[67].

De ces interventions qui nous sont parvenues – combien d'autres ont disparu ? – se dégage l'image d'un homme politique qui garde la tête froide et se montre insensible à la corruption. Caton ne milite jamais pour une domination romaine. Il en mesure les risques. Son objectivité lui fait conseiller de rendre la justice, puisque tel est le devoir du vainqueur, d'appliquer le droit, jamais d'en profiter. Il apparaît qu'il ne se prononce jamais pour une intervention militaire que les circonstances ne rendraient pas indispensables. Toutefois une telle attitude n'est pas à mettre au compte d'un quelconque souci humaniste. Sa position ne se justifie que dans l'intérêt de Rome et lorsqu'un pays est conquis, il trouve naturel de l'exploiter économiquement. Lui-même recense les richesses de l'Espagne ou de la Gaule cisalpine qu'il décrit longuement au livre II de ses *Origines*. Il n'y est pourtant jamais allé, sauf si l'on accorde foi à la mention de Plutarque selon laquelle après son triomphe, en -194, il aurait suivi Ti. Sempronius Longus dans sa campagne contre les Boïens et les Ligures[68]. Mais cet inventaire du nord de l'Italie

67. *De Re Historiae militari*, Malc., *ORF*[1], 150 ; *De Macedonia liberanda*, *ibid.*, 160-161 ; à propos du *Pro Rhodiensibus*, cf. *infra* ; sur l'affaire d'Égypte, cf. Polybe, XXXI, 16 sqq. ; sur le conflit entre Attale et Prusias, cf. Appien, *Histoire de Mithridate*, 4 ; *De bello Carthaginiensi*, Malc., *ORF*[1], 181-185.

68. Et non, comme le dit Plutarque, en Thrace et sur le Danube. *C. M.*, 12, 1.

correspond à une vaste enquête entreprise par Rome entre -184, année de la censure de Caton, et -167.

Il faut remarquer enfin que Caton n'observe pas la même réserve ni la même distance lorsqu'il parle de l'Italie, par exemple dans ses *Origines*, que lorsqu'il évoque les pays du reste du monde. Nous savons pourtant que, juridiquement, l'unité italienne n'est pas encore réalisée et qu'outre les territoires où s'exerce le droit de citoyenneté romaine, surtout au centre de la péninsule, le reste de l'Italie se divise entre les territoires de droit latin, plus restrictif, et, les plus nombreuses, les terres des alliés de Rome, qui souffrent d'être principalement réduits à payer des impôts et à fournir des soldats sans réelle contrepartie. Mais Caton considère cette situation normale et, pour lui, la nation italienne existe bien, dans l'esprit sinon dans la lettre. D'ailleurs, les Italiens sont tous appelés *togati*, depuis -225, c'est-à-dire assimilés aux Romains qui portent la toge. Rome s'estime à la tête de l'Italie, par le fait de sa conquête d'une part, par vocation religieuse d'autre part puisque, pour elle, tous ceux qui dépendent d'elle bénéficient d'une même protection divine[69]. Le gouvernement romain éprouve son sens de la responsabilité des peuples réunis en Italie, mais ne développe pas encore ce sentiment à l'endroit des peuples étrangers.

Il est donc naturel que Caton ne remette pas en question la réalité, sous cette forme, de la nation italienne qui existait déjà à sa naissance, et à laquelle il appartient, lui, le paysan sabin originaire de Tusculum.

L'affaire de Rhodes

Quant aux peuples étrangers, l'affaire de Rhodes, telle que nous la rapporte notamment Tite-Live, et la réaction

69. Pline, *H. N.*, III, 40.

de Caton, dans les larges extraits de son discours reproduit dans ses *Origines*, constituent un bon exemple de sa position en matière de conquête[70].

La situation est assez claire. En -171, les Rhodiens, prenant le parti de Rome, avaient proposé leur soutien sous la forme de quelques bateaux destinés à renforcer la flotte romaine. Mais les Romains avaient repoussé cette offre et Rhodes était demeurée dans une position d'attente. La guerre ne pouvait que nuire aux intérêts de l'île qui tirait sa prospérité de sa position économique en Méditerranée orientale. En -168, les dirigeants rhodiens ou plutôt, comme le note Polybe, ceux qui avaient la haute main sur les affaires de la cité, décidèrent de jouer les médiateurs dans ce conflit et envoyèrent deux ambassades, l'une en Grèce auprès de Persée et l'autre à Rome. La première tomba en fait sur Paul-Émile qui venait de vaincre le roi de Macédoine et la seconde se trouva à Rome le jour où parvint la nouvelle de la victoire. C'est peu dire que la mission du Rhodien Agépolis fut délicate : il expliqua aux sénateurs qu'il était venu proposer ses bons offices pour intervenir en faveur de la paix auprès des Grecs comme auprès des Romains puisque cette guerre était préjudiciable à tous ; mais que, la victoire romaine ayant été annoncée, il se félicitait de cette issue et partageait la joie des Romains. Avant de le congédier sous les sarcasmes, le Sénat lui fit remarquer qu'il aurait agi bien plus tôt s'il avait été sincère. En fait, il avait surtout voulu aider Persée, maintenant prisonnier, et plaider en faveur de son salut. Autrement dit, les sénateurs considéraient Agépolis et les siens comme des traîtres.

Un peu plus tard, encore plus alarmés par le passage par Rhodes d'une mission romaine qui se rendait en Égypte, les Rhodiens décident d'envoyer à Rome une (ou deux) ambassades pour se justifier et apporter leurs félicitations.

70. Cf. Tite-Live, XLV, 20-25. Caton, *Or.*, V, 3.

Sitôt arrivés, leurs chefs, Philophron et Astymédès, au cours d'entretiens officiels ou privés, se rendent rapidement compte de « la méfiance et de l'hostilité » à leur égard. Et voici qu'un préteur, Manius Juventius Thalna, originaire de Tusculum, s'adresse directement au peuple et demande, dans un discours enflammé, que l'on déclare la guerre aux Rhodiens et que l'on choisisse un des magistrats de l'année pour conduire cette expédition, avec le secret espoir que ce choix se porterait sur lui. Aussitôt, deux tribuns de la plèbe, Marcus Antonius et Marcus Pomponius, opposent leur veto.

Or l'action de ce préteur est scandaleuse et crée « un précédent fâcheux », ainsi que le note Tite-Live. En effet Thalna n'a pas suivi la règle institutionnelle. Il devait, d'abord, informer les consuls de son projet avant de publier sa proposition. Celle-ci, ensuite, devait être soumise à l'examen et à l'avis du Sénat avant d'être présentée au peuple. Enfin, les tribuns n'avaient pas à opposer leur veto avant que le projet fût discuté. C'est donc dans une regrettable illégalité que se déroule cette procédure. Les ambassadeurs rhodiens, en désespoir de cause, revêtent des habits de deuil, implorent le soutien de leurs amis et finissent par prononcer devant la Sénat un discours pathétique pour signifier qu'ils acceptent les reproches et la leçon infligés par les Romains. Astymédès n'hésite pas, surtout, à dédouaner ses compatriotes en minimisant leur rôle et en faisant porter la responsabilité de leur conduite par les autres peuples alliés... Ce qui ne plut guère en Orient ! À la fin de son discours, dont il est si fier qu'il le fera publier à son retour, lui et ses collègues brandissent des rameaux d'olivier et quittent la Curie.

Les discussions commencent parmi les sénateurs. Ceux qui ont participé à la guerre contre Persée, et notamment les consuls, se montrent hostiles aux Rhodiens et favorables à la guerre. C'est alors que Caton prend la parole. Pourtant « connu pour son intransigeance », écrit Tite-Live, « il prêche la tolérance et la modération au Sénat ». Son exorde, d'emblée, se situe sur le plan moral et résonne comme un appel à la raison : « Je sais que, habituellement, chez la plupart des hommes, quand la conjoncture est prospère, heureuse et favorable, leur esprit s'exalte, leur orgueil et leur fierté augmentent et croissent. Dans le cas présent, j'ai grand souci, du fait que cette affaire s'est si bien terminée, que dans notre délibération ne survienne quelque malheur qui bouleverse notre prospérité, ou que notre joie ne se transforme en dérèglement excessif. » Il conseille d'attendre quelques jours « jusqu'à ce que nous reprenions le contrôle de nous-mêmes ». Il insiste donc sur les conséquences du succès que sont la *superbia* et la *luxuria* (les mots sont dans le texte).

Puis il analyse la question rhodienne. Selon lui, il est probable que les Rhodiens n'aient pas souhaité une pleine victoire romaine sur Persée, et sans doute ne sont-ils pas les seuls, sans pour autant qu'il faille prendre ce souhait en mauvaise part : « Ils ont eu peur que, si nous n'avions plus personne à craindre et que nous agissions selon notre bon plaisir, ils ne tombent sous notre pouvoir et ne vivent dans notre dépendance. C'est le souci de leur liberté (*libertas*) qui, à mon avis, leur a fait suivre cette politique. » Ils ont donc, pour leur bien propre, souhaité un équilibre des grandes puissances en Méditerranée, mais n'ont jamais été hostiles à Rome. « Aujourd'hui, abandonnerons-nous tout à coup un tel échange de bons offices, une si grande amitié ? Ce que nous les accusons d'avoir voulu faire, allons-nous nous mettre à le faire les premiers ? » D'un point de vue juridique, Caton insiste sur le faux procès intenté aux Rhodiens, accusés d'avoir voulu devenir les ennemis de Rome : « Y a-t-il quelqu'un parmi vous qui estime juste (*aequus*), en ce qui le concerne, d'être puni parce qu'on l'accuse d'avoir voulu mal faire ? Aucun, à mon avis. » Caton utilise ensuite l'exemple concret d'une loi agraire appliquée à qui n'aurait péché que par intention. « Les Rhodiens subiront-ils un préjudice de ne pas avoir mal fait, mais de passer pour avoir désiré le faire ? » Et Caton de conseiller de laisser aux autres la *superbia* : « On dit que les Rhodiens sont orgueilleux, reproche que je ne voudrais absolument pas me voir adresser, à moi et à mes enfants. Soit, ils sont orgueilleux. En quoi cela nous concerne-t-il ? Êtes-vous irrités de ce que quelqu'un soit plus orgueilleux que nous ? »

Ce discours, très fort, était bien connu dans l'Antiquité puisque Tite-Live en parle sans estimer devoir le citer, et déjà amplement commenté, comme le montre un passage d'Aulu-Gelle qui rapporte lui-même les remarques de Tiron, le secrétaire de Cicéron[71]. Les commentateurs modernes en ont mis en valeur les multiples orientations qui, généralement, se complètent sans se contredire. Nous laisserons de côté les hypothèses invérifiables, comme de nous demander dans quelle mesure Caton ne s'est pas opposé au préteur Thalna parce que celui-ci était originaire de Tusculum, comme lui-même. Faisons à l'auguste censeur l'honneur de croire qu'il était animé de plus nobles motifs. En fait, à relire les extraits de son discours, il apparaît que l'intervention de Caton se fonde sur deux préoccupations majeures, l'une politique, l'autre morale, et que son unique souci est l'avenir de Rome. On imagine mal, en effet, qu'il ait pris la parole pour défendre Rhodes sans que ce choix se fût accordé à ses préoccupations romaines. En revanche, il ne pouvait que s'opposer à la violation des institutions dont le préteur s'était rendu coupable. Caton représente le pouvoir sénatorial, nous l'avons déjà dit. Il ne peut que combattre toute tentative de le marginaliser en établissant un lien direct entre un magistrat et le peuple. C'est l'équilibre constitutionnel de la politique romaine qui s'en trouve remis en cause.

Sur le plan politique, Caton redoute les guerres, et condamne celles qui n'ont pour objectif que la conquête et

71. Aulu-Gelle, *N. A.*, VI, 3.

non la défense et la protection de Rome. Pour lui, seule la *fides* doit fonder la relation entre les peuples soumis et la cité qui a, par sa vertu, obtenu de diriger l'empire, comme ce fut le cas en Italie. Il défend le droit des peuples (*jus gentium*), et condamne toute intervention qui ne revêtirait pas un caractère défensif. Une guerre se doit d'être juste (*justum bellum*) et cette *aequitas* qu'il évoque dans son discours est une ancienne valeur fondamentale de la politique traditionnelle. Elle signifie que s'établit entre deux peuples une relation de respect égalitaire, que le motif de l'intervention a été justifié et se trouve donc approuvé par les dieux. Elle exclut toute guerre opportuniste, provoquée par des intérêts personnels. Celle-ci constituerait assurément une souillure. De la même façon, peu auparavant, et pour la même raison, Caton s'est prononcé pour la libération de la Macédoine. Il faut respecter la liberté des peuples qui ne menacent point Rome.

De surcroît, il est évident qu'une occupation de Rhodes a de quoi tenter les publicains qui s'enrichiraient grandement. Le commerce se développe beaucoup à cette époque et l'agriculture évolue vers la recherche d'une plus grande rentabilité comme nous le verrons à propos du *De Agricultura*. Une île aussi bien située et aussi riche que Rhodes suscite des convoitises dont les répercussions se feront sentir dans la vie économique et politique intérieure de Rome. Caton en redoute les effets. Mettre la main sur Rhodes reviendrait à laisser libre cours à la *superbia* et à la *ferocia* de la classe dirigeante romaine et à renforcer encore les effets corrupteurs de l'hellénisme. L'ambition et la cupidité décupleront la *luxuria* dont Caton dénonce les méfaits sur les mœurs romaines depuis son consulat.

Caton ne se soucie donc pas tant de l'avenir de Rhodes que de celui de sa patrie. Il est évident qu'il pressent les dangers d'un impérialisme qui se fonderait sur le mépris et la trahison des valeurs traditionnelles, celles qui ont fait la grandeur de Rome. Il veut encore s'appuyer sur les solides bases morales du *mos majorum* pour le combattre. Ne pas occuper Rhodes sauvera peut-être les Rhodiens, mais davantage encore les Romains à qui il rappelle l'inutilité de ces guerres lointaines, plus offensives que défensives. Déjà, dans son discours contre l'abrogation de la loi Oppia, en -195, il fustigeait ces richesses orientales qui, « au lieu d'être à notre service, nous asservissent[72] » et rappelait que les grands empires succombaient sous les effets de « la cupidité et du goût du luxe ». Il n'a pas changé d'analyse et sa lucidité s'est heurtée à l'aveuglement de ses concitoyens qui croyaient justifier leur ambition en la taxant de modernité.

Après le discours de Caton, la réponse des sénateurs aux ambassadeurs rhodiens fut évasive et sévère tout à la fois puisqu'on priva Rhodes de la Lycie et de la Carie. Les Rhodiens qui craignaient le pire, furent soulagés. Ils envoyèrent à Rome une nouvelle ambassade pour solliciter une alliance qui leur fut refusée, du moins jusqu'en -165. Rome créa le port franc de Délos, nouveau carrefour du commerce en Méditerranée orientale. Rhodes s'en trouva déconsidérée et ruinée, et put méditer sur les nouvelles orientations de politique extérieure de Rome, maîtresse et gendarme du monde.

Caton face à l'hellénisme

Les vues politiques de Caton sont donc loin d'être aussi carrément hostiles aux Grecs que sa légende le laisse entendre. Il respecte leur liberté et ne juge pas utile que Rome cherche à établir sur eux une domination qui ne s'impose pas à ses yeux pour sa sécurité. Son opposition à l'hellénisme, en revanche, se développe contre le pourrissement des mœurs romaines de l'intérieur, dont les Grecs installés

72. Tite-Live, XXXIV, 4.

en Italie forment la concrète menace. Et cette contamination néfaste est plus d'ordre culturel que politique, mais, par ses conséquences, elle détourne les jeunes Romains – et les moins jeunes – de leur devoir de citoyen. Caton reproche à ses compatriotes de se laisser attirer par les artistes, les rhéteurs, les philosophes comme des papillons ignorants pris au piège de la lumière qui brûle les ailes. Ils en oublient que la discipline militaire qui constitue la force du citoyen-soldat et le respect du *mos majorum* qui lui enseigne la vertu se dissolvent dans cette mollesse subreptice qui les réduit chaque jour davantage. Caton ne condamne pas en soi l'hellénisme, mais « l'hellénomanie » (le mot est de Jean-Marie André) qui gangrène les énergies et divertit les esprits. Lui-même écrit à son fils : « Je te parlerai de ces Grecs, Marcus mon fils, en temps et lieu. Je te dirai ce que je trouve d'excellent à Athènes, et je te montrerai quel avantage il y a à jeter un coup d'œil sur leur littérature, sinon à l'approfondir[73]. » Mais pouvoir goûter à ces nouvelles beautés de l'esprit en restant lucide demande du caractère et du jugement, que même un jeune homme aussi bien formé que Scipion Émilien ne possède pas encore lorsque, à peine majeur, il se sent plus attiré par les exercices intellectuels à la grecque que par son métier de citoyen. Il se détourne un temps du Forum et des tribunaux et passe aux yeux de tous pour un paresseux. Bien vite, heureusement, il saura se ressaisir, peut-être notamment à l'écoute de Caton, et redonner aux valeurs traditionnelles de Rome la première place, sans pour autant renier son éducation hellénique et les apports de l'*otium*. Ainsi, par exemple, fera-t-il la chasse à la mollesse, à l'armée et au Forum, et promettra-t-il, candidat à la censure, d'être aussi vigilant que Caton, et, pour ses concitoyens, aussi piquant qu'un collier garni de clous peut l'être à un chien.

73. Extrait du *De Medicina* écrit par Caton (Jordan).

Caton n'est d'ailleurs pas le seul à lutter contre les méfaits d'un hellénisme envahissant. Les œuvres d'art arrachées aux Grecs lors des diverses campagnes transforment Rome en ville-musée et de nombreux artistes viennent exécuter sur place sculptures, peintures, édifices publics... L'histoire nous a livré les noms de peintres, d'architectes qui vont satisfaire les goûts des plus riches. Ainsi Paul-Émile fait-il représenter son triomphe par Métrodore, ou Hermodore de Salamine construira-t-il, peu après la mort de Caton, le premier temple de marbre de Rome. Le théâtre connaît un succès croissant depuis qu'en -240 Livius Andronicus a introduit le drame grec. Les jeux scéniques prennent l'importance que l'on sait après la seconde guerre punique, avec des auteurs comme Plaute, Térence qui ne cachent pas leur dette envers la Néa. En -194, sur proposition de l'Africain, il fut décidé de réserver, aux représentations, les premiers rangs aux sénateurs. En -179, le censeur M. Aemilius Lepidus fit construire un hémicycle en plan incliné et une estrade avec sa décoration de fond, le tout en bois. En -174, les censeurs eurent l'idée de faire édifier une scène de pierre, à l'usage des jeux. Jusqu'alors, seuls des gradins et une estrade de bois étaient construits pour le temps des jeux, puis démontés. Peu à peu, les noms étrangers prennent le pas sur la tradition romaine [74]. En -154, les censeurs projettent la construction d'un théâtre de pierre, mais le Sénat en ordonne la démolition et interdit même désormais l'installation de bancs pour les spectateurs dans un rayon d'un mille autour de Rome [75]. Cette réaction, d'après les textes, est justifiée par la crainte de la *mollitia*. Les sénateurs, pourtant, n'ignorent pas que, déjà au IIIe siècle, les spectateurs disposaient de bancs de bois pour suivre les représentations ; mais ils craignent que le théâtre ne devienne, comme en Grèce, un

74. Cf. Tite-Live, XL, 51 ; XLI, 27.
75. Velleius Paterculus, 1, 15, 3. Valère Maxime, 2, 4, 2, etc.

endroit où le peuple puisse venir, de façon permanente, écouter confortablement les rhéteurs et les démagogues au lieu de suivre les discours des hommes politiques romains, debout, dans les comices. Et cette interdiction aura la vie dure puisque Pompée, en -55, devra prendre le prétexte de l'édification d'un temple à Vénus pour arriver à faire construire le premier théâtre de pierre à Rome, au Champ de Mars.

Les rhéteurs, les philosophes, voilà bien ceux que Caton et ses amis jugent les plus dangereux. Les Romains ne sont pas mûrs intellectuellement pour exercer un efficace esprit critique face à ces beaux parleurs qui savent les charmer, au sens littéral du mot. Les sénateurs prennent, périodiquement, des arrêtés d'expulsion : par exemple, en -173, contre les épicuriens Alkios et Philiskos « parce qu'ils professent la doctrine du plaisir[76] » ; ou encore en -161, lorsque par sénatus-consulte, ils demandent au préteur M. Pomponius, après avoir délibéré « au sujet des philosophes et des rhéteurs », de veiller et aviser, par « les moyens que lui suggéreront l'intérêt de la République et son devoir, à ce qu'il n'y en ait plus dans Rome[77] ». On imagine que Caton n'était pas absent du débat, et l'on constate, en tout cas, qu'il n'était pas seul à se méfier des discours enjôleurs des Grecs. Pour autant, de telles décisions n'ont que peu d'effets. À peine a-t-on chassé quelques bavards qu'il en arrive le double dans la capitale. Et encore ne s'agit-il que de ceux qui viennent de Grèce ou d'Orient. Car que dire des nombreux précepteurs des jeunes aristocrates, des amis des grandes familles comme Polybe, qui ne manquent jamais une occasion d'étaler leur suffisance dans une conférence publique. Ainsi Cratès de Mallos, savant grammairien, envoyé au Sénat par Attale II de Pergame. Le malheur veut qu'il tombe dans une bouche d'égout près du Palatin et se brise les jambes. Sa langue n'est pas paralysée, et il

76. Athénée, XII, 68, 547 A.
77. Aulu-Gelle, *N. A.*, XV, 11 et Suétone, *De Rhetoribus*, 1.

met à profit sa longue convalescence pour disserter abondamment en public. Suétone nous dit qu'il exerce une influence certaine sur les lettrés romains. Or sa venue date environ de -159, soit deux ans après l'arrêté de -161. Les jeunes esprits romains sont marqués par ces conférences philosophiques. L'affaire de l'ambassade de -155 que Caton va demander au Sénat d'écourter est, à cet égard, significative.

L'ambassade de -155

Athènes, aux abois, a pillé la ville d'Orope. Condamnée à payer cinq cents talents par les Sicyoniens qui avaient été pris pour arbitres, elle décida d'envoyer à Rome trois ambassadeurs pour plaider sa cause et tenter de faire lever l'amende. Elle choisit trois philosophes parmi les plus connus, qui ne sont pas athéniens. Ce point est de peu d'importance : le talent prime la nationalité quand il s'agit de convaincre les sénateurs romains. Elle délègue donc Carnéade de Cyrène, le chef de la Nouvelle Académie, héritier de Platon, le stoïcien Diogène de Babylone, successeur de Zénon de Tarse à la tête du Portique et Critolaos de Phasélis, péripatéticien, qui développe, après Ariston de Céos, la philosophie d'Aristote. On remarque que les Athéniens évitent d'envoyer un épicurien dont ils savent qu'il ne sera pas apprécié des dirigeants romains. Si le peuple s'est facilement enthousiasmé pour la doctrine du philosophe du Jardin, en se méprenant d'ailleurs sur sa véritable signification, les nobles ont vite compris quels effets dévastateurs peut causer un enseignement qui conseille l'éloignement de la politique et la quête du plaisir. C'était là une pensée diamétralement opposée à celle d'un Cincinnatus, d'un Fabricius, d'un Curius Dentatus ou d'un Caton qui prônent l'engagement désintéressé au service de la patrie et le mépris du plaisir[78].

78. Cf. Cicéron, *De Sen.*, XIII, 43.

Comme les sénateurs ne sont pas en mesure de les recevoir immédiatement, les trois philosophes s'installent à Rome et, à l'exemple de Cratès et d'autres, proposent des conférences à un public large et curieux. En effet, les Romains sont friands de ces « spectacles » de paroles où le talent des orateurs compte presque plus que le contenu de leurs propos. La jeunesse accourt, les jeunes aristocrates comme Scipion Émilien et son ami Laelius, mais aussi les Anciens, parmi lesquels Caton. Aulu-Gelle note la force et la rapidité de l'élocution de Carnéade, l'élégance de celle de Critolaos, la sobriété de celle de Diogène[79]. Ce dernier dut plaire, car la morale stoïcienne convient assez bien à la mentalité romaine et, d'ailleurs, les stoïciens commencent à connaître une vogue qui ne se démentira pas. Scipion Émilien fera même de Panétius de Rhodes, chef du Portique après Antipater de Tarse, lui-même successeur de Diogène, son ami et conseiller. Les propos de Critolaos, quant à eux, rencontrent moins d'écho, car les subtilités aristotéliciennes sont, à cette époque, mal connues des Romains. Carnéade, en revanche connaît, des trois, le succès le plus éclatant. Il faut dire que le personnage est hors du commun. Il est renommé dans toute la Grèce pour son habileté à discourir. Il sait mieux que quiconque établir une contradiction, brouiller les raisonnements, faire émerger comme évidente la thèse qu'il choisit de défendre. Sa parole est comparée à un fleuve impétueux qui emporte tout sur son passage, submerge les auditeurs, les entraîne avec lui. Au point que ses collègues les plus célèbres hésitent à lui apporter la contradiction, du moins oralement.

Mais la Grèce n'est pas Rome. Les ambassadeurs-philosophes vont-ils connaître, dans la capitale italienne, la même faveur que dans les grands centres culturels de la Grèce ? D'autant que si, au Sénat, ils usent des services d'un

79. Aulu-Gelle, *N. A.*, VI, 14.

interprète, C. Acilius, ils semblent s'exprimer en grec devant les Romains. Or le miracle se produit, principalement en ce qui concerne le fougueux Carnéade. Plutarque témoigne de l'admiration des « jeunes gens les plus lettrés » accourus pour les écouter. « Le talent de Carnéade surtout – talent d'une très grande force et dont la renommée égalait la puissance – lui attira des foules d'auditeurs avides de l'entendre. Ce fut comme un vent impétueux dont le bruit remplit la ville. On disait partout qu'un Grec d'un savoir merveilleux, ensorcelant et subjuguant tous les esprits, inspirait aux jeunes gens une violente passion qui les faisait renoncer à tous les plaisirs et à toute espèce d'occupation dans leur enthousiasme pour le philosophe [80]. »

Le premier jour, Carnéade fait l'éloge de la justice, s'accordant avec les pensées de Platon et d'Aristote : il existe, explique-t-il, une loi morale naturelle et immuable, celle de la raison, qui nous dicte notre devoir et nous conduit vers le bien. Telle est la supériorité de l'homme. Le lendemain, il entreprend de démolir systématiquement tout ce qu'il a montré la veille : il n'existe pas de justice universelle. Les lois, les mœurs diffèrent d'un peuple à l'autre, et chacun établit la justice qui sert ses intérêts et qui évolue avec le temps. La justice n'est pas la sagesse. Celle-ci commande de défendre nos intérêts, celle-là devrait nous inciter au sacrifice. Or que fait-on dans un naufrage ? Ou bien on prend à un plus faible que soi sa planche de salut, ou bien l'on périt en refusant de faire violence à l'autre. « Dans le premier cas tu seras un sage et un injuste, dans le second, un sot, mais un juste. » Transposé sur le plan politique, le dilemme devient le suivant : un gouvernement préfère-t-il exercer une injuste domination ou sombrer dans une juste servitude ? Il y a donc incompatibilité entre l'esprit de conquête et le respect des droits de chacun.

80. Plutarque, *C. M.*, 23, 2-3.

Les Romains éblouis peuvent donc comprendre que leur conduite conquérante est injuste et qu'il vaudrait mieux restituer les territoires conquis pour retourner à leur état antérieur et primitif[81]. Caton, lui, saisit tout le danger d'un tel talent mis au service d'idées si subversives servies à un public totalement subjugué. Écouter Carnéade conduit assurément au scepticisme absolu et à la contestation de la politique romaine. Et ceci d'autant plus efficacement que la jeunesse manque encore d'esprit critique et est prompte à s'enflammer. Il n'est pas le seul à penser ainsi. Polybe, qui n'a sans doute rien perdu de ces conférences, reproche aux philosophes de l'Académie de se répandre en discussions inutiles qui appartiennent au domaine du « rêve », et dans lesquelles ils s'égarent eux-mêmes en égarant les autres au point qu'on n'ose plus « affirmer qu'il soit impossible de sentir à Athènes l'odeur des œufs qui cuisent à Éphèse [...]. Mais outre qu'ils se fourvoient ainsi eux-mêmes, ils ont suscité chez les jeunes gens un tel engouement que ceux-ci ne prêtent plus la moindre attention aux questions touchant la morale et la politique, domaine dans lequel la réflexion philosophique trouve son utilité, et qu'ils perdent tout leur temps à développer des argumentations stériles et paradoxales, dont ils tirent une vaine gloire[82]. » Sur ce point encore, le Romain Caton s'accorde avec le Grec Polybe. Aussitôt entendue la seconde conférence de Carnéade, il n'a de cesse de bousculer le calendrier des audiences du Sénat afin que les trois ambassadeurs d'Athènes soient reçus le plus rapidement possible et immédiatement renvoyés dans leur pays. « Il craignait, insiste Plutarque, de voir les jeunes gens préférer la gloire de la parole à celle des actions et des armes[83]. » Il reproche aux sénateurs de différer l'audition d'hommes

81. Lectance, *Institutions divines*, V, 14, 3-5 ; VI, 9, 2-4 ; VI, 19 ; VI, 23 = Cicéron, *De republica*, III, VI, 9 sqq. et III, XII, 20-22.
82. Polybe, XII, 26 c.
83. Plutarque, *C. M.*, 22, 5.

capables de persuader tout ce qu'ils veulent. « Il faut, dit-il, prendre au plus vite une décision à leur sujet et la mettre aux voix, afin qu'ils retournent dans leurs écoles disserter avec les enfants des Grecs, et que les jeunes Romains obéissent, comme par le passé, aux lois et aux magistrats [84]. » Ce qui est fait. Les sénateurs finissent par abaisser l'amende des Athéniens à cent talents, un peu furieux de se sentir plus contraints que persuadés par le flot d'une telle éloquence [85]. Encore ceux-ci ne furent-ils jamais payés. Et Carnéade, Critolaos et Diogène quittent la place. Néanmoins, sans l'intervention de Caton, ces redoutables théoriciens eussent continué leurs discours au risque de saper un peu plus les préceptes de la morale romaine et perturbé les jeunes esprits. Il est d'ailleurs à remarquer que l'ancien censeur fut à peu près le seul à en avoir discerné les dangers alors que beaucoup abondèrent dans son sens quand il les eut dessillés.

Caton adepte du pythagorisme ?

Pour autant, Caton était-il aussi hostile aux philosophes que Plutarque et sa légende le prétendent ? Son opposition à Carnéade est réelle et motivée. Mais faut-il la généraliser pour faire des penseurs et des médecins grecs les boucs émissaires de l'anti-hellénisme de Caton dans la forme caricaturale que les textes nous ont transmise ? S'il combat Carnéade, c'est qu'il est allé l'entendre, comme d'autres sans doute – ce qui montre par ailleurs qu'il comprenait parfaitement le grec puisque le philosophe, pour ses conférences, n'a pas usé des services d'un interprète. Cicéron prétend que loin d'être hostile à la philosophie, il agissait en praticien du pythagorisme et, en bon disciple, s'astreignait chaque jour à l'examen de conscience. Tel est du moins

84. Pline, *H. N.*, VII, 30, 112.
85. Élien, *Histoires variées*, III, 17.

le propos que lui prête l'auteur du *De Senectute* qui aime à rappeler que pendant son service militaire à Tarente, Caton a logé chez le pythagoricien Néarque dont il appréciait l'enseignement. Plutarque, reprenant cette anecdote, s'appuie vraisemblablement sur Cicéron[86], sans se rendre compte qu'il donne à Caton une image paradoxale. L'homme soi-disant si acharné contre les philosophes serait-il pythagoricien ?

En réalité, les années qui suivent la seconde guerre punique sont témoins d'une sorte de bouillonnement mystique dont l'un des éclats les plus spectaculaires fut le scandale des Bacchanales réprimé par le sénatus-consulte de -186. Les pythagoriciens ne sont pas en reste et profitent de cette conjoncture favorable dans les esprits romains pour réactiver leurs vieilles légendes. D'un mot, il faut rappeler que très tôt, probablement le IVe siècle, la doctrine de Pythagore se serait répandue dans toute l'Italie jusqu'à Rome depuis le foyer très actif de Tarente. Une tradition légendaire, combattue par Tite-Live et Cicéron, mais bien ancrée dans les mémoires présente même le pieux roi Numa comme un disciple de Pythagore lui-même, au mépris de toute exactitude chronologique. Autant dire que le pythagorisme revendique son influence aux origines de Rome[87]. Le vieux censeur aveugle de -312, Appius Claudius Caecus, passe également, selon Cicéron, pour avoir adhéré au pythagorisme. D'autres personnages célèbres s'en réclament, comme les Aemilii Mamerci qui prétendent descendre d'un Mamercus, tantôt présenté comme un fils du maître lui-même, tantôt comme celui de Numa, à qui aurait été donné le surnom de Aemilius en raison de sa gentillesse (*aimulia*, en grec)[88]. En tout cas,

86. Cicéron, *De Sen.*, XI, 38 à XII, 41. Plutarque, *C. M.*, 2, 3.

87. Cf. Aristoxène de Tarente in Jamblique, *Vie de Pythagore*, 152. Tite-Live, I, 18. Cicéron, *De Republica*, 11, 15, 28. Cf. aussi l'étude de L. Ferrero, *Storia del pitagorismo nel mondo romano*, Turin, 1955.

88. Cicéron, *Tusculanes*, IV, 1, 4. Plutarque, *Vie de Paul-Émile*, 2, 1-2 et *Vie de Numa*, 8, 18-19.

la légende prend corps, si l'on ose dire, lorsqu'au tout début du siècle, pendant la troisième guerre samnite, la Pythie de Delphes consultée conseille l'érection au Forum d'une statue de Pythagore comme le plus sage des Grecs [89]. Près d'un siècle plus tard, Scipion l'Africain adhère au pythagorisme et son protégé, Ennius, que Caton avait amené à Rome, compose un traité de philosophie pythagoricienne intitulé *Épicharme*. Mais rien ne permet de penser qu'Ennius ait pu influencer Caton dans cette voie philosophique, ni de savoir, d'ailleurs, s'il était déjà converti au pythagorisme quand il arrive à Rome avec Caton.

En -181, peu après l'affaire des Bacchanales, éclate un scandale obscur dont il semble qu'il revête une couleur plus politique que philosophique : la découverte soudaine et surprenante de quatorze livres pythagoriciens enfouis dans un sarcophage de pierre et qui proviendraient de la bibliothèque du roi Numa. Même si la légende concernant le vieux roi connaît une large audience, elle ne trompe pas les magistrats, et ces faux livres ne peuvent être que l'œuvre d'un imposteur. Il s'agit probablement d'une manœuvre politique que les proches de Scipion l'Africain ont manigancée pour restaurer l'image de leur grand homme qui vient de connaître une défaveur spectaculaire. Le préteur Q. Pétilius, sans doute le même qui a déclenché quatre ans plus tôt la campagne contre les Scipions dont nous avons vu quel procès retentissant s'en est suivi, ne s'y est pas trompé. Il craint que la nouvelle de cette découverte ne s'ébruite et que, la faveur publique s'en mêlant, il soit difficile d'intervenir. Prétextant y lire des théories dangereuses pour l'État, il obtient que ces livres soient brûlés au *Comitium*. Même si aucun témoignage ne nous est parvenu sur la réaction de Caton dans cette affaire, il est clair que l'ancien allié de Pétilius dans le procès contre les Scipions,

89. Pline, *H. N.*, XXXIV, 26.

celui que l'on croyait même en être l'instigateur, est nécessairement au courant de l'action du préteur, et favorable à cet autodafé.

On voit mal, dans ces conditions, comment Caton aurait pu se convertir à son tour au pythagorisme, une doctrine qui sert la propagande des philhellènes, qui a soutenu la popularité et la réussite de Scipion et dont les rites sont étrangers à la morale du *mos majorum*, voire une menace pour la stabilité de l'État. Que Caton n'ait pu ignorer les préceptes de cette philosophie demeure une certitude. Que certains d'entre eux, notamment ceux sur lesquels insiste Cicéron, aient séduit l'ancien censeur par leur similitude d'aspect avec la morale romaine, reste probable. Mais aucun élément ne permet d'en déduire la conversion de Caton au pythagorisme.

Certes, Pythagore avait annoncé que « dans les villes vient d'abord la mollesse, ensuite c'est l'effronterie, puis la violence et, après elle, c'est la mort », que, selon Néarque, « le plaisir est le plus grand appât du mal, et le corps le premier fléau de l'âme », que, selon Archytas de Tarente rapporté par Cicéron, des plaisirs « viennent les trahisons de la patrie, les bouleversements des États et les entretiens secrets avec l'ennemi » sans oublier « l'adultère et toute infamie de ce genre »... En un mot que « dans le royaume du plaisir, la vertu ne peut séjourner[90] », mais ces pensées sont devenues, au début du IIe siècle, des idées reçues communes à tous les moralistes. En outre, Caton, nous l'avons vu, n'a probablement jamais fréquenté Néarque à Tarente en -209. Quant au souci de Cicéron de faire passer Caton pour pythagoricien, il est difficile à confirmer sur le seul motif que l'ancien censeur faisait quotidiennement son examen de conscience, d'abord parce que Cicéron est le seul à le dire, ensuite parce qu'il précise que Caton se livrait à

90. Cicéron, *De Sen.*, XII, 39-41. Plutarque, *C. M.*, 2, 4.

cet exercice « à la manière des pythagoriciens », ce qui n'implique pas nécessairement qu'il l'ait été réellement. Citer quelques maximes morales générales empruntées sans doute bien après -209 à des philosophes pythagoriciens ne signifie donc pas que Caton ait adhéré à leur doctrine. On se souvient qu'il avait en général du mépris pour ces bavards qui se répandent en phrases creuses, en discours hypocrites, en jérémiades juste propres à des pleureuses d'enterrements, mais sont toujours absents au moment de l'action quand il s'agit de donner l'exemple[91].

La séduction de l'hellénisme

Cependant, il serait inexact de généraliser ce dédain des philosophes et de retenir de Caton l'image d'un homme borné, fermé aux beautés et aux richesses artistiques de l'hellénisme, au progrès qu'il a induit, ainsi que sa légende s'est complue à le présenter. Cicéron lui fait dire qu'il s'intéressa aux auteurs grecs dans sa vieillesse, mais nous avons dit qu'il avait appris la langue depuis longtemps et si, comme l'affirme l'auteur du *De Senectute*, il a pris le temps et le goût d'approfondir sa connaissance de la littérature grecque sur ces vieux jours, il est évident qu'il en pratiquait les auteurs depuis longtemps. D'ailleurs Plutarque le remarque : « On dit qu'il étudia sur le tard les lettres grecques et qu'il était très avancé en âge quand il prit en main les livres grecs ; qu'il tira quelque profit de Thucydide et davantage de Démosthène pour perfectionner son talent oratoire. En fait, ses écrits sont passablement émaillés de maximes et d'histoires empruntées aux Grecs et l'on trouve beaucoup de traductions littérales du grec dans ses apophtègmes et ses sentences. » Et il cite, par exemple un bon mot de Caton sur la domination des femmes sur les maris transposé d'une remarque de

91. Aulu-Gelle, *N. A.*, XVIII, 7, 3.

Thémistocle[92]. Le même Plutarque rappelle qu'à Athènes, Caton était parfaitement capable de s'adresser en grec à ses auditeurs et que seul son nationalisme lui fit prendre un traducteur. Lui-même s'est attaché l'amitié d'Ennius, sans doute son premier maître, et, en voyage à Athènes, n'a pas caché à son fils les charmes de la ville et de la littérature grecques. Il s'est, d'ailleurs, appuyé sur des sources grecques pour écrire ses propres livres, aussi bien le *De Agricultura*, pour quelques points techniques, que ses *Origines* où perce la connaissance des historiens grecs à qui il emprunte quelques sentences jugées utiles à l'éducation de ses concitoyens, comme le note Pline[93]. Les orateurs, malgré ce qu'il dit d'Isocrate, ne le laissent pas non plus indifférent puisque Plutarque souligne qu'on le surnommait le Démosthène romain. Il lui arrivait même de citer des auteurs grecs : Plutarque rapporte qu'au début de la troisième guerre punique, entendant le récit des exploits de Scipion Émilien, il laisse échapper ce vers de l'Odyssée : « Seul il reste sensé parmi le vol des ombres », mot appliqué par Circé à Tirésias aux Enfers[94].

Caton ne dédaignait pas la culture hellénique, même s'il ne faut certainement pas en déduire que tous les arts le charmaient. Cicéron va trop loin en lui faisant dire, à propos de Socrate qui avait appris à jouer de la lyre, « j'aurais voulu le faire aussi ». Pour Caton, Socrate n'était qu'un bavard, et jamais un art ne se conçoit sans quelque rapport avec l'action. Au reste, Cicéron lui-même le reconnaît qui note, dans le *De Oratore*, qu'il a toujours manqué au vieux censeur ce raffinement de politesse et de savoir qui n'existait qu'au-delà des mers[95]. Mais, pour peu qu'il y eût une utilité pratique, Caton ne refusait pas de s'inspirer d'un

92. Plutarque, *C. M.*, 2, 5-6 ; 8, 4-5.
93. Pline, *H. N.*, XXIX, 14.
94. Plutarque, *C. M.*, 27, 6.
95. Cicéron, *De Oratore*, III, 34, 135.

modèle grec. Il reste bien le premier à avoir édifié au Forum une basilique, certes adaptée aux besoins des Romains, mais de nom grec. Ou bien encore, dans le même esprit, s'il refusait de confier l'éducation de son fils au soin d'un précepteur étranger, il avait chez lui un esclave grec grammairien nommé Chilon, dont il louait les services et qui lui procurait un bon revenu [96].

Il s'est toujours montré intéressé. Le modeste paysan qu'il était disait dans sa jeunesse qu'il n'existait que deux moyens de se procurer des ressources : l'agriculture et l'épargne. Mais la belle vertu de l'agriculteur, qu'il magnifie dans son traité, n'a pas résisté à l'appât du gain et aux nouvelles orientations économiques offertes par la position dominante de Rome en Méditerranée. L'économie a changé. La terre reste peut-être la vraie marque de noblesse, mais elle rapporte moins que les affaires. « À mesure qu'il s'attachait plus âprement au gain, il regardait l'agriculture plutôt comme un passe-temps que comme une source de revenu. » Il est l'un des premiers agriculteurs à confier sa propriété aux soins d'un intendant et à vivre à Rome où il peut mieux gérer l'ensemble de ses biens. Il se diversifie et investit ses capitaux « dans des affaires solides et sûres », non soumises aux aléas du temps. Selon Plutarque, il achète des étangs, des sources d'eaux thermales, des emplacements destinés à l'installation d'entreprises de foulons et de production de poix, ainsi que des terres destinées aux pâturages, des forêts... « toutes possessions d'où il tirait de grands profits et que Jupiter lui-même, disait-il, ne pourrait endommager [97] ». Ajoutons la pratique de l'usure, notamment dans le secteur du transport maritime, en assortissant les prêts de conditions telles qu'il n'ait jamais à subir de pertes importantes en cas de naufrages ; ajoutons encore le commerce d'esclaves, dont

96. Plutarque, *C. M.*, 20, 5.
97. Plutarque, *C. M.*, 21, 5.

nous reparlerons... Derrière l'image du vertueux paysan-soldat qui tançait ses concitoyens au nom de l'antique morale se profile un homme d'affaires avisé très au fait de l'évolution de l'économie et de la nouvelle mentalité induites par l'hellénisation de Rome et sa récente situation en Grèce et en Orient.

En ce début de IIe siècle, le monde évolue très vite, et Caton n'est pas en reste. Il ne se réfère pas aux mêmes valeurs qu'un Scipion l'Africain, mais les vues de Scipion Émilien, de Polybe, sur bien des points se rapprochent de celles de Caton qui, de son côté, n'offre pas cette image d'un conservateur aigri et dépassé que la légende a bien voulu nous transmettre. Il faut distinguer l'attitude officielle, le prestige politique mis au service d'une identité romaine à préserver au cœur des bouleversements de l'époque, et l'adaptation d'un homme à son temps, son abnégation à de nouvelles idées, de nouvelles mœurs qu'il ne saurait rejeter en bloc sous peine de devenir inaudible à ses concitoyens. Or nous savons de quel poids Caton pesa jusqu'à son dernier souffle sur la vie politique romaine.

Et dans sa vie quotidienne, le censeur ne se montrait sans doute pas toujours aussi austère qu'il voulait le faire croire, du moins dans la dernière partie de son existence, si l'on en croit Plutarque. Le biographe nous le dépeint comme un bon vivant, adepte des repas plantureux et conviviaux, à la mode grecque. À la campagne, il invite voisins et amis et passe « gaiement » le temps avec eux, « car il était un convive agréable, que recherchaient non seulement les gens de son âge, mais encore les jeunes gens, parce qu'il possédait une vaste expérience et qu'il avait été le témoin de tant d'évènements et de propos dignes de mémoire. Il considérait la table comme le meilleur endroit pour se faire des amis. Les hommes distingués par leurs vertus y étaient l'objet de grandes louanges, mais on n'y parlait pas du tout des gens inutiles et des méchants, dont Caton n'admettait dans sa salle à manger ni l'éloge ni le blâme[98]. » Cette dernière remarque laisse sceptique, et il est probable que Plutarque se soit inspiré du dialogue de Cicéron. Mais même édulcorée, sa description a le mérite de dépoussiérer le portrait par trop hiératique de l'ancêtre complaisamment transmis à la postérité par la tradition. Elle permet de comprendre que Caton n'était pas pétri de contradictions, comme on l'a souvent écrit. Homme de son temps, ouvert comme tous à l'hellénisme, il a su en faire son miel sans pour autant oublier la mission politique qu'il s'était donnée.

L'incarnation de la conscience nationale : de la gravitas *à l'*humanitas

La réaction de Caton à l'hellénisme s'avère donc moins tranchée et plus complexe qu'il n'y paraît au premier abord. En fait, il représente le symbole même d'une synthèse des valeurs grecques et romaines : il cherche à préserver l'identité romaine en l'adaptant aux apports de l'hellénisme, en mesurant son assimilation de la culture grecque. Ce faisant, il illustre parfaitement l'attitude nuancée des Romains à l'époque de Scipion Émilien. Comme l'écrit très justement Paul Veyne : « Comme corps politique, Rome veut s'acculturer sans s'identifier ; elle s'hellénise pour s'affirmer, alors qu'aux yeux des Grecs, l'hellénisation équivalait à une naturalisation[99]. » Il subsistera donc toujours un malentendu. Mais les valeurs grecques ne sont pas repoussées, elles sont sélectionnées en fonction de leur utilité, et adoptées pour leur efficacité. Caton, par exemple, ne refuse pas l'*otium*, à condition qu'il soit formateur et complémentaire à l'action ; d'ailleurs, il écrit, et la littérature n'est pas considérée à son époque comme une activité sérieuse, mais il écrit

98. Plutarque, *C. M.*, 25, 3-4.
99. Paul Veyne, in *Diogène*, 1979, p. 11-12.

des ouvrages utiles. Dès le début de ses *Origines*, il éprouve le besoin de s'en justifier : « Les hommes en vue et les personnages doivent rendre compte aussi bien de leurs loisirs (*otium*) que de leurs activités (*negotium*) [100]. » Encore cet *otium* ne doit-il pas être l'*otium graecum*, ce loisir méprisable et négatif qui consiste à ne rien faire. Cet *otium* productif, *otium negotiosum*, le loisir que laisse la vie politique, peut être, par exemple, pour Caton, l'agriculture. Lucilius, satiriste et ami de Scipion Émilien, ne dit pas autre chose lorsqu'il raille : « À bien y réfléchir, mon manteau à capuchon, mon bidet, mon esclave, ma couverture, tout cela m'est plus utile qu'un philosophe ».

De toute manière, le loisir revêt un caractère privé qu'il ne faut pas mêler aux devoirs de l'homme public. Caton a une haute idée de sa responsabilité politique. Il sait que, pour être persuasif et écouté, il ne doit pas offrir à ses concitoyens le spectacle d'une position équivoque, en demi-teinte. Accepter sans dérive quelques leçons de la Grèce n'est l'apanage que d'hommes cultivés, non de tous les citoyens. Aussi doit-il publiquement forcer le trait. À la « légèreté » (*levitas*) grecque, il doit opposer la *gravitas* romaine, celle du censeur (on parle d'ailleurs de la *censoria gravitas*), celle qui permet de lutter contre la *luxuria*. Car Caton doit offrir l'image d'un *vir gravis*, d'un homme solide, « inébranlable » qui résiste à toutes les frivolités contraires au statut d'homme comme l'élégance, le superflu. La permanence face à la futilité ; l'immuable contre l'inconstant. De Cincinnatus, de Régulus, mais aussi de Paul-Émile fut louée la *gravitas*. Celle-ci est liée à la *fides* par la nécessité du lien qui unit l'homme politique à ses concitoyens, étant donné *l'auctoritas* (le prestige moral) et le pouvoir dont il jouit sur les autres. Or cette *fides* implique une autre qualité, bien romaine, celle d'*humanitas*, qui n'est pas l'humanité au sens

100. Caton, *Or.*, I, 2.

philosophique du terme, mais le rapport courtois, la politesse dont doit faire montre l'homme politique ; c'est-à-dire, lorsqu'il s'agit des adversaires, voire des ennemis extérieurs, la considération, et lorsqu'elle s'exerce à l'égard des proches, la fidélité respectueuse et dévouée, la *pietas*.

À l'époque de Caton, le terme d'*humanitas* n'existe pas encore. Seul est employé l'adjectif *humanus*, déjà utilisé par Plaute. L'influence hellénique tend à lui donner un caractère plus « humaniste », pour ne pas dire plus humanitaire, au sens où il faut comprendre une sorte d'adoucissement des mœurs, un plus grand souci de l'autre. C'est ainsi qu'il faut entendre le mot célèbre d'un personnage de Térence : « Je suis homme, et je pense que rien de ce qui est humain ne m'est étranger[101]. » La philosophie grecque donne au mot une dimension nouvelle, mais celui-ci existe déjà à Rome pour traduire la mansuétude dont peut faire preuve l'homme politique. En fait, il faut attendre l'influence stoïcienne de Panétius pour que ce concept difficile connaisse une mutation significative. Auparavant, c'est-à-dire au temps de Caton, « l'humanité » que manifeste l'homme romain s'inscrit plus dans le cadre de son devoir (*officium*) envers les autres que dans celui de l'expression d'une sensibilité personnelle. Ainsi s'explique, chez Caton, que cette notion reste liée à celle de la *gravitas*, c'est-à-dire au respect de sa dignité et à sa rigueur morale, laquelle justifie sa sévérité (*severitas*) et se conforte de son honnêteté (*integritas*)[102].

Tite-Live, avec une admiration non feinte, a vanté le « génie multiforme » de Caton et sa faculté d'adaptation[103]. Cette remarquable qualité lui permit d'aider son temps à évoluer, en tentant de lui éviter de tomber dans quelque délire mystique et de le soustraire à la tentation des dérèglements

101. Térence, *Le Bourreau de soi-même*, 77.

102. Cf. J. Hellegouarc'h, *Le Vocabulaire latin des relations et des partis politiques*, Paris 1972, p. 267 sqq. et 279 sqq.

103.Tite-live XXXIX, 40, 5.

que provoque l'abandon à un luxe effréné. Caton a incarné l'exemple de la raison et de la maîtrise de soi. Loin de vouloir enraciner Rome dans un passé supposé immuable, il retient de la modernité ce qu'il juge utile pour elle en l'ancrant dans le ferme terreau des anciennes valeurs, à la tête desquelles la *virtus* brille comme un phare. Comme un général qui permettrait à ses troupes de traverser un passage difficile en les préservant du précipice, il fut l'un des gardiens de Rome pendant ces années de périlleuse mutation, telle une incarnation de la conscience nationale.

VII

L'ORATEUR ET L'ÉCRIVAIN

Caton offre l'image d'un petit homme déterminé, infatigable. Il est impossible de saisir toutes les facettes de sa personnalité si l'on ne s'arrête un temps sur ce qui constitue une part importante de son action : son œuvre littéraire. Aux Anciens déjà, celle-ci apparaissait comme complémentaire à son devoir de soldat, à son travail de paysan, et aussi importante que ceux-ci. Ainsi Cornélius Népos écrit-il : « Rien ne fut étranger à son extraordinaire activité ; il se montre à la fois cultivateur expert et politique habile, bon jurisconsulte, remarquable général, orateur digne d'éloge et grand ami des lettres. » Et Tite-Live renchérit : « Ce fut encore, une fois atteint le sommet des honneurs, un très grand général, mais aussi en temps de paix un homme très expert en matière juridique, très éloquent dans ses plaidoiries ; et il ne fut pas seulement quelqu'un dont l'art oratoire fleurit de son vivant sans laisser derrière lui aucun témoignage ; bien au contraire, son éloquence fleurit et vit encore, consacrée par des écrits au contenu varié[1]. »

Son œuvre, pour l'essentiel, fut écrite après sa censure, c'est-à-dire dans la dernière partie de sa vie, et il ne nous en est parvenu que de trop rares extraits, hormis l'important traité d'agronomie qui demeure un document incomparable sur l'économie rurale à son époque. Trop souvent, les témoignages de ses nombreux écrits sont connus grâce aux auteurs latins qui les citent, et il ne faut pas se dissimuler que l'image, parfois teintée d'une excessive sévérité,

1. Cornélius Népos, *Caton*, 3, 1. Tite-Live, XXXIX, 40, 6-7.

de l'auguste censeur nous a été transmise par ces écrivains postérieurs qui n'en ont retenu que cet aspect, à leurs yeux plus digne du souvenir du grand homme et de la tradition romaine. Heureusement, l'étude de certains passages laisse percer une grande vitalité qui n'a pu s'exprimer sans être le fruit d'une certaine jouissance de la vie de la part de leur auteur.

Dans l'histoire de la littérature latine, Caton occupe une place primordiale : celle d'un pionnier. Il est la figure de proue de la langue latine. Le premier, en effet, il écrit en prose divers traités, notamment d'histoire. Jusqu'à lui, les auteurs sont, pour beaucoup, d'origine étrangère, et n'ont composé en latin qu'en vers. Ceux de ses contemporains qui écrivent en prose le font en grec, comme, en leur temps, Fabius Pictor ou Cincius Alimentus. Tel est le cas de C. Acilius ou de A. Postumius Albinus dont nous avons vu comment Caton s'est gaussé. Le censeur de -184 va donner à la prose latine ses lettres de noblesse en montrant qu'elle est mieux à même que le grec de traduire la réalité romaine. Et s'il en est convaincu, c'est qu'il ne distingue pas nécessairement son mode d'expression de l'éloquence dont il fait usage depuis sa jeunesse pour mener son combat. C'est ce que Tite-Live souligne à la fin de l'extrait que nous venons de citer.

De fait, l'éloquence tient une place majeure dans la vie de Caton et, s'il n'a pris le temps d'écrire divers ouvrages qu'assez tardivement, « il compose des discours depuis sa jeunesse », comme le rappelle Cornélius Népos. À Rome, sous la République et principalement à l'époque de Caton, l'art oratoire n'est pas qu'un exercice littéraire, comme il l'est devenu chez les rhéteurs grecs. La parole est constitutive de l'action et de la liberté du citoyen. C'est elle qui permet à un homme politique d'assumer ses fonctions en cherchant à persuader, à séduire ses concitoyens, en concurrence avec d'autres dont il faut combattre les arguments. Le discours devient une arme, celle que l'on brandit au Forum comme l'on tire une épée sur un champ de bataille. Aux comices ou au tribunal, il manifeste la valeur du citoyen et témoigne de son aptitude à assumer une responsabilité. Voilà pourquoi Auguste enfermera la parole dans les écoles, afin que sa libre expression ne s'érige plus comme une menace contre son autorité monarchique.

Cicéron l'a très bien dit – et Caton en fut la première figure exemplaire : à l'orateur revient de guider le peuple ; ce qui suppose deux qualités corollaires : il ne peut être issu que d'une certaine classe sociale et doit montrer les plus hautes dispositions morales. Le noble apprend à parler. Cela fait partie de son éducation. Les éloges funèbres prononcés depuis les Rostres en font la démonstration. Et il est un homme de bien, « un honnête homme ». Telle est, d'ailleurs, la définition que donne Caton de l'orateur : « Un homme de bien habile à parler » (*vir bonus dicendi peritus*). Il use du même adjectif pour désigner le citoyen-paysan (un homme de bien habile à cultiver la terre). Voilà sans doute ce qu'il se targuait d'être avant de devenir un homme politique. À la campagne, déjà, il aidait gracieusement ses concitoyens à se défendre devant les juges. À Rome, il doit défendre la République. L'orateur-paysan est devenu un soldat-orateur.

L'éloquence de Caton

On peut dire qu'il y a, chez Caton, un don naturel pour l'éloquence. À son époque encore, et surtout avant lui, la rhétorique ne s'apprend pas dans les écoles comme en Grèce. Le citoyen est amené à prendre la parole pour défendre une cause – la sienne ou celle d'un tiers – ou pour emporter l'adhésion du peuple, par exemple dans les assemblées populaires. Les discussions sont donc très brutales, voire violentes, dans un souci d'efficacité. Cicéron, dans l'un des traités où il disserte sur l'art oratoire, n'arrive pas à trouver un seul exemple d'homme méritant le beau titre d'orateur avant Caton, mis à part Céthégus, dont il souligne « la douceur du langage », pendant la seconde guerre punique. Tous les autres, dit-il, « aboient plus qu'ils ne parlent[2] ». Ainsi Caton apparaît-il, dans cette discipline également, comme un novateur. Plutarque prétend qu'il cultivait l'éloquence « comme un second corps et comme l'instrument presque nécessaire des belles actions pour un homme qui ne veut pas vivre dans l'obscurité et l'oisiveté », et il rappelle qu'il exerçait son talent dans les bourgs de Sabine avant de se tailler, à Rome, la réputation « d'un excellent orateur ». Il ajoute même que son influence grandit « grâce à son éloquence », et que « le peuple l'appelait le Démosthène romain ». Cette facilité de parole demeura sienne jusqu'à ses derniers jours puisqu'il lança encore une accusation l'année même de sa mort, à quatre-vingt-cinq ans, après en avoir soutenu ou repoussé un bonne cinquantaine dans sa carrière[3].

Il ne nous reste aujourd'hui aucun discours de Caton dans son intégralité. Nous devons donc nous en remettre au jugement de tous ceux qui, au long des siècles, vantent ses qualités d'orateur sans oublier que chacun, suivant son temps et ses intérêts, en retire des aspects différents. Cicéron et Quintilien en font un précurseur, voire le nom le plus glorieux de la littérature latine, et il est vrai qu'il apporte la preuve de l'existence d'un art oratoire proprement latin avant l'influence grecque. Au IIe siècle de notre ère, le maître de la mode archaïsante, Fronton, ne tarit pas d'éloges sur la richesse et l'originalité d'un vocabulaire passé d'usage à son époque. Il en conseille la lecture à son élève Marc Aurèle qui s'en nourrit au point de l'aduler. « C'est au seul Caton que je me suis consacré, promis, attaché », écrit-il. Aulu-Gelle, comme Fronton, y trouve une pureté de langue exem-

2. Cicéron, *Brutus*, 58.
3. Plutarque, *C. M.*, 1, 5 ; 2, 5 ; 4, 1 ; 19, 8 ; et surtout 7, 1 sqq.

plaire et se pâme d'aise à lire un style qu'il juge proche du sublime. Les grammairiens y puisent nombre d'exemples dont ils soulignent la rare beauté et l'originalité. Quant à Apulée, qui définit chaque orateur par ce qu'il juge être sa caractéristique principale, il évoque « la force » du discours catonien, à côté de « la douceur » de Laelius, de « l'impétuosité » des Gracques, de la « chaleur » de César, de la « sobriété » de Salluste ou de « l'ampleur » de Cicéron[4].

Cicéron, qui note en passant qu'à son époque plus personne ne lit Caton et s'enorgueillit d'avoir pu trouver et lire au moins cent cinquante discours du grand homme, se laisse aller à une comparaison curieuse qui laisse Plutarque éberlué : il trouve une ressemblance entre Caton et Lysias : « Tous deux sont fins, élégants, spirituels, rapides. » De fait, voilà qui surprend si l'on pense d'une part à l'impétuosité de parole du vieux censeur dont nous avons déjà eu bien des exemples, et d'autre part au mépris ironique avec lequel il considérait le babil inutile des orateurs attiques et de leurs disciples. Sans doute faut-il voir dans cette comparaison surprenante quelque règlement de compte : on se souvient des rivalités entre diverses écoles au Ier siècle avant notre ère et il faut faire la part de l'ironie dans ce propos cicéronien. Lui-même, d'ailleurs, se reprend lorsqu'il montre que pour son temps, Caton et inégalable : « Son style est trop vieux et avec certaines rugosités ; c'est qu'alors on parlait ainsi. Changez ce que de son temps il n'a pas pu changer ; ajoutez des dispositions métriques et, pour donner aux phrases plus de cohésion, tout en conservant les mêmes mots, assemblez-les, cimentez-les en quelque sorte, toutes choses que même les Grecs des époques anciennes ne savaient pas faire davantage : alors vous ne mettrez personne au-dessus de Caton. » Ceci dit, Cicéron peut laisser

4. Apulée, *Apologie*, 94. Quintilien, *Institution oratoire*, III, 1, 19 ; XII, 3, 9 ; 7, 4 ; 11, 23.

libre cours à sa véritable admiration : « Quel homme, grands dieux ! Je laisse de côté le citoyen, le sénateur, le général : c'est de l'orateur qu'il s'agit ici. Qui eut jamais plus de poids dans l'éloge, plus d'âpreté dans la critique, dans les pensées plus de finesse, dans l'exposé des faits et des arguments plus de simplicité ? » Tout au plus est-ce cette dernière qualité que l'on peut attribuer en commun à Lysias et à Caton. « Chez les Grecs, les Romains goûtent ce qui est antique et font leurs délices de cette simplicité qu'ils qualifient d'attique, et cette simplicité, ces mêmes gens ne savent pas qu'elle existe chez Caton ! »

En entendant son ami Cicéron, Atticus lui avoue qu'il a eu beaucoup de mal à étouffer son rire. « Eh oui ! C'est un grand homme que Caton, ou mieux, c'est un homme supérieur, un homme unique en son genre : personne ne dira le contraire. Mais un orateur ! Un orateur comparable à Lysias ! Un écrivain d'une couleur incomparable ! Charmante serait l'ironie, si nous plaisantions... Oui, ton Caton, je l'estime comme citoyen, comme sénateur, comme général, comme un homme, enfin, supérieur par la sagesse, par l'activité, par toute espèce de vertu : ses discours, je les trouve fort louables pour son temps : ils dénotent une certaine tournure de génie, mais qui n'a pas été le moins du monde façonnée et qui reste encore tout à fait à l'état brut... quoi ! À des modèles que parmi les Grecs mêmes personne ne peut imiter, tu vas comparer un homme de Tusculum, qui n'a pas encore la moindre idée de ce qu'est un langage abondant et oratoire ! » Cicéron doit bien en convenir : il s'est peut-être laissé emporter. Néanmoins son admiration n'est pas entamée : « Il faut lire les ouvrages des Anciens et surtout ceux de Caton. Tu comprendras, après l'avoir lu, que le style de Caton est d'un dessin achevé et que ce qui lui manque, c'est la fraîcheur et l'éclat des couleurs qui n'avaient pas encore été inventées. » Et ailleurs, il écrira : « À M. Caton, qu'a-t-il manqué, sinon cette fleur de culture, production d'outre-mer et importation de l'étranger ? Il avait appris le droit ; en plaidait-il moins pour cela ? Il était capable de plaider, négligeait-il pour cela la science du droit ? Non, il s'appliqua à l'un et à l'autre et y réussit également. Et la popularité qu'il acquit en soutenant les intérêts des particuliers le rendit-elle moins empressé à prendre en mains les affaires de l'État ? Personne, devant le peuple, ne fut plus énergique, au Sénat ne fut plus utile. Ajoutez que, sans conteste, il était également un général de premier ordre. Enfin tout ce que, de son temps, on pouvait savoir et apprendre dans notre ville, il l'étudia, le sut et même en écrivit[5]. » Cicéron n'est pas le seul à faire le rapprochement entre les hautes capacités de l'orateur et celles du soldat. Ce sont bien les deux domaines complémentaires dans lesquels un responsable politique doit exceller. En outre, l'orateur est un homme complet, instruit dans les disciplines qui permettent d'éclairer l'exercice du pouvoir. À l'époque de Cicéron, il s'agit de la philosophie, du droit et de l'histoire. Caton possède les deux dernières, mais point encore la première. Toutefois il la remplace par sa connaissance du *mos majorum* et l'exaltation de la morale traditionnelle. En cela il figure bien l'archétype de l'orateur romain puisqu'il rassemble, dans l'exercice de sa fonction, les savoirs fondateurs de la République.

Le travail de l'orateur

Comment travaille Caton ? Si l'on en croit Cicéron[6], il gardait copie de ses discours puisqu'il prétend les reprendre dans sa vieillesse pour en peaufiner le texte. Comme cette assertion côtoie quelques approximations, voire des erreurs (à propos de l'apprentissage de la littérature grecque ou du

5. Cicéron, *Brutus*, 61 sqq. ; 293-294 ; 298 ; *De Oratore*, III, 33, 135.
6. Cicéron, *De Sen.*, XI, 38.

pythagorisme) dans le *De Senectute*, nous sommes en droit de nous interroger sur cette pratique. Cicéron prête à Caton une manière de faire qui est sienne dans sa propre vieillesse, nous le savons. Pourtant les textes des discours ont été conservés puisque de nombreux auteurs, à commencer par Cicéron, disent en avoir pris connaissance et en citent des extraits. Mais à quel moment ces discours ont-il été transcrits ? Et par qui ? Un passage de Caton lui-même laisse penser qu'il avait pour habitude de conserver la trace des paroles prononcées dans ses archives. Il s'agit d'un fragment dans lequel il s'en prend aux mœurs corrompues de la noblesse – une fois de plus ! – et ne manque pas d'opposer à cette critique son propre éloge : « Je fis apporter le livret où était écrit le discours que je fis autrefois pour répondre à M. Cornélius. On apporte les tablettes ; on lit ce qu'ont fait de bien mes ancêtres, ensuite ce que moi j'avais fait pour l'État. Cette lecture achevée, il se trouvait écrit dans le discours : “Jamais je n'ai, pour briguer une magistrature, dilapidé mon argent ni celui des alliés.” Ah non, dis-je. Ne va pas écrire cela. C'est une chose qu'ils [les nobles corrompus] ne veulent pas entendre. Puis il [l'esclave secrétaire] reprit : “Jamais je n'ai imposé aux villes de vos alliés de préfets qui missent à mal leurs biens, leurs femmes, leurs enfants.” Cela encore, efface-le. C'est une chose qu'ils ne veulent pas entendre. Continue [...]. » le récit ironique de cette présentation dramatisée du travail de l'orateur se poursuit pour montrer qu'il faut tout supprimer des actions droites de Caton, qui conclut, en bon moralisateur : « Voilà où l'État en est pour que je n'ose pas, aujourd'hui, par crainte de devenir odieux, rappeler les services que j'ai rendus à l'État et qui m'attiraient la faveur. Tant on a pris le pli de laisser impuni le vice, non la vertu[7]. »

7. Malc., *ORF*[1], 171. Le récit complet des bonnes actions de Caton est celui que nous avons déjà cité à propos du *De Sumptu suo*.

Caton devait donc écrire ses discours. Mais quand ? Après qu'ils eurent été prononcés ? Et, dans ce cas, les transcrivait-il de mémoire ou à partir de notes prises au préalable ? Ou, s'ils étaient préparés par écrit, les retravaillait-il ensuite pour leur donner une forme plus littéraire ? Cette dernière hypothèse semble la plus probable. En effet, son style, que tous les auteurs ont admiré, devait certainement être ciselé pour laisser de lui à la postérité une image conforme à la haute idée qu'il se faisait de lui-même. Il serait impensable, par exemple, que pour insérer certains discours, comme celui pour la défense des Rhodiens, dans ses *Origines*, Caton ne les eût pas remodelés. Mais on n'imagine pas non plus qu'il se soit taillé cette solide réputation d'homme éloquent et de talentueux avocat s'il n'avait réservé le travail du style qu'à la réécriture de ses textes. Sans doute préparait-il la plaidoirie qu'il comptait délivrer. Et il importe peu, au fond, que ce travail de réécriture ait été opéré peu après avoir plaidé ou seulement dans sa vieillesse.

Le style des discours

Caton aurait donc été l'un des premiers orateurs romains à préparer ses discours avant de les prononcer. Ce qui expliquerait la qualité de ses textes et la force de persuasion de sa parole. L'originalité de son éloquence réside surtout dans sa nature : déjà plus policée que celle de ses prédécesseurs, elle affiche néanmoins une vigueur qui la distingue de celle, plus douce (la *lenitas*) d'un Lysias. C'est que Caton n'a pas été formé par des précepteurs grecs. Plutarque résume assez bien cette spécificité : « Son éloquence semble avoir eu le caractère que voici : elle était à la fois gracieuse et puissante, douce et véhémente, plaisante et austère, sentencieuse et polémique[8]. » Tite-live, qui avait lu certains

8. Plutarque, *C. M.*, 7, 1.

discours pour s'en inspirer, parle de sa « langue acerbe », de sa « franchise immodérée », bien à la mesure de son « caractère difficile[9] ». Et Cicéron, oublieux de son aveuglement dans le *Brutus*, reconnaît que les discours de Caton sont « quelque peu rugueux[10] », et donc assez loin des finesses des Grecs ; ce que Aulu-Gelle transpose dans une perspective plus positive, en faisant observer que les âmes paysannes d'alors se laissaient peu charmer par « l'agrément du style » et préféraient « le premier discours », sans apprêt, « d'un charme naturel et parce qu'il y a en lui, pour ainsi dire l'ombre et la couleur d'une épaisse antiquité ». Et dans ce contexte, sans nul doute, la prose de Caton triomphait, avec plus de « force » et d'« abondance » même que celles des Gracques, car « Caton ne s'est pas contenté de l'éloquence de son temps et a déjà voulu faire ce que Cicéron porta ensuite à la perfection[11] ».

En fait nous ignorons à quoi pouvait ressembler un discours de Caton dans son entier. S'il faut s'en remettre aux auteurs de l'Antiquité qui les avaient lus, nous pouvons cependant dégager les quelques caractères suivants : il commence toujours, selon l'antique coutume, par une invocation aux dieux, qui se distingue par sa *brevitas*, sa simplicité et dégage la *gravitas* de son auteur. C'est Servius qui témoigne que Caton inaugurait presque toujours ses harangues par un appel aux dieux immortels, notamment à Jupiter, ce qui se comprend mieux si l'on se rappelle qu'au Forum, lorsque la foule écoutait un orateur juché sur les Rostres, elle embrassait également du regard le Capitole dominé du temple de Jupiter. Cicéron, dans son discours contre Q. Caecilius, en se moquant de son adversaire, évoque cette ancienne coutume : « Toi, du moment que tu auras pu emprunter à un

9. Tite-Live, XXXIX, 40, 10.
10. Cicéron, *Orator*, XLV, 152.
11. Aulu-Gelle, *N. A.*, X, 3, 15-16.

vieux discours et apprendre par cœur quelque "c'est à Jupiter, très bon, très grand que je m'adresse" ou quelque "je voudrais si c'était possible, juges..." ou quelque banalité du même genre, tu estimes que tu te présenteras à l'action judiciaire muni d'une remarquable préparation[12]. » Caton aurait pu se reconnaître dans ce trait ironique. Autre caractère du style catonien : la concision. Elle est attestée par Plutarque qui rappelle combien les Athéniens furent étonnés que Caton puisse exprimer autant en peu de mots, et par Pline le Jeune, qui ne l'appréciait guère. Ce dernier, dans une lettre à Tacite, cite ce point commun entre les attiques comme Lysias et Caton ou les Gracques dont les discours sont « courts et brefs[13] ». Mais Aulu-Gelle, à la différence de Pline, défend Caton qu'il dit attaqué de ce « vice » en fustigeant à son tour l'abondance de mots, « même très beaux et très ornés, sans qu'il y ait dessous aucune pensée ni aucune connaissance ». Et de rappeler comment Caton se moque, dans un discours que nous avons déjà cité, du tribun Marcus Caelius qui développe l'art de parler pour ne rien dire[14]. Concise et sobre, ce qui n'empêche pas une certaine violence, voire de l'agressivité, selon Fronton, l'éloquence de Caton est efficace et fait mouche. Elle se renforce encore de la *gravitas* de son auteur, de son *auctoritas*, de son prestige moral qui lui donnent de l'ascendant sur son auditoire et obligent au respect.

Aulu-Gelle, tenant, comme Fronton, de la mode archaïsante, et bien qu'il n'ignore pas l'évolution de l'art oratoire depuis le IIe siècle avant notre ère, n'hésite pas à comparer le style de Caton au style sublime. À propos du discours *Sur le partage du butin aux soldats*, il loue « les termes violents et brillants » à la fois qui marquent la gran-

12. Cicéron, *In Q. Caecilium*, XIII, 43. Servius, *Ad Aen.*, VII, 256 ; XI, 320.

13. Plutarque, *C. M.*, 12, 7. Pline le jeune, *Lettres*, I, 20, 4.

14. Aulu-Gelle, *N. A.*, I, 15, 7 sqq.

deur du style catonien, et leur attribue ailleurs la force et la richesse du style sublime[15]. Dans un autre passage, il prend la défense de Caton contre les critiques portées par Tiron, le secrétaire de Cicéron, au discours *Pour les Rhodiens*[16]. Il y montre comment Tiron, pourtant « homme d'un talent raffiné » mais forcément étranger à l'action politique, a pu commettre une analyse erronée du discours de Caton. L'affranchi de Cicéron, par exemple, s'en prend à l'exorde qu'il trouve « trop arrogant et trop violent » et s'en tient à la rhétorique de son temps pour préférer les préambules qui « apaisent les juges » et adoucissent les esprits. Il en critique également le propos. Il aurait dû savoir, fait remarquer Aulu-Gelle, que les Rhodiens ont été défendus par Caton « en tant que sénateur, personnage consulaire et ancien consul cherchant ce qu'il estimait le meilleur pour l'État, non comme par un avocat plaidant pour des accusés. Car autres sont les exordes qui conviennent à qui défend des accusés devant des juges [...], autres ceux d'un homme à l'autorité prestigieuse [...] s'indignant et se plaignant à la fois avec force et liberté en faveur de l'intérêt national et du statut d'alliés. » Et ainsi de la suite du discours. Ce qui conduit Aulu-Gelle à conclure : « On doit remarquer que dans l'ensemble de ce discours de Caton, toutes les armes et toutes les ressources de l'enseignement rhétorique ont été mises en branle. » Ce qui est, à l'évidence et pour l'époque, très exagéré ; mais il a compris quel était le moteur de l'éloquence de Caton. « Le développement n'est pas mené, en effet, avec un excès de composition, d'ordre et de rythme, mais comme dans un combat douteux ; quand la ligne de bataille est dispersée, on se bat en beaucoup d'endroits avec des fortunes diverses [...]. Caton a usé indistinctement de tous les moyens pour protéger les Rhodiens et les défendre [...]. Tout cela

15. Aulu-Gelle, *N. A.*, XI, 18, 18 et X, 3, 15.
16. Aulu-Gelle, *N. A.*,VI, 3.

aurait pu être dit peut-être avec plus de composition et de nombre, on ne voit pas que cela ait pu être dit avec plus de force et de vie. » À la différence de Tiron, Aulu-Gelle a bien pris conscience que le génie de Caton ne réside pas dans l'application scrupuleuse de règles, d'ailleurs quasi inexistantes à Rome à cette époque, mais dans sa force de conviction, dans sa sincérité, dans son engagement politique au service d'une cause. Telle est la richesse de l'éloquence d'un homme qui, par son talent inné, fait figure de précurseur en offrant l'image de l'orateur plongé au cœur de la tourmente d'un combat verbal.

Le sens de la formule

Malgré l'absence de discours conservé dans son intégralité, il nous est possible, dans les extraits recueillis, d'apprécier la force du verbe de Caton et son efficacité. Dans le *Brutus*, Cicéron prétend qu'il use avec maestria de « ces tours de pensées et d'expression que les Grecs désignent sous le nom de "figures" : on ne saurait croire à quel point Caton manie ce genre d'effets et comme son style en est émaillé[17] ». Même si l'on fait la part de l'enthousiasme cicéronien, il est vrai que les discours montrent une certaine recherche lexicale et stylistique, un goût de la sentence et un usage répété de figures de rhétorique comme l'allitération, l'épanalepse, le pléonasme ou l'asyndète, que l'on ne retrouve pas de manière aussi prononcée dans le *De Agricultura* ou les fragments des *Origines.*

Caton connaît, par exemple, l'efficacité d'un effet sonore, surtout lorsqu'il est servi par sa voix puissante. Ainsi de ces deux phrases vraisemblablement issues du *De Sumptu suo :* « *Si quid est quod utar, utor ; si non est, egeo* [...] *Vitio vertunt, quia multa egeo ; at ego illis, quia nequeunt egere* »

17. Cicéron, *Brutus*, 69.

(Si j'ai de quoi user, j'en use ; si je n'en ai pas, je m'en passe [...]. Ils me font grief de me passer de beaucoup ; moi je leur reproche de ne pouvoir se passer de rien). Caton y cumule l'art de la sentence, de la brièveté et de l'allitération qui donne à sa critique l'effet d'un coup de poing.

Où l'orateur a-t-il étudié ces rudiments de rhétorique ? Probablement chez les Grecs dont nous avons vu qu'il n'a pas seulement pratiqué la littérature dans sa vieillesse. Déjà avec Ennius, pendant son séjour à Athènes et lors de ses campagnes militaires en Orient, l'homme, certes méfiant mais curieux qu'il est, n'a pu que se frotter aux maîtres étrangers. À Rome aussi, nous avons dit qu'il était allé écouter Carnéade, et d'autres sans doute. Plutarque rappelle que beaucoup de ses apophtegmes sont littéralement traduits du grec, et il en donne des exemples. Ainsi note-t-il que sa boutade sur la domination des femmes romaines (« Tous les hommes commandent à leurs femmes ; quant à nous, tous les hommes nous obéissent, mais nous obéissons à nos femmes ») est transposée d'un mot de Thémistocle dont le biographe donne la teneur [19]. On a également remarqué des ressemblances, par exemple, entre tel passage des *Philippiques* de Démosthène et un extrait du discours prononcé par Caton à Athènes en -191 [20], et A. Oltramare a pu montrer que les coïncidences entre les saillies de Caton et celles des diatribistes grecs sont trop nombreuses et trop claires pour être le fruit du hasard ou celui d'une analogie entre les tempéraments des auteurs. Notamment en ce qui concerne les critiques du luxe ou des travers de la société, il fait apparaître que Caton avait lu Socrate et les cyniques. Pline rappelle, d'ailleurs, qu'il a écrit, pour son fils, un livre

18. Aulu-Gelle, *N. A.*, XIII, 24, 1.
19. Plutarque, *C. M.*, 2, 5 et 8, 4-5.
20. Analogie entre Démosthène, *Phil.*, I, 30 et Malc., *ORF*[1], 20 ; ou encore Démosthène, *Phil.*, III, 17 et *ORF*[1], 195, etc.

de rhétorique et lui affirme que tout n'est pas à condamner dans les lettres grecques[21]. L'erreur a trop longtemps consisté à croire que Caton vivait dans l'ignorance de la pensée des Grecs parce qu'il en condamnait la morale.

Cependant, sans vouloir nier cette influence d'outre-mer (pour reprendre le mot de Cicéron), et parce que Caton n'a pas reçu des Grecs un enseignement systématique à l'inverse de nombre de ses contemporains, il semble difficile d'attribuer, de façon majeure, à cette influence, l'art de la formule et de la répartie qui est le sien. Il faut se garder d'oublier que la *satura* romaine prend ses racines dans la terre italienne, parmi ces paysans à la communauté de qui Caton était fier d'appartenir. Il en avait hérité cette causticité, que l'on retrouve chez d'autres auteurs (comme Plaute ou Lucilius), mais qui chez lui se conjuguait à sa vivacité d'esprit et à son ironie mordante pour décocher à ses adversaires des flèches oratoires empoisonnées. Tite-Live a raison de dire qu'il leur dut de solides inimitiés parmi ses contradicteurs. Ses apophtegmes étaient si incisifs et populaires à la fois qu'ils furent rassemblés en un recueil, peut-être par ses soins, qui s'enrichit par la suite de nombreux bons mots. Et au Moyen Âge encore, on se délectait de ces sentences attribuées – souvent à tort, mais on ne prête qu'aux riches – à Caton. On y retrouve l'esprit de dérision et beaucoup de proverbes, très prisés à la campagne. En fait, ces préceptes paysans, nourris de bon sens, reflètent bien l'image du droit ancien, des lois du *mos majorum*, voire de la religion, dont on applique les formules sans discuter, avec un certain conformisme. Il s'agit de cette sagesse rustique, épicée de bons mots, « ceux du cru », dont Cicéron se plaint qu'elle disparaisse « depuis que le ton étranger s'est introduit à Rome » et qu'il nomme « l'ancien esprit romain et indigène[22] ».

21. Pline, *H. N.*, XXIX, 7, 14.
22. Cicéron, Lettre à Paetus, *Ad Familiares*, IX, 15, 2.

Encore convient-il de ne pas se tromper sur le sens de cette origine rustique : elle n'a, pour un Caton ou un Cicéron, rien de péjoratif et signifie seulement que ce goût pour la forme ironique trouve ses racines dans le sol italien. Point ici d'opposition méprisante entre la ville et la campagne. Au contraire, d'après Domitius Marsus, Caton lui-même définissait cet art de manier l'humour incisif propre au caractère antique comme la vraie marque d'urbanité. Il disait : « Sera *urbanus* l'homme qui abondera en mots et réponses heureux et qui, dans les conversations, les cercles, les repas et aussi dans les assemblées publiques, bref en tout lieu, parlera d'une manière amusante et appropriée. Tout orateur qui procédera ainsi fera rire[23]. » Cet esprit-là, c'est celui de Rome, « de même que chez les Grecs, l'atticisme exhalait une saveur propre à Athènes », ajoute Quintilien[24]. C'est ce que l'on appelait le *dicacitas*, la plaisanterie acerbe, volontiers cruelle, le sarcasme mordant. Voilà la marque de l'ancien esprit romain, cher à Caton, qui distingue l'orateur en réhaussant sa *gravitas*.

Des proverbes, des railleries assénés par Caton, chaque auteur ancien s'est plu à tresser un florilège comme autant de gourmandises offertes à la délectation du lecteur. Nous en avons déjà rencontré un certain nombre. À titre d'exemple, si l'on pense, comme Plutarque, que le caractère d'un homme se dévoile beaucoup mieux « par la parole que par son visage », citons cette répartie à un vieillard qui se conduit mal : « Homme, aux nombreuses disgrâces de la vieillesse, n'ajoute pas la honte qui vient du vice » ; à un tribun, par ailleurs soupçonné d'empoisonnement, qui veut faire passer par la force une mauvaise loi : « Jeune homme, je ne sais pas ce qui est le pire, ou de boire ce que tu prépares, ou de voter ce que tu proposes » ; au peuple qui réclame plus

23. In Quintilien, *Institution oratoire*, VI, 3, 105.
24. Quintilien, VI, 3, 107 ; cf. aussi VI, 3, 17.

de distributions de céréales et ne veut pas entendre raison : « Il est difficile, citoyens, de parler à un ventre qui n'a pas d'oreilles » ; aux sénateurs qui envoient trois ambassadeurs en Bithynie dont l'un est podagre, un autre a gardé un trou dans la tête à la suite d'une trépanation et le troisième est regardé comme un imbécile, il dit « en se moquant que les Romains envoient une ambassade qui n'a ni pieds, ni tête, ni cœur » ; dans le discours *Sur les édiles élus irrégulièrement* : « Ainsi maintenant on dit que la récolte de blé dans les champs encore en herbe est bonne. N'ayez pas trop d'espoir. J'ai souvent entendu dire qu'entre la bouche et la bouchée bien des choses pourraient s'interposer ; mais entre la bouchée et l'herbe, en tout cas, il y a un bien long intervalle » (ce que Aulu-Gelle rapproche du proverbe grec lu chez Sophocle : « Grande est la distance de la coupe aux lèvres ») ; ou encore à son fils : « La vie humaine est à peu près comme le fer. Si on le fait travailler, il s'émousse ; si on ne le fait pas travailler, la rouille le détruit quand même. Ainsi nous voyons que les hommes s'usent en travaillant ; mais si on ne leur fait rien faire, la paresse et la torpeur causent plus de dommages que le travail[25]. » Comme tous ceux que nous avons déjà eu l'occasion de citer à propos des principaux moments de sa carrière politique, ces propos ressortissent d'une sagesse populaire fondée sur le bon sens et une dure expérience. Ils sont toujours porteurs de sens et ne se résument jamais à une simple plaisanterie. Ils illustrent parfaitement cette gouaille romaine, que certains trouvent un peu lourde parce que leurs auteurs ont le sens de la réalité pratique. Ils sont le plus souvent émaillés d'invectives, de « mots qui tuent » qui confèrent au discours une virulence propre à l'ancienne éloquence dont Caton fut le meilleur maître.

C'était le temps où le raffinement était considéré comme un défaut, non comme une qualité. « Jusqu'à l'époque de

25. Plutarque, *C. M.*, 8 et 9. Aulu-Gelle, *N. A.*, XI, 2 et XIII, 18.

Caton », note Aulu-Gelle[26]. Dans un livre sur les mœurs, Caton souligne le changement dont il est le témoin : « On pensait que la cupidité comportait tous les vices ; qui passait pour dépensier, passionné, raffiné (*elegans*), buveur, sans efficacité, on le louait. » À quoi il réplique qu'avant, « la coutume était de se vêtir avec dignité sur le Forum, mais chez soi de porter tout juste ce qui était nécessaire. Les chevaux s'achetaient plus chers que les cuisiniers. L'art du poète ne rapportait pas de gloire. Celui qui s'y appliquait ou s'adonnait aux banquets était appelé "bouffon". » *Crassator*. Le mot est difficile à traduire. Il est violemment péjoratif et désigne le parasite, le maraudeur aux louches intentions, mais aussi l'amuseur public qui s'offre au peuple en spectacle, dans un rôle dévolu normalement aux seuls esclaves. Caton se sert de cette invective pour traduire tout le mépris que lui inspirent ceux qui se laissent aller à taquiner la Muse, et, par conséquent, ceux qui fréquentent les banquets et succombent à la *luxuria* étrangère. Pour lui, la poésie est indigne d'un citoyen romain et lui-même n'écrira que de la prose. On se souvient qu'il a attaqué M. Fulvius Nobilior pour avoir emmené des poètes avec lui en campagne (dont Ennius !)[27]. Peut-être est-ce à lui qu'il fait encore allusion dans cette phrase et le mot qui fait mouche pourrait lui être destiné, chargé d'une rancune tenace.

Pour conclure sur l'éloquence de Caton

Caton parlait comme il vivait : avec vigueur, passion et détermination. Sa parole est empreinte de la *frugalitas* de son existence, de sa rectitude morale, de sa *veritas*, c'est-à-dire de franchise. Aulu-Gelle parle de « la franchise nue

26. Aulu-Gelle, *N. A.*, XI, 2.

27. Cf. le discours sur la censure de Fulvius Nobilior, Malc., *ORF*[1], 152 = Cicéron, *Tusculanes*, I, 2, 3. Sur *Crassator*, cf. l'article de Jean Préaux, « Caton et l'ars poetica », *Latomus*, XXV, 1966, p. 710-725.

de l'homme de Tusculum ». sans doute sa parole semble-t-elle parfois trop crue, sa langue trop âpre, à l'image de ce que fut sa vie, sans concession. Mais elle demeure le seul exemple d'une éloquence proprement romaine. Les influences de la Grèce n'ont point encore transformé l'art oratoire même si son talent naturel pour le bien dire a su s'imprégner, en l'adaptant, d'une teinture attique. Les mots de Caton « sont comme des lumières un peu brillantes d'une éloquence latine qui se levait alors pour la première fois [28] ».

L'originalité et la force de ses discours résident dans le fait qu'ils sont uniquement construits, pensés dans le souci de leur utilité et de leur efficacité. Il ne s'agit pas d'œuvres littéraires. Caton met son talent au service de sa fonction politique. Le pragmatisme prime l'art, mais celui-ci n'est pas absent : il n'est qu'un auxiliaire de l'action. « Concentre-toi sur le sujet, les mots suivront », disait-il. Et il parlait comme il combattait, non sans stratégie, mais avec obstination et énergie, dans le seul but de gagner la bataille.

L'œuvre de Caton

Sa combativité, son sens de la famille et de l'État, Caton ne les a pas seulement exacerbés dans ses discours ; il s'affirme comme l'un des plus prolifiques auteurs de son temps. « Il composa des traités sur toutes sortes de sujets et aussi des livres d'histoire », note Plutarque, qui insiste sur le traité d'agriculture « où il donne des recettes même pour la préparation des gâteaux et la conservation des fruits », et conclut : « car il se pique d'être supérieur et original sur tout [29] ». Avec lui, l'écrivain est aussi un homme d'action.

De cette œuvre riche et variée, il nous est difficile de nous faire un jugement. Mis à part le traité d'agriculture que nous

28. Aulu-Gelle, *N. A.*, XIII, 24, 2 et 25, 12.
29. Plutarque, *C. M.*, 25, 1-2.

pouvons lire à peu près intégralement (quoique peut-être en partie retouché par d'autres après lui), seuls des extraits, des citations nous sont parvenus quand il ne s'agit pas de la simple mention de l'existence de tel ou tel ouvrage. Des discours, on a pu rassembler des passages de quatre-vingts d'entre eux environ, de quelques phrases à un seul mot parfois. Les extraits des *Origines* ont été collectés pour en donner une présentation très lacunaire. Quant aux autres œuvres, leur nombre exact, leur contenu restent souvent énigmatiques.

Pourtant, il se dégage de cet ensemble de scories littéraires un certain nombre de caractères qui permettent de comprendre le sens du travail de Caton. Si, comme cela semble être le cas, la plus grande partie de ses livres a été écrite après sa censure, nous pouvons y voir la marque d'un des traits majeurs de sa personnalité. Caton a l'âme d'un pédagogue. Il a toujours voulu guider ses contemporains et leur transmettre ce qui lui semblait juste et vrai. Ses ouvrages ne sont que le prolongement de son action, une manière de fixer un savoir et un savoir-faire, de laisser une trace éclairante pour la postérité. Un seul but, donc, être utile, tant aux siens avec des écrits à usage domestique, qu'à l'ensemble du peuple à qui un magistrat doit montrer la voie. Il est impossible d'être acteur si l'on ne fait pas entendre sa voix. Mais ce propos doit recouvrer une couleur prophétique. Plusieurs écrivains lui reconnaissent le rôle de devin (*vates*) et citent sa parole comme un *oraculum*, et, parmi eux, Pline l'Ancien, à cinq reprises au moins. Celui-ci précisément, éminent encyclopédiste, salue en lui « le maître de toutes les sciences » et précise ailleurs qu'il a donné à Rome des préceptes « sur tous les sujets d'utilité et principalement sur l'agriculture, lui en qui son siècle reconnut un cultivateur excellent et sans rival [30] ». Caton

30. Pline, *H. N.*, XXVII, 4 ; XIV, 44. Cf. aussi *ibid.* VII, 171 ; XVIII, 39-40, etc., et Columelle, *Re rustica*, II, 1, 2.

s'est montré un théoricien hors pair parce qu'il était un praticien expérimenté et talentueux. L'œuvre est le fruit de la pratique maîtrisée.

Globalement, les ouvrages de Caton appartiennent à deux grandes catégories : les traités techniques et les écrits sur la morale. Il faut y ajouter des monographies plus spécialisées sur l'histoire, la science militaire et l'agriculture. L'ensemble est écrit entièrement en latin dans le seul souci de défendre les valeurs de la civilisation laissée en héritage par les ancêtres, la culture latine, et ne pas s'incliner inconsidérément devant l'hellénisme au point d'écrire en grec comme la plupart de ses contemporains. Ce qui ne signifie pas, nous l'avons vu, que tout ce qui vient de la Grèce doive être rejeté systématiquement. D'ailleurs, certains préceptes vantés par Caton dans son *De Agricultura* sont empruntés aux Grecs ou aux Carthaginois. Mais le parti pris « latin » de Caton, notamment quant à l'usage de la langue, fait de lui un pionnier également dans le domaine littéraire.

Dans l'ignorance où nous nous trouvons du détail de l'œuvre de Caton, certains, probablement influencés par les jugements de la postérité – ceux de Cicéron ou de Pline – ont émis l'hypothèse que l'ancien censeur fut l'auteur de la première encyclopédie de l'histoire de la littérature latine. En fait, trop peu d'éléments (souvent controversés) permettent de le conjecturer. Et le dernier éditeur du *De Agricultura* en France fait justement remarquer que le désordre apparent dans lequel le livre est écrit montre que l'auteur avait pour seule préoccupation de rassembler un certain nombre de connaissances pratiques, de recettes, destinées à une application immédiate. Nous sommes loin, par exemple, du projet éditorial de Pline l'Ancien.

Les premières œuvres de Caton datent environ de l'époque de sa censure et sont destinées à un usage domestique. Plutarque, rapportant un propos de Caton lui-même, écrit « qu'il avait rédigé un livre d'histoire de sa propre main, en gros caractères, afin que son fils trouvât à la maison même le moyen de connaître les antiques traditions de son pays[31] ». L'anecdote n'a rien de surprenant. Nous avons dit quel soin Caton prenait personnellement à éduquer son fils selon l'ancienne tradition. L'idée de lui apprendre à lire en lui enseignant du même coup l'histoire de ses ancêtres illustre pleinement la qualité de pédagogue du père de famille. Ce livre a parfois été confondu avec les *Origines*, mais une analyse du contenu et de la chronologie interdit de faire cet amalgame. En revanche, il n'est pas impossible de penser que l'idée d'écrire un ouvrage d'histoire romaine pour l'édification de ses concitoyens soit venue à Caton de l'écriture de ce premier manuel à usage familial. Nous ignorons tout de la difficulté de ce livre « scolaire », mais c'est environ vers -184 que le fils de Caton a dû faire ses premières armes de lecteur. Le livre aurait donc été écrit dans les années -184/-180.

À usage domestique également, un recueil de notes pour soigner les membres de la maisonnée. Plutarque signale, toujours en citant Caton, « qu'il avait composé lui-même un ouvrage de médecine d'après lequel il soignait et traitait les maladies de sa maison[32] ». Il s'agit d'un *commentarius* dont parle aussi Pline qui rappelle que Caton déconseillait à son fils de faire confiance aux médecins grecs, tous supposés vouloir, par leur médecine, la mort des « barbares » – autrement dit des Romains[33]. Il faut bien distinguer ce recueil des livres que Caton dédie à son fils.

La nature de ceux-ci reste obscure. S'agit-il réellement d'un ensemble de livres, comme on l'a cru à plus d'une reprise, allant jusqu'à imaginer qu'il ait pu s'agir de la première encyclopédie latine, précurseur de celle de Pline ? Il faut sans doute renoncer à cette hypothèse, ne serait-ce

31. Plutarque, *C. M.*, 20, 7.
32. Plutarque, *C. M.*, 23, 5.
33. Pline, *H. N.*, XXIX, 14 sqq.

que parce que l'auteur ne les destinait pas au grand public, mais simplement à son fils. Les Anciens les désignent sous des titres variés, et parfois avec une désignation différente chez un même auteur qui les cite plusieurs fois. Ainsi avons-nous simplement *ad filium*, mais aussi *libri ad filium*, *praecepta ad filium*, *oratio ad filium*, *epistula ad filium*[34]... À ces écrits ont parfois été adjoints certains traités spécifiques comme le *De Re militari*, ou la lettre écrite par Caton à son fils après son exploit à la bataille de Pydna ; certains savants ont même pensé que ces *libri* ne faisaient qu'un avec le *commentarius* écrit pour apprendre l'histoire au petit Marcus, mais il semble qu'il faille écarter toutes ces suppositions. D'après les trop brèves allusions faites par les auteurs anciens à ces *libri*, on peut supposer qu'il s'agit de recueils de préceptes notés pour parfaire l'éducation et la formation de citoyen du jeune Marcus, notamment dans les domaines de la médecine, de l'art oratoire et de l'agriculture, en distinguant bien les préceptes sur ce dernier sujet du *De Agricultura*. Probablement écrits vers -170/-165, c'est-à-dire à un moment où le jeune homme avait dépassé sa vingtième année, ces *praecepta* devaient être destinés à lui apprendre à gérer sa vie et ses affaires en s'appuyant sur l'expérience de son père. Toutefois quelques copies de ces recueils furent publiées, peut-être un peu plus tard, puisque plusieurs auteurs bien postérieurs les mentionnent.

À ces ouvrages domestiques, il convient d'ajouter les deux lettres de Caton à son fils, dont l'une a été écrite après son acte de courage à Pydna, et qui n'a pas conservé un caractère privé puisque Plutarque, Cicéron et d'autres la citent, sans qu'il soit possible de savoir si Caton l'avait écrite dans la perspective d'une diffusion ultérieure. Elle date donc de -168[35].

34. Pline, *H. N.*, VII, 171 ; Servius, *Ad Georg.*, II, 95. Nonius, 143, 7. Servius, *Ad Georg.*, I, 46...

35. Plutarque, *C. M.*, 20, 11. Cicéron, *De Officiis*, I, 36-37.

Parmi les œuvres de Caton destinées à la publication, nous avons connaissance de trois monographies spécialisées : le *De Agricultura* sur lequel nous reviendrons, le *De Re militari* et un hypothétique traité de droit civil. Le traité sur l'art de la guerre nous est connu par dix-huit citations qui ne permettent pas de le dater, mais dont un extrait de la préface montre que Caton l'a écrit dans le dessein de le publier. Les passages qui sont parvenus jusqu'à nous évoquent des questions pratiques concernant la stratégie, la prise des auspices, l'organisation interne de l'armée, la discipline, les formations en ordre de marche et dans le combat, et l'utilisation des troupes d'archers. On imagine que Caton n'a pas dû se priver de développer le récit de ses propres activités militaires, en Espagne ou en Grèce, et de se donner en exemple. Cela concorderait assez bien avec sa démarche pédagogique telle qu'il en a usé avec son fils, et avec son immodestie naturelle[36]. Quant au traité de droit civil, et plus particulièrement de droit augural et pontifical, son existence reste à confirmer. Certes, Cicéron, dans le *De Senectute*, dépeint Caton qui revendique de s'occuper « du droit augural, pontifical et civil » et fait encore allusion à son livre dans le *De Divinatione*[37]. Mais il est possible qu'il y ait une confusion entre lui et son fils, Marcus Caton Licinianus dont Aulu-Gelle relève qu'il a laissé « des livres remarquables *Sur l'enseignement du droit*[38] », et qui est cité à plusieurs reprises dans le *Digeste*. Néanmoins, et quoique le doute subsiste, il n'est pas inutile de rappeler que Tite-Live le dit « très expert en matière juridique » et Cornélius Népos « bon jurisconsulte[39] ».

36. Pour tous les extraits des diverses œuvres de Caton, cf. Jordan, cité dans la bibliographie. Pour le *De Re militari*, p. 80 sqq. Cf. aussi Végèce I, 8 ; II, 3 ; III, 20.

37. Cicéron, *De Sen.*, XI, 38, et *De Divinatione*, I, 28.

38. Aulu-Gelle, *N. A.*, XIII, 20, 9.

39. Tite-Live, XXXIX, 40, 6. Cornélius Népos, *Caton*, 3, 1.

En complément de ces traités, Caton a écrit au moins deux ouvrages à visée morale. Le premier ne nous est connu que par trois courts extraits cités par Aulu-Gelle[40] qui nous en livre également le titre : *Carmen de moribus* (sentence sur les mœurs). Contrairement à ce que le mot *carmen* laisserait présager, il ne s'agit pas d'une œuvre en vers, et les tentations de certains commentateurs pour réduire les quelques phrases restantes à une forme poétique s'avèrent vaines. Nous savons par ailleurs ce que Caton pensait des poètes et il eût été bien surprenant qu'il se fût livré à cet exercice. Il semble que le livre n'ait pas été consacré à une critique de la morale de l'époque sous une forme philosophique mais plutôt selon une analyse pratique concrète des mœurs, bien dans la manière de l'ancien censeur. Les trois passages, que nous avons déjà cités plus haut, fustigent ceux qui s'adonnent aux plaisirs de préférence au travail, dépensent sans compter, apprécient la vie facile et la poésie plutôt que la sobriété des ancêtres. Caton y condamne la paresse sur le ton de celui à qui l'âge et l'expérience ont conféré une certaine sagesse. Il est vraisemblable que le *Carmen de moribus* date de la fin de sa vie et ait été écrit à seule fin de faire prendre conscience aux Romains de la dérive morale qu'entraînait leur adhésion aveugle aux nouvelles mœurs.

Le second, déjà évoqué, est constitué d'un recueil de bons mots, de *dicta*, d'apophtegmes dit Cicéron, prononcés par Caton lui-même au long de sa vie, et publiés dans sa vieillesse. Caton les a-t-il collectés dans un seul volume ou dans deux (comme le croit P. Wuilleumier), ou bien n'a-t-il rien écrit de ce genre, comme le pensent certains ? Nous l'ignorons. Mais ce livre est attesté par Cicéron et par Plutarque[41] qui précise que son auteur a beaucoup emprunté

40. Aulu-Gelle, *N. A.*, XI, 2.

41. Cicéron, *De Officiis*, I, 104 ; *De Oratore*, II, 271. Plutarque, *C. M.*, 2, 6.

d'histoires aux Grecs et traduit bon nombre de leurs sentences. Il nous en livre lui-même un certain nombre d'exemples dans sa biographie de Caton et nous les avons déjà cités à plusieurs reprises[42]. Caton avait de l'humour, nous l'avons souvent constaté, mais cet humour n'était jamais gratuit : il mettait l'accent sur les travers de ses contemporains et pour cette raison, un recueil de ces *dicta* pouvait poursuivre le même objectif que le *Carmen de moribus*, présenté sous une autre forme, plus incisive. En outre, le soin que Caton aurait pris, sur ses vieux jours, à rassembler ses propres saillies correspondrait assez bien au penchant pédagogique de son caractère amplifié par la haute idée qu'il avait de lui-même. Tel était bien son défaut majeur ! On peut conjecturer que ce livre était nourri de ses réparties les plus célèbres, des traits les plus marquants de ses discours, et qu'il y avait ajouté d'autres bons mots et sentences empruntés notamment aux Grecs dont il connaissait bien les œuvres. Cette forme de sagesse populaire, mordante et directe, connut une grande fortune et dut être souvent augmentée à chaque époque, mais resta attribuée aux *dicta* de Caton qu'on lisait avec bonheur et enseignait toujours dans les écoles au Moyen Âge, et connaissait encore au XVIIIe siècle. Caton devint ainsi la référence d'une morale simple, humoristique, à l'efficacité pratique.

Les Origines

Il faut classer à part les *Origines*. En écrivant l'histoire de Rome en prose et en latin, Caton, une nouvelle fois, s'affirme comme un pionnier. Voilà peu de temps que les Romains s'intéressent à leur histoire. Jusqu'à la seconde guerre punique, elle se résumait à ce que les grandes familles notaient dans leurs archives pour célébrer leur gloire dans

42. Plutarque, *C. M.*, 7 et 8.

la postérité et à ce que les pontifes inscrivaient dans les annales, à savoir tous les évènements qu'ils estimaient marquants, prodiges, catastrophes, cours du prix du blé... De plus, le sac de Rome par les Gaulois en -390 avait causé la disparition des documents les plus anciens et il fallait souvent s'en remettre à la tradition orale et légendaire pour connaître le déroulement des premiers siècles de l'histoire romaine. D'une certaine façon, la seconde guerre punique va servir de révélateur : les Romains prennent davantage conscience de leur rôle dans le bassin méditerranéen et, pour s'y affirmer, ils ont besoin de retrouver leurs racines. Il leur faut définir une identité nationale. Certains hommes politiques prennent alors en charge cette mission dont l'esprit se distingue de celle des pontifes, et créent l'historiographie laïque. Mais c'est en grec qu'ils écrivent, probablement parce qu'ils se sentent démunis quant au latin puisqu'il n'existe aucune tradition littéraire sur laquelle prendre modèle. Ainsi font Fabius Pictor ou Cincius Alimentus. Après le Campanien Naevius, auteur d'une épopée relatant la première guerre punique, Ennius, entre -180 et -169, écrit les dix-huit livres de ses *Annales*, chronique des évènements survenus depuis la fondation de Rome jusqu'aux années -178/-177, mais il s'agit d'une œuvre en vers qui, par bien des aspects, devait rappeler Homère. Caton est donc le premier latin à écrire l'histoire en prose, dans une perspective bien différente, on l'imagine, de celle d'Ennius.

Malheureusement, l'œuvre fut perdue et ne nous est connue que par des fragments cités par une quarantaine d'auteurs anciens. Jordan avait rassemblé environ cent vingt-cinq fragments auxquels l'édition française récente ajoute une douzaine d'autres [43]. C'est à la fois peu – donc frustrant – et suffisant pour se faire une idée des buts poursuivis par l'au-

43. Cf. édition des *Origines*, C.U.F., Les Belles lettres, 1986, par M. Chassignet.

teur. Par chance, Cornélius Népos, dans la courte *Vie de Caton* qu'il nous a laissée, prend la peine d'écrire quelques phrases intéressantes sur l'ouvrage : « Une fois vieillard, il [Caton] se voua à l'histoire, il en écrivit sept livres. Le premier contient tout ce qui eut lieu sous les rois des Romains ; le second et le troisième se rapportent à l'origine de tous les peuples italiens, ce qui l'a engagé, croit-on, à donner à l'ensemble de l'ouvrage le titre d'*Origines* ; dans le quatrième est racontée la première guerre punique ; dans le cinquième, la seconde. Dans ces diverses parties, le récit est sommaire ; les autres guerres sont pareillement relatées jusqu'à la fin, et l'ouvrage s'arrête à la préture de Servius Galba qui pilla la Lusitanie. Ajoutons que dans toutes ces guerres, il n'a pas donné le nom des généraux et, sans désignations personnelles, n'a cité que des faits. Dans le même ouvrage se trouvent rapportés au sujet de l'Italie et de l'Espagne à la fois les évènements et les curiosités dignes d'attention. Il y fait preuve de beaucoup de recherches et de soin, mais non de culture générale[44]. »

Cornélius Népos et Cicéron[45] nous présentent les *Origines* comme une œuvre de vieillesse. D'après le premier, Caton était *senex*, c'est-à-dire qu'il avait plus de soixante ans. L'écriture n'en aurait donc pas commencé avant -174, ce que confirme une mention de Pline[46] de laquelle il ressort que le livre II a été composé après Pydna (-168). Un passage du *Brutus* de Cicéron[47] rappelle que Caton inséra dans son livre le discours qu'il prononça contre Galba peu avant sa mort. De fait, l'accusation contre Galba date de -149[48].

44. Cornélius Népos, *Caton*, 3, 3-4.
45. Cicéron, *De Sen.*, XI, 38.
46. Pline, *H. N.*, III, 114.
47. Cicéron, *Brutus*, 89.
48. La date de -195 proposée par Tite-Live (XXXIV, 5-7) au moment du consulat de Caton manifeste un anachronisme évident et celle de -180, avancée par Plutarque (*C. M.*, 20, 7) est consécutive à la confusion que le biographe fait entre les *Origines* et le livre d'histoire écrit par Caton pour son fils.

L'écriture des *Origines* s'étale donc sur près de vingt-cinq ans et, peut-être, suivant certains commentateurs, s'est réalisée en deux temps : Caton aurait pu mettre en forme les trois premiers livres aux environs de -168 et les quatre derniers à la fin de sa vie. Cette hypothèse est invérifiable, comme reste sans réponse la question de savoir si l'exemple de ses prédécesseurs, Fabius Pictor ou Ennius, a pu inciter Caton à écrire cette œuvre. Nous avons vu les relations qu'il a entretenues avec Ennius. A-t-il souhaité, après avoir pris connaissance des *Annales*, reprendre ce travail dans un style latin, en auteur-acteur des évènements, et en prose pour montrer que l'histoire et la politique sont exigeantes et ne s'accommodent pas d'une poésie qu'il juge tout juste bonne pour « les parasites » de la société ? Pourtant, et sans entrer ici dans le détail, il apparaît clairement que Caton s'est largement inspiré d'écrivains grecs et a montré dans ces pages une sérieuse culture hellénique. Nombreux sont les exemples d'allusions à des légendes grecques en rapport avec les premiers temps de Rome, les renvois à l'histoire grecque, les références à Xénophon, à Hérodote, à Thucydide, à Démosthène... que la récente édition française met en lumière. N'oublions pas non plus ses rapports avec Polybe et l'estime naturelle que les deux hommes se portent. Sur plusieurs points leurs analyses se rejoignent.

La structure de l'ouvrage telle que nous la présente Conélius Népos, bien que globalement juste, ne reflète cependant pas l'exacte réalité. Le premier livre ne se borne pas au récit des actions des rois de Rome puisque Caton évoque les temps qui ont précédé la fondation de la Ville et, d'autre part, s'avance jusqu'aux premiers temps de la République en évoquant Lucius Mamilius, dictateur de Tusculum, à qui Rome octroya la citoyenneté romaine en -458. Les livres II et III regroupent des monographies sur les divers peuples qui composent l'Italie, avec des informations sur leur origine, leur histoire, leurs lois, leurs richesses économiques... À partir du livre IV, Caton aborde l'histoire contemporaine, son histoire. Contrairement à ce qu'annonce Cornélius Népos, le livre IV ne s'arrête pas à la première guerre punique mais aborde la deuxième jusqu'à la bataille de Cannes. De la même façon, le cinquième poursuit le récit des évènements bien après la deuxième guerre punique : on y trouve les discours que Caton prononça en faveur des Rhodiens en -167. Cela suppose que devaient y figurer également les récits des grandes campagnes orientales ainsi que celui des guerres contre les Gaulois du Nord et l'Espagne. À moins que Caton n'ait volontairement passé sous silence certaines parties de cette histoire comme il a occulté, sans raison clairement exprimée, l'histoire des premiers siècles de la République jusqu'à la première guerre punique. D'ailleurs, si le dernier livre traite surtout de l'accusation contre Galba, nous ne savons rien de l'avant-dernier. Peut-être connaît-il la quinzaine d'années qui suivit la création du port franc de Délos (-166).

Des fragments dont nous avons connaissance se dégagent quelques-unes des intentions qui durent être celles de Caton en écrivant les *Origines*. D'abord l'auteur a certainement voulu écrire une histoire qui restitue à Rome une origine fortement ancrée dans le sol italien sans renier les lointaines sources troyennes. Il a ainsi montré l'évolution de la *virtus romana*, doré le blason de l'honneur romain et affirmé, en latin, l'identité romaine en regard de l'hellénisme envahissant. En traitant de la puissance romaine, il a conféré à son œuvre une haute valeur morale comme dans ses autres ouvrages. De plus, par son insistance dans la description des autres peuples italiens, il a souligné la force de l'adhésion de tous derrière Rome ; une forme d'unité nationale qui fut garante de la réussite. Ensuite, nous l'avons déjà dit, la volonté de ne citer aucun nom de chef illustre l'idée que la puissance de Rome n'est pas due à la valeur de quelques personnages exceptionnels. La victoire de Rome repose sur l'effort et le dévouement collectifs dans une entreprise où l'individu se fond dans l'anonymat du *populus* pour la réussite de tous. Ce qui n'a d'équivalent ni en Grèce ni à Carthage. Rome peut avoir les mêmes origines que la Grèce, elle a su éviter les travers qui ont causé la division et la perte de la Grèce, et légitimer ainsi sa domination. Encore faut-il ne pas se laisser prendre au chant des sirènes étrangères dont Caton veut garder les siens par le récit de son propre exemple et le rappel de ses discours les plus importants. Dès le début du livre I, il insiste sur l'entière responsabilité et le devoir d'humilité de ceux à qui le peuple romain confie pour un temps les rênes du pouvoir : « Les hommes en vue et les personnages importants doivent rendre compte aussi bien de leurs loisirs que de leurs activités. » Le but, alors, se fait aussi politique.

Les *Origines* apparaissent donc comme une œuvre d'historien, certes, mais aussi comme la chronique d'un orateur, d'un chef politique et, par conséquent, d'un général, habité d'« une certaine vision de Rome », celle d'un grand corps organique dont chaque cellule citoyenne, fondue dans la masse, renforce le courage des autres pour assurer la réussite de tous. On conviendra que cette idée du peuple en marche, par la vigueur et l'abnégation de ses membres, ajoutait à la personnalité de Caton une note visionnaire.

Le De Agricultura

Le *De Agricultura* apparaît comme une grande œuvre de Caton principalement parce qu'il est le seul livre à nous être parvenu dans son intégralité. Les commentateurs ont donc souvent été tentés de lui faire dire beaucoup plus qu'il n'exprime. Il faut sans doute le mettre sur le même plan que ses autres traités perdus, par exemple le *De Re militari*, et surtout bien le distinguer des préceptes d'agriculture écrits par Caton pour son fils vers -170. Cet ouvrage en est peut-être le prolongement – ce que nous ignorons –, mais l'auteur le destine à ses concitoyens et l'a mis en forme à la fin de sa vie. Si certains passages, notamment la préface, ont pu être écrits assez tôt, bien que certains savants doutent que Caton ait pu passer vingt ans de sa vie à le rédiger, il est évident que l'essentiel date plutôt des années -160/-150. L'œuvre est restée inachevée et fut publiée après sa mort, d'après Varron qui ne donne aucune précision. Le manuscrit fut-il remanié, avec des amputations et des ajouts comme tentent de le démontrer certains ? Ou s'agit-il du texte original comme l'affirment d'autres ? Tant que les hypothèses des premiers resteront fragiles, nous nous en tiendrons à l'explication des seconds. L'excellente édition française de R. Goujard fait le point sur ces querelles de spécialistes qui oublient parfois les observations de bon sens[49].

Le *De Agricultura*, intitulé dans certains manuscrits *De Re rustica*, constitue, dans la littérature latine, une œuvre d'un genre nouveau dont Caton, une fois encore, est le promoteur avec, sur ce sujet, le traité perdu des Saserna père et fils, à la même époque. Dire qu'il s'agit du premier traité d'agronomie en latin reste cependant un peu prétentieux. Définissons-le comme un livre de recettes fondées sur la propre expérience de l'auteur et destiné, de manière très pragmatique, à enseigner comment affronter toutes les difficultés, petites ou grandes, de la gestion d'un domaine. Il y est aussi bien question de la culture sous toutes ses formes, viticulture, oléiculture, arboriculture... que de l'élevage, tant des animaux de basse-cour que du bétail. Mais on y trouvera aussi des conseils utiles dans les domaines les plus variés : comment choisir le meilleur emplacement pour construire une ferme, comment l'équiper, où se procurer les différents outils et matériaux nécessaires... Caton y définit encore les rôles de l'intendant (*vilicus*) et de l'intendante, le travail des esclaves et le traitement qu'on doit leur réserver ; il établit le calendrier des travaux agricoles saison après

49. Cf. l'édition du *De Agricultura*, paru dans la C.U.F. aux Belles Lettres en 1975, avec commentaire.

saison ; il indique de nombreuses recettes pratiques tant pour soigner les animaux en cas de maladie que pour préparer le vin ou saler les jambons, pour confectionner des gâteaux ou des remèdes destinés aux hommes, sans oublier la manière d'accomplir un certain nombre d'actes religieux, sacrifices et prières, afin d'assurer la protection divine à l'entreprise. Au total, un sommaire de quelque soixante-dix chroniques dont le propriétaire doit faire son ouvrage de référence pour exploiter son domaine et qui constituent, pour nous, un extraordinaire témoignage économique et social sur la vie dans les campagnes après la seconde guerre punique.

Depuis plus d'un siècle, les différents éditeurs ont tenté – assez vainement, il faut le noter – de trouver un plan d'ensemble à l'ouvrage, chronologique ou par matières. Il n'en existe pas, semble-t-il. Même si, à de nombreuses reprises, plusieurs chapitres peuvent se regrouper autour d'un même sujet, il n'est pas rare que la même question soit à nouveau abordée ailleurs, ou que les groupes de chapitres n'aient aucun lien logique entre eux. Ainsi, une dizaine de chapitres est consacrée aux sacrifices à accomplir, mais, parmi eux, s'interpose une note sur le marcottage des arbres fruitiers ou une autre sur les villes d'Italie où le fermier pourra se procurer des tuniques et divers outils. Cependant, le livre commence logiquement par vingt-deux chapitres consacrés à l'achat et à l'équipement du domaine, et l'on reconnaît aussi des suites de chapitres qui regroupent les conseils sur un même thème. Tout se passe comme si Caton avait accumulé un certain nombre de recettes sur tous les sujets touchant à l'agriculture et qu'il ait décidé de les mettre en ordre avant publication sans avoir eu le temps d'achever son travail. Quant à l'hypothèse selon laquelle il n'aurait pas eu dessein de les publier, l'existence de la préface (sur laquelle nous allons revenir) permet de l'écarter. Il avait d'ailleurs déjà publié d'autres traités dans le même esprit pédagogique. On ne voit pas pour quelle raison il aurait souhaité garder celui-ci par-devers lui. Ajoutons enfin que l'absence de plan clair n'a apparemment gêné personne pendant des siècles. Gardons-nous d'oublier que la démarche logique telle que nous l'entendons aujourd'hui pour la rédaction d'un ouvrage ne correspond pas à celle que suivaient les Anciens.

Avec ce livre et ses autres traités techniques, Caton inaugure une mode qui fera florès à Rome au dernier siècle de la République et sous l'Empire. D'autres ouvrages traitant d'agronomie (Varron, Columelle...) ou de sujets divers – on peut citer par exemple l'*Art d'aimer* d'Ovide – sont des recueils de recettes qui visent à une efficacité immédiate. Toutefois, s'ils sont nouveaux à Rome, ils connaissent déjà un grand succès en Grèce et à Alexandrie. Il n'est pas question ici de nier l'originalité de l'œuvre de Caton. Elle est écrite par un Latin pour ses concitoyens et s'adapte au plus près à la situation du Latium et de la Campanie dans cette première partie du IIe siècle. Mais il n'est pas davantage possible d'ignorer l'influence grecque dans l'écriture du *De Agricultura*. Sans entrer dans le détail, tous les éditeurs ont noté que l'économie rurale préconisée par Caton était analogue à celle décrite par *L'Économique* de Xénophon. D'autres emprunts, au Pseudo-Démocrite, à Aristote, à Théophraste sont également assez nettement décelables. Certains accessoires recommandés (moufles, broyeur, etc.) sont grecs et même présentés comme tels et plusieurs d'entre eux ont conservé leur nom grec. Certaines recettes (pâtisseries, vins aromatiques) sont également d'origine grecque. Ceci ne signifie pas que Caton se soit contenté de plagier les auteurs grecs : pareille estimation serait erronée, surtout lorsqu'on connaît sa méfiance envers l'hellénisme ; mais cela prouve qu'il avait une bonne connaissance de la littérature grecque et savait l'utiliser, notamment lorsque le vocabulaire latin restait impuissant à pouvoir nommer précisément certains ustensiles. Aucune servilité, donc, de Caton vis-à-vis des Grecs, mais aucune hostilité non plus et un esprit pratique qui lui permet d'utiliser les connaissances grecques au service de son sujet proprement latin.

Un témoignage sur l'évolution de l'économie italienne

Le *De Agricultura* n'est pas seulement novateur dans sa forme, il l'est aussi dans le fond du sujet traité. En effet, les conseils de Caton tiennent compte de tous les changements, on pourrait dire les bouleversements qu'a connus l'économie italienne, principalement en conséquence de la seconde guerre punique. On peut résumer ces transformations en mentionnant une crise de la petite paysannerie consécutive à l'apparition de l'économie de marché, elle-même rendue nécessaire par la nouvelle conjoncture, et qui se manifeste particulièrement par une modification des cultures et le développement d'un système esclavagiste.

Le temps de la petite exploitation que gère le soldat-paysan avec un ou deux esclaves pour nourrir sa famille est révolu. La nouvelle situation de Rome ne peut plus supporter la vie frugale d'un temps où l'Italie vivait comme repliée sur elle-même. La longue et dure lutte contre Hannibal a modifié la physionomie de la campagne romaine, engendrant moins une pénurie dans la production qu'une crise sociale. Outre le fait que beaucoup de terres ont été dévastées et que beaucoup de petits paysans furent ruinés, il faut se rappeler que la guerre fut exigeante en hommes. Le seuil de fortune minimum en deçà duquel les citoyens étaient dispensés du service armé a été abaissé de 11 000 à 4 000 as. Nombre des exploitants les plus modestes se trouvèrent alors engagés dans le conflit, obligés d'abandonner une terre sans avoir le personnel servile suffisant pour l'entretenir en leur absence. De retour chez eux après de longues années, s'ils rentraient, ils retrouvaient soit une friche que leurs moyens ne leur permettaient pas de remettre en culture, soit un terrain entretenu par l'intendant d'un voisin plus riche qu'il fallait alors dédommager. Comment y parvenir autrement, souvent, qu'en lui abandonnant la terre et en partant à la ville rejoindre une plèbe oisive et pauvre de plus en plus nombreuse.

Pour les plus gros propriétaires, dont, cependant, les domaines restaient de dimension modeste, les temps ont également changé. Les céréales qu'ils produisaient pour nourrir les citadins et que les magistrats achetaient sont devenues trop chères. Depuis qu'entre la première et la seconde guerre punique, Rome a pris possession de la Sicile et de la Sardaigne, les sénateurs ont décidé de puiser dans ces deux provinces les besoins de la République. Certes, il ne faut pas croire que ce blé venu des îles a remplacé la production indigène, mais il l'a largement supplantée au moins dans le Latium, région que considère particulièrement Caton. De fait, le blé coûte moins cher à acheminer depuis les îles par bateau qu'à transporter par chariots à la capacité réduite au long des chemins escarpés des collines italiennes. La production céréalière du centre de l'Italie permet l'autosuffisance des populations locales, mais ne rapporte plus rien aux exploitants. Il leur faut donc valoriser d'autres cultures. Or, dans le même temps, avec les conquêtes orientales, d'autres activités se développent, comme le commerce ou diverses formes de petites industries, plus lucratives et plus sûres. Elles ne sont pas soumises comme l'agriculture aux aléas des caprices du temps. Les sociétés de publicains qui prennent à ferme certains baux concédés par l'État et font fructifier leurs fonds s'enrichissent considérablement. La fortune foncière devient beaucoup plus difficile à faire prospérer et les chevaliers préfèrent désormais la fortune mobilière. Mais les nobles se trouvent officiellement empêchés de céder à l'appel des sirènes du commerce : depuis -218, une loi oblige les sénateurs à limiter leurs affaires à l'exploitation de domaines agricoles, leur interdisant de posséder un navire d'un tonnage supérieur à trois cents amphores (suffisant pour le transport local, non pour le commerce avec l'étranger) et de se livrer à toute spéculation foncière. Ce sont donc les plus riches qui se trouvent ainsi dans l'impossibilité de profiter des nouveaux facteurs d'enrichissement. Ils doivent les laisser à d'autres qui vont rapidement développer une puissance financière supérieure à la leur. Car la terre rapporte moins. Pour ne pas disparaître, les aristocrates-propriétaires doivent s'adapter : agrandir leurs domaines, louer des parcelles de l'*ager publicus* (sur lequel ils empiètent le plus souvent indûment), récupérer les terres des plus petits propriétaires, abandonner les cultures céréalières (hormis pour les besoins locaux) et en développer d'autres qui assureront un revenu plus important. Les conditions de la survie sont donc sévères et, s'ils ne disparaissent jamais totalement, les petits propriétaires sont fortement touchés par cette révolution économique, et éliminés s'ils n'ont pas les moyens de s'adapter. Certains petits paysans libres, mais ruinés, qui ont tout perdu, en sont réduits à louer leurs services dans les grandes fermes comme saisonniers (par exemple à l'époque de la cueillette des olives). Caton en parle dans son traité. Ils sont alors placés sous l'autorité de l'intendant qui est un esclave, et contraints parfois à des travaux plus pénibles que la population servile parce qu'il faut ménager les esclaves, coûteux à l'achat[50].

Enfin, agrandir le domaine, passer à la culture extensive que réclame la nouvelle économie de marché, développer des cultures spécialisées et rentables comme la vigne et l'olivier suppose un personnel nombreux au service du propriétaire. Les esclaves qui, dès le début du IIe siècle, arrivent en grand nombre en Italie, vont fournir cette main-d'œuvre indispensable pour remplacer peu à peu les petits exploitants libres et leur famille. Carthaginois, Sardes, Macédoniens, Épirotes... on évalue à deux cent cinquante mille le nombre de prisonniers de guerre vendus comme esclaves entre -200 et -150, ce qui représente déjà, à cette époque, environ vingt pour cent de la population libre. Le maître de ce qu'il faut bien appeler un grand domaine – cin-

50. Cf. notre *Vie à la campagne dans l'Antiquité romaine*, Paris, Les Belles Lettres, 1985, p. 81 sqq.

quante à soixante hectares – n'est plus un paysan issu de la tradition romaine. Il devient un chef d'entreprise et, d'ailleurs, ne vit plus forcément sur ses terres. Il s'occupe, à la ville, des affaires de l'État, mène carrière, comme Caton, et délègue son autorité à un intendant, esclave de confiance, qu'il vient visiter et contrôler régulièrement. Il n'a plus rien de commun avec un Cincinnatus qui partageait son temps entre son champ et le Sénat, avec un Curius Dentatus, illustration vivante de la *frugalitas* d'antan, ni même avec Caton en Sabine qui, de retour de la ville, déposait sa toge pour travailler la terre aux côtés de ses esclaves.

La modernité de Caton

Or, loin de donner des conseils, dans son livre, à l'ancien paysan latin, c'est à ce nouveau maître que Caton se veut utile. Il lui livre le fruit de sa riche expérience pour réussir sa reconversion économique puisque dans ce temps où le niveau de vie croît et où il est facile de s'enrichir autrement, celui à qui sa situation ne laisse pas d'autre choix que l'agriculture n'a pas le droit à l'erreur. De ce point de vue, il faut souligner que Caton ne pleure pas sur le bon vieux temps de la *frugalitas*, ne se répand pas en regrets éternels de sa jeunesse perdue, mais prépare froidement et sans état d'âme un avenir dans lequel l'exploitation d'une grande propriété requerra du maître plus des qualités de gestionnaire que des aptitudes de paysan. Et il est le premier à le faire.

Alors, comment concilier cette vision moderne de chef d'entreprise avec les sempiternels rappels au *mos majorum*, à la tradition, aux valeurs ancestrales, avec les mises en garde contre les leurres d'une nouvelle société pénétrée d'hellénisme ? À quoi servait-il que Caton poussât jusqu'à l'outrance son souci du passé en se vantant de n'avoir même jamais fait recrépir les murs de sa petite ferme de Sabine ? La contradiction n'existe que pour ceux qui se sont arrêtés aux apparences et ont voulu entendre dans les tonitruantes déclarations du Censeur un refus global et définitif à toute forme de progrès. Nous avons déjà vu qu'il n'en était rien. Caton, dans le *De Agricultura* n'a pas renoncé à défendre le *mos majorum*. La courte préface sonne, d'entrée, comme un rappel des anciennes valeurs. L'auteur y note les dangers du commerce maritime, reconnu plus lucratif, et fustige, comme il l'a souvent fait, les usuriers : les lois des ancêtres, dit-il, condamnaient deux fois plus durement l'usurier que le voleur. « Et quand il faisait l'éloge d'un homme de bien (*vir bonus*), leur éloge était : bon agriculteur et bon cultivateur ; c'était recevoir le plus grand éloge, estimait-on, que de recevoir cet éloge [...] C'est des paysans que naissent les hommes les plus forts et les soldats les plus courageux, c'est-à-dire que reviennent les gains les plus justes, les plus assurés et les moins sujets à l'envie, et ceux qui sont absorbés par ces soins sont les moins mal pensants. » En quelques mots bien frappés, Caton rappelle que seule la terre, jadis, conférait la vraie noblesse, qu'un citoyen était, d'abord, un propriétaire terrien dont la fortune s'estimait à l'importance du domaine. La morale de l'énergie et du travail trouvait ses fondements dans le labeur quotidien qui forgeait le caractère et l'opiniâtreté, deux qualités dont se nourrit la *virtus*. Il n'y a pas de hasard si les grands héros de l'histoire sont d'abord, pour Caton, des hommes de la campagne, Curius Dentatus, Cincinnatus, Fabricius... Ceci rappelé, il en « revient à son sujet », comme il le note lui-même.

Or que n'a-t-on pas écrit sur les intentions de l'auteur ? Qu'il prétendait résoudre la crise de l'agriculture, qu'il poussait au retour à la terre, qu'il indiquait cette activité comme un moyen de s'enrichir... Rien de tout ceci n'est dit par Caton. L'agriculture n'est pas en crise, mais la petite paysannerie, et Caton n'écrit pas pour ces agriculteurs qui ont tout perdu. Ses conseils supposent une certaine capacité d'investissement. Pour autant, il ne prétend pas que les riches qui achèteront un domaine s'enrichiront ; il reconnaît lui-même que d'autres activités en vogue au même moment rapportent beaucoup plus. Il se contente, en expert, d'indiquer comment éviter qu'un investissement mal utilisé ne conduise à la ruine. Savoir conserver sa valeur à une terre évitera de s'appauvrir, et rapportera des gains honnêtes sinon extraordinaires. Sans nier les autres activités plus lucratives, Caton tente de montrer aux gros propriétaires qu'il n'est pas bon de délaisser l'agriculture et qu'ils peuvent, avec une gestion rigoureuse, en retirer un profit suffisant. En cela, il défend la tradition. Les citoyens les plus riches doivent donner l'exemple. Ils sont les garants de la moralité. Or c'est dans le travail de la terre que la morale des ancêtres doit trouver sa pleine justification. Mais comme il n'est plus possible de survivre en conservant les anciens modes de culture, Caton n'hésite pas à expliquer comment cette activité reste bénéficiaire en s'adaptant aux exigences modernes. Voilà pourquoi il prône cette évolution : les méthodes nouvelles doivent inciter les riches à investir dans la terre avec un espoir de gain suffisant pour que ne périclite pas l'économie rurale et qu'ainsi quelque chose survive du *mos majorum*.

La nouvelle exploitation selon Caton

De fait, la propriété que décrit Caton ne peut appartenir qu'à un maître déjà bien pourvu financièrement. La plus modeste compte cent jugères, soit vingt-cinq hectares et la plus vaste dépasse rarement deux cent quarante jugères, soit soixante hectares (le jugère correspond à la superficie qu'un homme peut labourer dans une journée). Le même propriétaire peut posséder plusieurs domaines avec des spécialités différentes, par sécurité. Ainsi chacun est-il mieux surveillé et toutes les cultures ne sont pas détruites en même temps en cas de catastrophe climatique. Les *latifundia* (ou ce qu'on appelle ainsi dans l'ancienne Italie) n'ont jamais été des grands domaines d'un seul tenant. La consigne qui prime dans les recommandations du maître est : économie. Ce qui montre bien que la vie à la campagne est rude. Il ne s'agit pas seulement de ménager le maximum de profit possible, mais aussi de faire face à toute éventualité fâcheuse pouvant condamner par avance la récolte. Le maître doit vendre et ne rien acheter. L'outillage, l'équipement et tout ce qui est indispensable à la vie du personnel doivent être comptés au plus juste et entretenus jusqu'à l'usure complète. Tout, à la ferme, doit être fonctionnel et sans confort superflu, même pour le propriétaire lorsqu'il vient visiter son domaine. Car celui-ci – et c'est encore un bouleversement dans la société – n'est plus paysan à plein temps. Il habite en ville où il exerce généralement d'importantes fonctions politiques. Le domaine n'est que l'objet de l'investissement financier. Il lui faut cependant avoir de bonnes connaissances agronomiques car de lui dépend la réussite ou l'échec de l'exploitation. Son intendant est un esclave. Il doit déjà savoir le choisir pour ses compétences ; il le contrôle, ensuite, et veille à ce que ses ordres soient bien suivis.

Caton dresse la liste des cultures qui permettent, à son époque, de faire un profit. La première n'est plus les céréales qui ne sont pas négligées, mais réduites au nécessaire pour nourrir les travailleurs et respecter la règle de l'autosubsistance. Au IIe siècle, la culture la plus intéressante est celle de la vigne et c'est la seule qui doit être développée si l'on ne possède qu'une terre de cent jugères. La deuxième, mais plus modestement, est celle de l'olivier. Elle est facile, peu coûteuse et d'un rapport régulier. Ces arbres sont résistants et vivent longtemps. L'huile est d'un usage quotidien et permanent (de la cuisine au massage après le bain en passant par la lampe qui éclaire la maison). La saulaie est également importante car ce bois est omniprésent dans la fabrication des instruments les plus divers. Ajoutons une chênaie pour des usages complémentaires. Les arbres fruitiers sont encore d'un bon rapport et les Anciens se plaisaient à créer des variétés multiples (Caton en mentionne six de poiriers, mais Pline en signalera une soixantaine !). Quant au jardin, il produit des légumes pour nourrir les occupants de la ferme, et ne doit accueillir des fleurs que si le *vilicus* a l'occasion de les vendre à la ville, avec le surplus de légumes et de céréales. Pour résumer l'importance de ces « nouvelles » cultures dans une exploitation agricole, on peut retenir que Caton préconise de réserver un bon tiers du domaine à la vigne, 15 % à l'oléiculture, 13 % aux arbres fruitiers et environ autant aux céréales. Déjà, à cette époque, l'Italie ne fournit plus Rome en blé et c'est le premier pas vers cette situation paradoxale qui ne fera que s'aggraver : la ville maîtresse de la Méditerranée dépendra de ses provinces, parfois lointaines, pour survivre. Quant à l'élevage, il ne connaît pas encore l'extension qui sera la sienne un siècle plus tard, mais il est jugé d'un bon rapport. D'après Pline, Caton répondit un jour à quelqu'un qui lui demandait quel était le revenu le plus sûr : « De bons pâturages. » Et en second lieu ? « D'assez bons pâturages. » Le mauvais temps, il est vrai, nuit moins aux troupeaux qu'aux céréales[51]. Encore faut-il choisir des pâtres compétents. La transhumance n'existe pas encore et les animaux sont parqués près de la ferme. Cela pouvait permettre à certains, comme Caton, de modifier les données précédentes en louant des terres sur l'*ager publicus*. C'est ainsi qu'il utilisait les quelques milliers d'hectares de l'*ager publicus* qui s'étendaient entre les deux domaines qu'il avait acquis à Venafrum et à Casinum ! Avec ces pâturages intermédiaires, il donnait à son bien une tout autre dimension...

En l'absence du maître, la ferme est placée sous l'autorité de l'intendant, le *vilicus* et de la *vilica*, chargée de l'entretien de la maison et de la basse-cour, qui ne sont pas toujours mariés. Le personnel, en moyenne, se compose d'une quinzaine, voire une vingtaine d'esclaves, d'origine étrangère et, si possible, de pays et de langues variés afin d'éviter entre eux une émulation patriotique, source de

51. Pline, *H. N.*, XVIII, 6. Cf. Cicéron, *De Officiis*, II, 89.

révolte. Certains sont spécialisés, comme les bouviers, chargés des labours, le berger, le porcher ou l'ânier qui s'occupe du moulin. La vie à la ferme ou aux champs est dure. Le maître a fixé le calendrier des travaux et prévu les tâches à accomplir même lorsqu'il pleut ou les jours de fête. Les conditions de vie sont difficiles, la nourriture suffisante mais peu variée et de médiocre qualité : des céréales pour fabriquer son pain (entre un kilogramme et un kilogramme et demi par jour et par personne), du sel, de l'huile et un demi-litre de « piquette » par jour, à base de moût et de vinaigre, qu'il faut allonger d'eau. Ajoutons, en saison, les olives ou les fruits tombés dont on ne peut rien faire parce qu'ils sont gâtés. L'intendant n'est pas épargné. Responsable de l'exploitation, il doit tout organiser, tout surveiller. Premier levé et dernier couché, il doit être dur à la tâche et ne pas perdre son temps à manger et à boire avec les voisins. À lui de commander les autres esclaves, d'embaucher quelques petits paysans libres mais sans terre pour les travaux saisonniers. En un mot veiller à la rentabilité du domaine. À chaque visite du maître, dès que celui-ci a salué le Lare de la maison et fait le tour du propriétaire, il rend des comptes précis et attend les ordres. Il sait qu'il n'a aucune excuse si telle tâche n'est pas accomplie à temps, même si des esclaves sont malades. Le maître exige le même sérieux de la *vilica*, dont Caton blâme surtout le temps passé en commérages. La détente, le plaisir ne sont pas au programme de cette vie faite toute d'indigence et d'économie.

Le traitement des esclaves

Telle est l'existence que mènent à la campagne les plus hauts personnages de l'État, partageant avec leurs esclaves la sobriété d'une vie de labeur. Les maîtres ne sont pas encore ces riches parvenus qui vivent comme des seigneurs dans une somptueuse demeure construite à l'écart de la ferme. Ils se sont aménagé des appartements dans les locaux mêmes de l'exploitation. Il en va ainsi pour tous, même pour le grand Scipion l'Africain, retiré à Literne à la fin de sa vie, dont Sénèque prétend qu'il labourait avec ses esclaves, « comme un citoyen des âges antiques [52] ». Sans doute exagère-t-il quelque peu et le vainqueur d'Hannibal se contentait-il de donner des ordres et de surveiller attentivement le travail. Mais il dit la vérité lorsqu'il décrit les célèbres bains de cette villa qui passaient pour le summum du luxe au IIe siècle, mais paraissaient étroits, sombres et sinistres aux contemporains du philosophe. Voilà qui nous permet de prendre la mesure de l'évolution des mœurs. Certes, le IIe siècle marque une avancée spectaculaire du niveau de vie des aristocrates grâce à l'influence gréco-orientale, mais il faut se rendre compte que la façon de vivre accuse une réelle pauvreté à côté de ce que l'on a l'habitude de considérer comme une référence, à la fin de la République et au début de l'Empire.

Il faut, de la même façon, se replacer dans le contexte de ce IIe siècle, éviter tout anachronisme lorsqu'on lit ce que Caton dit du traitement infligé aux esclaves dans le *De Agricultura* et rester sur la réserve face à ce que Plutarque, par exemple, écrit de l'inhumanité de l'auteur sur ce sujet. Le biographe, en effet, semble s'indigner de ce que Caton ne considère ses domestiques qu'en fonction du profit qu'il peut en retirer. « Il possédait de nombreux esclaves. Il achetait surtout des prisonniers de guerre encore petits et que l'on pouvait élever, dresser comme de jeunes chiens ou des poulains. Aucun d'eux n'entrait dans une autre maison s'il n'y était envoyé par Caton ou par sa femme. Quand on leur demandait ce que faisait Caton, ils ne répondaient qu'une chose, c'est qu'ils n'en savaient rien. Il fallait qu'un esclave fût occupé dans la maison à quelque besogne nécessaire, ou qu'il dormît. Il aimait beaucoup les dormeurs, parce qu'il

52. Sénèque, *Lettres à Lucilius*, 86, 1-13.

pensait que ceux qui avaient joui d'un bon sommeil étaient plus doux que ceux qui veillaient et plus propres à n'importe quel service que ceux qui avaient besoin de sommeil. » Et plus loin : « Lorsque sa situation fut devenue importante, quand il recevait à dîner des amis et des collègues, il punissait du fouet, aussitôt après le repas, les esclaves coupables de quelque négligence dans le service ou la préparation du banquet. Il s'arrangeait toujours pour mettre la brouille entre ses esclaves, parce qu'il suspectait et redoutait leur bonne intelligence. Si un esclave était soupçonné d'avoir commis un crime digne de mort, il le faisait juger et, s'il était reconnu coupable, exécuter devant tous les domestiques[53]. » De ces lignes se dégage un sentiment diffus de peur. Plutarque rappelle, à juste titre, que tous ces esclaves, principalement des hommes, sont des prisonniers de guerre. La nouveauté, c'est le nombre important de ces étrangers dans chaque maison, dans chaque domaine, et leur présence peut créer un sentiment d'insécurité s'ils ne sont tenus d'une main ferme. Nous avons déjà évoqué les révoltes serviles, parfois de grande ampleur, qui se succèdent dans cette première moitié du IIe siècle. L'esclave peut être une menace.

D'autre part, il est considéré comme un outil, même si on ne nie pas son humanité puisqu'il participe aux cérémonies célébrées par la *familia* dont il est membre. Il appartient à son maître au même titre, par exemple, que les animaux de la ferme. D'ailleurs, dans le *De Agricultura*, Caton traite dans le même groupe de chapitres de l'entretien des bœufs, indispensables auxiliaires des labours, et des esclaves. Il est donc regardé comme une sorte d'animal domestique ; c'est pourquoi Caton n'envisage pas de garder et de nourrir un esclave vieux ou malade qui coûte de l'argent sans rien rapporter. Mais c'est là une considération normale et pas du tout scandaleusement inhumaine à cette époque puisqu'il n'est pas

53. Plutarque, *C. M.*, 21, 1-4.

traité comme un être humain égal aux hommes libres. Ce regard ne commencera à changer significativement que deux siècles plus tard. Et c'est bien cette différence qui justifie le fait que Caton « dresse » chez lui un esclave grammairien dont il louera les services à d'autres, mais dont il ne veut pas comme précepteur pour son fils. Il serait, en effet, inenvisageable pour lui que cet être inférieur pût être amené à corriger le jeune Marcus.

Cette conception de l'esclave-instrument légitime aussi le souci de le voir rentable. Or ce que décrivent le récit de Plutarque et le *De Agricultura* montre, sur le plan économique, une réelle évolution. Caton tire profit des capacités professionnelles de ses esclaves : il prête à ceux de ses serviteurs qui le veulent les sommes nécessaires pour acheter des enfants qu'ils forment dans leur spécialité aux frais de Caton. Puis, au bout d'un an, une fois l'apprentissage terminé, les esclaves-formateurs les revendent et doivent rembourser leur maître « au prix le plus élevé qu'on en avait offert ». Caton pousse en outre son fils à agir de même, sous le prétexte que « ce n'est pas le fait d'un homme, mais d'une femme veuve de diminuer son bien ».

Les esclaves de Caton deviennent donc ses auxiliaires en affaires, comme peuvent être partenaires plusieurs citoyens qui s'associent, à ceci près qu'ici Caton reste le seul propriétaire et meneur de jeu. Comme la loi lui interdit de vendre lui-même ses esclaves formés à la maison, les esclaves vendeurs devaient avoir recours aux services d'un affranchi de leur maître qui se portât garant. Ainsi le sénateur Caton pouvait-il se livrer à son négoce sans qu'en apparence la légalité fût bafouée. Mais l'anecdote met en lumière un autre aspect de l'évolution économique de la vie des esclaves. Pour agir ainsi comme s'ils étaient les seuls à décider, il faut qu'ils aient l'habitude de gérer un pécule non négligeable. Après la seconde guerre punique, l'esclave possède un bien qui, certes, reste la propriété du maître, mais qui peut lui permettre, à terme, de racheter sa liberté. Sans doute Caton tenait-il une comptabilité domestique, comme cela sera courant à la fin de la République. L'épisode, déjà cité, de son esclave Paccius qui avait acheté parmi les prisonniers espagnols trois enfants vraisemblablement destinés au plaisir de ceux qui pourraient s'offrir leurs charmes le prouve. Il n'avait pas averti son maître et celui-ci, offusqué qu'un de ses serviteurs pût faire douter de sa probité les fit revendre ; quant à Paccius, n'osant plus se présenter devant Caton, il se pendit[54]. De cette histoire, il ressort que l'esclave, non seulement possédait assez de biens pour faire cet achat, mais en outre qu'il n'avait théoriquement pas besoin de l'autorisation du maître pour le réaliser. Nous savons que, dès cette époque, en raison de l'enrichissement des maîtres, certains serviteurs pouvaient se constituer un pécule suffisant pour acquérir leurs propres esclaves (les *vicarii*). Plaute le mentionne déjà. Il s'agit donc d'une sorte de réplique de la société romaine, à la fois économique et sociale, qui se met en place dans la classe servile.

Pour Caton, comme pour tous les Romains fortunés de ce temps-là, l'esclave reste donc d'abord un bien de propriété qui doit permettre de s'enrichir et dont il faut tirer le meilleur parti. Ceci explique que le maître n'éprouve aucun sentiment particulier pour ces auxiliaires de fortune, pour ces outils de travail qui accomplissent toutes les tâches au quotidien. Mais comme il s'agit néanmoins d'êtres humains, afin d'éviter que l'esclave cesse, d'une manière ou d'une autre, de contribuer au rendement du domaine, le maître sait faire preuve de psychologie. Il se soucie, par exemple, d'attacher le domestique à la famille qui l'emploie. Outre la participation aux fêtes religieuses (principalement aux *Compitalia*), Caton veille à ce que son épouse allaite quelques enfants d'esclaves en même temps que son fils : ainsi pense-t-il que ces frères de lait seront plus fidèles à

54. Plutarque, *C. M.*, 10, 6.

Marcus en grandissant. Ou bien encore, il organise les relations amoureuses entre ses domestiques. On sait qu'il n'existait pas de mariage officiel entre eux, mais le maître pouvait décider de les unir. Caton conseille cette union entre le *vilicus* et la *vilica* pour une meilleure efficacité du travail. Plutarque note qu'il a institué une taxe payée par les esclaves-hommes pour s'unir aux servantes, car il connaît « les méfaits » causés par « l'instinct sexuel[55] ». En réalité, ce n'est pas Caton qui en perçoit le montant, mais la servante elle-même. La somme passe du pécule de l'homme à celui de la femme, sans que le patrimoine du maître en soit modifié puisque tout est à lui. L'intérêt est ailleurs : le désir d'assouvir ses pulsions naturelles peut conduire l'esclave à s'échapper pour un temps plus ou moins long, risquant de nuire au service, et à dilapider ailleurs son pécule. Peut-être même pourrait-il être poussé à commettre quelque mauvaise action, voire à fuir. En organisant cette forme de prostitution à domicile, Caton surveille les ébats de chacun, fidélise ses serviteurs et leur procure une forme de confort. Cette pratique n'illustre donc pas la pingrerie de Caton mais son sens pratique de l'organisation et du commandement pour une efficacité optimale.

En d'autres temps, l'attitude de Caton pourra sembler dure, inhumaine. Au lendemain de la seconde guerre punique, elle n'a rien d'exceptionnel avec le développement de la société esclavagiste. Bien plus, les conseils du censeur sont judicieux. Ils montrent l'intérêt qu'il a pris à observer l'évolution des mœurs. Sa pratique de l'agriculture comme son traité témoignent de sa connaissance de l'évolution économique, rapide à ce moment, et de son intelligence à s'y adapter ; également de son intuition à en déceler les limites et les risques. Certes, il adopte une attitude sévère et dure pour sa domesticité, mais elle ne l'était pas moins pour ses sol-

55. Plutarque, *C. M.*, 21, 3.

dats, à la guerre, pour l'éducation du jeune Marcus, pour ses concitoyens, pour lui-même enfin. Quel chemin parcouru depuis le temps ou il labourait lui-même les cailloux de sa petite terre de Sabine héritée de son père ! En comparaison, la propriété décrite dans le *De Agricultura* fait figure d'hacienda. Mais l'adaptation était inéluctable à qui voulait conserver à la terre sa valeur symbolique et ancestrale. Pour l'aristocrate comme pour l'*homo novus*, la bonne gestion d'un domaine attestait le sens de sa responsabilité sociale et justifiait l'estime de soi. Là était l'essentiel. L'indispensable rentabilité financière ne constituait que le moyen d'y parvenir. Dans ces conditions, on conçoit que Caton fit preuve d'ingéniosité et se montra un novateur, même si, en raison de la rapidité de l'évolution de l'économie, son traité d'agronomie se révèla rapidement insuffisant. On comprend aussi que l'énergie, la volonté, la détermination déployées par Caton pour accomplir un tel parcours n'aient pas laissé la place à la moindre sentimentalité, au demeurant bien peu dans l'air du temps.

VIII

ULTIMES COMBATS

La chance de jouir jusqu'à son dernier souffle, en -149, à quatre-vingt-cinq ans d'une santé vigoureuse, ne fut pas étrangère à l'admiration que portèrent à Caton les générations successives. Nous ignorons comment il mourut. Peut-être la biographie perdue de Cornélius Népos le précisait-elle. Mais nous savons par divers témoignages qu'il combattit sans relâche et jusqu'au bout pour défendre sa personne, ses idées et la conception qu'il se faisait de son devoir. L'année même de sa mort, nous le verrons, il conservait l'esprit offensif contre ses ennemis et s'acharnait à vouloir que Rome livrât une nouvelle guerre à Carthage. Le rude censeur trouvait dans le combat, dans l'attaque même, comme une source de jouvence, et son bon sens populaire lui faisait parfois préférer ses opposants à ses amis. Cicéron rappelle, à ce propos, cette maxime qu'il répétait volontiers : « On gagne plus parfois à avoir de rudes ennemis que des amis qui paraissent agréables : les premiers disent souvent la vérité, les autres jamais [1]. »

Afin de mesurer l'exception que constitue un homme aussi vaillant, aussi lucide – trop, sans doute, au goût de certains ! – à un âge si avancé, il n'est pas inutile de rappeler que l'espérance moyenne de vie se situait à l'époque aux alentours de trente-cinq ans. Diverses études démographiques fondées essentiellement sur les inscriptions funéraires, et en soulignant les inévitables erreurs d'appréciations dues aux

1. Cicéron, *De Amicitia*, XXIV, 90.

exagérations, quant à l'âge, gravées volontairement sur certaines pierres tombales, mettent en lumière qu'à peine un homme sur dix parvenait à soixante ans. Et encore moins de femmes, en raison des risques de l'accouchement et de ses conséquences. Ce n'est pas un hasard si, théoriquement, un homme qui atteint la soixantaine se trouve libéré de ses obligations civiques et militaires. Encore ces calculs ne tiennent-ils pas compte de l'importante mortalité infantile. Mais ils ne doivent pas nous surprendre si l'on se souvient que l'espérance de vie en Europe ne dépassait pas trente ans en 1800... Gardons-nous, en outre, d'oublier que âge physique et santé mentale ne vont pas nécessairement de pair. Cicéron qualifie de « vieux » L. Crassus qui meurt à quarante-huit ans (en -91) et Juvénal, plus tard, nous brossera le tableau pathétique de celui que les ans ont atteint et qui ne se souvient même plus du nom de ses enfants[2].

Ces données, fiables au demeurant parce qu'elles sont confortées par des chiffres similaires dans d'autres pays d'Europe, font apparaître un étonnant paradoxe : alors que l'espérance de vie moyenne atteint à peine quarante ans, la République romaine ne délègue le pouvoir qu'à ce qu'il faut bien appeler des vieillards. Avant même que la loi de -180 fixât un âge minimum pour exercer chaque magistrature, il était rare d'être élu au consulat avant quarante ans (Caton en avait trente-neuf). Il fallait des circonstances exceptionnelles comme en offrit la seconde guerre punique pour voir un Scipion doté de pouvoirs proconsulaires à vingt-cinq ans sans avoir gravi tous les échelons du *cursus honorum*. Souvenons-nous qu'il fut l'un des premiers à exprimer les aspirations de la jeunesse hellénisée en opposition à la tradition des ancêtres. Et le Sénat, étymologiquement, accueillait les plus anciens. C'est à eux que les Romains fai-

2. Juvénal, *Satires*, X, 235-236. Cf. le portrait de la vieillesse, v. 188 sqq.

saient confiance : Camille fut désigné dictateur pour la cinquième fois à l'âge de quatre-vingts ans, alors que les Gaulois menaçaient Rome de nouveau ; Fabius Maximus devint dictateur à cinquante-huit ans après avoir été consul à deux reprises pour sauver le destin de Rome après le désastre de Trasimène... Comme si la valeur attendait le nombre des années.

Il en va d'ailleurs de même dans le droit privé. Le *pater familias* garde l'autorité sur les biens tant qu'il vit, quand bien même eût-il soixante ans et son fils quarante. À cette époque, la vieillesse confère l'autorité, impose le respect, induit la sagesse et implique (théoriquement) la tempérance et la moralité. Mais qu'en est-il en réalité ? Les vieillards de Plaute viennent briser cette belle image. Souvent avares, parfois lubriques, presque toujours égoïstes et autoritaires, ils agacent, ils insupportent leur entourage, leurs enfants en particulier, surtout lorsqu'ils se mêlent de vouloir régenter leurs amours et dicter leurs intérêts. Mais, parce qu'ils sont craints puisqu'ils sont tout-puissants chez eux comme dans la cité, on les déteste parfois, mais on se tait dans l'attente de l'héritage...

Vers -150, même si la nouvelle génération commence à faire évoluer le regard que la société pose sur les plus anciens, un Caton, auréolé de la sagesse que lui confère son grand âge, nimbé de sa gloire politique personnelle, porté par sa réputation de moralité, et grâce à la vigueur de son corps et de son esprit, jouit d'une considération respectueuse que renforcent encore son *auctoritas* et sa *gravitas* déjà légendaires.

L'hommage de Cicéron à la vieillesse de Caton

C'est, à n'en pas douter, cette situation exceptionnelle qu'admire et envie Cicéron quand il décide d'en faire le personnage central d'un dialogue à portée philosophique traitant de la vieillesse, le *De Senectute*. Dans un autre traité écrit cette même année -44, mais après le *De Senectute*,

Cicéron note qu'il a fait le choix de Caton pour évoquer ce sujet « parce qu'aucun personnage ne me semblait plus apte à parler de cet âge qu'un homme qui avait eu une vieillesse si longue et qui, au cours même de cette vieillesse, avait si bien dominé son époque [3] ». Par sa rigueur, son honnêteté morale, le personnage fascine l'orateur et homme politique de la fin de la République qui, également *homo novus*, se projette en lui et imagine qu'en d'autres temps, il eût aimé être cet homme-là. C'est-à-dire en un temps où le progrès n'empêchait pas la raison de dominer, un temps où la corruption des mœurs n'avait pas atteint un état irréversible, où la loi restait la référence et où les traditions qui avaient fondé la grandeur de Rome étaient encore honorées et défendues. Notamment par Caton.

C'est pourquoi en ciselant le portrait de l'illustre censeur, c'est un peu un portrait idéal de lui-même que Cicéron tente de brosser. Son Caton se pare alors des vertus humanistes qui n'étaient pas encore les siennes et il en sort plus policé, plus hellénisé que dans la réalité. Dans ce dialogue, il s'entretient avec le jeune Scipion Émilien, dont nous avons vu quels liens de respect et d'admiration mutuels les unissaient, et avec son ami Laelius. À travers eux, Cicéron plaide pour cette *concordia* qui lui est chère mais n'était pas encore au centre des préoccupations politiques de Caton.

En conséquence, l'image du vieil homme que nous laisse entrevoir Cicéron correspond assez peu avec la rudesse et l'énergie combative, avec le pragmatisme un peu âpre d'un vieux renard à qui on n'en conte plus, tel que nous le décrit si bien Tite-Live. Nombreux sont les exemples que l'on pourrait aligner et soumettre à l'épreuve des faits. Ainsi, s'il est probablement exact que Caton, sur ses vieux jours, prend du plaisir à approfondir l'étude des lettres grecques (qu'il pratique depuis longtemps), il est plus plaisant de le voir

3. Cicéron, *De Amicitia*, I, 4.

se faire, d'après Cicéron, le chantre de la nature quand rien, dans le *De Agricultura*, ne laisse percer la moindre émotion devant le tableau offert par la campagne. Son Caton se laisse « charmer » par la vigne ; il s'émerveille de l'éclosion des graines, de « l'allure vagabonde » des pampres folâtres, de « la beauté » des fruits... Et lorsqu'il décrit « les richesses de la campagne » et, aux guérets, prairies, vignobles et arbustes, ajoute « les jardins et les vergers, les troupeaux au pâturage, les essaims d'abeilles et toute la variété des fleurs », il semble évoquer le sujet et le ton des *Géorgiques* de Virgile plus que ceux de son traité d'agronomie[4]. Peut-être Caton éprouvait-il vraiment « les plaisirs champêtres », mais son œuvre n'en dit rien et ses préoccupations, nous l'avons vu, étaient bien différentes.

Un autre exemple – parmi tant – peut mettre en évidence ce qui sépare le vrai Caton du personnage de Cicéron : la réflexion philosophique que lui prête l'auteur du *De Senectute* à la fin du dialogue. Voici Caton qui s'interroge sur la vie et met en balance les joies et les peines de l'existence. Sans rien regretter, il affirme ne pas craindre la mort. « Ô la belle journée, où je me rendrai dans cette assemblée divine que forme la réunion des âmes et où je quitterai la tourbe fangeuse d'ici-bas ! » Il se dit heureux à l'idée d'y retrouver son cher Marcus, ce fils exemplaire qu'il perdit en -152[5]. Cicéron reprend ici le thème de l'immortalité de l'âme qu'il emprunte aux philosophes grecs et développe, d'ailleurs, dans d'autres ouvrages. Mais nous savons trop quelle méfiance Caton éprouvait de ces « bavards » pour comprendre que jamais cette réflexion (du moins en ces termes) ne dut effleurer son esprit. Et s'il célébra la mémoire de ce fils aimé, ce fut plutôt en évoquant sa mémoire par des louanges, à la manière des Anciens. Ce que confirme

4. Cicéron, *De Sen.*, XIV, 51 sqq.
5. Cicéron, *De Sen.*, XXIII, 84.

Plutarque : « Caton fait souvent mention de lui dans les livres comme d'un homme de mérite[6]. » Peut-être prononça-t-il lui-même son éloge funèbre, selon la tradition, si l'aîné de ses deux petits-fils était encore trop jeune. En tout cas, l'interrogation sur le destin, l'angoisse née de la fuite du temps, si elles taraudent Cicéron et ses contemporains, ne sont pas exprimées, voire ainsi éprouvées, un bon siècle auparavant.

Cependant tout n'est pas déformé dans le portrait que brosse Cicéron de son personnage de référence. Au détour d'une répartie pesée à l'aune du bon sens, nous retrouvons notre professeur de morale, pédagogue tel qu'en lui-même. Le sujet du livre lui permet, dans ce domaine, d'y sembler plus vrai que nature. Il s'agit pour lui de réfuter quatre griefs généralement adressés à la vieillesse : elle détourne de la gestion des affaires, elle affaiblit les corps, elle prive des plaisirs, elle voit grandir l'angoisse de la mort qui approche. À ses jeunes interlocuteurs, l'ancien censeur explique qu'il ne faut surtout pas vivre en vieillard comme l'on a vécu sa jeunesse. Personne ne demande aux Anciens de continuer une vie active, au cœur de l'action politique ou militaire. Les vieillards n'ont donc pas besoin des forces d'antan. Mais leur utilité n'est pas moindre : ils sont les compléments indispensables à l'activité des jeunes gens. Par leur conversation, leur réflexion enrichie d'une longue expérience, ils prodiguent d'utiles conseils. Ils substituent le travail de l'esprit à celui du corps, et ont enfin le temps nécessaire pour étudier. « Il n'est rien de plus doux qu'une vieillesse pleine de loisirs. » D'autant qu'avec l'âge, les ardeurs des passions sont retombées. Le vieillard a donc l'inestimable chance d'être débarrassé de ces ardeurs qui sont les ennemies de la vertu. Il ne lui reste plus qu'à bénéficier des privilèges de l'âge. « L'*auctoritas* (= le prestige moral), voilà la couronne

6. Plutarque, *C. M.*, 24, 10.

de la vieillesse. » Ainsi laisse-t-on le temps faire son œuvre et vous conduire, presque insensiblement, au terme de la vie.

Cette réflexion-là, dans son allure générale, Caton ne l'aurait sans doute pas reniée, à quelques détails près. Nous avons dit qu'il ne refusait pas un *otium* fructueux, même si lui-même est resté étonnamment actif jusqu'au terme de son existence. Plutarque n'écrit-il pas : « Caton regarda la politique comme la plus belle occupation de la vieillesse et, pour se reposer et se distraire, dans ses moments de loisir, il écrivait des livres et s'adonnait à l'agriculture[7]. » Et lorsque le Caton du *De Senectute* déclare qu'il ne fait plus la guerre, mais indique au Sénat « lesquelles il faut mener, et comment », en prenant l'exemple de Carthage (« Je lui déclare la guerre très à l'avance, elle que je ne cesserai de craindre, tant que je n'aurai pas appris sa destruction »), il est l'exacte réplique du vrai Caton, ce « pilote » de la République que Cicéron regrettait amèrement de ne plus être depuis que César avait monopolisé le pouvoir[8].

Voilà pourquoi, dans cet ouvrage, Caton est surnommé *sapiens*, le sage. Certes, Cicéron est le seul à lui donner ce qualificatif (et aussi dans d'autres livres) qui a de quoi surprendre ; certes, cette présentation admirative peut justifier que le personnage principal s'exprime sur un ton plus doux et dans une langue plus élaborée que ceux des extraits des discours qui nous sont parvenus, mais il ne faut pas attribuer à ce surnom une valeur abstraite et trop philosophique. La sagesse que Cicéron admire chez Caton réside dans l'action réfléchie qui a permis à l'ancien censeur de faire de sa vie un exemple. Tel est bien le sens, en effet, qui se dégage du *De Amicitia* et qu'explicite l'un des personnages : « Pour tout ce qu'embrassait son expérience, pour

7. Plutarque, *C. M.*, 24, 11.
8. Cicéron, *De Sen.*, VI, 18.

tous les avis sensés, tous les actes courageux, toutes les réponses ingénieuses dont il avait marqué son activité au Sénat comme au Forum : aussi était-ce déjà presque un surnom que le titre de sage qu'on lui donnait dans sa vieillesse. » Et Laelius, qui est le personnage central de cet autre dialogue sur l'amitié, de renchérir : « Ou bien le sage n'existe pas, ou bien, il fut ce sage. Quel courage, pour ne pas citer d'autres faits, à la mort de son fils[9]. » Cette force de caractère, bien réelle, suscite l'admiration. Plutarque en témoigne également : « On dit qu'il supporta le malheur avec calme et philosophie et que son activité politique n'en fut nullement ralentie[10]. » Nous avons eu trop de preuves de l'amour que Caton portait à Marcus pour sous-entendre, dans ce propos, une part d'indifférence. Il faut y voir, au contraire, la manifestation de la *dignitas* d'un homme qui avait trop reproché à ses concitoyens de laisser libre cours à l'expression de leurs sentiments intimes en public pour y succomber lui-même. Cicéron admire cette attitude d'un sage et surtout que cette sagesse ne se limite pas aux belles paroles théoriques mais se manifeste dans l'action. Quitte à polir le caractère de son personnage et à imaginer avec son entourage, y compris avec ses adversaires, des relations harmonieuses. Dépouillé de son agressivité naturelle, de son mordant, de son humour féroce, le Caton du *De Senectute* n'a rien perdu de sa grandeur morale, mais il apparaît comme dépossédé de lui-même. Et les faits montrent que la vieillesse n'avait pas émoussé les angles tranchants de sa personnalité.

À propos des activités lucratives de Caton

À l'inverse, Plutarque nous laisse des dernières années de Caton l'image d'un homme quelque peu aigri dont les

9. Cicéron, *De Amicitia*, II, 6 et 9.
10. Plutarque, *C. M.*, 24, 9.

ans ont aiguisé l'avidité. Nous avons déjà reconnu chez lui un grand souci d'économie, tant public que privé, probablement hérité de son éducation rude dans laquelle le loisir et le confort n'avaient pas leur place. Le *De Agricultura* a mis en évidence son souci de l'épargne jusque dans les moindres détails. Sa manière de gérer ses affaires, avec ses esclaves et ses affranchis, y compris dans la pratique du prêt maritime, ont révélé un goût de l'argent en même temps qu'une capacité à s'adapter à la nouvelle économie. Sur ce point comme sur d'autres, il apparaît clairement que Caton n'en est pas resté aux vieilles traditions paysannes et a su se mettre à l'unisson de son temps. Cependant Plutarque insiste sur son âpreté au gain qui lui aurait fait délaisser l'agriculture au profit d'autres activités – « des affaires solides et sûres » – plus lucratives mais moins honorables : « Il acheta des étangs, des sources d'eaux thermales, des emplacements propres à l'industrie des foulons, des entreprises de production de poix, des terrains avec des pâturages naturels et des bois, toutes possessions d'où il tirait de grands profits et que Jupiter lui-même, disait-il, ne pouvait endommager [11]. » Et pour faire bonne mesure, le biographe insiste sur sa pratique exagérée de l'usure, alors que Caton, à plusieurs reprises, nous l'avons vu, et encore au début du *De Agricultura*, la condamne avec vigueur.

Que faut-il en penser ? Remarquons d'abord que Plutarque est le seul à mentionner ces « affaires » qui rapportent gros. Quelle est sa source ? Il est curieux que personne d'autre n'en parle si Cornélius Népos, dans sa biographie de Caton aujourd'hui perdue, a signalé ces faits. Cicéron connaissait Népos et il touche deux mots de lui dans une lettre à Atticus de l'année -44, celle de l'écriture du *De Senectute* [12]. Pline l'Ancien l'avait lu aussi et

11. Plutarque, *C. M.*, 21, 5.
12. Cicéron, *Ad Atticum*, XVI, 14, 4.

l'on s'attendrait à ce qu'il se fasse l'écho de ces informations dans tel ou tel de ses livres puisqu'il ne manque pas d'évoquer Caton à plusieurs reprises. On pourrait encore citer d'autres écrivains susceptibles de rappeler ces activités prêtées à Caton. En fait, ces « affaires solides et sûres » n'ont rien d'exceptionnel ni d'infamant au IIe siècle, et nombre d'aristocrates en possédaient de semblables. L'évolution de l'économie justifie aisément ces déplacements de capitaux. Pourquoi Caton aurait-il agi différemment d'autres ?

C'est là qu'intervient le jugement de Plutarque. Le ton du biographe se fait accusateur parce que ces activités lui apparaissent indignes d'un Caton. Mais il ne se fonde, pour juger, que sur la légende : Caton, le paysan intègre, le citoyen de l'ancien temps qui n'a cure de rechercher d'autre fortune que celle de sa patrie, ne peut ainsi se dévoyer jusqu'à bafouer la *virtus* de ses ancêtres dont il est censé être le parangon. Le voici qui renie presque le travail de la terre : « À mesure qu'il s'attachait plus âprement au gain, il regardait l'agriculture plutôt comme un passe-temps que comme une source de revenu [13]. » Mais la légende en a menti ! Caton défend certes les valeurs du *mos majorum* car il ne veut pas que les Romains perdent leur identité morale à l'heure des assauts de l'hellénisme, mais il n'est pas un homme du passé. Nous avons vu, au contraire, avec le *De Agricultura*, que Caton s'adapte parfaitement à la nouvelle situation économique consécutive à l'enrichissement qui résulte de la conquête du monde méditerranéen. À supposer – ce qui est invérifiable, mais pas exclu – qu'il se soit livré à ces nouvelles activités plus lucratives, cela ne signifie pas qu'il ait abandonné la terre ni qu'il ait renié ses idéaux.

13. Plutarque, *C. M.*, 21, 5.

La vie privée du vieux Caton

À suivre la légende, il n'est pas davantage étonnant que la vie privée de l'ancien censeur sur ses vieux jours ait causé quelque scandale. Pourtant le récit des frasques de Caton a l'heureuse faculté d'humaniser un peu la figure trop hiératique du vieil homme.

Caton est veuf et sa « robuste constitution » lui permet de « résister très longtemps aux atteintes de la vieillesse ». « À ce point que, déjà vieux, il avait souvent des rapports amoureux et qu'il contracta un second mariage peu convenable à son âge. » Plutarque s'en indigne, mais Caton n'est jamais contrevenu aux règles de la morale romaine. Il a respecté et aimé sa première femme, Licinia, dont nous ignorons la date du décès – certainement entre -160 et -155, date supposée du second mariage puisqu'un second fils naît, semble-t-il, en -154. Ensuite, il « fortifie son sentiment » (pour reprendre le mot de Diderot) avec une jeune fille qui n'est pas de naissance libre. Il n'y a là rien de répréhensible et Caton dut, plus d'une fois, prendre quelque plaisir avec une esclave, comme la morale des ancêtres l'admettait[14]. Si Plutarque s'en offusque, c'est que la morale, à son époque, a évolué, et que cet appétit de plaisir, au demeurant bien dans le tempérament fougueux de Caton, contredit la réputation d'austérité et de misogynie de l'ancien censeur.

Le récit des circonstances de ce second mariage est plaisant. C'est chez lui, où demeure aussi son fils, Licinianus (ainsi nommé d'après le prénom de sa mère) et sa belle-fille, la fille de Paul-Émile, la sœur de Scipion Émilien, devenue la femme de Marcus Caton le Jeune depuis -161, qu'il reçoit en cachette une jeune esclave. La maison n'est pas grande et le secret ne peut être longtemps gardé. « On s'aperçut bientôt de ce manège et, un jour que la concubine pas-

14. Cf. notre *Eros romain*, Paris, Les Belles Lettres, 1997, 1re partie.

sait avec un air effronté et dédaigneux devant la chambre du jeune Caton, celui-ci ne dit rien, mais lui lança un regard sévère et détourna la tête, ce qui n'échappa point au vieillard. » Caton ne dit rien, mais comprit la leçon. Il se trouva que cette jeune et insolente beauté était la fille d'un de ses anciens secrétaires lorsqu'il était magistrat, Salonius, et tout à la fois l'un de ses affranchis. Il faisait donc partie de sa clientèle et, en cette qualité, accompagnait souvent son patron lorsqu'il se promenait au Forum. Un jour que Salonius escortait ainsi Caton avec d'autres clients, l'ancien censeur l'apostropha de sa voix forte : « As-tu accordé ta fille à un fiancé ? – Non, dit l'homme, et je ne le ferai pas sans t'en avoir d'abord parlé. – Eh bien moi je t'ai trouvé un gendre convenable, à moins que, par Jupiter, son âge ne déplaise ; pour le reste, il n'y a rien à dire, mais il est bien vieux. » Que peut répondre celui qui doit sa liberté à un homme aussi éminent ? Salonius remercie Caton de ses bons soins et s'en remet à lui pour le choix du mari et la conclusion de l'affaire. Alors, sur-le-champ, Caton lui déclare « que c'était pour lui qu'il la demandait ». Stupéfaction de Salonius qui s'étonne à la fois que son patron veuille se marier à son âge et que lui-même, par cette alliance, puisse entrer dans « la maison d'un ancien consul et d'un triomphateur ». Parle-t-il sérieusement ? Caton le lui affirme. Il accepte alors « avec joie » et à peine sont-ils parvenus au Forum qu'ils scellent leur accord.

Caton se remarie. Il a quatre-vingts ans. Son fils, Caton Licinianus, réunit quelques amis et s'en vient trouver son père : « T'ai-je donné quelque sujet de plainte ou de chagrin pour que tu m'amènes une marâtre ? – Parle mieux, mon fils. Ta conduite envers moi a toujours été admirable et je n'ai rien à te reprocher ; seulement je désire avoir moi-même plusieurs enfants, et laisser à la patrie quelques citoyens qui te ressemblent. » Plutarque se plaît à remarquer que Pisistrate avait fait une réponse identique à ses fils « déjà grands » lorsqu'il leur infligea une belle-mère, mais rien ne dit que Caton ait sciemment, et donc ironiquement, parodié le tyran athénien en répondant à son fils. Le dialogue est fictif, mais n'a rien d'improbable[15].

De ce second mariage naquit un fils, que l'on nomme Salonianus, du nom de sa mère, pour le distinguer du fils de Licinia. Marcus Porcius Cato Salonianus n'accomplit pas une carrière exceptionnelle, mais parvint à la préture. Il eut lui-même deux fils dont l'un fut le père de celui qui se distingua par sa lutte contre les *populares* en général et César en particulier. Plutarque en parle comme « le philosophe qui devait être, par sa vertu et sa renommée, l'homme le plus illustre de son temps[16] ». On sait comment il se donna la mort à Utique en -46. L'aîné des fils de Caton, Licinianus, mourut en -152 alors qu'il était préteur désigné. Nous avons vu quel soin son père prit à son éducation et avec quel courage il fit honneur à son nom à la bataille de Pydna. Il engendra deux fils, l'un fut consul en -118. Brillant orateur, on dit qu'il rappelait son grand-père. Il mourut pendant une campagne, en Afrique. L'autre exerça le consulat en -114, mais fut condamné en -109 pour corruption au profit de Jughurta. De sa descendance, il faut retenir un Caius Porcius Caton qui accéda au tribunat de la plèbe en -56, à une époque troublée de luttes politiques qui précèdent la guerre civile[17].

Le récit que livre Plutarque des amours ancillaires de Caton et de sa mésalliance ne manque pas de piquant. On imagine le censeur badiner en chemin avec un de ses clients à propos de la fille de celui-ci et, en pleine rue, conclure avec lui ses secondes noces ! Il n'est pas impossible que le biographe ait forcé le trait pour accentuer encore l'indignité de cette demande en mariage. Il n'a pas de mots assez durs pour fustiger Caton dans la comparaison qu'il établit entre

15. Plutarque, *C. M.*, 24, 1 sqq.
16. Plutarque, *C. M.*, 27, 7.
17. Outre Plutarque, cf. Aulu-Gelle, *N. A.*, XIII, 20, 5 sqq. ; Pline, *H. N.*, VII, 61 sqq.

la vie du censeur et celle d'Aristide. Il dit qu'il a mal agi, que satisfaire ainsi, à cet âge, aux injonctions impérieuses d'une nature encore verte « n'est absolument pas beau ». « Qu'il l'ait fait par sensualité ou par dépit, [...] l'acte et le prétexte sont également honteux. Le discours qu'il tint ironiquement à son fils n'avait rien de vrai car, s'il voulait avoir des enfants vertueux comme le premier, il aurait dû y songer dès son veuvage et prendre une femme noble, au lieu de se contenter de coucher, aussi longtemps qu'il put le faire en secret, avec une femme illégitime et de basse condition, et au lieu de choisir, une fois découvert, comme beau-père, l'homme le plus facile à persuader, et non pas celui dont l'alliance serait la plus honorable[18]. » Le réquisitoire est sans appel. Les contempteurs de Caton furent sans doute trop heureux d'y voir la marque d'un caprice ou d'une faiblesse chez un vieillard trop vert. Mais il est à noter qu'aucune critique de l'ordre de celles émises par Plutarque ne nous est parvenue chez les écrivains de la fin de la République qui ont évoqué la vie de Caton, parfois longuement ou à plusieurs reprises, comme l'a fait Cicéron. Il est même plaisant d'entendre le « sage » Caton du *De Senectute* fustiger les plaisirs et se montrer « très reconnaissant à la vieillesse, capable de supprimer une passion malséante. Car le plaisir entrave le jugement, entrave la raison [...] et n'a aucune relation avec la vertu. » Plus avant dans le dialogue, il va jusqu'à se dire libéré du service de la volupté – « l'absence de besoin (amoureux) donne plus d'agrément » – même s'il concède que la vieillesse « n'est pas entièrement privée » de cette « jouissance futile[19] ». Il y a loin du Caton de Plutarque à celui de Cicéron, à moins que la sagesse du second ne l'ait rendu oublieux des frasques du premier...

18. Plutarque, *C. M.*, 33 (6), 1-3.
19. Cicéron, *De Sen.*, XII, 41, et XIV, 47 sqq.

L'accusation contre Galba

À la mort de son fils aîné, Caton trouva dans la politique un divertissement à la douleur et la force de survivre en même temps qu'un exutoire à son exceptionnelle vitalité. Ses biographes s'étonnent de le voir si combatif jusqu'à son dernier souffle. Plutarque et Tite-Live signalent notamment deux actions en justice importantes, l'une quatre ans avant sa mort, l'autre l'année même de son décès [20]. Les deux auteurs précisent qu'il avait alors quatre-vingt-six et quatre-vingt-dix ans, mais nous avons vu, dans le second chapitre, qu'ils commettent une erreur sur la date de sa naissance. Il faut donc situer ces procès lorsque Caton eut quatre-vingt-un et quatre-vingt-cinq ans.

Sur le premier de ces deux procès, nous sommes peu renseignés. Il semble qu'il ait eu à répondre d'une accusation, ce qui, pour lui, tournait à la routine. « Dès qu'il offrait une prise à ses ennemis, il ne manquait jamais d'être cité et de comparaître devant un tribunal. On dit qu'il fut accusé près de cinquante fois »... note Plutarque. Cette remarque met en évidence le caractère vindicatif de Caton qui comptait beaucoup d'adversaires politiques. Il n'y a que Cicéron, pour les raisons que l'on sait, qui ait tenté de dépeindre le personnage avec un tempérament consensuel. À plus de quatre-vingts ans, Caton est donc encore une fois attaqué, et Tite-live écrit qu'il rédigea et prononça un plaidoyer pour lui-même. Il s'agit très vraisemblablement du discours *Pour lui-même contre Cassius* [21]. De quoi l'accusait le censeur de -154, C. Cassius Longinus ? La seule phrase qui nous reste de la réponse de Caton, et que nous livre Aulu-Gelle, ne nous le dit pas. Elle devait faire partie de la péroraison : « Et il se produit, Romains, que dans le présent outrage qui

20. Tite-Live, XXXIX, 40, 12. Plutarque, *C. M.*, 15, 4.
21. Cf. Malc., *ORF*[1], 174. Aulu-Gelle, *N. A.*, X, 14, 3.

est en train de m'être fait par l'insolence de cet homme, je prends aussi en pitié la patrie, je le jure, Romains, par Jupiter, gardien du serment. » Caton semble n'avoir rien perdu de sa vigueur oratoire. Pourtant, d'après Plutarque, c'est à l'occasion de cette plaidoirie qu'il aurait prononcé cette phrase révélatrice : « Il est malaisé, quand on a vécu parmi les hommes d'une génération, de se défendre devant ceux d'une autre. » Le propos dégage une grande lucidité et une pointe d'amertume. Il montre que Caton a une pleine conscience de l'évolution de la société et avoue une certaine difficulté à s'adapter. Comme si les temps changeaient trop vite. Peut-être même exprime-t-il une légère lassitude, à moins que celle-ci ne soit destinée à obtenir l'indulgence de ses juges. En tout cas, ces mots mettent clairement en lumière l'originalité du personnage : personne, du moins à ce niveau de l'État, n'a été comme lui le témoin de deux époques à la fois, aussi différentes. Beaucoup, surtout parmi les plus jeunes en ce milieu du IIe siècle, devaient le regarder comme un revenant lorsqu'il motivait son action par des références à l'éducation qu'il avait reçue bien avant la deuxième guerre punique.

« Et ce ne fut point là le terme de ses luttes judiciaires. Quatre ans après [...] il attaqua Servius Galba », ajoute Plutarque, qui le compare à Nestor pour avoir atteint « la troisième génération en pleine vie active ». Deux ans plus tôt, le préteur de -151, Servius Sulpicius Galba avait été envoyé en Espagne Ultérieure. Victorieux des Lusitaniens, il avait reçu leurs ambassadeurs et accepté une négociation : en échange de leur soumission, il leur accorderait des terres à condition qu'ils se regroupassent en trois tribus et lui remissent leurs armes. Les vaincus, confiants dans la *fides romana*, s'exécutèrent. Mais Galba, trahissant sa parole, les fit tous massacrer, tribu après tribu. Plusieurs milliers de Lusitaniens périrent ainsi, peu en réchappèrent, parmi lesquels Viriathe, qui conduisit deux ans plus tard une révolte contre Rome.

En -149, le tribun de la plèbe L. Scribonius Libo, scandalisé par une conduite aussi indigne, proposa le rachat des esclaves et déposa une *rogatio* pour juger Galba. Une cour spéciale fut réunie à cet effet, et c'est devant elle que parla Caton. L'ancien consul chargé de rétablir l'ordre en Espagne avait toujours montré son intérêt pour ces provinces ; l'ancien censeur s'était plus d'une fois attaqué aux magistrats coupables d'abus de pouvoir dans l'exercice de leurs fonctions. Deux motifs qui poussèrent Caton à soutenir la loi proposée par le tribun et à plaider longuement et vigoureusement. L'affaire lui sembla si grave qu'il éprouva le besoin de reproduire son discours dans le dernier livre de ses *Origines*. Il nous en reste l'une des premières phrases, rapportée par Aulu-Gelle : « Bien des éléments m'ont dissuadé de m'avancer à cette tribune, les années, l'âge, ma voix, mes forces, ma vieillesse, mais en vérité, quand je pensais qu'on traitait une affaire si importante [...]. » Aulu-Gelle admire, dans cette phrase, l'abondance du style, les redondances, l'accumulation qui donnaient du poids au propos d'un vieil homme aussi important. Nul doute que la prestation de Caton dut impressionner. Mais Galba réussit à émouvoir ses juges par une attitude humble ; « il implora la protection du peuple romain, lui confia, les larmes aux yeux, ses jeunes enfants » ainsi que le fils d'un ancien consul décédé, ami de Paul-Émile, dont il s'occupait. Le jeune orphelin pleura et « ses pleurs suscitèrent une extraordinaire impression de pitié ». Si bien que la compassion populaire, ce jour-là, sauva Galba ; ce qui fit dire à Caton qu'il ne fallait plus amener au tribunal, « pour exciter la pitié, ni enfants, ni épouses, ni parentes, ni aucune femme en général[22] ».

22. Sur cet épisode de l'histoire, cf. Caton, *Or.*, VII, 1-5 ; Aulu-Gelle, *N. A.*, XIII, 25, 15 ; Tite-Live, *Periochae*, XLIX ; Appien, *Histoire d'Ibérie*, 59-60 ; Valère Maxime, 9, 6, 2 ; Cicéron, *Brutus*, 89-90. Le discours de Caton a été imité par Salluste, *Jugurtha*, 31, 1.

Il faut détruire Carthage

Outre quelques retentissantes actions en justice, la grande affaire des dernières années de Caton fut d'œuvrer pour provoquer une troisième guerre punique qui écartât à jamais le danger séculaire représenté par la puissance carthaginoise. Plutarque, qui s'étend longuement sur cet ultime épisode de sa vie politique, affirme que « ce fut surtout sur l'avis et le conseil de Caton que les Romains entreprirent la guerre[23] ». Il fait remonter l'origine de ce conflit à une ambassade envoyée par Rome, à laquelle participa Caton, en -153, pour régler un différend survenu entre Carthage et le roi de Numidie, Massinissa, client et ami du peuple romain. D'après la tradition, Caton se serait attendu à trouver une ville exsangue, ruinée par les fortes indemnités de guerre imposées par Rome dans le traité de -201, et humiliée. Il aurait été frappé d'y trouver une cité « peuplée d'une nombreuse jeunesse, remplie d'immenses richesses, pleine d'armes de toute espèce et de matériel de guerre, et très fière de sa prospérité ». Il aurait alors jugé qu'il y avait plus urgente intervention à opérer que de régler les conflits locaux avec Massinissa : il fallait une bonne fois empêcher de nuire un peuple maudit qui était redevenu un danger pour Rome. Il serait alors rentré « rapidement » en Italie pour alerter le Sénat « que les défaites et les malheurs antérieurs des Carthaginois avaient moins diminué leur puissance que leur irréflexion, et semblaient les avoir rendus, non pas plus faibles, mais plus experts à la guerre ».

S'ensuit, dans le récit du biographe, le célèbre intermède des figues libyennes. Caton, qui sait ménager ses effets, au moment opportun de son discours, relève sur son épaule le pan de sa toge d'où s'échappent quelques figues qui tombent au sol. Caton en présente une aux sénateurs qui fait

23. Plutarque, *C. M.*, 26 et 27, 1-7.

leur admiration tant elle est belle et mafflue. Il leur fait alors observer « que le pays qui les produit n'est qu'à trois jours de navigation ». Puis il conclut son discours, avec toute l'autorité d'un ancien censeur, auréolé du prestige de ses quatre-vingt-un ans et la gravité du verbe qu'un voyage en Afrique n'a pas entamé : « Et il me paraît bon que Carthage cesse d'exister. » Contre lui, Publius Scipion Nasica, fils d'un cousin de l'Africain, estime que Carthage, par ailleurs trop faible pour constituer une réelle menace, doit rester un danger potentiel pour conserver, dans le peuple romain, une saine émulation et lui éviter de tomber dans les excès. Caton, lui, veut « voir les Romains écarter entièrement toutes les craintes relatives à un péril extérieur menaçant leur hégémonie et garder la possibilité de redresser à l'intérieur leurs fautes ».

L'essentiel de ce récit semble relever surtout de l'affabulation, à commencer par l'histoire très spectaculaire des figues rapportées de Carthage, même s'il faut dire qu'elle serait assez bien dans la manière pédagogique de Caton. Cependant il est attesté qu'il se rendit sur place avec d'autres envoyés du Sénat et qu'il prit farouchement le parti de la guerre. Cette attitude, surprenante à première vue à qui se souvient de la position de Caton en matières d'affaires extérieures (par exemple quand il prit la défense de Rhodes), demande à être analysée.

Il faut d'abord remarquer que Rome n'en était pas à sa première ambassade pour tenter de trouver une solution au conflit entre Carthage et les Numides. En deux mots, rappelons qu'à la suite de rivalités entre les rois numides pendant la deuxième guerre punique, Scipion – le futur Africain – était intervenu pour créer au bénéfice de Massinissa, alors proscrit et retiré dans les montagnes, un vaste royaume. Celui-ci devenait en même temps le client et l'allié de Rome. Cette disposition prise par Scipion était avant tout tactique. En laissant Carthage diminuée par la rigueur du traité mais en vie, Scipion espérait que les Numides constitueraient en Afrique une sorte de contre-pouvoir pour empêcher toute velléité d'extension de la part des Carthaginois. Mais Scipion, en fin stratège, n'avait pas voulu pour autant laisser les mains libres au jeune roi numide, très tenté par des territoires qui appartenaient à Carthage. Il avait refusé de les lui concéder, créant une sorte d'équilibre des puissances en Afrique. Cependant, comme nous l'avons rappelé, Scipion fut assez rapidement éliminé de la scène politique romaine et il ne put parachever son travail en contrôlant la bonne observance de ses décisions sur le terrain. De fait, Massinissa, brillant, cultivé, mais ambitieux, profitant de la faiblesse de Carthage, n'hésita pas à en violer les frontières et à s'installer en territoire punique. Carthage, à qui le traité de -201 interdisait de faire la guerre sans en demander au préalable l'autorisation à Rome, ne manquait pas, à chaque violation de territoire, d'en appeler au Sénat ; lequel envoyait des commissaires pour enquêter. Mais ceux-ci, tout en reconnaissant les faits, ne poussaient jamais leur mission jusqu'à faire libérer les terres occupées par le roi numide. Massinissa, se sentant fort, et soutenu par Rome, en profita pour sédentariser ses sujets nomades, créer des villes, tirer parti de la richesse du sol, se doter d'une constitution de type punique, d'une armée efficace, battre monnaie... En un mot bâtir un royaume structuré et fort qui pourrait lui permettre, d'abord, de s'emparer de Carthage, et ensuite de présenter à Rome, sur la côte africaine, une puissance économique et politique redoutable.

Il est vrai qu'en quarante ans, Carthage s'était remarquablement relevée : elle avait retrouvée une réelle prospérité économique, avec la science d'agronomes comme Magon, et un florissant commerce maritime en Méditerranée. Elle avait même commencé à se réarmer. Mais le vrai danger était davantage incarné par le puissant Massinissa. Au reste, nous ignorons ce que furent les arguments de ceux qui, tel Nasica, s'opposaient à la guerre, mis à part le prétexte ridicule que lui prête Plutarque, mais il est loisible d'imaginer que certains allèrent peut-être jusqu'à faire remarquer à Caton que la prospérité retrouvée de Carthage pouvait être utile à un rééquilibrage des pouvoirs dans la région.

En tout cas, Nasica et ses partisans n'eurent pas l'oreille du Sénat qui sembla convaincu par les arguments de Caton. Mais quelles pouvaient être les motivations de l'ancien censeur ? De ce qu'il vit en Afrique, il ne comprit pas que la puissance de Massinissa pouvait constituer un danger, peut-être en raison des liens qui unissaient à Rome le roi numide, mais il eut peur en découvrant de Carthage une réalité différente de celle qu'il avait imaginée. Et cet effroi se trouva amplifié dans l'esprit du vieil homme par le fait qu'il n'avait pas seulement connaissance de l'histoire des agressions de Carthage contre Rome, il s'en était aussi trouvé le témoin. En rencontrant les concitoyens d'Hannibal, ce fut, comme en écho, toute sa jeunesse qui reparut à ses yeux, des années de larmes et de sang, les spectacles de dévastation, la terreur de voir Rome disparaître sous la menace du joug punique. Soudain, il dut avoir la vision d'une histoire qui pouvait bégayer.

Ensuite, il fut peut-être saisi d'un désir de revanche, moins contre un ennemi externe qui, même au prix de tant de morts, avait été vaincu, que pour ceux de sa famille politique, Fabius Maximus notamment, qui avaient dû s'incliner devant la jeunesse de Scipion et lui concéder la victoire. D'une certaine façon, Carthage florissante rappelait la défaite du clan des Fabii en politique intérieure et elle méritait d'être châtiée. D'autant plus qu'en -196 encore, l'Africain avait pris, devant le Sénat, la défense de Carthage qui aspirait à une forme d'indépendance politique. Il fallait donc régler une bonne fois ce différend politique interne. Rome devait demeurer la seule maîtresse de la Méditerranée occidentale.

Cependant, un tel choix pouvait s'assimiler à une tentative impérialiste à laquelle nous avons vu que Caton ne succombait pas. Il ne fut pas un interventionniste ; il ne prit pas la défense des peuples étrangers en pensant à leurs intérêts. Son seul souci consistait à protéger Rome. De la même façon qu'il ne souhaitait pas que Rome livrât une guerre à Rhodes parce qu'il était plus intéressant pour elle de n'en rien faire, il désirait que Carthage disparût parce qu'elle constituait à ses yeux une menace pour Rome. Ses raisons profondes sont les mêmes dans les deux cas et obéissent à une même logique, une logique de protection interne et non un quelconque désir de domination. Le discours prononcé lors de son retour de mission devait aller dans ce sens, du moins à en croire ce court extrait, parmi les rares qui nous restent [24] : « Les Carthaginois sont désormais nos ennemis. En effet, celui qui prépare tout contre moi pour pouvoir me livrer la guerre quand il lui plaira, celui-là est déjà mon ennemi, même s'il ne brandit pas encore les armes. »

Quant au fameux *delanda Carthago* qui concluait ce discours, il ne figure pas dans les fragments qui nous sont parvenus. Il a souvent été repris, sous des formes légèrement différentes, par les auteurs de toutes les époques. Mais nous ne possédons pas sa formulation originale. Peut-être se trouvait-elle reproduite dans le livre XLIX de Tite-Live, hélas perdu ? Lui-même aurait pu la tenir de ses sources les plus anciennes, comme Calpurnius Pison Frugi, de peu postérieur à Caton et jugé généralement comme un auteur fiable. Toujours est-il que la fortune de cette formule ne laisse guère de doute sur son existence. On peut même supposer quelle fut sa forme exacte à lire, par exemple chez Salluste, les formules de conclusion des orateurs, exprimées à la demande rituelle des magistrats qui présidaient la séance. Elles commencent généralement par *censeo* (= je suis d'avis) suivi d'une proposition infinitive (dont le verbe être est souvent sous-entendu) avec un adjectif verbal attribut. Caton aurait donc pu conclure ainsi : *Ita censeo Carthaginem delendam* (sc. *esse*) = « Je suis donc d'avis qu'il faut détruire

24. Malc., *ORF*[1], 181-185 : *De bello Carthaginiensi*.

Carthage ». Quant à savoir si, comme se plaisent à le dire les historiens du XIXe siècle notamment, Caton venait chaque jour répéter son avis au Sénat, il n'est pas impossible qu'il s'agisse d'une supputation de ceux dont l'admiration pour la vigueur de ce noble vieillard a enflammé l'imagination.

Détruire Carthage. La volonté ne suffisait pas. Encore fallait-il trouver un motif qui justifiât l'agression. Or il se trouva que Carthage en fournit un elle-même. En -151, après une nouvelle incursion de Massinissa en territoire punique, les magistrats de la ville décidèrent de ne pas faire appel à Rome puisque cela n'était suivi d'aucun effet, mais de riposter militairement. Toutefois, le traité de -201 interdisait à Carthage de déclarer la guerre sans l'aval de Rome. Caton et ses partisans eurent beau jeu de dénoncer la violation du traité. Par surcroît de malchance, l'armée punique fut battue par Massinissa à l'endroit même où Scipion avait, jadis, remporté sa première victoire en Afrique, en -203. Rome déclara la guerre. Les deux consuls furent dépêchés avec la mission de raser Carthage. La ville se soumit, se confia à la *fides* de Rome, envoya trois cents enfants nobles en otage. Polybe [25] raconte comment le plus âgé des consuls félicita les Carthaginois pour leur soumission et réclama qu'ils livrassent leurs armes lourdes et leurs projectiles ; en tout deux cent mille armures et deux mille catapultes. Il est évident que ces chiffres sont exagérés, mais on comprend que le réarmement de Carthage était une réalité. Les consuls furent abasourdis. Ils promirent leur protection, puis ils ordonnèrent aux Carthaginois de se transporter à quinze kilomètres de la mer, assurant que les temples et les tombeaux seraient respectés. Ceux-ci réalisèrent qu'ils avaient été abusés et, la première émotion passée, décidèrent de se rebeller. Ils déclarèrent la guerre à Rome, libérèrent les esclaves et organisèrent rapidement la défense de leur ville

25. Polybe, XXXVI, 1-8.

le plus efficacement possible. Chaque jour, ce sont trois cents épées, cinq cents lances, cent quarante boucliers qui sortaient des arsenaux. Au point que les consuls romains, qui mirent quelque temps à réagir, essuyèrent un échec sous les remparts de Carthage. L'effort de guerre de tous les citoyens de la ville, né d'un sursaut de désespoir, compliquait soudain ce que les autorités romaines croyaient n'être qu'une simple opération militaire. Carthage allait résister trois ans.

Rome dut donc, dès -149, se résoudre à faire le siège de la ville. Brillant tribun militaire de trente-cinq ans, Scipion Émilien s'étonnait de l'incapacité des consuls. Officier courageux et intelligent, il sauva plusieurs fois ses soldats d'un mauvais pas. Il réussit notamment à rallier à Rome l'un des meilleurs généraux carthaginois, Phaméas, avec deux mille cavaliers. Il se fit tant remarquer que c'est à lui que s'en remit Massinissa, à la veille de sa mort, pour régler la succession de son royaume. Et c'est à lui, on le sait, que Rome devra, en -146, la capitulation de Carthage. Cependant, en -149 déjà, le récit des ses actes de bravoure parvint à Rome. En l'entendant, Caton laissa échapper, dit-on, ce vers d'Homère : « Seul il reste sensé parmi le vol des ombres [26]. » Ainsi parlait Circé de Tirésias aux Enfers en envoyant Ulysse le consulter.

Il restait à Caton quelques semaines à vivre qu'il dut passer dans le sentiment du devoir accompli. Il mourut, dit Plutarque, après avoir prédit que ce jeune tribun militaire, « qui donnait des preuves de sagesse et d'audace dans les combats », terminerait cette ultime guerre contre Carthage par lui-même initiée. Ainsi Caton finit-il sa longue vie politique en exorcisant le mal que l'ennemi carthaginois avait imprimé dans sa chair, et dans celle des siens, au début de sa carrière. La boucle semblait bouclée.

26. Cf. Homère, *Odyssée*, X, 495.

IX

EN GUISE D'ÉPITAPHE

En -149, Caton peut s'enorgueillir d'avoir été une exception : il fut l'un des très rares citoyens de Rome à pouvoir comptabiliser près de soixante-dix ans d'activité politique, depuis qu'il a pris la toge virile, à des rangs divers, du plus modeste au plus élevé, mais toujours au service exclusif de ses concitoyens et de sa patrie. C'est donc peu dire qu'il a pesé d'un poids tout particulier sur l'évolution de son temps. Sa vie fut un combat permanent, contre les ennemis de la République, contre les oublieux du *mos majorum* qui se laissaient étourdiment tourner la tête par le chant des sirènes de l'hellénisme, contre tous ceux qui bafouaient leur devoir de *virtus* et préféraient céder aux charmes de la *luxuria* et de l'*inertia* plutôt qu'aux exigences du travail. Opiniâtre et farouche, Caton n'a jamais fait la moindre concession à ses adversaires et son intransigeance lui a attiré de solides inimitiés. Beaucoup ont dû céder aux assauts répétés du censeur, ridiculisés, de surcroît, par ses sarcasmes assassins.

Il n'y a donc rien d'étonnant à ce que l'un de ses ennemis ait rêvé pour lui de cette épitaphe : « Roux, les yeux pers et prompt à mordre, Porcius, mort, n'est pas admis aux Enfers par Perséphone[1]. » Mais il faut se souvenir de son origine pour mesurer de quelle force de caractère il devait être possédé afin de parvenir au sommet de l'État – et de l'Histoire – , surtout en un temps où un *homo novus* n'avait guère de chance de percer. S'explique ainsi le principal

1. Plutarque, *C. M.*, 1, 4.

défaut de ses qualités, son immodestie, son orgueil souvent démesuré, dont on pensera qu'ils se justifiaient par les efforts de persuasion à déployer en toute circonstance et par les succès obtenus, mais qui, par exemple pour Plutarque, ternissaient la réputation de vertu. « Pour ma part, écrit le biographe, je ne reproche pas à Caton de se vanter sans cesse et de se placer au premier rang, [...] mais je considère l'homme qui se loue lui-même à tout propos comme moins parfait en vertu que celui qui ne cherche pas à être loué par les autres[2]. » Et comme pour appuyer sa remarque, Plutarque rappelle ce trait d'un tempérament dur aux autres et à lui-même, mais volontiers satisfait de soi : « Il prétendait ne s'être repenti que trois fois dans toute son existence : d'abord pour avoir confié un secret à une femme, une seconde fois pour avoir fait par mer un voyage qu'il était possible de faire à pied (car il n'aurait pas eu à débourser le prix de la traversée), et la troisième pour être resté une journée souffrant (c'est-à-dire pour avoir cédé à la maladie et n'avoir pas continué à travailler en méprisant la douleur)[3]. » Le cynisme est assez dans la manière de l'ancien censeur.

En dépit de ces travers, Caton était, pour ses contemporains, et demeura, pour la postérité, un homme supérieur. De tous ceux qui se sont attachés à brosser de lui un portrait, souvent en le jugeant à travers les valeurs de leur propre époque ou en lui prêtant leur propre vision du monde (comme Cicéron), Tite-Live apparaît celui qui a le mieux saisi, en quelques expressions, le génie du personnage. Il écrit, par exemple, qu'il surpassait de beaucoup les patriciens et les plébéiens des plus illustres familles. « En cet homme, si grandes étaient les qualités morales et intellectuelles que, quelles que fussent ses origines, il semblait destiné à assu-

2. Plutarque, *C. M.*, 32 (5), 3.
3. Plutarque, *C. M.*, 9, 9.

rer lui-même sa fortune. Nul talent ne lui manqua dans la gestion des affaires privées et publiques. Il était expert pareillement en ce qui concerne les choses de la ville et celles de la campagne[4]. » L'historien évoque son « génie multiforme », sa faculté d'adaptation qui faisait, « quelle que fût son activité, qu'on l'aurait dit uniquement fait pour cela ». Un « très grand général », mais tout autant, en temps de paix, « un homme très expert en matière juridique, très éloquent dans ses plaidoiries », et dont l'art oratoire « fleurit et vit encore, consacré par des écrits au contenu varié ». Et Tite-Live de conclure, en mettant l'accent sur sa moralité : « Il eut sans doute le caractère difficile, la langue mordante et d'une franchise immodérée, mais une âme que ne gouvernaient pas les passions, une intégrité intransigeante au mépris des faveurs et des richesses. Dans sa sobriété, dans son endurance à l'effort et au danger, il montra pour ainsi dire un tempérament d'acier, lui que même la vieillesse qui désagrège tout ne parvint pas à briser. »

De fait, Caton n'était pas un homme ordinaire, au-delà même de son énergie et de son extraordinaire vitalité. Il faut souligner l'unité du personnage qui administrait dans le même esprit sa maison et la République[5]. Sa qualité de pédagogue le conduisait à porter le même soin à l'éducation de son fils et à celle de ses concitoyens. Il usait des mêmes méthodes de gestion qu'il s'agît de son propre domaine ou des affaires de l'État. En cela, il avait conservé quelque chose de l'antique tradition, quand les *patres* des plus importantes familles étaient aussi les *Patres* de la République, au Sénat. De surcroît, Caton offrait l'image d'un homme complet, un homme apte à agir autant qu'à parler. Son éloquence fut certainement l'une des plus brillantes de son époque, mais n'eût été qu'ornement s'il n'en avait fait une des armes

4. Tite-Live, XXXIX, 40, 4 sqq.
5. Plutarque le reconnaît, *C. M.*, 30 (3), 2.

mêmes de son action. Cette complémentarité, cette interpénétration de l'acte et du verbe chez un homme qui excellait dans les deux domaines sont une des explications de la réussite, de l'efficacité de Caton. L'éloquence et le glaive constituaient, dans la République romaine, les deux armes principales dont disposaient les magistrats pour défendre la *libertas* et celui qui maniait l'une et l'autre avec la maestria d'un Caton ne pouvait devenir qu'une illustre figure de Rome, s'il la servait, ou le plus infâme des traîtres.

La tâche, pourtant, ne fut pas aisée. Et il est permis de s'interroger sur le bilan de son action politique : est-il positif ? La réponse est négative si l'on s'en tient à la légende qui donne de lui l'image d'un réactionnaire, d'un homme du passé seulement attaché aux valeurs ancestrales et opposé à la modernisation, au progrès apporté par la pensée et les mœurs grecques. Or cette légende, nous l'avons vu, ne correspond pas à la réalité de l'action politique de Caton. Si c'était le cas, comment expliquer que les sénateurs, dont il fut l'un des plus respectés porte-parole, et le peuple l'aient suivi et lui aient accordé, à lui, l'inconnu, les plus hautes dignités de l'État. Cependant, il est vrai qu'il fut lui-même le principal auteur de sa légende sans imaginer qu'il en deviendrait le prisonnier. Elle lui permit de se dresser aux yeux de tous, telle une des nombreuses statues du Forum, comme l'incarnation de la morale traditionnelle pour lutter contre ce qu'il jugeait être la décadence. Non qu'il fût un conservateur rétrograde, incapable d'envisager l'évolution de Rome, mais il refusa toute sa vie que Rome s'effaçât devant une civilisation étrangère imposée de l'extérieur par ceux que les Romains avaient soumis. Il voulait qu'elle fût apte à assimiler, dans une certaine mesure, la nouveauté sans perdre, sans renier non plus, son identité, celle qu'avaient forgée les ancêtres et à laquelle elle devait sa supériorité. Il proposait une autre politique, différente de celle des aristocrates prohellènes, séduits par le pouvoir des rois orientaux. Son ambition à lui se fondait sur la mémoire, sur l'histoire, sur la *pietas* dévolue aux Anciens. Et il fut écouté, même par ceux qui n'avançaient pas la même analyse politique : Scipion Émilien en offre le meilleur exemple.

Sa vision de Rome était sans doute trop rigide, exigeante – à son image – pour faire barrage au flot de l'évolution, trop bouillonnant en ce IIe siècle ; mais elle sut l'endiguer, le canaliser, presque l'assagir. Qu'eût connu Rome sans lui ? Nul ne peut le dire. Toutefois, les Romains ne s'y trompèrent pas qui lui furent reconnaissants d'avoir su défendre leurs valeurs, et, plus encore, préserver une part de leur authenticité pour mieux imprimer la marque de leur civilisation dans le monde méditerranéen. Voilà pourquoi ils inscrivirent en lettres de gloire le nom de Caton dans la théorie de ceux qui signèrent le destin de Rome.

CARTES

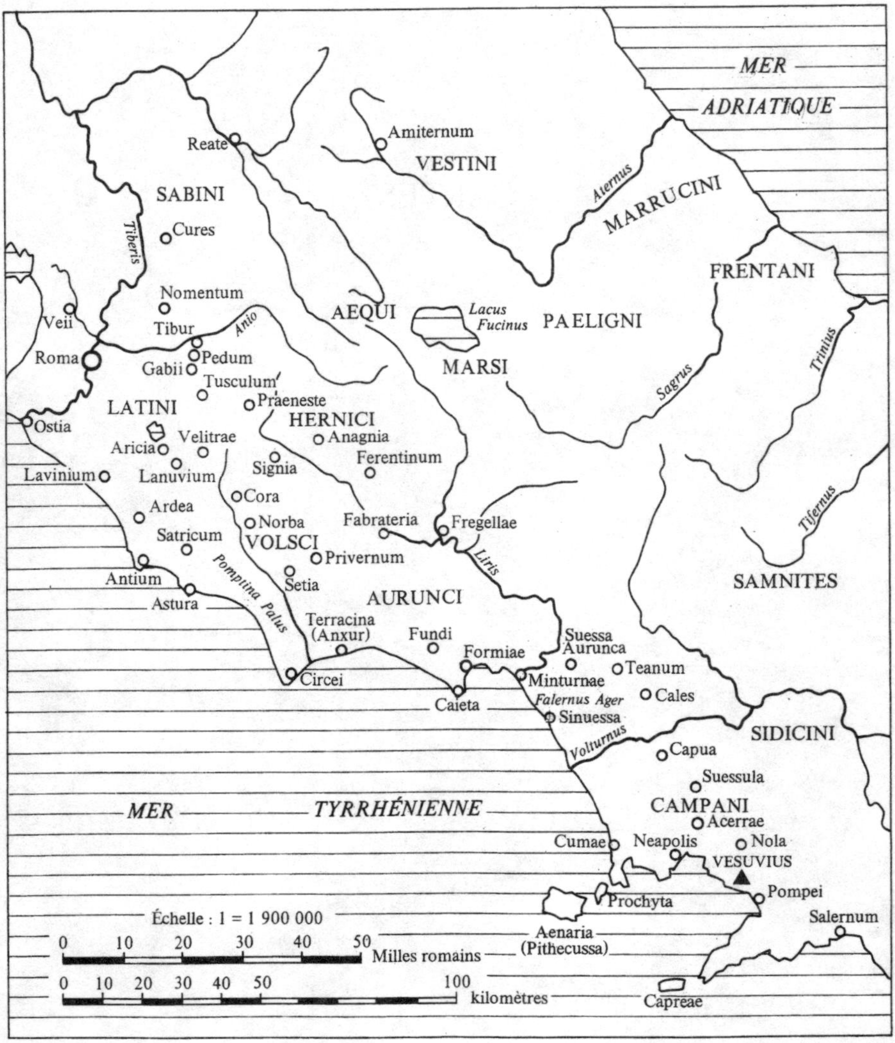

Latium et Italie centrale

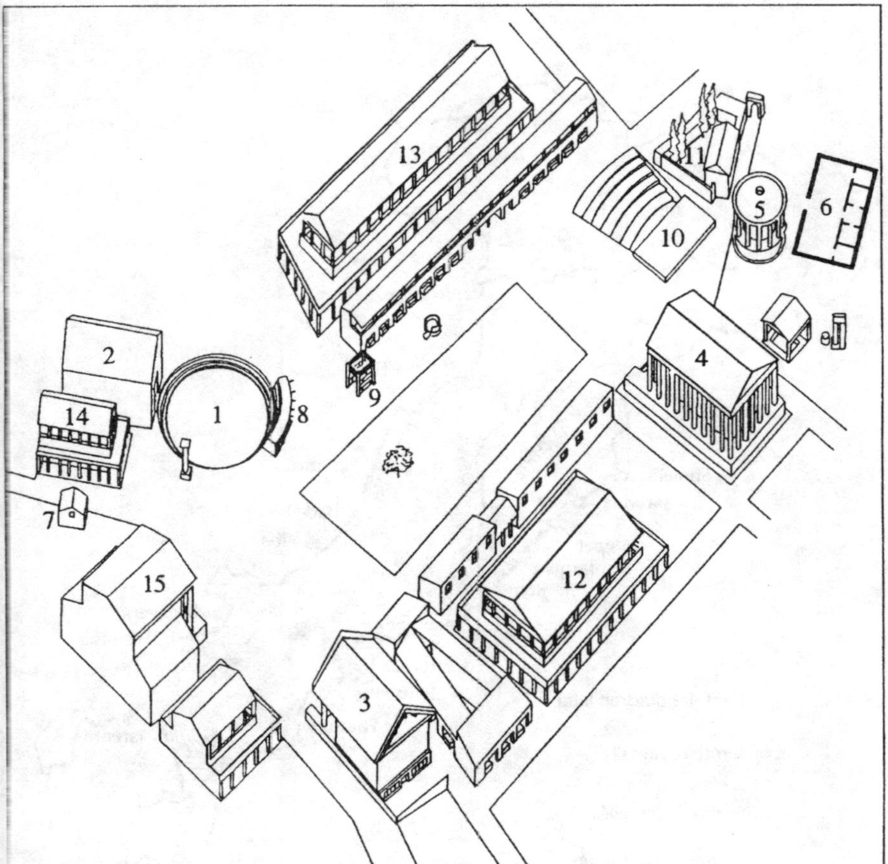

1-Comitium
2-Curie
3-Temple de Saturne
4-Temple de Castor
5-Temple de Vesta
6-Atrium Vestae (maison des Vestales)
7-Carcer (prison)
8-Rostres (tribunes aux harangues)
9-Temple de Janus
10-Tribunal Aurélien
11-Regia (ancienne demeure du roi)
12-Basilique Sempronia
13-Basilique Aemilia
14-Basilique Porcia
15-Temple de la Concorde

Le Forum romain au IIe siècle avant notre ère

L'Italie après la 2e guerre punique (carte simplifiée)

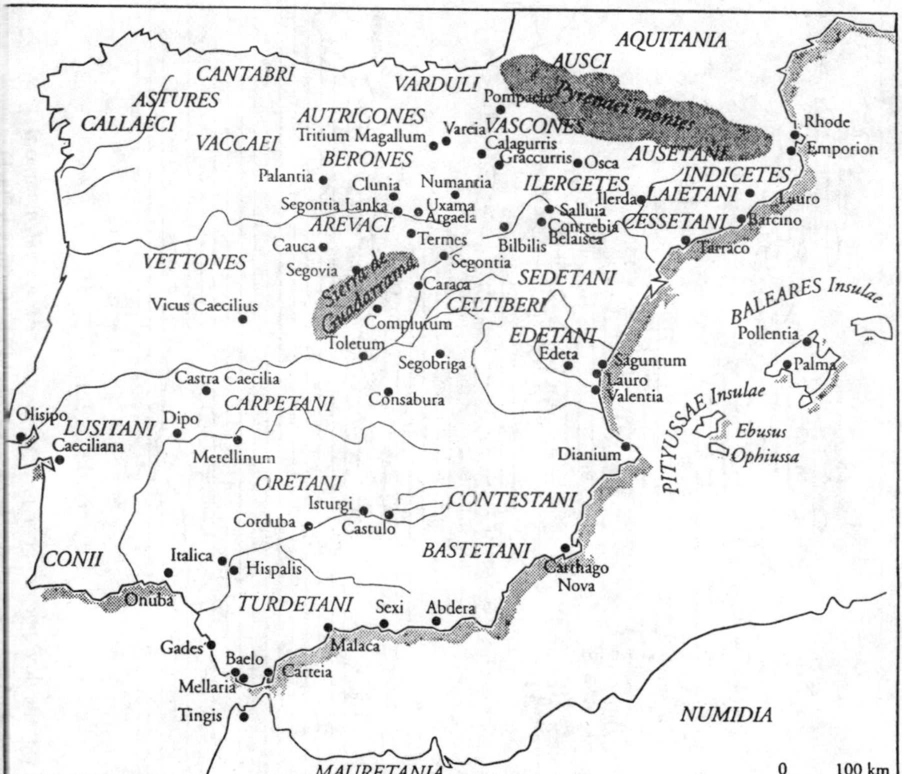

L'Espagne

(carte extraite de *Histoire de la République romaine*,
sous la direction de François Hinard, © Librairie Arthème Fayard, 2002)

Le monde égéen

(carte extraite de *Rome et la conquête du monde méditerranéen*, tome II, sous la direction de Claude Nicolet, 1978, © PUF, 6e édition 2001)

TABLEAUX GÉNÉALOGIQUES

GÉNÉALOGIE DES PORCII

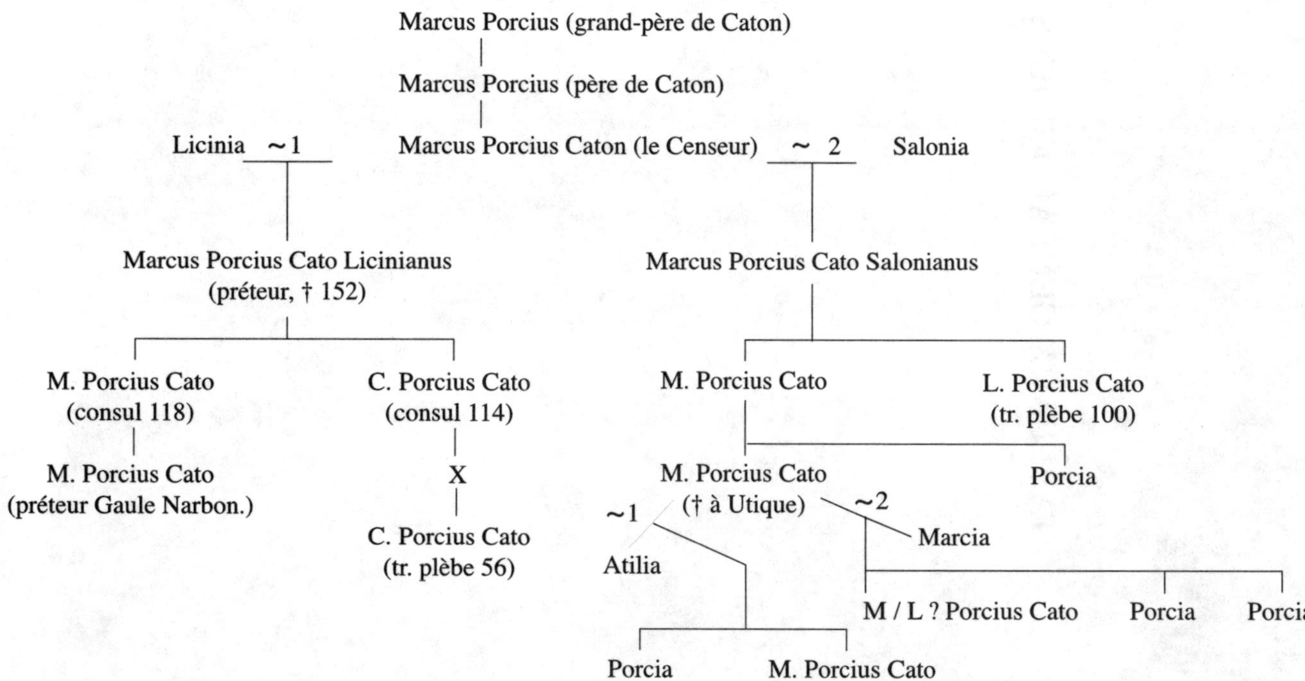

GÉNÉALOGIE DES CORNELII SCIPIONES

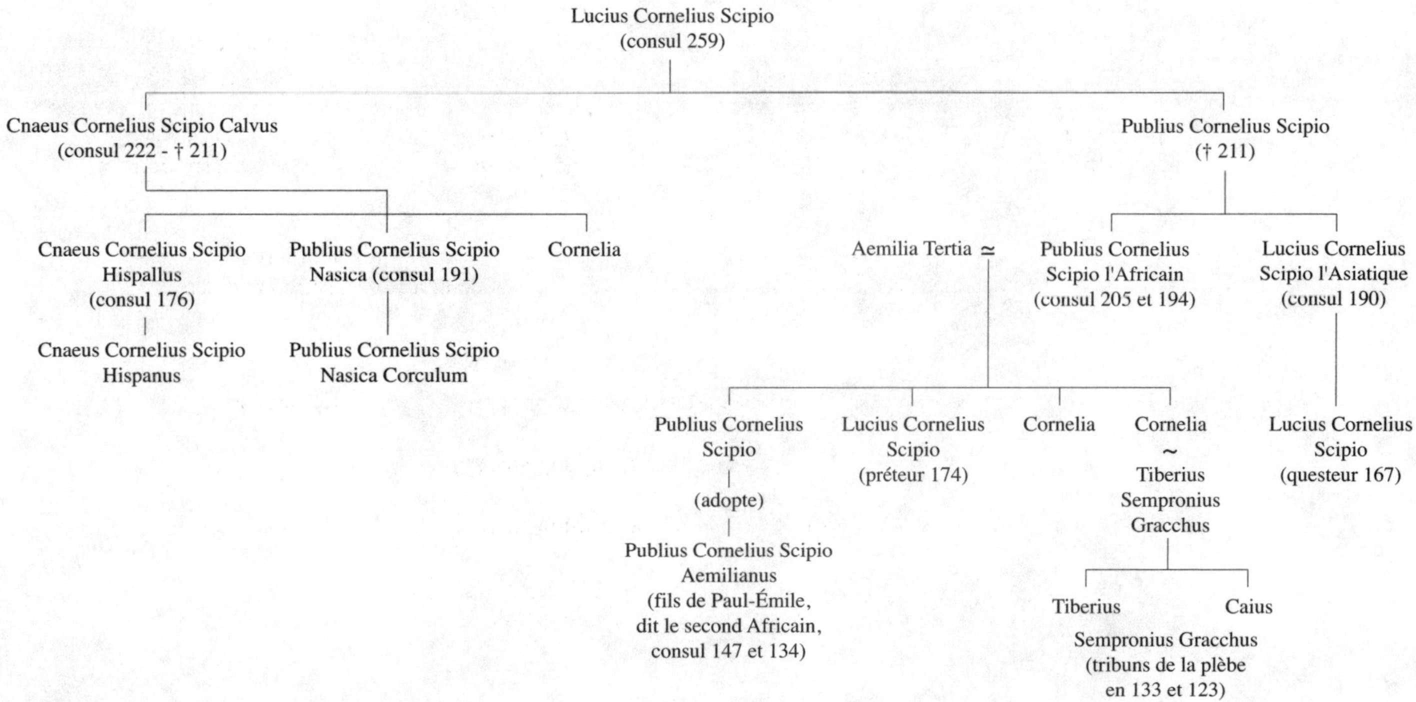

REPÈRES CHRONOLOGIQUES

La vie et la carrière de Caton s'inscrivent dans l'histoire de Rome à l'heure où la petite cité du Latium, devenue maîtresse de l'Italie, se trouve confrontée aux grandes puissances qui dominent la Méditerranée : Carthage, la Grèce et l'Orient. (Toutes les dates s'entendent avant notre ère).

264-241 : Première guerre punique. La Sicile devient province romaine (241).
240 : Début de la littérature latine (Livius Andronicus, Naevius).
234 : **Naissance de Caton à Tusculum.**
231 : La Corse et la Sardaigne deviennent la deuxième province romaine.
221 : Avènement de Philippe V de Macédoine (238 - 179).
219-201 : Deuxième guerre punique.
218 : Consuls : P. Cornélius Scipion et T. Sempronius Longus. Hannibal parvient en Italie.
217 : Consuls : G. Flaminius et Cn. Servilius Géminus. Fin juin : désastre de Trasimène, mort de Flaminius. Q. Fabius Maximus est dictateur (= le Temporisateur).
216 : Consuls : G. Térentius Varro et L. Aemilius Paullus. Août : désastre de Cannes, mort de Paullus. **Premier engagement militaire de Caton.**

215 : Consuls : L. Postumius Albinus et T. Sempronius Gracchus.

214 : Consuls : Q. Fabius Maximus et M. Claudius Marcellus. Début du redressement de Rome. Siège de Syracuse. **Caton est tribun militaire.**

212 : Prise de Syracuse par Marcellus. Siège de Capoue.

211 : Reddition de Capoue. En Espagne, après la mort de P. et de Cn. Scipion, P. Cornélius Scipion (le futur vainqueur de Carthage, 24 ans) reprend l'offensive. Il prend Carthagène (210).

209 : Consuls : Q. Fabius Maximus et Q. Fulvius Flaccus.

207 : Bataille du Métaure et mort d'Hasdrubal (en juin).

206-205 : **Caton rencontre Valérius Flaccus qui l'enjoint de venir à Rome.**

205 : Consuls : P. Cornélius Scipion et P. Licinius Crassus. Paix de Phoinikè qui conclut la première guerre de Macédoine, contre Philippe V, commencée en 215.

204 : **Caton est questeur : début de sa carrière politique.** Offensive romaine en Afrique : Scipion débarque à Utique. Il bat le roi numide Syphax (allié de Carthage) et installe Massinissa à sa place sur le trône.

202 : Hannibal, contraint de regagner l'Afrique, est battu par Scipion à Zama.

201 : Traité qui assure la domination de Rome en Afrique et en Espagne. Triomphe de Scipion qui prend le surnom d'Africain.

201-176 : Soumission définitive de la Cisalpine.

201-196 : Deuxième guerre de Macédoine. T. Quinctius Flamininus, consul de 198 (avec S. Aelius Paetus) bat Philippe V à Cynoscéphales (197) et proclame l'indépendance de la Grèce aux jeux Isthmiques (196).

199 : **Caton est édile plébéien.**

198 : **Caton est préteur (en Sardaigne).**

195 : **Caton est consul** (avec Valérius Flaccus). Abrogation de la loi Oppia. **Caton pacifie l'Espagne** (en révolte depuis 197). Hannibal rejoint Antiochus III à Tyr.

194 : Consuls : P. Cornélius Scipio Africanus et T. Sempronius Longus. **Triomphe de Caton.** Triomphe de Flamininus, à son retour de Grèce.

193 : Consuls : L. Cornélius Mérula et Q. Minucius Thermus.

192-188 : Guerre contre Antiochus III de Syrie qui convoite la Grèce. Consuls : L. Quinctius Flamininus et Cn. Domitius Ahénobarbus.

Vers 192 : **Mariage de Caton avec Licinia. Puis naissance de son fils Marcus.**

191 : Consuls : P. Cornélius Scipio Nasica et M'. Acilius Glabrio qui part en Grèce combattre Antiochus. **Caton est tribun militaire en Grèce.** Victoire de Thermopyles (190).

190 : Consuls : L. Cornélius Scipio et G. Laelius. L'Africain est le légat de son frère en Grèce et en Asie. Guerre contre les Étoliens. Siège d'Ambracie et capitulation de la ville. **Caton est légat à Ambracie.**

189 : Consuls : M. Fulvius Nobilior et Cn. Manlius Vulso. Guerre contre les Galates. L. Scipion est vainqueur d'Antiochus à Magnésie du Sipyle. **Caton échoue à l'élection au censorat.**

188 : Signature de la paix d'Apamée, en Asie. Pergame et la Bithynie sont les alliées de Rome.

187 : Triomphe (contesté) de Cn. Manlius Vulso. Procès de L. et P. Scipion.

186 : Scandale des Bacchanales. Eumène II de Pergame mène la guerre contre Prusias Ier (de Bithynie). Consuls : Sp. Postumius Albinus et Q. Marcius Philippus.

184 : **Caton est censeur**, avec M. Valérius Flaccus. Envoi de délégations pour régler divers conflits en Grèce et en Asie.

183 : Hannibal qui, après avoir conseillé Antiochus de Syrie, s'était réfugié auprès de Prusias de Bithynie, se donne la mort pour échapper aux Romains.

182 : Troubles en Espagne, apaisés par Fulvius Flaccus (qui triomphe en 180).

179 : Mort de Philippe V de Macédoine. Persée lui succède après avoir fait assassiner l'héritier présomptif, Antigone.

175-164 : Règne d'Antiochus IV, fils d'Antiochus III.

174 : Résultat du recensement : 269 015 citoyens (= mâles adultes).

172-168 : Troisième guerre de Macédoine. Persée soulève la Grèce.

171 : P. Licinius Crassus (consul avec G. Cassius Longinus) est chargé de la Macédoine.

168 : Le consul L. Aemilius Paullus, père du futur Scipion Émilien, bat Persée à Pydna et voyage en Grèce avec son fils qu'il initie aux beautés de la Grèce.

167 : Triomphe de Paul-Émile. Persée mourra en Italie (165 ?).

159 : Attale II succède à son frère Eumène II sur le trône de Pergame (jusqu'en 139).

153 : **Caton participe à une ambassade à Carthage** destinée à régler un différend entre la cité punique et Massinissa. Il rentre à Rome persuadé de la nécessité d'une troisième guerre punique.

149-146 : Troisième guerre punique. **Caton meurt après le début du conflit** (149). Scipion Émilien, consul en 147, prend Carthage qui est rasée (146). Ces mêmes années, la Macédoine se révolte et est conquise par Métellus (consul de 148). Elle devient province romaine. La Grèce se soulève. Le consul Mummius prend et rase Corinthe (146). La Grèce devient province romaine sous le nom d'Achaïe.

133 : Scipion Émilien détruit Numance, mettant un point final aux révoltes en Espagne. La même année, le roi Attale III de Pergame meurt et lègue son royaume en héritage à Rome. Ce sera la première province d'Asie. Dix ans après la mort de Caton, Rome a solidement établi son autorité, tant en Orient qu'en Occident. Mais il lui reste à affronter une suite de conflits internes qui vont sonner le glas de la République et conduire à l'instauration d'un régime monarchique appelé principat.

BIBLIOGRAPHIE

Il serait prétentieux et présentement inutile de présenter une bibliographie exhaustive de tous les ouvrages et articles qui se réfèrent à Caton et à son temps. Le lecteur trouvera ici les principales références, celles qui peuvent lui permettre d'approfondir sa réflexion sur ce personnage majeur de l'histoire de la République romaine. L'essentiel de cette étude, cependant, doit se fonder sur la lecture des auteurs anciens dont il existe, en Europe, de nombreuses et savantes éditions, à commencer par celles de la Collection des Universités de France, publiée par Les Belles Lettres. En outre, nombre des ouvrages cités ici offrent au lecteur une bibliographie abondante qui l'aidera à orienter une recherche plus spécifique.

NB : Toute question générale portant sur les institutions et la civilisation romaines peut être élucidée en consultant le premier volume des « Guides Belles Lettres des Civilisations », *Rome*, de J.-N. Robert.

1 - Ouvrages de Caton :

CATON, *De Agricultura*, édition R. Goujard, C.U.F., Les Belles Lettres, Paris, 1975.

CATON, *Origines*, édition M. Chassignet, C.U.F., Les Belles Lettres, Paris, 1986.

Fragments de discours :

MALCOVATI E., *Oratorum Romanorum Fragmenta*, 1re éd. Turin, 1930 ; 3e éd. 1967 ; 4e éd. 1976.

CATO, *Orationum reliquiae* (introduzione, testo critico e commento filologico, a cura di M. T. Sblendorio Cugusi), Turin 1982.

CATO, *Oratio pro Rhodiensibus*, édition de G. Calboli, Bologne, 1978.

JORDAN H., *M. Catonis praeter librum de re rustica quae extant*, Leipzig, 1860.

PETER H. W. G., *Historicorum romanorum reliquiae*, 2e éd., Leipzig, 1914.

2 - Biographies de Caton dans l'Antiquité :

CORNÉLIUS NÉPOS, *Traité sur les historiens latins*, *Caton*, édition A. M. Guillemin, C.U.F., Les Belles Lettres, Paris, 1992 (4e tirage), p. 146-149.

CICÉRON, *De Senectute* ou *Cato Major*, édition P. Wuilleumier, C.U.F., Les Belles Lettres, Paris, 1996 (5e tirage). Id. dans la collection « Classiques en poche » (avec une introduction et des notes de J.-N. Robert), Les Belles Lettres, Paris (à paraître).

PLUTARQUE, *Vies parallèles, Caton l'Ancien* (Cato Major), édition R. Flacelière et E. Chambry, tome V, C.U.F., Les Belles Lettres, Paris, 1969, p. 72-116.

3 - Biographies modernes de Caton :

MARMORALE E. V., *Cato Major*, Bari, 2e éd. 1949.

KIENAST D., *Cato der Censor. Seine Persönlichkeit und Seine Zeit*, Heidelberg, 1954.

DELLA CORTE F., *Catone Censore. La vita e la fortuna*, Florence, 2e éd. 1969.

FORDE N. W., *Cato the Censor*, Boston, 1975.

ASTIN A. E., *Cato the Censor*, Oxford, 1978.

4 - Études complémentaires :

AGACHE S., « Caton le Censeur, les fortunes d'une légende », dans *Histoire et Historiographie*, colloque de Tours, Caesarodunum XVbis, Paris, 1980, p. 71-107.

ALFÖLDI A., *Early Rome and the Latins*, Ann Arbor, 2e éd. 1971.

ANDRÉ J. M., *L'*Otium *dans la vie morale et intellectuelle romaine*, Paris, 1966.

ASTIN A. E., « Scipio Aemilianus and Cato Censorius » dans *Latomus*, 15, 1956, p. 159-180.

ASTIN A. E., *Scipio Aemilianus*, Oxford, 1967.

ASTIN A. E., « Cato Tusculanus and the Capitoline Festi », dans *Journal of Roman Studies*, 62, 1972, p. 20 sqq.

BADIAN E., « Ennius and his Friends », dans *Ennius*, Entretiens de la Fondation Hardt XVII, Genève, 1972, p. 149 sqq.

BESANÇON A., *Les Adversaires de l'hellénisme à Rome*, Lausanne, 1910.

BONJOUR M., *Terre natale*, Paris, 1975.

BONNEFOND M., « Le Sénat républicain et les conflits de générations », dans *Mélanges de l'École française de Rome*, 94, 1982, p. 175-225.

BOUCHÉ D., *Le Mythe de Caton : étude de l'élaboration et du développement d'un mythe politique à Rome de la République au IIe s. ap. J.-C.*, thèse soutenue fin 1998 à paraître aux Presses Universitaires du Septentrion (non consultée).

BOYANCÉ P., « La connaissance du Grec à Rome » dans *Revue des études latines*, 34, 1956, p. 111-131.

BREHAUT E., *Cato the Censor. On Farming*. New York, 1933.

BRISSON J.-P., *Carthage ou Rome ?*, Paris, 1973.

BRIZZI G., « L'empire mondial » dans *Histoire romaine*, t. 1, Fayard, Paris, 2000, p. 443 sqq.

BRUNT P. A., *Italian Manpower, 225 B. C.-14 A. D.*, Oxford, 1971.

CARCOPINO J., *La Basilique pythagoricienne de la Porte Majeure*, Paris, 1927.

CHABERT S., « Le "*Delenda Carthago*" et ses origines », dans *Annales de l'université de Grenoble*, 25, 1913, p. 49-61.

CHASSIGNET M., « Caton et l'impérialisme romain au IIe s. av. J.-C. d'après *Les Origines* », dans *Latomus*, 46, 1987, p. 285-300.

CIZEK E., *Mentalités et institutions politiques romaines*, Paris, 1990.

CROOK J. A., *Law and Life of Rome*, Londres, 1967.

DAVID J.-M., *La Romanisation de l'Italie*, Paris, 1994.

DAVID J.-M., *La République romaine,* -218/-31, Paris, 2000.

DELLA CORTE F., *Plutarch. Detti e vita di Catone*, Turin, 1952.

DEL MORO I., « Le guerre dei Romani nella Spagna dalla fine della II Punica alla metà del secondo secolo a. Cr. » dans *Atti della R. Università di Genova*, 20, 1913, p. 319 sqq.

DUMÉZIL G., « *Maiestas* et *grauitas* » dans *Idées romaines*, Paris, 1969, p. 125-152.

FERRARY J.-L., *Philhellénisme et impérialisme*, Rome, 1988.

FLACELIÈRE R., « Le troisième remords de Caton », dans *Revue des études grecques*, 80, 1967, p. 195 sqq.

FOUCHER A., « La vie rurale à l'époque de Caton d'après le *De Agricultura* », dans *Bulletin de l'Association Guillaume Budé*, 2, 1957, p. 41-53.

FRACCARO P. : ses nombreuses études sur la vie et la carrière de Caton sont regroupées dans *Opuscula*, t. 1, Pavie, 1956. Notamment :

- « Sulla biografia di Catone Maggiore sino al consolato e le sue fonti ».
- « Le fonti per il consolato di M. Porcio Catone ».
- « Ricerche storiche e litterarie sulla censura del -184/-183 ».
- « I processi degli Scipioni ».
- « Catone il censore in Tito Livio ».

FRANK T., *Roman Imperialism*, New York, 1914.

FRANK T., *Life and Literature in the Roman Republic*, Berkeley, 1930.

FREYBURGER G., *Fides*, Paris, 1986.

FREYBURGER G. et M. L., et TAUTIL J. C., *Sectes religieuses en Grèce et à Rome dans l'Antiquité païenne*, Paris, 1986.

GABBA E., « Considerazioni sulla tradizione litteraria sulle origini della Republica », dans *Les Origines de la République romaine*, Entretiens de la Fondation Hardt, XIII, Genève, 1966, p. 133 sqq.

GEROSA M., *La prima enciclopedia romana. I « Libri ad Marcum filium » di Catone Censore*, Pavie, 1910.

GRIMAL P., *Le Siècle des Scipions*, Paris, 2e éd. 1975.

GRUEN E. S., *Culture and National Identity in Republican Rome*, Londres, 1992.

HAURY A., « Une "Année de la femme" à Rome, en 195 av. J.-C. ? », dans *Mélanges J. Heurgon*, Rome, 1976, p. 427-436.

HELLEGOUARC'H J., *Le Vocabulaire latin des relations et des partis politiques*, Paris, 1972.

HEURGON J., *Trois études sur le « Ver sacrum »*, Coll. Latomus, XXVI, Bruxelles, 1957.

HEURGON J., « Caton et la Gaule Cisalpine » dans *Mélanges W. Seston*, Paris, 1974, p. 231-247.

JONES C. P., *Plutarch and Rome*, Oxford, 1971.

KENNEDY G., *The Art of Rhetoric in Roman World*, Princeton, 1972.

LEO F., *Geschichte der römischen Literatur*, t. 1, Berlin, 1913.

LEWUILLON S., « La piété d'Énée et Caton le Censeur » dans *Latomus*, 38, 1979, p. 125-146.

LITTLE C. E., « The Authenticity and Form of Cato's Saying : *Carthago delenda est* », dans *Classical Journal*, 29, 1934, p. 429 sqq.

LOŚ S., *Rome au carrefour. Étude monographique de Caton l'Ancien*, Varsovie, 1960 (en polonais. Non consulté).

MARACHE R., *La Critique littéraire de la langue latine et le développement du goût archaïsant au IIe s. de notre ère*, Rennes, 1952.

MARCHETTI P., « La marche du calendrier romain de 203 à 190 », dans *L'Antiquité classique*, 42, 1973, p. 473 sqq.

MARROU H. I., *Histoire de l'éducation dans l'Antiquité*, Paris, 2e éd. 1965.

MARTIN P. M., *L'Idée de royauté à Rome*, 2 vol., Clermont-Ferrand, 1992 et 1994.

MARTIN R., *Recherche sur les agronomes latins*, Paris, 1971.

NÉRAUDAU J.-P., *La Jeunesse dans la littérature et les institutions de la Rome républicaine*, Paris, 1979.

NICOLET C., *L'Ordre équestre à l'époque républicaine*, Paris 1974.

NICOLET C., « Polybe et les institutions romaines », dans *Polybe*, Entretiens de la Fondation Hardt, XX, Genève, 1974, p. 209-258.

NOVARA A., *Les Idées romaines sur le progrès*, 2 vol., Paris, 1982.

OLTRAMARE A., *Les Origines de la diatribe romaine*, Genève, 1925.

PAILLER J.-M., « Caton et les Bacchanales » dans *Papers of the British School at Rome*, 54, 1986, p. 29-39.

PAILLER J.-M., *Bacchanalia*, Rome, 1988.

PAIS E., « L'orazione di Catone a favore della Lex Oppia », dans *Atti di R. Accademia di Archeologia, Lettere e Belle Arti di Napoli*, I, 1910, p. 123 sqq.

PRÉAUX J., « Caton et l'*ars poetica* », dans *Latomus*, 25, 1966, p. 710-725.

REGIBUS L. de, *Il Censore e l'Africano*, Gênes, 1959.

ROBERT J.-N., *La Vie à la campagne dans l'Antiquité romaine*, Paris, 1985.

ROBERT J.-N., *Les Modes à Rome*, Paris, 1988.

ROBERT J.-N., *Éros romain. Sexe et morale dans l'ancienne Rome*, Paris, 1997.

ROMAN D. et Y., *Rome, l'identité romaine et la culture hellénistique*, Paris, 1994.

SAINT-DENIS E. de, « Caton l'Ancien vu par Cicéron », dans *l'Information littéraire*, 8, 1956, p. 93-100.

SAINT-DENIS E. de, *Essai sur le rire et le sourire des Latins*, Paris, 1965.

SALOMON P., « Essai sur les structures agraires de l'Italie centrale au IIe s. av. J.-C. », dans *Recherches d'Histoire économique*, Paris, 1964, p. 1-68.

SCALAIS R., « La production agricole dans l'État romain et les importations de blés provinciaux jusqu'à la seconde guerre punique » dans *Le Musée belge*, 29, 1925, p. 143-163.

SCALAIS R., « Les revenus que les Romains attendaient de l'agriculture » *ibid.*, 31, 1927, p. 93-100.

SCALAIS R., « La politique agraire de Rome depuis les guerres puniques jusqu'aux Gracques », *ibid.*, 34, 1930, p. 195 sqq.

SCHMIDT P. L., « Catos Epistula ad M. filium und die Anfänge der römischen Briefliteratur », dans *Hermès*, 100, 1972, p. 568 sqq.

SCHMIDT H. H., *Rom und Rhodes*, Munich, 1957.

SCULLARD H. H., *Roman Politics, 220-150 B. C.*, Oxford, 2e éd. 1973.

SICARD G., « Caton et les fonctions des esclaves », dans *Revue historique de droit français et étranger*, 35, 1957, p. 177-195.

SIRINELLI J., *Les Enfants d'Alexandre*, Paris, 1993.

SUMNER G. V., « Proconsuls and Provinciae in Spain, 218/7-196/5 B. C. », dans *Arethusa*, 3, 1970, p. 85 sqq.

THÜRLEMANN S., « Ceterum censeo Carthaginem esse delendam », dans *Gymnasium*, 81, 1974, p. 465 sqq.

TILL R., *La lingua di Catone*, Rome, 1968 (traduit de l'allemand).

TRÄNKLE H., « Catos Origines in Geschichtswerk des Livius » dans *Forschungen Zur röm. Literatur. Festschrift K. Büchner*, Wiesbaden, 1970, p. 274 sqq.

TRÄNKLE H., *Cato in der vierten und fünften Dekade des Livius*, Mainz, 1971.

ULLMANN R., *La Technique des discours dans Salluste, Tite-Live et Tacite*, Oslo, 1927.

VILLERS R., « Le Statut de la femme à Rome jusqu'à la fin de la République », dans *Recueils de la Société Jean Bodin*, XI^2, Bruxelles, 1959.

WALSH P. G., *Livy : His historical Aims and Methods*, Cambridge, 1961.

WHITE K. D., *Roman Farming*, Londres, 1970.

ZEHNACKER H., « Monnaies de compte et prix à Rome au IIe s. av. J.-C. », dans *Les Dévaluations à Rome*, colloque de Gdansk, oct. 1978, Rome, 1980, p. 31-47.

INDEX DES NOMS DE PERSONNES, DE PEUPLES ET DE LIEUX

TABLE DES MATIÈRES

Ce volume, publié aux Éditions Les Belles Lettres, a été achevé d'imprimer en octobre 2002 dans les ateliers de Normandie Roto Impression s. a. s., 61250 Lonrai, France

N° d'éditeur : 4220 – N° d'imprimeur : 022576 – Dépôt légal : novembre 2002